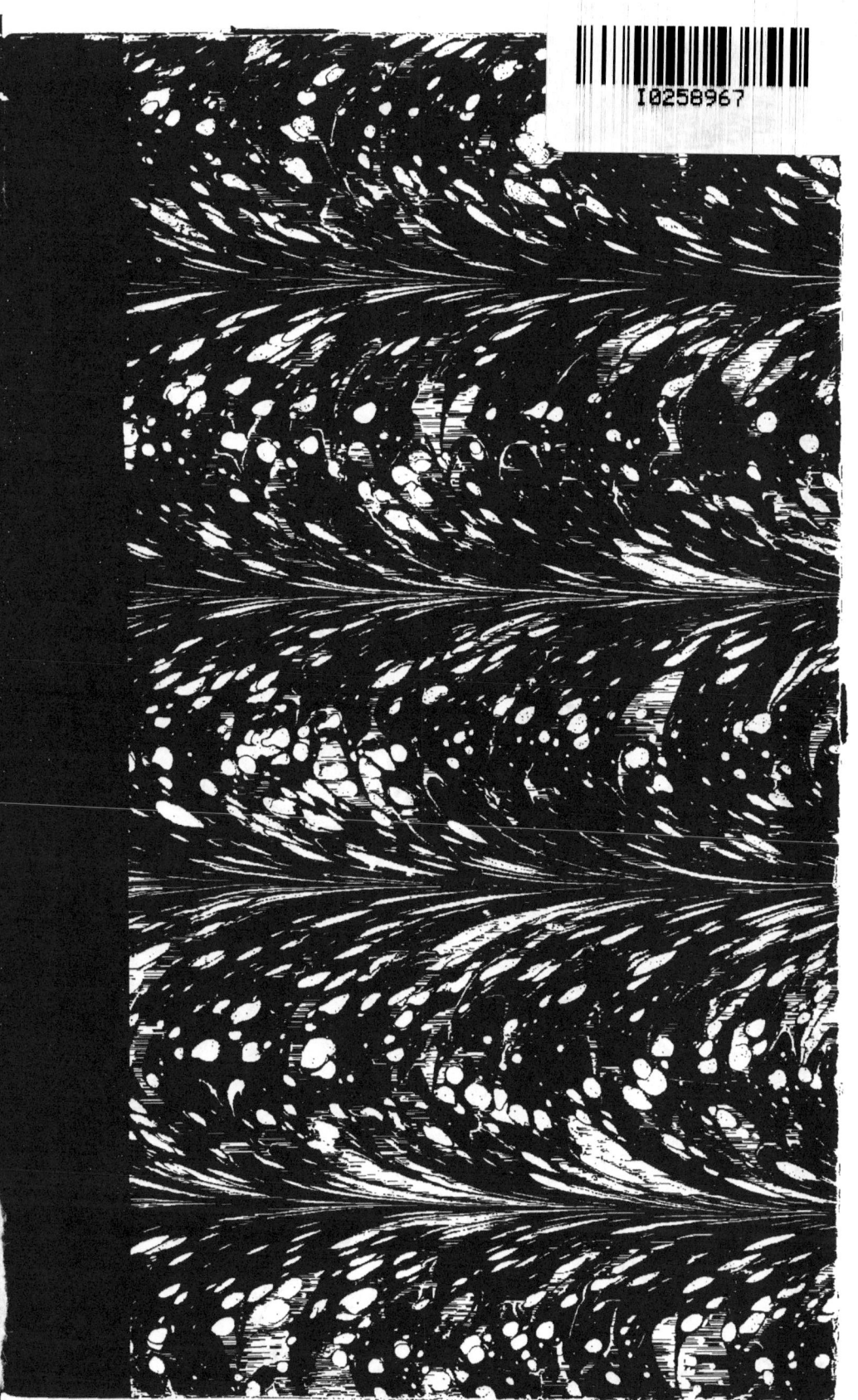

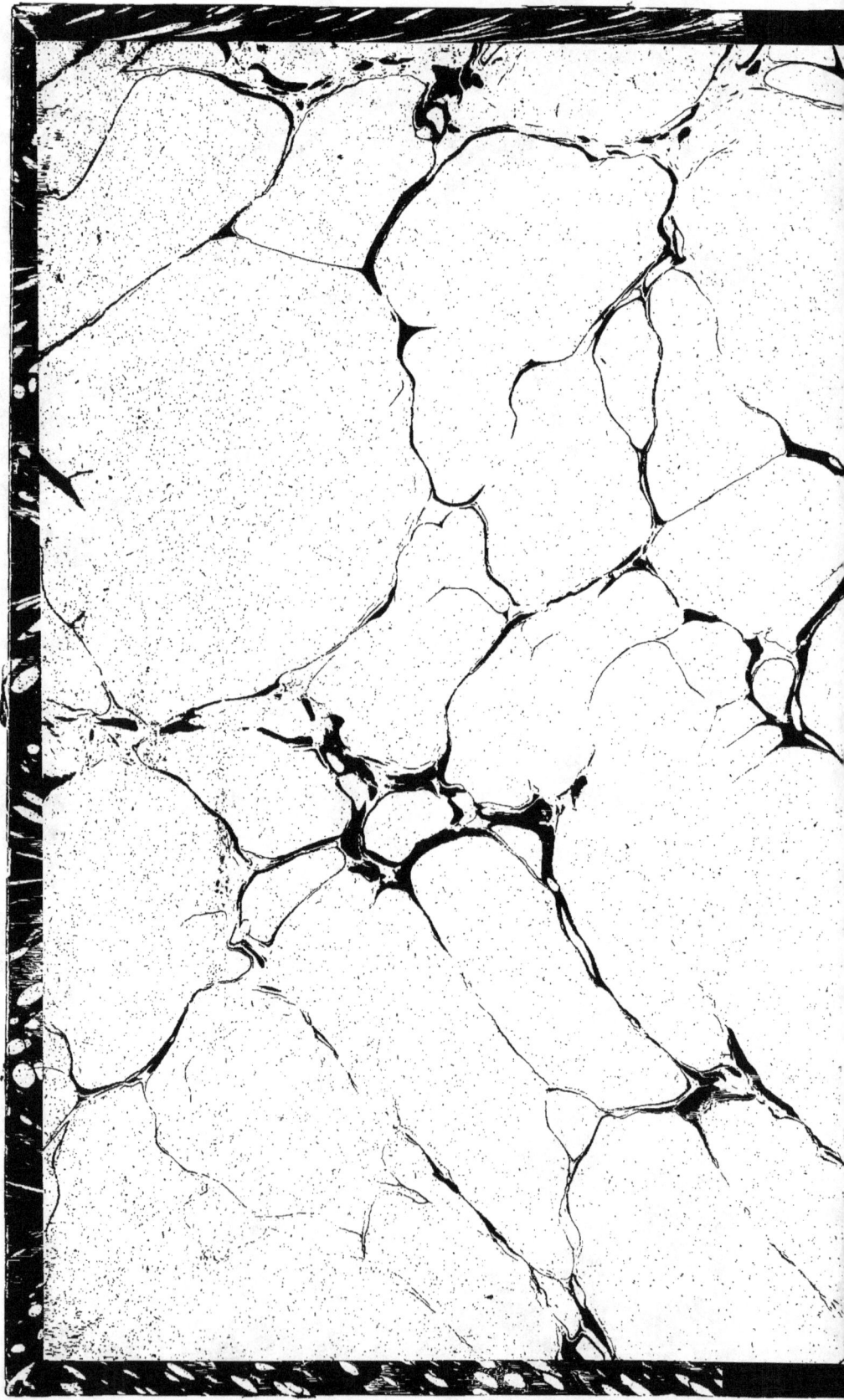

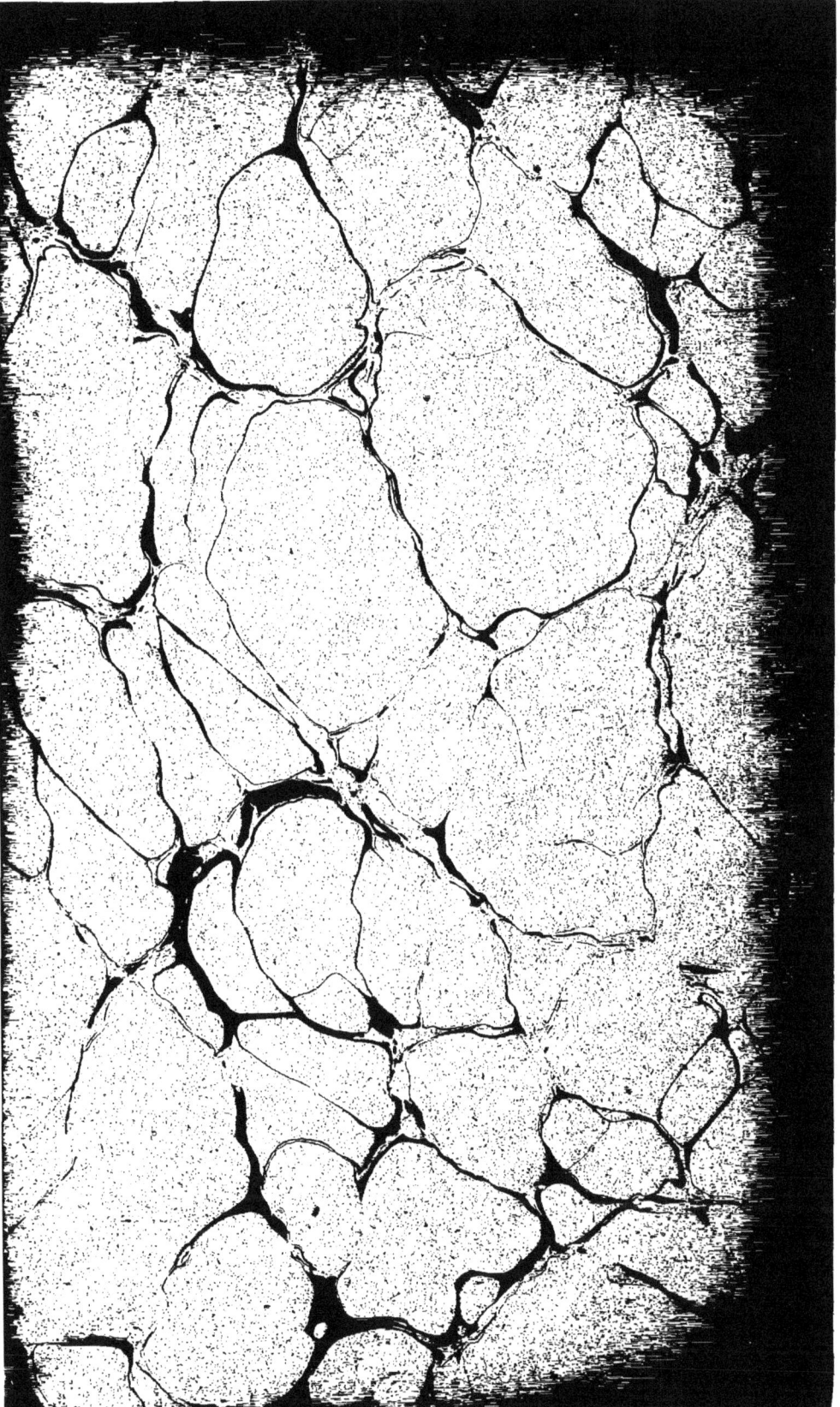

LETTRES
DE
M. DE MARVILLE

LIEUTENANT GÉNÉRAL DE POLICE

AU MINISTRE MAUREPAS
(1742-1747)

PUBLIÉES D'APRÈS LES ORIGINAUX
PAR A. DE BOISLISLE
MEMBRE DE L'INSTITUT

TOME III
ANNÉES 1746-1747

A PARIS
Chez H. CHAMPION
Libraire de la Société de l'Histoire de Paris
Quai Malaquais, 5
1905

Exercice 1906

LETTRES
DE M. DE MARVILLE

LIEUTENANT GÉNÉRAL DE POLICE

AU MINISTRE MAUREPAS

IMPRIMERIE DAUPELEY-GOUVERNEUR

A NOGENT-LE-ROTROU.

LETTRES

DE

M. DE MARVILLE

LIEUTENANT GÉNÉRAL DE POLICE

AU MINISTRE MAUREPAS

(1742-1747)

PUBLIÉES D'APRÈS LES ORIGINAUX

PAR A. DE BOISLISLE

MEMBRE DE L'INSTITUT

TOME III

ANNÉES 1746-1747

A PARIS

Chez H. CHAMPION

Libraire de la Société de l'Histoire de Paris

Quai Malaquais, 5

1905

LETTRES
DE M. DE MARVILLE

LIEUTENANT GÉNÉRAL DE POLICE

AU MINISTRE MAUREPAS

ANNÉE 1746.

(Suite [1].)

Nouvelles qui se débitent dans Paris, aux promenades publiques et dans les cafés.

16 mai 1746 et jours suivants.

Le fils de M. d'Argenson [2] ministre des affaires étrangères a été nommé chancelier de Brabant [3].

On dit que, M. Chicoyneau [4], premier médecin du roi, et M. Senac [5], médecin ordinaire, ayant été envoyés à M. le duc de Chartres, qui est resté malade à Bruxelles, ces deux médecins ont été rencontrés par un parti de pandours, qui les ont faits prisonniers, mais que, ayant décliné leur profession, il les ont renvoyés.

---

1. Voyez l'Avertissement pour 1746, dans le tome II, p. 227.
2. Tome II, p. 173.
3. *Mémoires de Luynes*, t. VII, p. 271, 6 avril : « J'appris, il y a deux jours, que M. d'Argenson le fils a été fait aide-major de l'armée de Flandre ; c'est un emploi fort agréable pour un jeune homme qui veut apprendre le métier de la guerre. » Pinard dit qu'il eut cet emploi d'aide-maréchal général des logis, mais sans appointements, le 1er mai 1746 et le 1er mai 1747.
4. Tome II, p. 142.
5. Jean-Baptiste Senac (1693-1770), d'abord protestant, puis converti et entré dans la Compagnie de Jésus, succédera à Chicoyneau en 1752. C'est lui qui a soigné le maréchal de Saxe en 1745.

On répand dans Paris que, quelqu'un ayant demandé à M. l'archevêque de Sens [1] d'où vient qu'il ne s'étoit pas trouvé à l'Académie le jour de la réception de M. de Voltaire, ce prélat avoit répondu qu'il ne vouloit pas assister au triomphe d'un impie [2].

On a éclairci, dit-on, les motifs pour lesquels M. de Renaudin, aide-major général en Italie, s'est rendu auprès du roi ; mais on en présente deux, dont l'un est de rendre compte à S. M. des opérations pour cette campagne [3]; d'autres assurent que c'est pour y justifier M. le maréchal de Maillebois [4], et que ce général est rappelé.

Il y a eu des discussions dans le corps des officiers aux gardes, entre eux et le colonel [5]. Il y en a eu plusieurs de remerciés, sans qu'on dise à l'occasion de quoi.

Épigramme de M. Piron sur la réception de M. de Voltaire à l'Académie françoise.

> A quoi ressemble en un point
> Votre illustre compagnie,
> Vous ne vous en doutez point,
> Messieurs de l'Académie ?
> A la grande confrérie,
> Plus grande à Paris qu'ailleurs.
> D'elle certains rimailleurs
> Font d'un ton de petit-maître
> Des contes tout des meilleurs,
> Puis finissent par en être.

Autre épigramme sur le même sujet.

> Chargé d'une lourde liasse
> De vers et d'écrits pour la cour,

---

1. Jean-Joseph Languet de Gergy (1677-1753), aumônier de la duchesse de Bourgogne et vicaire général d'Autun, évêque de Soissons en janvier 1715, nommé archevêque de Sens en décembre 1730.
2. Voltaire fut reçu le 9 mai malgré l'opposition de l'évêque de Mirepoix ; c'est l'abbé d'Olivet, directeur, qui lui répondit. On força Voltaire à retrancher de son discours tout ce qui n'était pas purement littéraire, et il parut, à cette occasion, un pamphlet intitulé : *Discours adressé à M. de Voltaire à la porte de l'Académie françoise par M. le Directeur.* Sur les suites de ce pamphlet, qui amenèrent une erreur de justice et le procès contre les Travenol père et fils, voyez ci-après, p. 69.
3. Le roi est parti le 3 mai pour l'armée de Flandre.
4. Tome II, p. 260 et suiv.
5. C'était, depuis le mois de mai 1745, le duc de Biron.

Devant le sénat du Parnasse
Voltaire parut l'autre jour.
Vu *la Princesse de Navarre*,
Ce temple gothique et bizarre
Que Rameau bâtit avec lui ;
Item, la *Lettre pastorale*,
Prodige de zèle et d'ennui
Dont rit l'une et l'autre cabale,
Phébus de sa caducité
Trouva les preuves si solides,
Qu'au vieux Louvre, par charité,
Il lui donna les Invalides.

Nouvelles qui se débitent, etc.

20 juin 1746 et jours suivants.

L'arrivée de M. Chicoyneau a apporté bien du changement parmi les nourrices[1]. Il en a renvoyé deux et en a admis deux autres, du nombre desquelles est une Allemande, qui fut fort éplorée lors du premier choix, où elle eut l'affront d'être renvoyée. M. Bouillet[2] est beaucoup raillé sur le choix qu'il avoit fait, en ce que l'une des deux qui ont été renvoyées n'a, dit-on, qu'un téton. C'est le bruit de tout Versailles ; mais c'est une plaisanterie, parce que cette nourrice a réellement deux tétons, au témoignage de M. Chicoyneau, mais elle n'en a qu'un qui donne du lait.

On dit que l'accoucheur espagnol que Madame la Dauphine a fait venir de Madrid a assuré le roi qu'elle n'accoucheroit que vers le 15 du mois prochain[3].

---

1. Pour l'enfant dont la Dauphine devait accoucher.

2. Jean Bouillet (1690-1777), médecin de la Faculté de Montpellier, était, depuis 1722, secrétaire de l'Académie de Béziers.

3. Le Dauphin écrivait de Versailles, le 5 juin, à son menin et ami le comte de Surgères : « .... Je crois que nous repartirons dans le mois qui vient pour la Flandre, ou peut-être pour la Hollande, si la paix ne se fait pas ; car, à présent, l'on en parle beaucoup, quoiqu'en vérité je m'imagine qu'elle ne se fera pas si tôt. Il est vrai que vous savez que je vois toujours tout en noir ; mais je me suis fourré dans la tête que ce sera la guerre de Trente ans comme celle de l'autre siècle. Dites-moi si vous pouvez vous figurer que dans trois semaines je serai père. Pour moi, cela me paroît d'un ridicule étonnant, et je ne pourrai m'y accoutumer d'ici à longtemps. Il va aussi bientôt venir trois petits menins, car Mmes de la Vauguyon, de Saint-Hérem et de Froullay sont grosses ; mais ma femme les précédera, et puis les trois autres iront suivant le rang qu'elles ont ici.... Louis. » — (Arch. nat., carton K 144, n° 20[10].)

Tout le monde est étonné de l'inaction de l'armée du roi en Flandres[1] et de la dispersion de celle de M. le prince de Conti, qui se trouve séparée en petits corps et confondue en détachements inutiles. On ajoute que M. le maréchal de Saxe est fort mécontent de ce que son plan sur les opérations de cette campagne n'a pas été suivi, et de ce que, au contraire, on en suit un qui nous fera perdre la campagne entière à prendre deux ou trois places, que nous rendrons à la paix, au lieu de s'être attaché, après la prise d'Anvers[2], à suivre l'ennemi, le détruire et le forcer à nous proposer lui-même une paix que nous aurons la mollesse de lui offrir sans cesse sans qu'il daigne l'accepter, et qu'il n'est pas douteux que les alliés ne nous amusent que parce qu'ils sont certains que, en gagnant du temps, ils parviendront à assembler des forces assez formidables pour rendre la partie égale et, par conséquent, se trouver en état de proposer des conditions qui seront peu avantageuses à la France[3].

La désertion dans notre armée commence à se faire sentir : elle est une suite toujours ordinaire de l'inaction du soldat, dont l'ardeur se ralentit. Ajoutez à cela que notre armée est suivie de cent mille bouches inutiles, qui consomment tous les vivres et fourrages, et qu'au mois de septembre notre cavalerie sera ruinée, au lieu que, dans ce temps, les ennemis seront en double et triple de forces, et leur cavalerie en bon état. Tous ceux qui raisonnent sur cette inaction ne sauroient trop s'imaginer comment on pourra la justifier aux yeux des puissances qui nous sont alliées.

24 juin 1746 et jours suivants.

Hier, à onze heures du matin[4], on signifia à Mme d'Andlau[5], dame de compagnie de Mesdames et fille de feu M. de Polastron, sous-gouverneur de Monsieur le Dauphin[6], une lettre d'exil qui la relègue dans ses terres. On dit qu'elle s'est attiré cette disgrâce pour avoir

---

1. Les bulletins envoyés de cette armée à M. de Marville se trouvent non seulement dans les dossiers de la Bastille 10021-10022, mais aussi dans le ms. fr. 11259 de la Bibliothèque nationale.

2. Cette ville a capitulé le 31 mai, et le roi, après y être entré le 4 juin, est revenu le 14. Marville a fait illuminer Paris le 10.

3. Le duc de Luynes, à la date du 18 (p. 326-328), discute ces manifestations de l'opinion publique.

4. Voyez le récit du duc de Luynes, p. 332-333.

5. Marie-Henriette de Polastron, mariée le 17 septembre 1736 à Éléonor-François, comte d'Andlau, colonel de cavalerie.

6. Jean-Baptiste, comte de Polastron, lieutenant général des armées et gouverneur de Neufbrisach, mort le 4 mai 1742, à cinquante-deux ans.

parlé dans des termes peu mesurés de Mme la marquise de Pompadour[1].

On est fort impatient de voir la réponse du ministre de l'Angleterre[2] à la lettre que M. d'Argenson a écrite de la part du roi, au sujet du prince Édouard et de ses adhérents, à M. Van Hoey, ambassadeur de Hollande, qui l'a communiquée au ministère anglois. On a trouvé dans le public cette lettre fort bien écrite[3]; mais on n'y a point approuvé les menaces qui la terminent, parce qu'on connoît trop l'humanité du roi pour les jamais effectuer et user de représailles en cas que le roi d'Angleterre sévît contre nos prisonniers, et l'on pense que cette façon de s'exprimer pourroit bien ne servir qu'à irriter les esprits au lieu de les porter à la clémence[4].

On est très fâché, dans le public, de l'affaire d'Italie, et on murmure de la conduite qu'on y a tenue. Il est très certain, dit tout le monde, que, si, la campagne dernière, après la prise de Valence, nous eussions été à Turin en droiture comme nous étions en état de le faire, et comme l'appréhendoit bien le roi de Sardaigne lui-même, qui en avoit déjà retiré ses meilleurs effets, nous aurions achevé la conquête de l'Italie entière en détachant à force ouverte ce prince de ses alliés; et, au lieu de prendre ce parti, nous avons été faire des propositions à la cour de Turin, qu'elle n'a feint de paroître écouter que pour avoir le temps de rallier ses forces et de laisser arriver les Autrichiens, afin de se procurer ensuite la revanche qu'elle vient de prendre, et, pour n'avoir point fait usage des avantages que les conjonctures nous ont offerts pour lors, nous perdons en six mois le

---

1. On va voir plus loin, p. 8, que la cause de sa disgrâce était tout autre.
2. Le duc de Newcastle : ci-après, p. 9.
3. Elle est reproduite dans les *Mémoires d'Argenson*, t. IV, p. 323-326; elle était datée du 26 mai, et le duc de Luynes a enregistré ce bruit le 22 : « Pour parvenir à la paix, il seroit à désirer que M. de Van Hoey eût plus de crédit dans sa république; mais il s'est expliqué si nettement et si sèchement sur la nécessité de faire cette paix, qu'il a indisposé les esprits contre lui. C'est un honnête homme, mais philosophe, et qui dit avec vérité ce qu'il pense. »
4. On soupçonnait les Noailles, avec le concours de leur ami Maurepas, d'exciter l'opinion publique contre le marquis d'Argenson, parce que celui-ci s'était servi d'expressions inconvenantes dans la lettre écrite à Van Hoey en faveur du Prétendant et des jacobites : voyez les *Mémoires de Luynes*, p. 338 et 339, et le *Journal de Barbier*, p. 156-159 et 161. Voltaire prit la défense du ministre. « Le ministère britannique affecte la plus grande colère : il demande la révocation de M. Van Hoey, qui en fut quitte pour une lettre d'excuses au roi d'Angleterre, » etc. (*Argenson*, p. 327-329). Nous verrons plus loin une suite de cette algarade, dont toutes les péripéties ont été racontées par le feu duc de Broglie dans *Maurice de Saxe*, t. I, p. 263-271.

fruit des dépenses et des fatigues de quatre années[1]. Tout le monde appréhende fort qu'il n'en soit de même, un jour, de la Flandre. Nous étions les maîtres, après la prise d'Anvers, d'entrer dans la Hollande, d'y exiger de fortes contributions et de la forcer de recevoir la loi qu'il nous auroit plu de lui imposer : ils nous ont envoyé des ambassadeurs, qui nous ont retenus en nous amusant par de belles paroles; nous les avons écoutés. Pendant ce temps, leurs troupes se sont fortifiées, et nous pourrions bien aujourd'hui en devenir la dupe, si on les écoute plus longtemps[2].

On dit que le roi vient d'accorder la grâce à M. le marquis de Tavannes[3].

Madame la Dauphine n'accouche point. Elle devroit se faire conscience de tenir si longtemps tout le monde dans l'attente; le roi surtout s'ennuie fort de tous ces délais. On dit qu'il voudroit déjà être de retour à son armée, où sa présence seroit fort nécessaire ; car l'on prétend qu'il s'est glissé un peu de mésintelligence entre M. le prince de Conti et M. le maréchal par rapport au commandement des troupes, le prince prétendant, en sa qualité de prince et de commandant, étendre son autorité sur tous les généraux. Les personnes désintéressées, qui ne cherchent que l'avantage public, appréhendent fort qu'à la fin on n'oblige M. le maréchal à se retirer mécontent. L'on trouve qu'on lui fait jouer un assez vilain rôle en le mettant avec une armée formidable en présence d'une poignée d'ennemis qu'il lui seroit très facile de détruire, si on ne lui ordonnoit de se tenir les bras croisés et d'attendre que l'armée ennemie devienne supérieure, ou tout au moins égale, à la sienne; et peut-être le laissera-t-on alors dans l'embarras. Ce qui dépite le plus les bien intentionnés est qu'on

---

1. Voyez des chansons dans le *Recueil historique* imprimé en 1746, p. 84-92.
2. *Journal de Barbier*, p. 159-161.
3. Louis-Henri de Saulx-Tavannes, de la branche de Mirebel, avait d'abord été capitaine de dragons, puis capitaine des gardes de Monsieur le Duc comme gouverneur de Bourgogne. C'est dans ces fonctions qu'il connut à Dijon Mlle de Brun, fille d'un lieutenant général, et qu'il l'enleva. Le père ayant déposé une plainte au parlement de Bourgogne, M. de Tavannes fut condamné à mort par contumace; mais il se retira en Bavière, entra au service de l'électeur, et fut même envoyé par lui en France, en 1741, sous le nom de comte de Montarlo. Après la mort de M. de Brun, il réussit à obtenir sa grâce sur un mémoire favorable de M. Joly de Fleury (Arch. nat., carton K 874, n° 7). Il fut même présenté au roi en septembre 1746, mais mourut quelques mois plus tard, 13 janvier 1747, âgé de quarante et un ans (*Mémoires de Luynes*, t. IV, p. 30, t. VII, p. 411, et t. VIII, p. 85-86). Bertin du Rocheret a raconté tous ces faits de 1746 dans une notice que A. Nicaise a comprise dans les *Œuvres choisies* de ce président (1865), p. 113-120.

ne tient une si bizarre conduite que par considération pour les Hollandois, qui, de notoriété publique, font tous leurs efforts pour nous susciter des ennemis de toutes parts[1].

M. de Maurepas à M. Berger, directeur de l'Opéra.

25 juin 1746.

Vous ne me proposez point ce que vous croyez qu'il y auroit à faire pour empêcher que l'Opéra ne soit obligé de fermer la porte par le refus que Mlle Bourbonnois[2] fait de chanter. Je ne vois pas non plus, si elle y persistoit, que la punition que je puis ordonner sur-le-champ fît qu'elle chantât demain, ce qui doit être votre objet. Ce que je crois qu'on peut faire de mieux dans un moment aussi pressé, c'est de lui faire parler par M. de Rochemont, qui lui fera entendre de ma part que, si elle ne joue pas demain son rôle, elle s'expose à être punie très sévèrement; mais, avant que M. de Rochemont aille la trouver, il est nécessaire que vous vous concertiez ensemble, et que vous voyiez s'il ne conviendroit pas de lui faire dire la même chose indirectement et d'en donner avis à ceux qui s'y intéressent. C'est ce que vous examinerez, pour qu'il soit dit qu'avant d'en venir à la menace, qui seroit indispensablement suivie de l'effet, on a employé toute la modération qui étoit possible. Je joins ici une lettre pour M. de Rochemont, à qui j'écris en conformité[3], afin que vous la lui fassiez tenir plus promptement qu'il ne la recevroit par toute autre voie.

Je suis, etc.

MAUREPAS.

---

1. « Il faut présumer ou qu'il y a déjà quelque traité secret avec les Hollandois ou quelque arrangement général avec le roi de Prusse, qui ait empêché le roi de profiter de l'avantage qu'il avoit pour entrer en Hollande. C'est par l'événement et par ce qui va suivre qu'on pourra juger de la bonne ou mauvaise politique de notre ministère. » (*Barbier*, p. 160.)

2. Mlle Bourbonnais, entrée à l'Opéra avant 1735, y avait chanté divers rôles dans des pièces de Rameau, de Rebel, etc.; en 1745, elle avait été une des interprètes du *Temple de la gloire*. Elle quitta l'Opéra à la suite de l'incident dont il va être parlé.

3. Lettre à M. de Rochemont : « M. Berger vous instruira du refus que Mlle Bourbonnois fait de chanter, quoique sa santé le lui permette. Je lui mande de se concerter avec vous sur les moyens de lui faire savoir qu'elle court le risque d'une punition très sévère; et, en effet, si vous jugez ensemble qu'il soit nécessaire que vous y alliez, vous pourrez, après lui avoir conseillé de se rendre à son devoir, lui dire que, si elle persiste dans son refus, elle s'expose à servir d'exemple à celles qui voudroient faire manquer l'Opéra par caprice ou mauvaise volonté, et lui faire entendre que

M. de Maurepas à M. de Marville[1].

29 juin 1746.

M. le prince de Campoflorido demande que la nommée Sibera, femme du maître de verrerie, qui est prisonnière au For-l'Évêque, soit mise en liberté. Il ne paroît pas qu'elle y soit par ordre du roi : ainsi, je vous prie de vous informer et de me marquer le sujet de la détention de cette femme. Je suis, etc.

MAUREPAS.

Nouvelles qui se débitent, etc.

29 juin 1746.

La cause de la disgrâce de Mme d'Andlau est maintenant publique à la cour[2], et on n'y en fait point mystère. Elle fournissoit à Madame Adélaïde de fort mauvais livres, tels que : *le Portier des Chartreux*[3], *Tanastès*[4], et autres semblables. L'on avoit remarqué que, depuis quelque temps, cette princesse préféroit le plaisir de la lecture à celui de la chasse et qu'elle cachoit ses livres avec un soin extrême. Cela commença à faire soupçonner quelque chose. On dit que le P. Pérusseau[5], par des voies tout à fait étrangères à la confession, a achevé le reste de la découverte et en a fait donner avis au roi par Madame[6]. Tout le monde est extrêmement indigné contre Mme d'Andlau, et on ne la croit point assez punie par l'exil. Il est très certain que cette aventure peut faire tort à Madame Adélaïde.

---

vous savez que, malgré la signification de son congé, il n'y va pas moins pour elle que d'être enfermée pendant six mois, pendant lesquels elle auroit tout le soin de sa santé qu'elle y croiroit nécessaire. Je suis, etc. » Voyez ci-après, p. 57.

1. Reg. O¹ 391, p. 277.
2. *Mémoires de Luynes*, t. VII, p. 332-335; *Revue rétrospective*, 2e série, t. I, p. 475.
3. *Le Portier des Chartreux, ou Mémoires de Saturnin*, par Jean-Charles Gervaise de Latouche, 1745; voyez tome I, p. 22.
4. *Tanastès, conte allégorique, par Mlle de ****, imprimé à la Haye (Rouen), 1745. C'est un récit déguisé des amours du roi avec Mme de Châteauroux, et de ce qui s'était passé à Metz pendant la maladie de Louis XV. L'auteur, Marie-Madeleine Bonafon ou Bonafous, femme de chambre de la princesse de Montauban, fut mise à la Bastille, puis internée au couvent des Bernardines de Moulins, et sa détention dura quatorze ans (*Archives de la Bastille*, t. XV, p. 260-271). Voyez ci-après, p. 67.
5. Tome II, p. 52.
6. Madame Henriette : tome II, p. 242.

M. de Maurepas à M. de Marville[1].

1ᵉʳ juillet 1746.

Sur ce que vous m'avez marqué concernant le nommé Dolay, maître tailleur, vous ne pouvez qu'être approuvé d'avoir fait arrêter et conduire ce particulier en prison pour y rester autant de temps que vous le croirez nécessaire. Je joins ici les ordres du roi pour autoriser ceux que vous avez donnés. Je suis, etc.

MAUREPAS.

Nouvelles qui se débitent, etc.

2 juillet 1746 et jours suivants.

La lettre du duc de Newcastle à M. Van Hoey[2] a paru de la dernière impertinence et très insultante pour notre ministère[3]. Le public est curieux de savoir comment la cour de France prendra la chose et si nous soutiendrons les menaces contenues dans la fin de la lettre de M. d'Argenson. On n'est pas embarrassé des réprimandes des États-Généraux dont M. Van Hoey est menacé, parce qu'on pense bien que sa lettre, dont on lui fait un crime, leur avoit été communiquée avant d'être envoyée.

Il s'est tenu hier une assemblée en Sorbonne pour l'ouverture des sorboniques[4], où M. l'archevêque[5] s'est trouvé en nombreuse compagnie; on n'y a pas été content du discours.

L'on dit que, entre autres mauvais livres que Mᵐᵉ d'Andlau avoit procurés à Madame Adélaïde, elle lui avoit fait lire la *Tourière des Carmélites*[6], qui surpasse, à ce qu'on assure, en vilenies, le *Portier des Chartreux*. Du moins, on assure qu'un seigneur de la cour, l'ayant trouvé ces jours passés sur la table de Mᵐᵉ la duchesse de Chartres, lui témoigna quelque surprise de ce qu'elle lisoit un si dangereux livre, et que la princesse lui répondit qu'elle le pouvoit bien lire, puisque Madame Adélaïde, qui est fille, l'a lu avant elle.

---

1. Reg. O¹ 391, p. 283.
2. Ci-dessus, p. 5.
3. *Mémoires d'Argenson*, t. IV, p. 327-329, en note. La lettre avait paru dans les gazettes de Hollande (*Journal de Barbier*, t. IV, p. 162). Van Hoey fut forcé de faire des excuses.
4. La sorbonique était la troisième des thèses nécessaires pour obtenir le grade de licencié.
5. M. de Bellefont, qui vient de succéder à M. de Vintimille.
6. Le *Dictionnaire des livres anonymes* de Barbier n'a pas relevé cet ouvrage. Voyez, dans le tome XV des *Archives de la Bastille*, p. 331-334, les rapports adressés à M. de Marville en janvier 1747.

On parle à Versailles en ces termes : « On ne sait quelle impression a pu faire à Paris la réponse de la cour de Londres à la lettre de M. d'Argenson ; elle n'a surpris personne ici[1]. Comme on avoit trouvé la lettre très singulière, on s'attendoit que la réponse seroit conforme. L'on ne conçoit pas comment M. d'Argenson a pu se porter à une démarche si basse et si évidemment capable de compromettre la gloire du roi. On l'excuseroit, cependant, si nous étions en état de tirer vengeance du mépris trop marqué des Anglois. »

On dit que, vu le retard des couches de Madame la Dauphine[2], le roi a expédié hier un courrier à M. le maréchal de Saxe, par lequel il lui donne carte blanche pour agir en tout ce qu'il jugera le plus convenable pour le succès de la campagne.

On en revient toujours à la tolérance de la cour, qui permet impunément que les Hollandois donnent retraite chez eux à nos ennemis, d'où ils viennent, à chaque moment, nous inquiéter et nous harceler, sans que nous osions les poursuivre au delà des terres de la République, où ils se retirent avec plus de sûreté que s'ils étoient chez eux, ce qui fait murmurer extrêmement notre armée et y occasionne la désertion.

Les affaires vont au plus mal en Écosse, et l'affront qui a été fait à Édimbourg aux drapeaux pris sur le prince Édouard, qui y ont été brûlés par la main du bourreau, fait présumer que, s'il avoit le malheur d'être pris lui-même, il auroit un fort mauvais parti, et qu'on n'auroit aucun égard aux menaces de la France.

Tout le monde est surpris de ce que le gazetier de France, dans le détail de l'affaire d'Italie, y déshonore tant l'infanterie françoise, et l'on sent que ce n'est que pour faire sa cour à M. de Maillebois ;

---

1. *Mémoires d'Argenson*, p. 327-328.
2. Le Dauphin écrivait, le 4 juillet, au comte de Surgères : « .... Je voudrois bien voir finir notre vilaine guerre d'Italie ; elle m'ennuie furieusement, et je crains bien qu'elle ne finisse mal. Ma femme ne veut point accoucher ; elle se porte toujours très bien et est à présent dans son dix. Cela commence à devenir long et à m'ennuyer beaucoup. Le roi dit hier que, si cela tardoit encore beaucoup, il repartiroit pour la Flandre avant ses couches. Cela me feroit beaucoup de chagrin ; car vous savez que l'œil du maître fait toujours bien. Pour moi, l'on dit que je n'y vais point cette année à cause de la quantité de petite vérole qui y règne. Vous avez sans doute entendu parler de l'histoire de Mme d'Andlau, et qu'on l'a chassée d'auprès de mes sœurs, parce qu'elle leur avoit appris toutes sortes de sottises et qu'elle leur avoit montré *le Portier des Chartreux*, qui est, à ce qu'on dit, le livre le plus impudique qu'on puisse voir, et qu'elle ne les entretenoit que de sottises. Elle avoit assurément bien mérité d'être mise au cachot.... Louis. » (Arch. nat., K 144, n° 20[11].) Cette lettre a été publiée, en 1835, dans la *Revue rétrospective*, 2ᵉ série, t. I, p. 474-475.

mais il auroit dû ménager l'honneur de la nation et ne pas publier sa honte comme il fait si positivement[1].

Il est déclaré que le roi retourne à l'armée le 15, et peut-être plus tôt; on a même vu aujourd'hui des carrosses et équipages que l'on juge être destinés pour le voyage de S. M. Quand Madame la Dauphine retarderoit d'accoucher, cela n'empêcheroit pas le roi de partir.

Il couroit hier un bruit que l'on s'apercevoit depuis quelques jours que le roi ne faisoit plus le même accueil à MM. d'Argenson et qu'il pourroit bien y avoir du changement dans le ministère avant qu'il soit peu[2].

Il a été dit par un janséniste des plus zélés que M. l'archevêque de Paris, qui devoit assister au prochain chapitre général de l'Oratoire[3], avoit déclaré qu'il n'y assisteroit point, et que ce prélat donnoit à connoître qu'il prendroit le parti de la tranquillité et ne répondroit pas tout à fait aux vues que la cour s'étoit proposées en le nommant à

---

1. *Gazette*, p. 320-321 : « Voyant que l'infanterie commençoit à être en déroute, le maréchal se mit à la tête des dragons, qu'il fit combattre à pied... L'infanterie françoise, qui soutint pendant quelque temps l'affaire, auroit résisté aux grands efforts des ennemis, si un nouveau corps de leur cavalerie, en prenant en flanc cette infanterie, n'y avoit jeté le désordre, que le maréchal de Maillebois tenta inutilement de diminuer. Il fit, en cette occasion, tout ce qu'on pouvoit attendre de sa valeur, et il prit un drapeau qu'il porta en avant de la ligne, dans l'espérance de ranimer le courage des troupes et de les ramener à la charge. N'y ayant pas réussi, il se retira avec l'infanterie en deçà du Refudo et du Rio Commun, et ce ne fut que derrière le naville qu'il parvint, avec les officiers généraux et ceux de l'état-major, à rallier les troupes. »

2. *Journal de Barbier*, p. 166; *Mémoires de Luynes*, p. 339-340.

3. Ce chapitre triennal devait se tenir le 14 septembre à l'Oratoire du Louvre. La liste des députés des diverses maisons est dans le carton M 218, aux Archives nationales. Le 8 septembre, le roi adressa à M. de Marville la lettre suivante (reg. O¹ 90, p. 237) : « Étant informé que l'assemblée générale de la congrégation de l'Oratoire doit se tenir le 14 du présent mois de septembre dans ma bonne ville de Paris, mon intention est que vous y assistiez de ma part en qualité de commissaire, et que vous déclariez que tous ceux qui n'ont point signé purement et simplement le formulaire d'Alexandre VII et déclaré leur soumission aux bulles apostoliques, et notamment à la constitution *Unigenitus*, soient privés de voix active et passive dans ladite assemblée, et ne puissent être élevés à aucunes charges ni dignités de ladite congrégation, et qu'au surplus ceux qui composeront ladite assemblée générale aient à se conformer, sans aucune difficulté, à ce que vous leur ordonnerez de ma part. Sur ce, je prie Dieu, etc. Louis. » — Avec cette lettre sont transcrits : 1° un mémoire pour servir d'instruction à M. de Marville; 2° deux lettres du roi au supérieur général de la congrégation, 7 et 8 septembre, pour faire connaître ses intentions.

l'archevêché de Paris : ce qui n'est pas fort du goût des molinistes, qui avoient conçu de lui toute une autre idée.

On dit que le roi est de très mauvaise humeur depuis quelques jours, ce que l'on attribue à l'impatience dans laquelle il est de ce que Madame la Dauphine n'accouche point, ne respirant qu'après cet heureux moment pour retourner à l'armée[1], où l'on assure qu'il y a beaucoup de mésintelligence entre les princes, qui ont de la peine à recevoir l'ordre de M. le maréchal de Saxe.

Les bruits qui ont couru depuis deux jours contre MM. d'Argenson frères se fortifient tous les jours, et ce sont ceux qui ont déjà couru il y a six mois qui se renouvellent[2]. On y ajoute cependant que les Hollandois se sont vantés que nos ministres leur coûtent bien de l'argent, et on leur applique ce reproche parmi leurs ennemis ; mais les gens bien sensés rejettent loin un pareil soupçon, qui ne sauroit, effectivement, s'accorder avec la probité reconnue de ces deux ministres.

Quand on parle de la place qu'occupe aujourd'hui Mme la marquise de Castries près des dames de France[3], on dit qu'elle n'en est redevable qu'à Dom B., et que, sans lui, Mme d'Andlau y seroit encore[4].

M. de Maurepas à M. de Marville[5].

8 juillet 1746.

M. d'Argenson m'a renvoyé le mémoire que vous lui aviez fait passer concernant le P. Ravinel, religieux minime, qui est relégué au couvent de Saint-Chamond en vertu des ordres que vous m'aviez demandés au mois de mars 1745. Je joins ici ceux que vous proposez[6] pour faire transférer ce religieux au couvent de Notre-Dame-de-Consolation, maison de son ordre en Franche-Comté[7]. Vous voudrez bien envoyer ces ordres à M. Pallu, intendant de Lyon[8], et en pré-

---

1. *Journal de Barbier*, p. 163-164 ; *Mémoires de Luynes*, p. 338.
2. Voyez *Maurice de Saxe*, t. I, p. 65-73.
3. Marie-Louise-Angélique de Talaru de Chalmazel, née le 20 mars 1733, et veuve, depuis septembre 1743, d'Armand-François de la Croix, marquis de Castries, qu'elle avait épousé le 20 juillet 1741. Elle venait d'être nommée dame de compagnie de Mesdames à la place de Mme d'Andlau ; son brevet, du 24 juin, est dans le registre O^1 90, fol. 167.
4. Ci-dessus, p. 8.
5. Arch. nat., reg. O^1 391, p. 297.
6. Ordre du 8 juillet, reg. O^1 90.
7. Aux portes d'Épinal, sur la route de Bâle.
8. Bertrand-René Pallu du Ruau, passé de l'intendance de Moulins à celle de Lyon en 1738.

venir Mme de Saint-Chamond[1], qui m'avoit demandé la translation de ce religieux par un mémoire que je vous ai remis le 4 du mois passé[2]. Je suis, etc.

MAUREPAS.

Nouvelles qui se débitent, etc.

9 juillet 1746 et jours suivants.

On dit que le roi partira la nuit du 10 au 11 de ce mois, sa présence étant bien nécessaire à l'armée.

La princesse d'Holstein[3] a été rendre visite hier matin au maréchal de Noailles[4], auquel elle a, dit-on, communiqué les dépêches qu'elle avoit reçues, la nuit, du maréchal de Saxe, son frère; elle a resté deux heures avec lui, après lesquelles elle est partie pour Versailles.

On dit que le roi vient de nommer Mme la marquise d'Estrades[5] et Mme la comtesse de Belsunce[6] dames de compagnie de Mesdames[7].

Le roi a donné les ordres pour que tout fût disposé incessamment pour son départ, et, en conséquence, M. du Fort[8] a fait venir des relais sur la route que S. M. doit tenir. Il est décidé qu'elle ne couchera point en route et qu'elle se rendra en droiture à Gand, pour, de là, se rendre à l'armée, où sa présence est très nécessaire pour faire cesser la mésintelligence, qui y fait de nouveaux progrès, car on dit que le parti contraire à M. de Saxe se fortifie tous les jours, et ses

---

1. Geneviève Gruyn, mariée en 1724 à Charles-Louis-Joseph de la Vieuville, marquis de Saint-Chamond.

2. Par ordre du 28 novembre (reg. O¹ 90), le P. Ravinel fut transféré au couvent de Rupt.

3. Anne, née le 26 novembre 1707, fille naturelle de l'électeur de Saxe, mais d'une autre mère que Maurice, avait épousé, le 10 août 1730, Charles-Louis, duc de Holstein-Beck, mais était séparée de lui depuis 1733. Le maréchal de Saxe venait d'obtenir pour son fils le régiment Royal-Allemand.

4. Il est de retour depuis le 6 de sa mission en Espagne (*Gazette*, p. 336).

5. Élisabeth-Charlotte Huguet de Sémonville, veuve de Charles-Jean, comte d'Estrades, tué en juillet 1743, au combat de Dettingen, se remaria plus tard à un Séguier de Saint-Brisson. Voyez l'ouvrage de M. le comte Fleury, *Louis XV et les petites maîtresses*, p. 89-110.

6. Charlotte-Alexandrine Sublet d'Heudicourt, mariée en 1737 à Antonin-Armand de Belsunce, auquel elle apporta la charge de grand louvetier. Voyez, ci-après, p. 44.

7. Les plus jeunes princesses étaient à Fontevrault, et on trouve la correspondance relative à leur séjour dans ce monastère à la fin du registre O¹ 391.

8. Intendant général des postes et relais.

ennemis attribuent la désertion des troupes à sa dureté. Les princes et seigneurs qui refusent de prendre les ordres de ce général disent qu'ils ne veulent point exposer leur vie pour un étranger qui auroit seul la gloire des événements où ils auroient le plus de part. Il paroît cependant que le roi n'a aucun égard à ces objections, et qu'il a toujours sa confiance en M. de Saxe, auquel on dit qu'il a écrit de sa main; et effectivement il seroit dangereux que, dans les circonstances présentes, on lui donnât en France assez de mécontentement pour passer au service de nos ennemis, qui le recevroient à bras ouverts, et qui, ayant connoissance de nos affaires, nous pourroient faire bien du mal.

On dit que Mons, qui a tenu seize jours de tranchée ouverte[1], n'en auroit pas dû tenir huit, si les ingénieurs eussent bien servi; mais ce corps, qui est d'une importance très grande, est fort mal composé, le génie étant actuellement très négligé en France parce que la protection y fait les ingénieurs, et non la capacité.

Le sieur Gilles a, dit-on, présenté un nouveau plan de pacification, qui a été trouvé du goût de la cour[2].

M. le maréchal de Noailles fait faire une livrée neuve pour aller à Turin chargé des pleins pouvoirs de la France et de l'Espagne, ce qui fait renouveler le bruit d'un accommodement prochain avec cette cour et celle de Madrid.

On racontoit hier que le roi avoit dû partir le 12, *incognito*, pour aller joindre l'armée, mais que, S. M. ayant passé dans l'appartement de Madame la Dauphine la veille, cette princesse parut extrêmement triste et occupée : le roi lui en ayant demandé la cause, Madame la Dauphine convint que le départ de S. M. dans un temps si critique l'affligeoit sensiblement; que le roi, ayant rassuré la princesse, lui avoit promis qu'il ne seroit plus question du départ qu'après ses couches[3].

---

1. Mons, assiégé par le prince de Conti depuis le 24 juin, se rendit le 10 juillet (*Gazette*, p. 323-324, 333-336, 344-347, 366-369; *Journal de Barbier*, p. 165; *Mémoires de Luynes*, p. 341).

2. *Luynes*, p. 337. Jacob Gilles (ou Gils), second greffier des États-Généraux, amené par le plénipotentiaire Wassenaer, négociait depuis la fin d'avril, mais sans pouvoirs en forme, soit à la cour, soit à l'armée, où était le roi; l'abbé de la Ville était chargé de travailler avec ces deux Hollandais, ainsi que M. de Puyzieulx, et c'est pour cette raison que les opérations se trouvaient à peu près suspendues, ainsi que M. de Luynes le raconte. Les négociations se trouvèrent compromises par la « malheureuse affaire d'Italie. » M. Gilles fut fait grand pensionnaire à la fin de l'année. Sur cette négociation, on peut voir les *Mémoires du marquis d'Argenson*, t. IV, p. 331-350, et *Maurice de Saxe*, par le duc de Broglie, t. I, p. 54-82.

3. *Mémoires de Luynes*, p. 341.

On dit que M. le maréchal de Noailles doit partir dans peu de jours pour se rendre à Turin, avec la qualité d'ambassadeur extraordinaire et plénipotentiaire, pour y perfectionner le traité qui a déjà été entamé avec cette cour. Quelques-uns assurent même, pour donner plus de vraisemblance, que M. le maréchal de Noailles a reçu cent mille écus à compte, du trésor royal, sur les frais qu'il doit faire rapport à cette commission [1].

La prise de Mons n'a pas fait à la cour beaucoup d'impression [2]. Le bruit court, au camp de Mons, que le prince de Conti va faire le siège de Charleroy [3]. Les gens de la maison de ce prince disent qu'il est sur le Rhin. Il court un bruit sourd qu'il viendra peut-être dans peu assiéger, ou, pour mieux dire, garder l'Isle-Adam. On est extrêmement mécontent de la conduite de nos princes. Le prince de Conti, par une affectation étrange, a fait ôter toutes les sauvegardes du pays où il est qui avoient été données par le maréchal, et il a contraint les particuliers à en recevoir de lui. Le comte de Clermont se mêle aussi d'affecter un air d'indépendance. L'on sait que, depuis que le roi a quitté son armée, on lui a laissé le commandement d'un corps séparé ; jusqu'à présent il a refusé de rendre aucun compte à M. de Saxe, et n'a fait aucun cas de ses avis.

Enfin, pour très certain, un courrier arriva avant-hier, apportant des dépêches par lesquelles M. le maréchal demande instamment au roi la permission de se retirer, et lui fait l'aveu des désagréments qu'il est obligé d'essuyer. L'on dit que le roi, loin d'acquiescer à sa demande, lui a envoyé la patente de généralissime de ses armées. C'est peut-être du dépit qu'en concevra le prince de Conti que l'on conclut sa future retraite [4].

L'on a fait courir un ordre de tâcher de découvrir les personnes qui peuvent avoir reçu des lettres de Flandres, par lesquelles on mande qu'il y a eu un mouvement dans Anvers et qu'on a cassé les fenêtres du maréchal ; ce bruit court depuis hier matin.

On a averti toutes les personnes qui doivent suivre le roi qu'elles doivent se tenir prêtes à partir à tout moment, et qu'elles n'auroient

---

1. Ni les *Mémoires du duc de Luynes*, ni ceux *du marquis d'Argenson* ne parlent de ce projet de mission en Piémont.

2. Ci-dessus, p. 14. C'est le fils du garde des sceaux Chauvelin qui fut envoyé par M. le prince de Conti pour en apporter la nouvelle au roi (*Gazette*, p. 347).

3. Cette place fut investie le 17 (*ibidem*, p. 357).

4. « M. le prince de Conti commanda en chef l'armée sur les frontières d'Allemagne et du pays de Luxembourg par pouvoir du 1ᵉʳ mai 1746.... L'armée qu'il commandoit se joignit à celle du maréchal de Saxe le 1ᵉʳ septembre. M. le prince de Conti revint en France : il n'a point servi depuis. » (Pinard, *Chronologie militaire*, t. I, p. 598-599.)

que douze heures après l'ordre reçu. Ce ne sera cependant qu'après les couches; l'on assure que le roi a promis à Madame la Dauphine de demeurer jusqu'à ce qu'elle soit délivrée[1]. En attendant, il meurt d'impatience; l'on voit un ennui affreux peint sur toute sa figure, et il paroît que la cour s'en aperçoit, puisque tout le monde a l'air ennuyé.

Le bruit court que M. Grassin[2], ayant eu une affaire d'honneur avec un autre colonel, a été tué dans un combat particulier près d'Anvers.

Quoique l'expédition du Cap-Breton soit bien belle, on trouve cependant que celle contre l'Irlande nous auroit été plus facile et plus avantageuse en ce que, nous étant rendus maîtres de ce royaume, nous aurions favorisé le parti du prince Édouard en Écosse; par cette diversion, nous aurions empêché le transport des troupes angloises en Flandres, et nous aurions forcé par là le roi d'Angleterre à l'échange du Cap-Breton, quand nous aurions voulu[3].

Il seroit difficile de trouver une imagination plus fertile en inventions que celle de la dame Marcoux. Indépendamment de toutes les visions dont sont remplis les deux mémoires qu'elle avoit fait adresser par M. le comte de Thélis[4] à M. le maréchal de Saxe, et qu'elle reconnoît pour être de son écriture, en en soutenant la vérité, elle avance beaucoup d'autres faits aussi extraordinaires, et qu'elle soutient parcillement véritables[5] : elle se dit fille de M. le prince de Conti et de Mme la marquise de Nesle[6].

---

1. Ci-dessus, p. 14.
2. Ce colonel (tome II, p. 9) servit jusqu'en 1749.
3. *Journal de Barbier*, p. 164-165. — Une flotte, commandée par le duc d'Anville, était partie de la Rochelle le 22 juin avec des troupes; on la supposait destinée pour l'Acadie ou le Cap-Breton. Le marquis d'Argenson eût estimé plus avantageux de l'envoyer en Écosse au secours du Prétendant; mais M. de Maurepas préféra l'Amérique pour son cousin d'Anville, qui pensait y gagner le bâton de maréchal (*Mémoires d'Argenson*, p. 319). Ce fut un désastre : voyez le livre de M. Lacour-Gayet, p. 178-184. Le registre B⁴ 59 des archives de la Marine contient (fol. 94-163) un certain nombre de documents sur la composition de l'escadre et sur l'expédition elle-même.
4. Tome II, p. 41.
5. Marie-Marguerite Beuvache, femme Marcoux, maîtresse du comte de Thélis, s'était servie de celui-ci pour adresser au maréchal de Saxe un mémoire sur une prétendue conspiration contre le roi (*Archives de la Bastille*, t. XV, p. 227-229). Les deux époux furent mis à la Bastille par ordre du 22 juillet; en décembre, nous verrons M. de Thélis transféré à l'abbaye de la Chaise-Dieu.
6. Félice-Armande de la Porte la Meilleraye-Mazarin, morte en 1729, mariée à Louis III de Mailly, marquis de Nesle (t. I, p. 199), et mère des favorites de Louis XV.

Elle prétend avoir eu, il y a dix à onze ans, un enfant de M. le duc d'Orléans; que, lorsqu'elle est devenue grosse, elle étoit au couvent des Filles du Saint-Sacrement de la rue Cassette; qu'elle est accouchée chez les Carmes déchaux[1] et par les soins du prieur de cette maison; que l'enfant qu'elle a eu étoit un garçon, qu'on appeloit le marquis du Saint-Esprit; qu'il avoit douze mille livres de rente viagère, que M. le duc d'Orléans lui avoit données, et que ce prince faisoit remettre tous les ans cent mille francs chez un notaire pour cet enfant, qui est mort il y a environ trois mois; qu'elle avoit mieux de dix-huit cent mille livres, qui lui revenoient des avances qu'elle avoit faites pour la société[2], dont elle avoit instruit M. le maréchal de Saxe;

Que c'est Mme de Montmirail[3] et Mme de Rupelmonde[4], qui pour lors étoient filles, M. le duc de Gontaut, père de Mme de Montmirail[5], et M. de Lauzun, père de M. de Gontaut[6], qui lui proposèrent d'entrer dans cette société;

Qu'avant de l'initier, on lui a fait prêter un serment entre les mains de M. de Gontaut, qu'elle a répété en présence de MM. les abbés de Combes et de l'Isle-Dieu et du curé de Saint-Sulpice[7];

Que cette société s'appeloit la Société de la Liberté, que l'on prêtoit serment de ne jamais révéler les affaires qui s'y traitoient, et que la société avoit une grande maison près le Palais-Royal, où il y avoit des armes pour armer deux mille hommes, et dans laquelle on tenoit les assemblées pour ordonner de la punition ou du genre de peine de ceux qui avoient trahi le secret;

Que M. le cardinal de Fleury entroit dans le complot, et qu'il avoit péri, par les ordres de la Société et par différents supplices, un grand nombre des sociétaires qui avoient révélé le secret;

---

1. Rue de Vaugirard.
2. La « Société de la Liberté; » ci-dessous.
3. Louise-Antonine de Gontaut, mariée, le 25 février 1732, à François-Michel-César Le Tellier, marquis de Montmirail, colonel des cent-suisses. Elle était morte depuis le 11 juin 1737.
4. Marie-Chrétienne-Christine de Gramont, née le 15 avril 1721, avait épousé, le 21 avril 1733, Yves-Marie de Recourt de Lens, comte de Rupelmonde. Elle était cousine de Mme de Montmirail par sa mère, sœur du duc de Biron, et avait eu, en 1741, la place de dame du palais de la reine.
5. François-Armand de Gontaut, duc de Biron, mort le 28 janvier 1736.
6. Il faut lire *fils de M. de Gontaut*. C'est Antoine-Charles de Gontaut, frère de Mme de Montmirail, titré duc de Lauzun, et colonel d'infanterie, mort depuis le 17 mai 1737.
7. L'Isle-Dieu, abbaye de prémontrés du diocèse de Rouen, avait pour abbé commendataire, depuis 1722, Pierre de la Rue; l'abbé Combes était supérieur des Missions étrangères; le curé de Saint-Sulpice était, depuis 1714, Jean-Baptiste Languet de Gergy.

Qu'elle avoit connu Mme de Marville aux Filles du Saint-Sacrement, que c'étoit là où elle étoit entrée avec elle dans la société;

Qu'elle avoit souvent mangé avec M. le cardinal de Tencin, M. de Maurepas et M. de Saint-Florentin, qui étoient tous de la société, aussi bien que toute la maison de Noailles, feu M. de Vintimille, archevêque de Paris, Mme de Châteauroux, Mme de Montmorency, M. le duc de Richelieu, et beaucoup d'autres qu'il seroit trop long de nommer.

Quant à moi, elle m'a dit qu'on lui avoit dit que j'étois de la société, mais qu'elle n'avoit pas vu ma signature.

En un mot, il n'est sorte de visions qui ne passent par la tête de cette femme, qui a trouvé, dans le comte de Thélis et dans un sieur Renou[1], deux personnes assez simples pour croire la réalité de ses idées. Il leur est cependant dû une justice à l'un et à l'autre, qui est de n'avoir rien inventé, d'avoir cru, étant obsédés par elle, tout ce qu'elle leur a dit, et d'en avoir frémi d'horreur.

Elle a non seulement profité de leur simplicité pour les séduire, mais elle a fait accroire au comte de Thélis qu'elle lui donneroit cinq cent mille livres, lui en feroit prêter quatre cents par M. le duc d'Orléans, et qu'elle lui avoit fait obtenir l'ambassade de Constantinople.

Elle a fait accroire à l'un et à l'autre que la société, voyant qu'elle avoit voulu révéler le secret, l'avoit empoisonnée, et elle a couronné l'œuvre en leur accordant les dernières faveurs. Elle a, de plus, engagé le comte de Thélis à aller demander à M. le duc d'Orléans la cassette qu'elle lui avoit confiée : à quoi M. le duc d'Orléans a répondu ne point connoître cette femme et ne se mêler d'aucune affaire.

Malgré la bonne foi des sieurs Renou et de Thélis, il faut convenir que des gens assez simples pour donner dans de telles visions sont bien dénués de raison.

Voilà le résumé d'une partie des faits que j'ai appris dans environ cinquante heures que j'ai passées avec ces trois particuliers à la Bastille[2]. Je ne négligerai rien pour compléter les preuves de leur extravagance. Je crois devoir seulement observer que la dame Marcoux est fille d'une nommée Beuvache qui demeure rue du Four, faubourg Saint-Germain, où elle a beaucoup de peine à gagner sa vie et à élever une fille que la dame Marcoux a eue de son mari, qu'elle

---

1. Celui-ci avait été secrétaire de M. de Villeneuve, ambassadeur à Constantinople (*Archives de la Bastille*, t. XV, p. 229).

2. Ce passage, rapproché des lettres de M. de Maurepas imprimées au tome XV des *Archives de la Bastille*, semble indiquer que l'auteur du gazetin ou rapport doit être soit le commissaire Poussot, soit Duval.

a dit être commis dans les vivres de l'armée d'Italie, et qui a trois ou quatre ans. Il est vrai que la dame Marcoux a été, en 1735 ou 1736, au couvent du Saint-Sacrement de la rue Cassette; elle y a même pris le voile pour y être religieuse, et elle a vingt-sept ou vingt-huit ans.

M. de Maurepas à M. de Marville[1].

14 juillet 1746.

M. Forquet, maître des comptes de la Chambre de Montpellier, s'est plaint à M. le chancelier de ce qu'ayant fait remettre au sieur Le Gras, ci-devant avocat au Conseil[2], une somme de 5,677 livres pour payer les droits de survivance de sa charge, dont il avoit obtenu l'agrément pour son fils, cet avocat a abusé de la confiance qu'il avoit eue en lui. En cet état, M. le chancelier pense qu'il convient de le faire mettre en prison. Je vous envoie les ordres du roi à cet effet[3]; mais, avant d'en faire usage, vous manderez, s'il vous plaît, le sieur Le Gras, et, s'il vouloit ou restituer sur-le-champ cette somme, ou donner des sûretés au sieur Forquet, en ce cas vous pourriez suspendre les ordres de S. M.

Je suis, etc.

MAUREPAS.

M. de Maurepas à M. de Marville[4].

16 juillet 1746.

Sur les représentations qui ont été faites au roi qu'il paroît un libelle ayant pour titre : *Histoire générale de la réforme de Cîteaux*, dont on accuse dom Gervaise, religieux du même ordre, d'être l'auteur[5], je joins ici les ordres que S. M. m'a commandé d'expédier pour vous autoriser à faire faire perquisition de cet ouvrage et pour faire arrêter dom Gervaise après avoir fait saisir et enlever tous les livres et papiers qui se trouveront dans les appartements qu'il occupe

---

1. Reg. O¹ 391, p. 309. Le nom *Forquet* est douteux.
2. Cet avocat, en fonctions depuis 1738, avait cessé d'exercer depuis quelques mois seulement.
3. Ordre du 14 : reg. O¹ 90.
4. Reg. O¹ 391, p. 310.
5. François Gervaise, ancien abbé de la Trappe après M. de Rancé, avait été obligé de se démettre en 1698, à la suite d'histoires peu édifiantes que Saint-Simon a racontées (*Mémoires*, éd. nouvelle, t. V, p. 387-410). Il a une longue notice dans le *Moréri*.

à l'abbaye de la Piété[4]. Vous voudrez bien donner vos ordres pour la prompte exécution de ceux de S. M.; il convient cependant que vous vous concertiez avec le sieur abbé de Chalucé[2], procureur général de cet ordre.

Je suis, etc.

MAUREPAS.

M. de Maurepas à M. de Marville[3].

22 juillet 1746.

Je vous donne avis que Madame la Dauphine est morte à onze heures et demie[4]. Quoique le roi soit persuadé que le public, pénétré de la juste douleur que doit lui causer la perte qu'on vient de faire[5], s'abstiendra de soi-même de toutes sortes de spectacles, S. M. me charge de vous mander qu'elle veut que vous fassiez cesser les comédies et tous spectacles populaires, s'il y en avoit d'établis. Je donne le même ordre au sieur Berger pour l'Opéra. Je vous ferai savoir les intentions de S. M. sur la durée de cette cessation[6], et vous vérifierez cependant de combien de jours elle a été lors de la mort de Madame la Dauphine mère du roi.

Je suis, etc.

MAUREPAS.

M. de Maurepas à M. l'archevêque de Bourges.

25 juillet 1746.

J'ai reçu, mon cher cousin, votre lettre du 6 de ce mois.

La naissance d'une princesse[7] vous avoit ôté votre gaieté; mais

---

1. Dom Gervaise fut envoyé à l'abbaye du Reclus, et on perquisitionna à l'abbaye de la Piété, près Ramerupt.
2. Peut-être Chaloché, abbaye cistercienne au diocèse d'Angers.
3. Reg. O^1 90, p. 326.
4. *Mémoires de Luynes*, t. VII, p. 350-351, et t. VIII, p. 58-70, journal de sa maladie et de sa mort; *Gazette*, p. 371-372; *Journal de Barbier*, p. 169-170. En général, la Dauphine fut peu regrettée; la douleur de son mari, « quoique très vraie, » s'adoucit vite; on lui fit même bientôt remarquer des défauts de figure et de caractère qu'il n'avait pas vus de son vivant (*Luynes*, t. III, p. 363, 380, 381).
5. Le ministre avait écrit à Marville, le matin du même jour : « Madame la Dauphine est dans un état qui donne lieu de craindre pour sa personne. Je ne doute point que cette fâcheuse nouvelle ne cause beaucoup d'inquiétude à Paris. Vous voudrez bien m'informer de ce qui se passera. » (Reg. O^1 90, p. 325.)
6. Les théâtres ne rouvrirent que le 3 octobre (*ibidem*, p. 334).
7. L'enfant dont la Dauphine était accouchée le 19 juillet (*Journal de Barbier*, p. 167; *Luynes*, p. 347-348).

nous n'avions pas compté sur la douleur de voir mourir la mère. La nuit de jeudi à vendredi, Madame la Dauphine se trouva moins bien, et les suites de sa couche se supprimèrent. La Faculté, sur les huit heures du matin, en prit l'alarme. Elle fut saignée du pied sur les neuf heures : le transport au cerveau arriva aussitôt; on réitéra la saignée à onze, et, peu de moments après, elle mourut[1]. Vous imaginez aisément quelle fut la consternation et les douleurs. Le roi et toute sa famille ont quitté Versailles; tout est parti pour Choisy, où je me suis campé, dans la nécessité d'être à portée de faire décider tous les arrangements qui sont la suite de ce malheureux événement. Le roi reste ici jusqu'après le jour du convoi, qui sera le 2 du mois prochain[2], et nous retournerons à Versailles, sans savoir jusqu'à présent combien de temps le roi voudra y rester.

M. l'archevêque de Paris est mort le même jour que je vous ai annoncé qu'il étoit fort mal : il avoit été deux jours sans vouloir s'apercevoir qu'il étoit couvert de rougeole et de petite vérole; il sortoit et officioit, dans la confiance que ce n'étoit qu'un érésypèle peu dangereux. Il a vu trop tard qu'il ne s'y connoissoit pas[3]. Le roi n'a point encore nommé à cette place. On met assez foiblement deux ou trois sujets sur les rangs; mais le public, en général, constant dans son goût, vous désire plus que jamais. Cela fait honneur; mais vous savez que ce ne fait pas loi.

Je ferai remettre à M. de la Rochefoucauld les tableaux que vous lui envoyez aussitôt que je les aurai reçus.

Vos paquets ont été remis à leur adresse sur-le-champ.

Mme de Donges[4] va tous les jours de mieux en mieux et n'a pas éprouvé, depuis son opération, le plus petit accident. Je ne vous ai point mandé le détail de cette opération et de ses suites, parce que je sais que le P. Vassal s'est chargé avec empressement de le faire.

Je n'ai point de nouvelles de M. d'Anville, dont je suis fort aise, et j'apprends que les Anglois, qui avoient fait un armement considérable pour s'opposer à ses opérations, quelles qu'elles fussent, viennent

---

1. Ci-dessus, p. 20.
2. Toutes les expéditions du ministère de M. de Maurepas, pour les obsèques, sont dans le registre O¹ 90, p. 325-345.
3. M. de Bellefont, atteint de la petite vérole le 17 juillet, mourut le 20, âgé de quarante-huit ans (*Gazette*, p. 360; *Mémoires de Luynes*, p. 349-358). L'avocat Barbier (*Journal*, p. 167) dit de lui : « Sans avoir eu le temps de faire mal à personne, il a trouvé le moyen de se faire haïr. » Les scellés furent apposés sur ses papiers par ordre du roi (reg. O¹ 90, fol. 218 v°).
4. C'était la cousine germaine de l'archevêque, Marie-Louise de la Rochefoucauld d'Estissac, mariée depuis 1718 à Guy-Marie de Lopriac de Coëtmadeuc, comte de Donges.

de rentrer dans leurs ports et de remettre à terre les troupes qu'ils avoient embarquées à cet effet.

On assure toujours que le prince Stuart est dans quelqu'une des petites îles du nord de l'Écosse; mais il y est si bien caché à ses ennemis et à ceux de son parti, que les uns et les autres le cherchent également sans succès.

Vous connoissez, etc.

MAUREPAS.

Nouvelles qui se débitent à Paris, aux promenades publiques et dans les cafés.

Du 6 août 1746 et jours suivants.

Quelqu'un a assuré avoir vu une lettre de Dunkerque, où, à la suite de ce qui pouvoit avoir rapport aux affaires du commerce, il est dit qu'on apprenoit dans le moment que le roi d'Angleterre étoit mort, ayant été assassiné par une conjuration formée par les parents et partisans des prisonniers écossois que l'on devoit juger.

On dit que M. l'abbé d'Harcourt donne sa démission de doyen de Notre-Dame[1], que le roi lui donnoit le cordon bleu, qu'il seroit conseiller d'État, et qu'on lui accorderoit une abbaye pour le remplacement de son doyenné[2].

La nouvelle qui avoit couru hier d'une bataille en Italie, dans laquelle le roi de Sardaigne avoit été blessé, ne se confirme pas plus que celle qui disoit que le roi d'Angleterre avoit été assassiné.

On assure que c'est M. de Beaumont du Repaire, archevêque de Vienne, qui est nommé pour succéder à M. de Bellefont. Tout le monde a paru surpris de cette nomination. Ce prélat n'a pas quarante ans. Il est comte de Lyon et a été ci-devant évêque de Bayonne[3].

---

1. Tome II, p. 258.
2. Tous ces bruits étaient faux. Il fut encore question de l'abbé d'Harcourt pour succéder à l'archevêque de Bellefont; mais il ne fut pas nommé et conserva finalement son décanat (*Mémoires de Luynes*, p. 349, 381, 415 et 426), quoique le roi l'eût autorisé à le résigner (lettres inédites de Maurepas, 29 juin). Les *Nouvelles ecclésiastiques* du commencement de 1747 (p. 9-10), dans un article qu'elles consacrèrent au défunt archevêque, parlent de l'abbé d'Harcourt et de M. de Marville.
3. Christophe de Beaumont du Repaire (1703-1781), d'abord chanoine-comte de Lyon et vicaire général de Blois, puis évêque de Bayonne en 1741, était passé en 1745 à l'archevêché de Vienne; il va être nommé archevêque de Paris en août 1746, et ne mourra que le 12 décembre 1781. Le P. Régnault a publié une histoire de sa vie en deux volumes (1882).

M. le comte de Mortemart[1] a été salué par la cour en qualité de duc depuis la mort du duc de ce nom[2], qui a laissé vacant le gouvernement du Havre. On a dit que ce morceau doit être la récompense de la bravoure de M. de Lowendal[3], par la règle : *Vox populi, vox Dei.* D'autres ont dit qu'il a une grande réputation parmi le peuple, qui, donnant toujours dans les extrêmes, lui fait souvent remporter des avantages auxquels il n'y a de réel que la prévention, et l'on craint que le choc sanglant dont on a parlé hier ne soit de ce nombre, parce qu'on n'en a rien dit chez les ministres.

On souhaiteroit que le roi ne se trouvât pas à une bataille dans les Pays-Bas, parce que sa bravoure pourroit l'exposer. On se souvient, toujours en frémissant, de la bataille de Fontenoy, où l'avantage a été balancé longtemps, et que, si nous l'eussions perdue, toute l'armée périssoit dans l'Escaut, et peut-être la personne du roi et celle de Monsieur le Dauphin auroient été en danger d'être prises.

Quoique le prince Charles a rétrogradé, c'est un piège qu'il nous tend : il voudroit nous entraîner dans les retranchements où il attend encore quinze mille hommes de l'Empire, avec les cinq mille Bavarois que l'Électeur fait marcher au secours des alliés.

Le bruit court que la division recommence parmi nos généraux, et qu'il y en a même plusieurs qui ont eu ordre de se retirer dans leurs terres.

On dit que la princesse de Savoie[4] que l'on destinoit pour Monsieur le Dauphin n'est pas d'une santé à pouvoir se marier, étant pulmonique[5].

On dit à présent que Monsieur le Dauphin ne pense point encore à se remarier et que le souvenir de Madame la Dauphine a toujours

---

1. Jean-Baptiste de Rochechouart, né le 25 novembre 1682, titré comte de Maure, puis de Rochechouart, avait eu, en 1706, le régiment d'infanterie du Dauphin. Comme successeur de son frère le duc de Mortemart, il sera reçu au parlement en janvier 1747. Mort le 16 janvier 1757.

2. Louis II de Rochechouart, né le 30 octobre 1681, gendre du duc de Beauvillier, dont il avait eu, en février 1710, la charge de premier gentilhomme de la chambre du roi et le gouvernement du Havre. Il vient de mourir le 31 juillet (*Mémoires de Luynes*, p. 365-367).

3. Il avait été naturalisé, avec sa femme et ses enfants, en avril précédent.

4. Charles-Emmanuel III, roi de Sardaigne, avait deux filles : Éléonore-Marie-Thérèse, née le 28 février 1728, et Marie-Louise Gabrielle, née le 25 mars 1729. Toutes deux moururent sans alliance, la première le 14 août 1781, l'autre le 22 août 1767.

5. Sur les considérations qui firent écarter cette princesse de Savoie et l'infante Antonia, sœur de la défunte Dauphine, et choisir Marie-Josèphe de Saxe, on peut voir les *Mémoires du marquis d'Argenson*, t. V, 33-37 et 55-70.

le dessus dans l'esprit de ce prince[1]. A cette occasion, un homme dit hier, au Luxembourg, qu'on ne pensoit point du tout à marier Monsieur le Dauphin avec la princesse de Sardaigne ; que les négociations de la paix d'Italie alloient trop lentement pour cela ; qu'on ne se soucioit pas d'ailleurs de se réconcilier sitôt avec les Piémontois, qu'on vouloit châtier, et qu'il étoit question de faire venir à la cour de France une princesse de Saxe qu'on dit être dans un meilleur embonpoint que la princesse de Savoie et qui promet, par son tempérament, plus de fertilité[2]. A quoi on répond : « Voilà un raisonnement qui soutient mal la thèse ; car y a-t-il un sexe qui soit plus fertile que celui de Savoie ? Les rues de Paris sont pavées des enfants de ce pays-là. » Que le plus court seroit de faire une alliance avec la maison de Savoie, qui a déjà donné plusieurs reines à la France, qui s'en est bien trouvée.

Une personne, entrant hier dans l'église de Saint-Eustache pour entendre la messe, s'adressa à un abbé qui dormoit sur une chaise, et lui demanda si le bon Dieu étoit levé[3]. L'abbé, encore étourdi du sommeil, ou pensant qu'on se moquoit de lui, répondit, en frottant ses yeux : « Que sais-je s'il a couché ici ? »

On dit que, M. de Beaumont ayant feint de remercier pour la forme, Monsieur de Mirepoix lui a fait notifier que le roi le désiroit, et qu'il s'est soumis à cet ordre[4].

M. de Maurepas est, dit-on, fort chagrin de la maladie de M. de Torcy[5], qu'il alloit souvent consulter, et chez lequel on ajoute qu'il a puisé le degré de perfection qu'on n'avoit point encore vu dans un homme de l'âge de ce jeune ministre.

Le roi a emmené avec lui à Choisy Mme de Pompadour et la comtesse de la Rivière[6]. Comme cette comtesse est jeune et très aimable, on appréhende qu'elle ne distraye, plus promptement que la bienséance ne l'exigeroit, la douleur de Monsieur le Dauphin ; du moins l'on soupçonne que le roi la pourroit bien avoir disposée à cet emploi, et l'on murmure tout bas contre une telle conduite : l'on voudroit que, de tous les moyens de consoler, la galanterie fût le dernier employé en cette occasion[7].

---

1. Voyez ci-dessus, p. 20, note 3.
2. Ci-après, p. 26.
3. C'est-à-dire si la messe en était arrivée à l'élévation.
4. Ci-dessus, p. 22, et ci-après, p. 32.
5. L'ancien ministre de Louis XIV, qui mourra le 3 septembre, à près de quatre-vingts ans.
6. Femme du commandant de la seconde compagnie des mousquetaires (tome II, p. 243), elle sera nommée dame de la reine en juin 1747.
7. Sur certaines velléités de galanterie que l'on crut remarquer, voyez les *Mémoires de Dufort*, t. I, p. 191-192.

M. le prince de Conti confère et mange tous les jours avec M. de Saxe, qui, de son côté, a toute la déférence due à ce prince. On dit qu'il n'en est pas de même de M. le comte de Clermont, qui ne voit pas cette union avec plaisir, quoiqu'il fasse mine du contraire.

On assure aujourd'hui que le roi ne partira point, sa présence étant inutile en Flandres, puisqu'on reste dans l'inaction et qu'il y a toute apparence que cela durera.

M. de Maurepas à M. de Marville[1].

10 août 1746.

Je joins ici un sauf-conduit de trois mois pour le sieur de Noinville[2]. Je vous prie de vouloir bien le prévenir qu'il ne lui sera point renouvelé, sous quelque prétexte que ce puisse être. Ainsi il doit profiter de ce délai pour arranger les affaires qui ont donné lieu aux décrets et contraintes par corps décernés contre lui.

Je suis, etc.

MAUREPAS.

Nouvelles qui se débitent, etc.

12 août 1746 et jours suivants.

Tout le monde disoit hier le mariage de Monsieur le Dauphin avec une princesse de Saxe[3]. Chacun offroit de parier et prétendoit que le roi n'avoit pas bien reçu les propositions qui avoient été faites à S. M. d'une princesse de Savoie, dont la santé est, dit-on, chancelante, et les motifs personnels que le roi a contre le roi de Sardaigne autorisoient cette opinion[4].

Qui auroit jamais pu croire que M. le maréchal de Belle-Isle se trouveroit dans le cas de tirer avantage du sujet de la douleur universelle. Tout le monde est encore dans l'amertume de la perte que nous venons de faire de Madame la Dauphine ; ce maréchal seul est à la veille d'être choisi, par le conseil de M. le cardinal de Tencin[5], pour aller à Turin négocier le mariage de Monsieur le Dauphin avec une princesse de cette cour. Cette Éminence, qui n'avoit ci-devant

---

1. Reg. O¹ 391, p. 347.
2. Est-ce le président Durey de Noinville, dont la femme a été nommée en 1744 par M. de Maurepas, tome I, p. 175 ?
3. Voyez les *Mémoires du marquis d'Argenson*, t. V, p. 64-70, et *Maurice de Saxe et le marquis d'Argenson*, par le duc de Broglie, t. I, p. 396.
4. Ci-dessus, p. 23-24.
5. Voyez l'ouvrage récent de M. Maurice Boutry : *Intrigues et missions du cardinal de Tencin*.

aucune liaison avec la princesse de Carignan[1], la voit tous les jours, et on prétend que ce mariage est l'objet de leurs conférences. On regarde comme plus dangereux que M. de Belle-Isle rentre en crédit, que si M. Chauvelin rentroit dans le ministère.

Les bavardes femmes de chambre de la cour ne sont point d'avis qu'on marie Monsieur le Dauphin à la princesse de Savoie. Elles disent, je ne sais plus sur quel fondement, que l'aînée est pulmonique, et que, de plus, elle a, comme ses sœurs, une naissance de goître[2]. Sans doute que ces femmes de chambre ne parlent que d'après ce qu'elles entendent dire à leurs maîtresses à la toilette; mais ce qui peut surprendre est que celles de la reine et de Mesdames tiennent le même langage. Elles disent aussi qu'on a tiré l'horoscope de Monsieur le Dauphin : qu'il aura sept femmes, et n'aura de garçon que de la dernière.

On disoit hier que M. le cardinal de Tencin remuoit ciel et terre en faveur du Prétendant, auquel il est redevable du chapeau rouge, et qu'un ambassadeur lui ayant dit tout franchement qu'il craignoit bien qu'il n'arrivât quelque accident à ce prince, cette Éminence répondit tout simplement : « En tout cas, il a toujours un refuge à Rome[3], et je suis bien sûr qu'il est en lieu de sûreté. »

Le roi est parti d'hier pour Choisy[4], avec Monsieur le Dauphin. S. M. a chassé dans la forêt de Senart et a dîné à Brunoy chez M. de Monmartel, qui lui avoit proposé une fête depuis quinze jours, à laquelle il avoit employé plus de cinq cents ouvriers.

Il court une histoire dans le public au sujet d'une religieuse de Montmartre que l'on dit avoir prédit que Paris et ses environs seroient consumés par le feu le 24 de ce mois. Elle avoit aussi prédit la mort du roi d'Espagne[5], celle de M. de Bellefont, celle de Madame

---

1. Victoire-Françoise de Savoie, bâtarde du duc Victor-Amédée et de Mme de Verue, mariée le 7 novembre 1714 à Victor-Amédée de Savoie, prince de Carignan. Veuve depuis le 4 avril 1741, elle a marié sa fille, la même année, au prince de Soubise, et ne mourra qu'en 1766. Voyez, dans le tome XVII de l'édition nouvelle des *Mémoires de Saint-Simon*, p. 371-373, le portrait de ce ménage princier, installé à Paris depuis 1713, pour faire « toutes sortes d'indignes affaires, la femme la complaisante de celle du garde des sceaux Chauvelin, le mari le fermier de l'Opéra, dans l'obscurité et dans la basse débauche, » etc.

2. La duchesse de Bourgogne, tante de cette princesse, était aussi affligée légèrement de cette difformité, fréquente en Savoie, et son autre tante, la reine d'Espagne, était morte des écrouelles.

3. C'est en effet à Rome que le Prétendant se retirera après sa défaite en Écosse.

4. Le mardi 16 août (*Mémoires de Luynes*, p. 387).

5. Philippe V était mort le 9 juillet (*Gazette*, p. 359).

la Dauphine et celle de son père, dont elle avoit marqué toutes les circonstances.

Il s'est établi depuis huit jours différents marchands sans qualité dans le Louvre, sous le portique de la rue des Poulies et sous celui de la rue Fromenteau, qui font murmurer les marchands de Paris et le public, parce que ces petits forains achètent tous les effets volés. La complaisance que l'on a pour les suisses et concierges de ces portes prévaut sur le bon ordre et les anciens règlements des communautés[1].

On a dit que le roi a chassé dans la plaine de Saint-Denis avec Monsieur le Dauphin[2], ce qui a paru un peu hors de place dans le public, vu la circonstance de Madame la Dauphine qui est encore exposée dans cette abbaye; cependant plusieurs personnes ont attesté cela comme un fait certain.

Des gens prétendent que M. le prince de Conti n'est venu à la cour[3] que pour presser le départ du roi, afin de faire cesser par sa présence la jalousie et la mésintelligence qui règnent de plus en plus à l'armée. On dit le duc de Boufflers[4] exilé dans ses terres. On est étonné de n'entendre point parler de M. le comte de Clermont, que quelques-uns prétendent avoir été mené à la Bastille[5].

On prétend savoir qu'il y eut ces jours derniers un grand conseil, où il fut représenté avec véhémence qu'on s'étoit laissé leurrer par le roi de Sardaigne et les Hollandois, qui avoient jusqu'à présent amusé le tapis par des propositions de paix vagues, pour retarder les opérations militaires et donner le temps au prince Charles d'assembler une armée nombreuse, et que le plus court seroit de leur déclarer la guerre. On ajoute qu'il fut levé un avis contraire et soutenu qu'il falloit pousser la douceur jusqu'à un certain degré et mettre les alliés tout à fait dans leur tort avant de leur faire sentir qu'on ne se joue pas impunément des bontés du plus clément, mais du plus puissant monarque de l'Europe.

On fait voir des lettres qui disent que l'on a rencontré l'escadre de M. le duc d'Anville faisant route vers l'Acadie[6]; mais cette nouvelle n'a pas fait fortune. Le plus grand nombre est d'avis que c'est pour Louisbourg; on est même persuadé que ce ne sera pas un siège de

---

1. M. de Marigny s'occupera activement d'expulser tous ces intrus des alentours du Louvre.
2. Sans doute le jour où il revint de Choisy à Versailles (*Luynes*, p. 371).
3. Il y arriva le 14 août; voyez les réflexions de l'avocat Barbier sur ce retour, dans son *Journal*, p. 175-176.
4. Tome II, p. 4.
5. Il venait de tomber dangereusement malade (*Luynes*, p. 390).
6. Ci-dessus, p. 16.

plus de trois semaines, et qu'il est d'une très grande importance de le reprendre; que cela occupoit et exerçoit un nombre infini de matelots pour la pêche de la morue, très nécessaire pour quelques provinces du royaume, mais que principalement cette place protégeoit et favorisoit le commerce du Canada, dont la colonie est devenue si considérable qu'elle mérite toutes sortes d'égards, et que, certainement, si les Anglois gardoient Louisbourg, ils s'y établiroient de façon à nous interdire ce commerce et mettroient tout en usage pour se rendre maîtres du Canada.

On ne sauroit imaginer combien de raisonnements occasionne l'arrivée de M. le prince de Conti[1]. On en suppose mille, et l'on ne sait auquel il est plus raisonnable de se fixer. Les uns disent qu'il est incommodé : ils ont tort, car il se porte à merveille, à en juger du moins par les apparences; de plus, il se seroit sans doute arrêté à Paris pour se faire guérir. Les autres prétendent qu'il n'a pas cru qu'il lui convînt de servir sous M. le maréchal, et que son voyage est occasionné par la mésintelligence : ceux-là n'ont pas plus de raison, parce qu'il n'est point vrai qu'on ait envoyé au maréchal la patente de généralissime[2], et, dans le cas de la mésintelligence, il n'eût pas eu du roi une réception aussi gracieuse que celle qui lui a été faite. Enfin les plus sensés estiment que le prince de Conti vient concerter directement avec le roi afin de ne pas passer par les mains de M. d'Argenson, ce qui feroit voir que nos généraux se méfient du ministre.

On dit que l'esprit de la reine baisse prodigieusement. Elle s'imagine sans cesse voir Madame la Dauphine. Tous les matins, elle a mille songes à raconter à son sujet. Elle ne manque pas de dire affirmativement qu'elle a vu la Dauphine et s'est entretenue avec elle. L'on a caché avec de la toile les figures en relief du plafond de sa chambre, pour empêcher que ces figures ne la fixent dans ces sortes d'idées. On lui fait entendre que ce plafond menace ruine et qu'on va le refaire.

On dit que M. du Muy, ci-devant sous-gouverneur de M. le Dauphin[3] et exerçant pour son fils la charge de premier maître d'hôtel chez la Dauphine[4], a déjà fait enlever tout ce qui lui revient en cette

---

1. *Mémoires de Luynes*, p. 391-392.
2. Ci-dessus, p. 15.
3. Jean-Baptiste de Félix, marquis du Muy, d'abord conseiller au parlement d'Aix, devint sous-gouverneur du Dauphin en 1736, eut ensuite le commandement de la Provence, un brevet de conseiller d'État d'épée et la direction générale des économats.
4. Joseph-Gabriel-Tancrède de Félix, marquis du Muy, était déjà maréchal de camp lorsqu'il a été pourvu de la charge de premier maître d'hôtel, le 20 décembre 1744, et, pour qu'il continuât son service aux armées, son

qualité. Le roi en a paru fâché. L'on ajoute qu'il ne paroîtra plus à la cour, et, à la vérité, ce n'est pas grand dommage, parce qu'il est fort haï de tout le monde.

On dit que M. le comte de Clermont et M. de Lowendal ont eu une affaire ensemble, dans laquelle ce dernier a été tué.

M. le prince de Conti est arrivé dimanche au soir [1] et a ensuite été exilé à l'Isle-Adam. D'autres nient ce dernier fait, et prétendent qu'il n'est venu que pour faire part au roi des découvertes qu'il a faites en Flandre de la manœuvre des Hollandois, qui ne cherchent réellement qu'à nous amuser par la proposition d'un congrès où il n'y aura jamais rien de statué, et qu'il faudroit leur demander Maëstricht pour otage et sûreté de leur conduite.

Le cardinal d'York à M. de Maurepas.

A Navarre, ce 12 août 1746.

D'O'Bryen m'ayant rendu compte, Monsieur, de l'attention que vous avez eue à pourvoir à tous les moyens possibles de ramener d'Écosse le prince mon frère, je ne puis pas vous taire la satisfaction que j'en ressens. Autant que sa situation me cause des alarmes, autant l'obligation que je vous en ai est grande, et vous devez être bien persuadé que je saisirai avec plaisir toutes les occasions de vous en témoigner ma reconnoissance et l'amitié sincère que j'ai pour vous [2].

Votre bon ami,

HENRY.

---

père a été chargé d'exercer pour lui. Ils seront maintenus l'un et l'autre auprès de la seconde Dauphine, le 14 janvier 1747 (reg. O^1 91, fol. 34 v° et 38 v°).

1. *Luynes*, p. 386.

2. A cette lettre est jointe la lettre suivante du chevalier Groeme à M. de Maurepas : « Bagneux, ce 7e septembre 1746. Comme l'on ne sauroit prendre trop de précautions pour fournir au prince de Galles les moyens de se retirer d'Écosse, M. le comte d'Albany a appris avec plaisir, par M. O'Sullivan, que vous étiez disposé à contribuer à ce but en tout ce qui dépendoit de vous, et d'envoyer pour cette fin quelques bâtiments de la côte de Flandre, dont il vous sait bien bon gré, et m'a chargé de vous témoigner de sa part l'obligation qu'il vous en aura toute sa vie. Quoiqu'il est à présumer que l'humanité seule suffit pour engager ceux qui auront le commandement de ces bâtiments à prêter leur secours à ceux des amis du prince qui pourront se présenter pour passer en France, cependant, pour plus grande sûreté, M. le comte d'Albany désireroit fort qu'après avoir détaillé dans les ordres que vous leur donnerez tout ce qui peut regarder le prince personnellement, vous trouviez bon d'y ajouter la clause suivante :

M. de Maurepas à M. l'archevêque de Bourges.

15 août 1746.

J'ai reçu, mon cher cousin, votre lettre du 21 du mois passé. Vous verrez, sur l'ordinaire d'après, que j'ai songé efficacement à M. le cardinal Lanti.

Il est vrai que notre armée d'Italie a reçu quelques renforts; mais elle est encore loin de pouvoir agir officiellement, et je crois qu'il faudra être content, si l'on manœuvre assez bien pour ne pas recevoir de nouvel échec. Celles que nous avions en Flandres viennent de se réunir après la prise de Charleroy[1], et cette réunion a ramené hier ici M. le prince de Conti. Le petit mot que vous avez vu dans les lettres particulières est le produit de beaucoup de propos qu'on a tenus ici. Il y a quelque temps, rien ne paroissoit plus décidé; cependant tout est tombé, et il ne paroit plus qu'il soit question de rien.

Je crois qu'on est fort en peine, où vous êtes, du prince Stuart. Nous n'en avons pas ici la moindre nouvelle; il paroît, s'il existe encore, qu'il ne veut confier le secret de sa retraite qu'à lui seul, et jusqu'à présent tous les soins qu'on se donne pour le retrouver et lui procurer les moyens de quitter le Nord sont inutiles.

Vos paquets ont été exactement envoyés.

Vous connoissez, etc.

MAUREPAS.

Nouvelles qui se débitent, etc.

18 août 1746 et jours suivants.

Les doutes sur la véritable cause du retour de M. le prince de Conti continuent toujours[2]. On dit que la raison pour laquelle il y a eu quelques tracasseries à l'armée, c'est que Son Altesse Sérénissime avoit dû s'emparer du camp de Mazy[3] et prévenir sur cela les enne-

---

qu'ils laissent passer sur leurs bords autant des chefs, seigneurs, gentilshommes ou autres de son parti qu'ils pourront commodément, bien entendu que cela ne porte aucun préjudice au grand objet de trouver et de ramener le prince dans un lieu de sûreté, à quoi doit céder toute autre considération que ce soit. J'ai l'honneur d'être avec respect, Monsieur, votre très humble et très obéissant serviteur. LE CHEVALIER GROEME. »

1. La ville s'est rendue le 2 août (*Gazette*, p. 381).
2. Le duc de Broglie, après avoir minutieusement raconté la longue lutte qui amena ce retour, cite une lettre du 3 août peignant l'anxiété des Parisiens (*Maurice de Saxe*, t. I, p. 344-353).
3. A trois kilomètres ouest de Namur, dans le canton de Gembloux.

mis. On ajoute que M. le marquis de la Fare[1] avoit eu ordre de se rendre à Metz et que trois officiers principaux avoient été conduits dans les prisons de Mons, et qu'il y auroit lieu de croire que ces exemples de sévérité feroient cesser toutes les cabales et rétabliroient la subordination.

M. le prince de Conti a eu une longue conférence avec le roi[2], et l'on dit que ce prince, loin d'être mécontent de M. le maréchal de Saxe, dont il est élève dans l'art militaire, est venu au contraire à la prière de ce général, pour demander au roi s'il étoit à propos de livrer bataille au prince Charles, en représentant à S. M. tous les inconvénients et les suites d'une affaire sérieuse; que M. le maréchal prévoyoit qu'il en coûteroit beaucoup pour forcer les ennemis dans leurs retranchements, que ce seroit un sacrifice de vingt-cinq mille hommes, mais qu'il se portoit fort de gagner le champ de bataille, de disperser l'ennemi et d'avoir sa dépouille, ensuite Namur, et peut-être Luxembourg, dont la prise donneroit le dernier branle à la paix.

On compte beaucoup, dans le public, sur l'expédition de l'Acadie et de Plaisance par la flotte de M. le duc d'Anville, que l'on croit faite actuellement, et que l'on dit être de concert avec le roi d'Angleterre, qui, ne pouvant malgré la nation restituer Louisbourg, a facilité cette conquête pour parvenir à un échange en demandant l'amiral Martin[3].

Il ne paroît pas vraisemblable que le prince de Conti soit relégué à l'Isle-Adam comme on l'avoit dit, puisqu'il étoit hier à Paris et qu'il a été pour faire sa visite à S. A. R.[4], qui étoit à Traînel[5] pour lors.

On dit toujours M. le duc de Boufflers exilé à Boufflers, ainsi que MM. de la Fare et de Clermont-Gallerande.

Il est absolument décidé que le roi ne partira pas, ayant envoyé les ordres à Messieurs les intendants en conséquence afin que nos postillons retournent chez eux, de même que les maréchaussées, et que la maison et les bureaux ont reçu les mêmes ordres[6]. On ajoute que Sa Majesté doit aller à Crécy[7], où elle sera deux jours, et qu'après son retour il y aura un voyage de six semaines à Marly.

---

1. Tome II, p. 118-119.
2. *Luynes*, p. 388, 16 août.
3. William Martin (1696-1756), vice-amiral depuis 1744, a pris en 1746 le commandement de la flotte du Nord.
4. Le duc d'Orléans.
5. Le prieuré de la Madeleine-du-Traînel, rue de Charonne, au faubourg Saint-Antoine.
6. *Mémoires de Luynes*, p. 394.
7. Il s'y rendit le 29 août (*Luynes*, p. 402 et 405).

La nouvelle de la bataille d'Italie[1] a occasionné une mortification à M. le maréchal de Noailles. Hier au soir, il porta au roi, d'un air contrit et abattu, une lettre qu'il venoit de recevoir d'un banquier, par laquelle on lui mandoit que nous avions encore perdu une cruelle bataille en Italie. Ce matin, le roi n'a pas manqué de lui dire que son banquier étoit mal instruit, et de lui faire sentir qu'il auroit fort bien pu se dispenser de l'inquiéter.

Hier dimanche, Mesdames se promenèrent dans le parc et virent la pratique de ce que Madame Adélaïde ne savoit que par théorie[2]. Étant assises à l'écart, elles aperçurent une fille et un garçon qui faisoient un exercice où les témoins sont presque toujours nuisibles : elles ordonnèrent aux Suisses d'arrêter la créature; ils la poursuivirent toujours d'allée en allée avant de la pouvoir atteindre. C'étoit une petite laideron, vrai gibier d'hôpital. On la conduisit en prison; on ne fit pas la moindre tentative pour arrêter le laquais dont elle faisoit les ébats. L'on dit que l'aventure fut racontée le soir au roi, dont le premier mouvement fut d'en rire, mais qu'ensuite il prit un ton un peu furieux[3].

M. de Maurepas à M. l'archevêque de Bourges.

23 août 1746.

J'ai reçu, mon cher cousin, votre lettre du 3 de ce mois. Je suis charmé d'avoir rendu service à M. le cardinal Lanti; mais je prétends que c'est à vous à qui il en doit la reconnoissance, et mes soins en cette occasion vous ont eu uniquement pour objet.

Vous n'auriez pas cru qu'après la mort prompte de M. de Bellefont il arriveroit un nouvel incident qui rendroit l'archevêché de Paris vacant pour la seconde fois; cependant M. l'archevêque de Vienne[4] vient de refuser. On insiste pour lui faire accepter; mais on n'espère pas qu'il change d'avis. Ainsi il faudra y nommer tout de nouveau, et le public opiniâtre en revient toujours à vous.

M. de Vogüé[5] est arrivé hier pour nous apporter la nouvelle de

---

1. Combat du Tidon, 10 août (*Gazette*, p. 414-418; *Mémoires de Luynes*, p. 394-396 et 407-408; *Maurice de Saxe*, t. I, p. 361-371; C. Stryenski, *le Gendre de Louis XV*, p. 226 et suiv.). La nouvelle n'en sera apportée que le 22; ci-contre, p. 33.

2. Ci-dessus, p. 8.

3. Par commission du 3 août, M. de Marville avoit été chargé de la police des jardins des maisons royales pour réprimer les scandales qu'y causaient les femmes de mauvaise vie et les débauchés (reg. O¹ 90, p. 219).

4. Ci-dessus, p. 22.

5. Charles-François-Elzéar, marquis de Vogüé (1713-1782), était brigadier

l'affaire que nous venons d'avoir en Italie, et dont le principal avantage est de rétablir la communication que nous avions perdue. Vous saurez sûrement le détail de cet heureux événement avant de recevoir cette lettre[1].

Je rendrai très volontiers à M. Millain tous les services qui pourront dépendre de moi, et il n'ignorera pas la sollicitation que vous me faites en sa faveur[2].

Vous connoissez, etc.

MAUREPAS.

Nouvelles qui se débitent, etc.

29 août 1746 et jours suivants.

On ne sait trop comment concilier la sévérité, pour ne pas dire la cruauté, du roi d'Angleterre envers les pairs d'Écosse[3], avec la déclaration qu'a fait faire, il y a trois mois, la cour de France à celle de Londres, par le ministère de M. Van Hoey[4]. C'est une démarche qui ne fait pas honneur dans l'histoire à celui qui l'a commencée sans la soutenir.

L'on ignore ce que la princesse de Conti sollicite auprès du ministre de la guerre ; elle lui fait de si fréquentes visites, que tout le monde le remarque. Hier, il alloit promener dans le parc de Versailles, à cinq heures du soir, avec une seule personne, lorsque cette princesse envoya lui dire de l'attendre et qu'elle vouloit promener avec lui.

---

et colonel des dragons du Dauphin, et maréchal général des logis de la cavalerie en Italie.

1. *Gazette*, p. 414-418. On a deux relations imprimées du temps. L'armée « combinée » ou « gallhispane, » ayant attiré les Piémontais et une partie des Autrichiens au nord du Pô, s'est hâtée de repasser ce fleuve près de Plaisance pour battre le corps autrichien resté sur la rive droite et se replier sur Tortone et le pays génois. Le résultat eût pu être avantageux, si le nouveau roi d'Espagne, Ferdinand, n'avait forcé don Philippe de rétrograder sur Nice, et, par suite, l'armée de Maillebois va repasser le Var en abandonnant Gênes à son sort. Quand Belle-Isle arrivera pour remplacer ce général, il faudra encore faire retraite jusqu'à quatre lieues de Toulon et livrer la Provence aux envahisseurs.

2. Jean-François Millain, secrétaire du roi en 1695, après son père, était entré, en 1705, comme secrétaire, chez le chancelier Pontchartrain, et avait conservé ces fonctions chez Voysin, mais avait été choisi par le duc de Bourbon, en 1715, pour travailler aux affaires du conseil de régence. Il a pris une part considérable au mariage royal de 1725.

3. Les pairs et officiers écossais partisans du Prétendant, faits prisonniers en Écosse, avaient été pendus et écartelés le 10 août (*Gazette*, p. 317, 366, 379, 402-403 et 412-414; *Journal de Barbier*, p. 177).

4. Ci-dessus, p. 9-10.

L'HERMINE[1].

(Fable.)

A Madame la marquise de Pompadour.

J'avois aux Muses dit adieu.
Aux grands je l'avois dit de même,
Et je faisois mon bien suprême
D'habiter en paix ce beau lieu,
L'obscurité philosophique
Me paroissant, dans tous les cas,
Préférable au brillant fracas
Des cours et de leur politique ;
Mais, quand le bruit fut répandu
Que dans ces lieux charmants Louis devoit descendre,
Qu'avec sa cour auguste il étoit attendu,
Il s'élance en mon cœur, sans pouvoir m'en défendre,
Un trouble impérieux, qui me force à vous rendre
Un culte qui vous est bien dû,
Et que tout bon François doit vous avoir rendu.
Je réclame aussitôt La Fontaine et sa muse :
Dans leur genre autrefois le public m'a loué.
Non qu'on ose penser, à moins qu'on ne s'abuse,
Qu'après un si grand maître, on puisse être avoué ;
Mais ce genre est aimé : c'est ce qui sert d'excuse.
« Ose, me dit la muse, et sois sûr du succès.
« Pompadour joint à ses attraits
« Les plus rares talents et les vertus réelles.
« Ses talents, chaque jour, par des fêtes nouvelles,
« Amusent un grand roi, l'amour de ses sujets,
« Et ses vertus sur eux attirent ses bienfaits.
 « Est-il deux fonctions plus belles ?
« Amuser ce grand roi, c'est conserver ses jours ;
 « Les conserver, c'est en croître la gloire,
« C'est de ses ennemis forcer les vains détours,
« Unir, en dépit d'eux, la paix à la victoire,
 « Et nous rendre heureux pour toujours,
 « En éternisant sa mémoire.
« Va donc offrir tes vœux à cette déité ;

---

[1]. Cette pièce pourrait être de Pesselier, qui publia un volume de *Fables nouvelles* en 1748.

« Elle te sera favorable
« Et recevra bien cette fable,
« Qui pour elle devient la simple vérité. »
    Un jour, l'Hermine, poursuivie
    Par un sauvage grand tireur,
    Cherchoit moins à sauver sa vie
Qu'à garantir sa robe et sauver sa blancheur.
Après plusieurs détours, après mainte refuite,
Elle imagine avoir éludé sa poursuite,
Et sur le haut d'un arbre elle court se cacher ;
    Mais son impitoyable archer,
    La suit, et, d'un air de furie,
    Fit semblant, pour l'en arracher,
    De prendre une flèche choisie,
    Qu'il feignit de lui décocher.
    Il n'avoit garde de le faire :
    Il vouloit la peau bien entière,
    Sans la percer ni la tacher.
    Que sut-il donc mettre en usage ?
Le voici : dans sa course, il avoit remarqué
    Que l'Hermine avoit appliqué
    Tous ses soins à fuir tel passage
Qui pourroit à sa peau causer quelque dommage.
    Aussitôt d'un bourbier voisin
    Il va tirer assez de fange
Pour mettre autour de l'arbre et fermer tout chemin.
    Le moyen fut bon, quoique étrange ;
    Car, hélas ! au bout de deux jours,
L'hermine, n'ayant pris repos ni nourriture,
    Voulut aller à la pâture,
    Descendit et fit bien des tours ;
    Mais, ne trouvant nulle ouverture,
Et redoutant surtout de gâter sa fourrure,
    Elle se livre à tout son sort,
Appelle l'homme, et dit : « Je cède à votre effort.
    « Sans jamais cesser d'être pure,
« Prenez-moi, tuez-moi ; je me voue à la mort.
    « Plutôt la mort que la souillure ! »

Divine Pompadour, au sein de la grandeur,
Du crédit, dont l'appât n'est que trop séducteur,
Vous voir toujours constante à suivre la sagesse,
La raison, la prudence, avec grâce et noblesse,
C'est bien être l'Hermine, et garder sa blancheur.

M. de Maurepas à M. de Marville.

2 septembre 1746.

Je suis bien aise que, pour les arrangements que vous avez pris, vous soyez le maître de disposer de votre lundi prochain. Comme il y a toute apparence qu'il y aura dimanche Conseil à Choisy, il faut nécessairement remettre votre travail à lundi, et vous me ferez plaisir si vous voulez bien vous rendre chez moi à [*blanc*] heures précises. Je ne prévois pas de changement sur ce rendez-vous, et, s'il en arrivoit, vous en serez instruit sur-le-champ.

Les bestiaux morts depuis peu dans les marchés et chez les bouchers sont de nouveaux accidents qui méritent beaucoup d'attention, et qui ne peuvent être longtemps cachés au public[1]. Il est très nécessaire que vous en confériez avec M. le premier président et le procureur général, et que vous voyiez avec eux quels ordres on pourroit donner dans cette circonstance qui remédiassent au mal sans effrayer le public. Je ne crois pas que vous deviez leur laisser ignorer la mort de l'âne. Cette aventure m'auroit un peu plus effrayé, si l'homme qui a écorché le bœuf en étoit mort, et que l'âne qui en a porté la peau en eût été quitte pour des abcès.

M. de Saint-Florentin a, comme il convient, donné un exemple de modération qui ne sera pas toujours imité.

Vous connoissez, etc.

Maurepas.

Nouvelles qui se débitent, etc.

3 septembre 1746 et jours suivants.

Le prince Édouard a dit à quelqu'un, ici, qui lui faisoit compliment sur la campagne et sur les efforts qu'il avoit faits, que l'on regrettoit de voir inutiles, qu'il étoit fâcheux, et qu'on étoit à plaindre d'être le jouet de la Fortune : à quoi le prince a répondu qu'il étoit encore plus triste de l'être de la Fortune et des hommes.

On a hier refusé à tout le monde l'entrée du salon où sont exposés les tableaux au Louvre[2], jusqu'à cinq heures d'après-midi, que Mme de Pompadour y est venue avec M. de Tournehem, son oncle, et elle a ensuite été à l'Opéra.

On dit tenir de chez M. de Maurepas que le Cap-Breton s'est rendu à l'obéissance du roi[3].

---

1. Un arrêt du Conseil du 19 juillet avait renouvelé les prescriptions antérieures destinées à enrayer l'épizootie.
2. Le livret de ce salon a été réimprimé par M. J. Guiffrey en 1869.
3. Ci-dessus, p. 27, 28, 31.

On assure que M. le comte de Maurepas et M. le marquis d'Argenson eurent, ces jours passés, une contestation au sujet des conférences projetées à Bréda : le premier de ces deux ministres voudroit qu'il n'en fût point question avant qu'on eût appris le sort de l'expédition du duc d'Anville; mais l'autre garantit, dit-on, qu'on en sera instruit avant qu'elles soient ouvertes, ou du moins avant qu'on y ait rien conclu, ce qui fait conjecturer que cette espèce de congrès préliminaire n'est que l'effet de la complaisance que l'on a pour les États-Généraux, et que l'on n'en doit pas, pour cela, conclure que la paix est très prochaine [1].

On dit que Mme de Pompadour avoit écrit une lettre à M. le contrôleur général pour lui demander un emploi assez considérable en faveur de la personne qui se trouvoit porteur de la lettre; que M. le contrôleur général avoit répondu à ce particulier qu'il s'en feroit instruire et auroit l'honneur d'en rendre compte à Mme de Pompadour, en sorte que l'affaire paroissoit en bon train; que, M. d'Étiolles étant survenu une heure après pour demander le même emploi en faveur d'une autre personne, M. le contrôleur général lui avoit dit qu'avec beaucoup d'envie de l'obliger, il ne le pouvoit pas dans cette occasion, ayant pris des engagements, que cependant il pouvoit y avoir quelques ressources, et que, dans vingt-quatre heures, il en seroit instruit; que M. le contrôleur général, ayant vu Mme de Pompadour, lui avoit rendu compte de la démarche de M. d'Étiolles; que tout de suite Mme de Pompadour s'étoit désistée de sa demande et avoit prié qu'elle fût accordée à la personne pour qui M. d'Étiolles s'intéressoit, disant à M. le contrôleur général que c'étoit véritablement l'obliger que d'avoir des attentions pour lui.

On commente un peu dans le public sur ce que M. le maréchal de Saxe a laissé passer la Meuse au prince Charles sans le troubler dans sa retraite [2]. Les uns disent que c'est une négligence de la part de ce général de n'avoir pas prévu cela et de ne l'avoir pas empêché; d'autres disent qu'il a eu ordre de le laisser passer, et que c'est M. le maréchal de Noailles qui a ouvert au Conseil cet avis, et qu'il y a soutenu que, quand l'ennemi vouloit se retirer, il lui falloit faire un pont d'or.

Épitaphe de Madame la Dauphine.

Voulez-vous de sa vie apprendre le mystère ?
Elle arrive, on la couche; elle accouche, on l'enterre [2].

---

1. Ci-dessus, p. 27-28. La Hollande ne souhaitait pas moins que la France d'arriver à la paix; mais l'Angleterre eût rompu tout plutôt que de traiter sans ses alliés autrichiens et piémontais.
2. *Journal de Barbier*, p. 179.

La nouvelle du jour roule sur la prise de l'Acadie et de Plaisance, sa capitale, et non du Cap-Breton, dont cette conquête rouvre le chemin. L'on assure que nous y avons pris, entre autres, neuf vaisseaux de guerre et des richesses immenses, qui valent mieux que le Cap-Breton[1].

Il y a eu quatre à cinq commis des fermes tués à Péronne, et autant de blessés, lors du passage des équipages du roi, qu'ils ont voulu arrêter pour les fouiller. Ils ont aussi arrêté ceux de M. le comte d'Argenson et de M. du Fort, dans lesquels ils ont saisi plusieurs ballots de contrebande.

M. de Maurepas à M. de Marville.

8 septembre 1746[2].

Je joins ici les ordres du roi qui sont nécessaires pour faire sortir incessamment du collège des Lombards et, dans un mois, du royaume, les quatre prêtres irlandois qui ont excité du désordre et l'esprit de révolte dans ce collège[3]. Vous voudrez bien tenir la main à ce qu'ils se conforment aux intentions de S. M.

Je suis, etc.

MAUREPAS.

M. de Maurepas à M. de Marville[4].

8 septembre 1746.

Je crois qu'il ne pourroit être qu'avantageux que l'enclos de Saint-Jean-de-Latran et celui du Temple fussent assujettis aux visites de l'inspecteur de police, ainsi que les autres lieux privilégiés[5]. Je ne

---

1. Ci-dessus, p. 36.
2. Reg. O¹ 391, p. 407.
3. Une perquisition eut lieu dans l'appartement du nommé Merigot : reg. O¹ 90, ordre du 6 septembre. — Ce collège de la Montagne Sainte-Geneviève, d'abord établi pour les Italiens du Nord, était devenu en 1681 un asile pour quarante prêtres missionnaires irlandais et quarante jeunes écoliers de la même nation, vivant des charités des fidèles.
4. Reg. O¹ 391, p. 407.
5. On a eu mention, au tome I, de l'enclos du grand prieuré du Temple; quant à celui de Saint-Jean-de-Latran, voici ce qu'en disait Piganiol : « Cette commanderie est de l'ordre de Saint-Jean-de-Jérusalem, autrement de Malte, et fut fondée vers l'an 1171. Elle s'étend depuis la place de Cambray jusqu'à la rue des Noyers, et renferme dans son enclos quantité de maisons qui sont pour la plupart habitées par des artisans qui jouissent de la franchise, et y travaillent sans être inquiétés par les jurés des communautés des

crois cependant pas devoir proposer au roi de donner des ordres à cet égard, que vous ne m'ayez marqué la manière dont on en a usé jusques à présent. Je pense même qu'il conviendroit que vous vissiez M. le grand prieur[1], pour lui expliquer les raisons qui peuvent rendre ces visites nécessaires. Il auroit lieu de se plaindre, si on en faisoit sans qu'il eût été prévenu d'une nouveauté que les circonstances peuvent exiger.

Je suis, etc. MAUREPAS.

Nouvelles qui se débitent, etc.

9 septembre 1746 et jours suivants.

On ne parle pas plus à présent du Prétendant que s'il n'étoit plus de ce monde, et, malgré tous les bruits qui ont couru sur son retour, on ne peut pas assurer positivement qu'ils soient certains. Le secrétaire de ce prince a déclaré, entre autres, que le roi de France s'engageoit de mettre sur le trône d'Angleterre le Prétendant, qui, de son côté, étoit convenu de faire une alliance éternelle, offensive et défensive, avec la France.

L'on prétend que le marquis d'Argenson, toujours fertile en bons mots, et qui, lors de la prise d'Asti, dit fort élégamment que le roi de Sardaigne nous avoit « chié du poivre[2], » ne cesse maintenant de dire que le Conseil de Madrid conduit les affaires *à la mistenflûte*.

M. le maréchal de Saxe, lors de la retraite du prince Charles, a reçu ordre de ne point tomber sur son arrière-garde, par ménagement pour les Hollandois, lequel ménagement est très blâmé par la raison que, si les alliés eussent été en force comme nous, et dans la même position, et nous à la leur, ils ne nous auroient pas épargnés, et que nos ministres, dans le Conseil, ne font autre chose que de tâcher de concilier leurs intérêts particuliers avec les opérations de l'État.

On dit que le roi a acheté l'hôtel de Conti, rue Neuve-Saint-Augustin[3], de M. le duc de la Vallière[4], et que c'est pour loger M. de Tournehem.

---

arts et métiers. Il y a une grande maison pour le commandeur, une vieille tour pour renfermer les chartes, et une église. »

1. Jean-Philippe d'Orléans, fils naturel du Régent : tome II, p. 46.
2. Voir ci-après, p. 59.
3. Cet hôtel, bâti près de l'ancienne porte Gaillon pour le financier Frémont, et donné par lui, en 1687, à sa fille la maréchale de Lorge, avait été acquis en 1713 par la princesse de Conti, fille de Louis XIV. A sa mort, il passa à son cousin le duc de la Vallière, qui le vendit, non pas au roi, mais au duc de Deux-Ponts.
4. Louis-César Le Blanc de la Baume (1708-1780) devint duc de la Val-

On parle beaucoup du mariage de Monsieur le Dauphin, les uns à la princesse de Prusse[1], les autres à la seconde infante d'Espagne[2]. La différence de religion de la première semble faire un obstacle, et, pour la seconde, l'irrégularité répugne, y ayant un enfant de la première sœur. On tient beaucoup de propos qui prouvent que ce dernier parti ne seroit point au gré du public[3].

Au train que l'on voit prendre à nos affaires avec l'Espagne, il ne paroît plus d'apparence que l'on demande la seconde infante pour Monsieur le Dauphin. Il est certain que le ministère de Madrid a totalement changé de projets, peut-être même de principes. Il se hâte d'éloigner tous les François et Italiens qui y occupent des places un peu importantes. L'on envoie dans l'ambassade la plus chétive le prince de Campo-Florido[4]. De plus, le roi d'Espagne envoie ici, pour ministre, celui de tous ses sujets qui est le plus incliné pour la maison d'Autriche, et le plus capable de faire tourner la cervelle à notre pauvre M. d'Argenson[5]. Enfin toutes les démarches du nouveau roi concourent à annoncer qu'il fait peu de cas de notre alliance.

On appelle le chapitre de l'Oratoire[6] *le Triomphe du Père Boyer*, et l'on dit qu'il ne s'est porté à cette extrémité que dans la vue d'avoir le chapeau après lequel il court[7].

M. de Maurepas à M. l'archevêque de Bourges.

12 septembre 1746.

J'ai reçu, mon cher cousin, votre lettre du 14 du mois passé.

---

lière et gouverneur de Bourbonnais par la mort de son père en 1739, grand fauconnier en 1748, chevalier des ordres en 1749. C'est le bibliophile célèbre qui laissa en mourant une collection bien connue des amateurs.

1. Il ne restait à Frédéric II qu'une sœur non mariée, Anne-Amélie, née le 9 novembre 1723, et qui mourut abbesse.

2. L'infante Antonia : ci-dessus, p. 23, note 5.

3. Le duc de Broglie a raconté les scrupules du roi lui-même (*Maurice de Saxe*, tome I, p. 383-395).

4. Il était envoyé comme ambassadeur à Naples (*Mémoires de Luynes*, p. 394, 405 et 409-410). Au dire de Saint-Simon, c'était le seul bon Espagnol qu'on eût eu à l'ambassade depuis Laullez.

5. Le duc de Huescar (tome II, p. 254), capitaine des gardes du roi d'Espagne, avait été désigné pour remplacer à Paris le prince de Campo-Florido. Voir le recueil des *Instructions aux ambassadeurs en Espagne*, publié par M. Morel-Fatio, tome III, p. 436-438. Lorsque ce duc quitta l'ambassade en 1749, il fut nommé majordome-major, et il donna sa démission de cette charge en 1760.

6. Voyez ci-dessus, p. 11, la lettre du roi donnée en note.

7. Le public ne croyait pas qu'il pût y parvenir (*Journal de Barbier*,

C'étoit à la sollicitation de Mme la marquise de Pompadour, et devant elle-même, que je vous avois écrit en faveur de l'abbé de Bernis. Je ne lui avois pas laissé ignorer, en même temps, que non seulement il seroit peut-être trop tard, mais que je prévoyois que vous auriez disposé par avance du prieuré de Villecerf en faveur de quelqu'un qui vous seroit personnellement attaché. C'est ce qui s'est vérifié par votre réponse[1]. Je vous demande cependant de conserver quelque bonne volonté pour l'abbé de Bernis, si l'occasion se présentoit de lui faire plaisir. Il est homme de condition, fort attaché à toute la famille, et malheureusement fort mal avec la fortune[2].

M. de Puyzieulx, à qui j'ai envoyé votre dernier paquet, est parti[3], comme je vous l'ai mandé. Nous conférons à Dresde, nous assiégeons Namur, et nous retirons insensiblement d'Italie : voilà notre état présent[4].

Je n'attends que vers la fin de ce mois des nouvelles vraiment intéressantes de M. d'Anville. Les obstacles que je craignois pour la besogne dont il est chargé arriveront si tard d'Angleterre, en cas même qu'ils arrivent, que je me flatte qu'il aura le temps d'opérer. Cette idée m'occupe, et je voudrois fort donner des raisons de plus pour redemander Louisbourg. M. de Macnemara est reparti de la Corogne (?), et je compte d'un moment à l'autre le savoir dans nos ports avec tout son convoi.

Vous connoissez, etc.

MAUREPAS.

Nouvelles qui se débitent, etc.

17 septembre 1746 et jours suivants.

On dit que M. le duc de Chevreuse[5] a eu depuis peu une affaire

---

t. IV, p. 343, avec des vers qui coururent alors, et, p. 306, où est un portrait satirique du prélat d'après le *Livre des mœurs* de Fr.-V. Toussaint).

1. Le prélat avait obtenu, le 8 janvier 1746, un bref pour conférer en commende, pendant trente ans, les bénéfices dépendant du prieuré conventuel de Notre-Dame de la Charité-sur-Loire.

2. En 1757, le cardinal de Bernis succéda à l'archevêque de Bourges comme prieur de la Charité-sur-Loire.

3. Il se rendait à Bréda comme plénipotentiaire de la France et de l'Espagne.

4. Cf. une lettre que le duc de Luynes écrivit alors à son frère (*Luynes*, p. 414-415).

5. Marie-Charles d'Albert, fils unique du duc de Luynes, né en 1717, était mestre de camp général des dragons et maréchal de camp depuis 1743; il devint lieutenant général en 1748, colonel général des dragons en 1754, et eut le gouvernement des ville et prévôté de Paris en 1757.

d'honneur en Flandres avec M. le duc de Durfort[1], et pour laquelle ce dernier est venu à la cour.

On dit dans le public que le roi, loin d'être mécontent de M. le prince de Conti, vient de lui faire expédier des patentes de généralissime de ses armées, dont il prendra le commandement à la campagne prochaine, au cas qu'elle ait lieu, et que la paix générale ne se fasse pas comme on le présume[2].

On prétend que M. le prince de Conti doit partir pour Strasbourg et que son voyage a pour objet le mariage de Monsieur le Dauphin, devant aller à Berlin pour faire la demande de la princesse de Prusse[3].

Le bruit court que l'on a enfin reçu des nouvelles de notre flotte et qu'elle a repris le Cap-Breton de l'Acadie.

La nouvelle qui s'est répandue que le prince de Conti a obtenu des patentes de généralissime est fondée sur la vérité. Elles lui ont été accordées le 7 ou le 8 de ce mois; du moins sont-elles datées de l'un de ces deux jours. Elles enjoignent à tous maréchaux de France et autres officiers militaires de prendre l'ordre de lui partout où il plaira à S. M. de l'envoyer commander. Le maréchal de Saxe en a de pareilles; mais elles portent seulement l'injonction aux officiers, de quelque rang et naissance qu'ils puissent être, qui n'auront pas aussi les patentes de généralissime, de recevoir l'ordre de lui et de lui obéir en tout ce qu'il leur commandera pour le service du roi.

25 septembre 1746 et jours suivants.

Sur la nouvelle que le prince Charles fait toutes les dispositions nécessaires pour venir nous attaquer, on assure dans le public que le roi ira incognito pour se trouver à l'action, s'il y en a une, ou à la prise du château de Namur, parce que la conservation de toute la Flandre dépend du sort d'une bataille, et que les ennemis n'ont que cela à risquer.

On dit que M. le prince de Conti doit partir incessamment pour aller prendre en Italie le commandement de notre armée, et que les opérations commenceront par Coni.

L'on prétend qu'il y a quelque temps que M. le maréchal de Saxe, posant lui-même des troupes où il jugeoit à propos, disoit aux offi-

---

1. Louis de Durfort-Duras, né en 1714, fils du duc de Duras, et titré duc de Durfort, était maréchal de camp de la même promotion que M. de Chevreuse et employé en Flandre; sa femme avait été dame du palais de la feue Dauphine.
2. Voyez *Luynes*, t. VII, p. 391-392, et *Maurice de Saxe*, p. 405. Ci-dessus, p. 28.
3. Ci-dessus, p. 40; *Maurice de Saxe*, p. 397 et suiv.

ciers : « Messieurs, je compte que vous ferez ici votre devoir et que
« vous travaillerez pour la gloire de la France, et, si je croyois que
« vous ne le fissiez pas, j'y en placerois d'autres ; mais cela vous dés-
« honoreroit, attendu que vous êtes ici dans votre rang. »

On dit qu'il paroît une thèse métaphysique avec des estampes choquantes qui représentent les différents événements qui se sont passés pendant cette guerre et les personnes qui y ont eu part. On y avance, entre autres questions, s'il est plus utile pour la France que le roi Georges demeure sur le trône d'Angleterre, ou que la maison des Stuarts y remonte.

M. de Maurepas à M. de Marville[1].

20 septembre 1746.

Je viens de signer les ordres du roi concernant les demoiselles Durant, maîtresses de pension à Pontoise, et le sieur Jullien, prêtre du diocèse de Rouen. Je les adresse à M. de Sauvigny, en lui faisant les observations contenues dans le mémoire que vous m'avez adressé, et je lui marque qu'il convient qu'il ne fasse usage de ces ordres que dans le temps qu'il sera à Pontoise, afin d'en concerter l'exécution avec M. l'abbé de Malherbe[2]. Je suis, etc.[3]

MAUREPAS.

M. de Maurepas à M. de Marville[4].

26 septembre 1746.

Je joins ici l'ordre du roi au général de l'Oratoire pour exclure de sa congrégation les six prêtres qui en doivent être renvoyés. Vous voudrez bien lui remettre cet ordre, afin qu'il le puisse notifier. Je suis, etc.

MAUREPAS.

---

1. Reg. O¹ 391, p. 433.
2. Grand vicaire du diocèse de Rouen.
3. Dans la lettre à l'intendant (p. 434-436), le ministre lui prescrit de notifier aux demoiselles Durant, dans la pension desquelles « il se rassemble beaucoup de jeunes filles, qu'elles instruisent, avec le secours du sieur Jullien, dans des sentiments fort opposés aux décisions de l'Église, » d'avoir à fermer leur pension et à renvoyer leurs élèves chez leurs parents dans le délai de trois mois. Le prêtre Jullien est exilé à quarante lieues de Pontoise et à trente lieues des limites des diocèses de Rouen et de Paris, avec ordre de faire connaître à l'intendant le lieu de sa résidence sous peine d'être emprisonné. Les maîtresses devront faire connaître à l'intendant les noms et domiciles des parents de leurs pensionnaires. L'ordre de licenciement est dans le registre O¹ 90, p. 246.
4. Reg. O¹ 391, p. 450.

M. de Maurepas à M. de Marville.

30 septembre 1746.

Je joins ici les ordres du roi expédiés suivant le modèle que vous avez joint à votre lettre, et dont vous êtes convenu avec Monsieur de Mirepoix[1]. Vous trouverez aussi celui du sieur Cabrisseau, relégué à Tours au lieu de Soissons[2].

Je suis parti hier précipitamment pour Versailles dans l'incertitude où j'étois si je ne travaillerois pas avec le roi aussitôt qu'il seroit arrivé, et ma diligence a été en pure perte quant à cet article.

Vous ne pouvez mieux faire que de profiter promptement du reste de beaux jours pour aller faire un tour à Dampierre[3], où je vous souhaite bien du plaisir.

Je verrai très volontiers M. Chaban[4] avant que de partir pour Fontainebleau, et l'on tâchera que tout aille bien jusqu'à votre retour.

Je suis fort aise que le garde des registres des fermiers soit arrêté et que vous ayez lieu d'espérer de mettre la main sur le reste des mutins; cette affaire, négligée, auroit pu devenir sérieuse.

Vous connoissez, etc.

MAUREPAS.

Nouvelles qui se débitent, etc.

1er octobre 1746 et jours suivants.

Des gens prétendent que le roi a déclaré qu'il passeroit en Piémont l'année prochaine à la tête de cent mille hommes.

Le roi a donné à Mesdames deux nouvelles dames de compagnie : Mme de Belsunce et Mme d'Estrades[5]; cette dernière est parente de Mme de Pompadour[6]. Madame Adélaïde, s'entretenant à sa toilette sur cette nomination, dit : « Voilà, Dieu merci! assez de commun; « il faut espérer que, dans la suite, on nous donnera un peu de dis- « tingué. » Il est bien vrai que, à l'exception de la maréchale de Duras[7], faisant auprès de Mesdames fonctions de dame d'honneur,

---

1. A propos des assemblées de convulsionnaires qui se tenaient chez Hébert, marchand de fer, au faubourg Saint-Antoine (*Archives de la Bastille*, t. XV, p. 288-292; reg. O¹ 90, ordres du 26 septembre; reg. O¹ 391, p. 454, lettre envoyant l'ordre du roi).

2. *Ibidem*, 26 septembre. — 3. Dampierre-sur-Loire : tome I, p. 80.

4. Ci-après, p. 60.

5. Ci-dessus, p. 13 et 44. Leurs brevets, datés du 26 septembre, sont dans le registre O¹ 90, fol. 251. Elles avaient été présentées à la reine le 24.

6. Son mari était fils de Charlotte Le Normant du Fort, tante de M. d'Étiolles.

7. Tome II, p. 243. Elle avait été nommée, l'année précédente, dame

toutes les autres qui sont auprès d'elles ne sont pas grand'chose par elles-mêmes.

On mande de Versailles qu'il y est arrivé une nouvelle qui afflige tout le monde : c'est la mort du roi de Prusse; mais, comme elle paroît sans fondement, on y ajoute peu de foi. Depuis hier le soir, cette nouvelle a repris vigueur; elle est ici toute publique et occasionne déjà des commentaires. L'on va jusqu'à dire qu'il a été empoisonné.

L'on dit que, si les conférences de Bréda n'ont aucun succès avant la fin de l'hiver, le roi n'aura rien de mieux à faire que de publier un arrière-ban, de le conduire lui-même en Flandres, pour y conserver ses conquêtes, et d'envoyer toutes ses troupes en Italie.

On commence à murmurer dans Paris contre le cardinal de Tencin, disant que les Anglois n'auroient pas pensé à nous chercher de si près sans l'entreprise du Prétendant.

On parle d'une aventure de Monsieur le Dauphin dans le dernier voyage de Choisy, dont on tait les circonstances[1]. Le roi, en partant de Versailles pour Choisy, a dit qu'il n'y retourneroit pas qu'il n'eût déclaré le mariage de Monsieur le Dauphin. Des gens qui approchent S. M. disent que, suivant les apparences et certains discours de ce monarque, son choix tombera sur la princesse de Sardaigne, et que la chose sera déclarée après les obsèques de Madame la Dauphine à Notre-Dame.

Monsieur le Dauphin a déjà reçu d'avance les compliments de Madame Adélaïde à cette occasion, et il lui a répondu qu'il la félicitoit aussi de son côté sur son futur mariage avec le duc de Savoie, et de ce que son bonheur alloit avancer celui d'une sœur qui lui étoit si chère. Tout cela donne à penser qu'il y a sur le tapis un accommodement avec le roi de Sardaigne[2].

Il est certain que, si l'expédition contre le Port-Louis ou contre Belle-Isle avoit été le véritable objet de la flotte angloise, elle auroit pu y réussir lorsqu'elle s'est présentée devant ces deux ports, puisque l'on ne s'y attendoit point, qu'il n'y avoit point de troupes, et que les canons n'étoient pas même montés sur leurs affûts[3]; mais il y a

---

d'honneur de Mesdames. C'est elle qui, en 1722, avait conduit en Espagne la fille du Régent allant épouser l'Infant.

1. Dufort de Cheverny (ci-dessus, p. 24, note 7) raconte que le Dauphin visa Mme de Belsunce, la nouvelle dame de compagnie de ses sœurs, qui était jolie comme un ange et eût pu lutter avec Mme de Pompadour.

2. *Maurice de Saxe*, t. I, p. 390-396. On avait remarqué, à la suite de l'affaire du 10 août, que ce prince ne semblait pas « avoir grande volonté de nous faire du mal. »

3. *Mémoires de Luynes*, p. 429.

toute apparence que cet armement a un autre but, et l'on croit dans le public qu'il pourroit bien regarder Cadix.

Plusieurs personnes assurèrent qu'il y avoit quelques lettres de Rotterdam qui disoient que les François s'étoient emparés du Cap-Breton et de l'Acadie. Quelques lettres de Saint-Malo confirment l'Acadie et le Cap-Breton pris par les troupes de M. le duc d'Anville, et ce qui semble confirmer cette nouvelle, c'est que la gazette d'Hollande rapporte qu'on a reçu à Londres, depuis deux jours, des nouvelles du Cap-Breton dont on ne laisse rien transpirer.

Mme la duchesse de Chartres est enceinte, et il y a déjà quelque temps qu'on s'en est aperçu par l'envie extraordinaire qu'elle a témoignée d'acheter tous les bestiaux qu'elle trouve beaux, jusqu'aux cochons, auxquels elle trouve une physionomie charmante. Cette princesse, montant ces jours derniers à Saint-Cloud un beau cheval pommelé de plusieurs couleurs, s'écria : « Mon Dieu ! que ce che-« val est beau ! il ne lui manque plus que du rouge et des mouches. » L'écuyer en envoya chercher, et la princesse prit elle-même la peine de lui placer le rouge et les mouches sur toute la tête.

On assure qu'il y a des avis certains que nous sommes maîtres de Plaisance et de Boston, dont M. de Beauharnois[1] s'étoit rendu maître avec le secours des Canadiens, lorsque M. le duc de d'Anville est arrivé avec sa flotte. Lors du départ du navire qui a apporté cette nouvelle, nous faisions le siège de Louisbourg, que l'on présume devoir être repris aujourd'hui.

Le roi s'est trouvé indisposé jeudi dernier à Choisy[2], et peu s'en fallut que le voyage de Fontainebleau ne fût rompu. Il l'eût été, si l'indisposition avoit continué le lendemain. C'étoit, dit-on, une indigestion ; mais ceux qui se prétendent bien instruits croient que c'étoit un peu de mortification occasionnée par les mauvaises nouvelles que S. M. reçut de Bretagne. Samedi dernier, le roi travailla avec M. de Maurepas. Tous deux parurent fort tristes après ce travail, ce qui confirma encore l'idée où l'on étoit que les Anglois avoient réussi dans leur expédition[3].

On dit que, les Anglois ayant eu l'adresse de faire courir des billets par lesquels ils assuroient qu'ils n'en vouloient qu'à la Compagnie des Indes, les paysans, qui ne demandoient que sa destruction,

---

1. Charles, marquis de Beauharnais, servit d'abord dans la marine, et fut nommé gouverneur de la Nouvelle-France en 1726 ; chef d'escadre en 1741 et lieutenant général des armées navales en 1748, il mourut en juin 1749, à soixante-trois ans.

2. Voir la lettre que la duchesse de Luynes écrivit à son mari le 5 octobre (*Mémoires de Luynes*, p. 433-434).

3. *Mémoires de Luynes*, p. 436 ; *Journal de Barbier*, p. 186.

avoient lâché pied, et que, par ce moyen, les ennemis s'étoient rendus maîtres de Lorient. On assure que les négociants des ports de France offrent au roi quatre-vingts vaisseaux de guerre à son service, quand S. M. en aura besoin, si elle veut bien les rétablir dans leurs anciens privilèges et supprimer la Compagnie des Indes. Il est de fait, dit le public, qu'il n'y a pas d'État mieux situé que la France sur l'Océan et la Méditerranée pour faire le commerce, si le peuple avoit la même liberté qu'en Angleterre, et il est surprenant qu'une monarchie située si favorablement néglige la marine, qui est une voie sûre pour les richesses, et même pour les expéditions militaires, parce qu'elles sont plus promptes et plus secrètes.

La nouvelle de l'Acadie prise par M. d'Anville se confirme tous les jours, et qu'il étoit après l'expédition de Plaisance.

On dit dans le monde que, pour donner du courage aux milices de la côte de Bretagne, le ministère devroit soutenir leur émulation par l'exemption de quelques impôts pendant quelque temps, et principalement aux habitants de Léon qui ont repoussé les Anglois[1].

La nouvelle de la prise de Cap-Breton, de Plaisance et de l'Acadie s'est confirmée hier dans le public au point de n'en pouvoir plus douter. On citoit, pour donner du poids à cette nouvelle, qu'elle venoit de M. le marquis de Roye[2], et l'on ajoutoit que le projet étoit d'aller ensuite à la Jamaïque, conjointement avec les Espagnols, pour en faire la conquête et chasser les Anglois de toutes les possessions qu'ils ont dans l'Amérique.

Tout le monde étoit très content hier d'une nouvelle qu'on donnoit comme certaine : on disoit que M. le duc d'Anville s'étoit emparé de l'Acadie et de Louisbourg, et, comme il en avoit déjà été question depuis quelques jours, sans aucune autorité que la gazette d'Hollande, qui avoit déjà annoncé qu'il étoit arrivé à l'Amirauté de Londres, depuis deux jours, des nouvelles du Cap-Breton, dont il ne transpiroit rien, cela soutenoit la nouvelle; mais on ajoute qu'il est arrivé à Brest, le 8 au soir, une frégate du roi faisant partie de l'escadre de M. le duc d'Anville, et qu'il a été aussitôt expédié un courrier à la cour, en sorte que l'on s'attend d'en apprendre les circonstances dans la journée.

Il est surprenant que M. de l'Hospital[3] ait osé se montrer, d'autant

---

1. Il y a des détails sur le débarquement des Anglais dans les *Mémoires de Luynes*, p. 435-438, 440-442, 444-448, 451-452, 458-460, etc., dans le *Journal de Barbier*, p. 186-188, 193 et 195. Voyez plus loin, p. 51, la lettre à l'archevêque de Bourges.

2. Louis de la Rochefoucauld, lieutenant général des galères, père du duc d'Anville.

3. Jacques-Raymond de Gallucci, comte de l'Hospital Sainte-Mesme, né

que c'est à lui seul que l'on peut imputer la descente des Anglois. Sur le premier avis de leur approche, il s'étoit retranché, avec quelques troupes, à peu de distance de la côte; mais, lorsque les ennemis s'y présentèrent, il ne sortit point de derrière ses retranchements, quoique le commissaire-ordonnateur du Port-Louis lui eût fait donner plusieurs fois avis que l'on débarquoit. Il ne se montra que pour reculer, sous prétexte qu'il n'avoit pas assez de monde pour faire tête. Cette conduite est tout à fait répréhensible; on ne l'a bien reçu à la cour que parce qu'il apportoit une nouvelle intéressante[1].

L'on assure que l'événement de la descente des Anglois a un peu indisposé le roi contre M. d'Argenson et M. le contrôleur général. M. de Maurepas avoit fait sentir au premier la nécessité d'envoyer quelques troupes réglées sur la côte; mais, pour s'en dispenser, il avoit assuré le roi qu'il y en avoit assez pour la garder, et il s'étoit contenté d'envoyer un régiment de dragons et un de cavalerie, avec quelques milices. L'on avoit averti le second, comme étant à la tête de la Compagnie des Indes, de faire mettre le port de Lorient en sûreté. Sans aucune attention à cet avis, il ne l'avoit fait munir d'aucune des choses nécessaires pour sa défense : il ne s'y est trouvé que trois ou quatre pièces de canon, et point de troupes. Cependant, s'il fût survenu quelque accident à la Compagnie des Indes, on n'eût pas manqué d'en imputer la faute au ministre de la marine[2], tandis qu'il est certain qu'il n'a rien négligé depuis plusieurs mois pour prévenir, autant qu'il étoit en lui, ce qui vient d'arriver. L'on en peut juger par l'état où se trouve Belle-Isle, dont les approches les ont intimidés.

M. de Maurepas à M. l'évêque de Rennes[3].

2 octobre 1746.

J'ignore si M. de Lage a dessein de faire imprimer de nouveau son journal en Hollande. Je sais qu'il l'a été, il y a environ trois mois, à Avignon, et j'en ai vu même un exemplaire; mais M. de Lage prétend que cette impression ne s'est pas faite de son aveu : il en a même témoigné son chagrin à quelques personnes et s'est plaint qu'à

---

en 1720, d'abord cornette dans un régiment de dragons, en devint mestre de camp en 1739. Son régiment ayant été très éprouvé par la campagne de 1744, il avait été envoyé en Bretagne pour se refaire. M. de l'Hospital fut nommé brigadier en mai 1745, devint maréchal de camp en 1748, commandant en second en Dauphiné en 1755, et lieutenant général en 1762.

1. Il annonçait le rembarquement des Anglais (*Luynes*, p. 448).
2. Maurepas.
3. Louis-Guy Guérapin de Vauréal : tome II, p. 254; il fut rappelé de son ambassade en 1749, et mourut en 1760. Voir le recueil des *Instructions aux ambassadeurs en Espagne*, tome III, p. 248.

son journal, dont il peut s'être facilement fait des copies, on avoit ajouté des faussetés et des notes, qu'il désavouoit. Je ne répondrois point du tout de la sincérité de ce propos-là. Au surplus, je chargeai dans ce temps-là M. de Marville de savoir si cette brochure se répandoit, et, en ce cas, de découvrir ceux qui la débitoient; mais il faut qu'il s'en soit répandu bien peu, puisqu'il n'en a pas pu trouver. Depuis plus de trois mois que M. de Lage est désarmé et que sa société est rompue, je ne l'ai point vu, ni n'en ai point entendu parler, et je le crois à sa maison de campagne. Quoique je sente fort bien le mauvais effet que pourroit avoir ce journal, s'il reparoissoit en Espagne, je ne pense pas qu'il convienne que je fasse dire à M. de Lage qu'on lui défend de le faire imprimer : il me répondroit qu'il n'en feroit rien, mais qu'il n'est pas en son pouvoir d'empêcher les libraires de Hollande d'en faire autant d'éditions qu'ils le voudront, et l'attention qu'on paroîtroit y faire pourroit peut-être réveiller son amour-propre. Tout ce que je puis, c'est de recommander de nouveau à M. de Marville d'être attentif au premier avis qu'il auroit que cette brochure reparoîtroit, pour en faire saisir le dépôt et faire des recherches nécessaires pour découvrir si ce ne seroit pas à Paris qu'elle auroit été imprimée. Il y a lieu de croire que l'édition que j'ai vue a été si mal vendue, qu'on ne se pressera pas d'en faire une nouvelle [1].

J'ai l'honneur, etc. MAUREPAS.

M. de Maurepas à M. de Marville [2].

9 octobre 1746.

Je viens, ainsi que nous en sommes convenus ensemble, de signer les ordres du roi pour faire arrêter et conduire en prison le nommé La Chaumette, qu'on croit s'être retiré à Lyon, et je les envoie par cet ordinaire à M. Pallu, avec la copie du signalement de ce particulier. A l'égard du nommé Galiot, je joins ici l'ordre pour le faire pareillement arrêter. Je suis, etc.

MAUREPAS.

M. de Maurepas à M. l'archevêque de Bourges.

10 octobre 1746.

J'ai reçu, mon cher cousin, votre lettre du 21 du mois passé, à

---

1. Il s'agit de M. de Lage de Cueilly (Gilles-Fernand), qui avait été capitaine de vaisseau dans l'escadre franco-espagnole de la Méditerranée en 1744, et qui fit paraître en 1746 (Amsterdam, Fr. Girardi) un journal de cette campagne tout en faveur du lieutenant général de Court : voir notre tome I, p. 172, note 4.
2. Reg. O^1 391, p. 475.

laquelle vous avez joint la copie de la lettre qu'on vous a écrite. En vérité, c'est un modèle à garder. L'embarras de trouver un archevêque[1], le chagrin d'être refusé lorsqu'on vous propose, les motifs du refus et la réponse littérale du maître, qui vous fait tant d'honneur, rien n'est plus plaisant pour qui est au fait. Le fruit de cette lettre ne m'étoit pas nouveau : c'est avec ces mêmes propos qu'on a cru plus d'une fois me satisfaire sur votre compte, toujours intérieurement, malgré vous et malgré moi. Vous ne pouviez être indifférent pour cet objet; votre réponse est toute simple, et telle qu'il la falloit faire[2].

Ce n'étoit pas assez que les affaires d'Italie nous occupassent désagréablement. Les Anglois viennent de nous donner l'alarme en Bretagne : ils sont débarqués du 1er du mois à deux lieues de Lorient, au nombre de six à sept mille hommes[3], à la vue d'une troupe considérable de gardes-côtes et d'un détachement des régiments d'Heudicourt et de l'Hospital, qui les a laissés descendre et se retrancher très paisiblement. La terreur s'est emparée de toutes les têtes du pays, tant de celles qui pouvoient commander que des subalternes, et tout s'y est passé avec tant de confusion que, depuis ce moment jusqu'aujourd'hui, nous n'en avons reçu que des nouvelles équivoques. Les unes disent Lorient pris, ou prêt de l'être; les autres feroient juger qu'on s'y défendra. Ces dernières sont celles de ce matin[4]. Il n'est pas douteux que, si l'on pouvoit calmer la frayeur et remettre de l'ordre, rien ne seroit plus aisé que de renvoyer chez eux les Anglois, qui ne paroissent pas eux-mêmes s'être concertés pour cette tentative, et qui, du moins, n'ont pas profité du premier instant d'effroi qu'ils ont causé. Il n'en reviendroit même pas un, si la garde-côte étoit ranimée et bien conduite. On vient d'y envoyer quelques officiers généraux, en attendant des troupes qu'on fait venir de Flandres pour se joindre aux deux régiments qui y sont. On va faire encore sonner bien haut cette entreprise. Je ne sais quel succès elle aura; mais, quand les Anglois ne nous brûleroient que quelques villages, ils seroient contents et trouveroient leur argent bien employé.

---

1. Pour remplacer à Paris M. de Bellefont. Ci-dessus, p. 32.

2. Nous avons vu, en son temps, dans les « Nouvelles, » que Monsieur de Bourges était un des candidats désignés par la voix publique comme pouvant être agréables aux Parisiens. Le duc de Luynes dit (t. VII, p. 381) qu'on ne voulut pas de lui parce que sa présence était nécessaire à Rome.

3. Ci-dessus, p. 47 et 48. Il y a un journal imprimé de ce débarquement au Dépôt des affaires étrangères, vol. *France* 1333, fol. 179-183, et des couplets faits à cette occasion, dans le Chansonnier, ms. fr. 12649, fol. 341-344. Voyez les pièces aux archives de la Marine, B² 329, B³ 446, B⁴ 58, et le livre de M. Lacour-Gayet, p. 162-165.

4. Voyez les « Nouvelles » du 10 dans les *Mémoires de Luynes*, p. 436.

Je puis recevoir d'un jour à l'autre des nouvelles de M. d'Anville; vous jugez combien je souhaite qu'elles nous annoncent une revanche.

Vous connoissez, etc.

MAUREPAS.

M. de Maurepas à M. l'archevêque de Bourges.

17 octobre 1746.

Nous n'avons point eu de courrier d'Italie depuis huit jours, et, par conséquent, je n'ai pas reçu de vos lettres. Je ne suis pas étonné qu'ils nous manquent, et ce ne sera peut-être pas la seule fois : notre reste d'armée italienne rétrograde toujours, et, si cela continue, elle mettra dans peu de jours le Var entre elle et les ennemis.

Nous venons de remporter en Flandres une victoire très complète, dont je vous envoie la relation[1]. M. de Fénelon est le seul homme de marque qui y ait été tué[2]. Mon frère[3] s'est trouvé à l'aile gauche, qui n'a point donné, et il se porte parfaitement bien.

Au même instant que M. d'Armentières[4] est arrivé pour nous apporter cette nouvelle, nous avons reçu celle que les Anglois avoient abandonné leur entreprise sur Lorient et s'étoient rembarqués aussi paisiblement qu'ils avoient fait leur débarquement[5]. Ce n'est pas qu'ils aient été repoussés, ou que l'on fût même encore disposé à faire une vigoureuse résistance : on ne peut attribuer leur retraite qu'au feu de quelques batteries bien servies qui leur auroit fait juger l'entreprise trop difficile, et un vent violent qui s'éleva

---

1. Bataille de Raucoux, gagnée le 11 octobre par Maurice de Saxe (*Gazette*, p. 513-516 et 524-526; *Mémoires de Luynes*, t. VII, p. 441-444 et 446-448; duc de Broglie, *Maurice de Saxe et le marquis d'Argenson*, t. I, p. 420-427). Il y en a des relations imprimées du temps. On trouve dans le *Chansonnier*, éd. Raunié, t. VII, p. 86, ces vers :

> Deux Clermont ont été présents à cette affaire ;
> L'abbé parut combattre en brave militaire,
> Et le militaire en abbé.

2. Gabriel-Jacques de Salignac, marquis de Fénelon, ancien ambassadeur en Hollande, lieutenant général et chevalier des ordres du roi ; il fut tué d'une balle en parcourant à cheval les retranchements des troupes (*Maurice de Saxe*, p. 427). Neveu de l'archevêque de Cambrai, il était gendre du premier président Le Peletier.

3. Tome II, p. 177. Il était inspecteur général de la cavalerie et avait eu, au mois d'avril 1746, la lieutenance générale du gouvernement de la Rochelle et du pays d'Aunis.

4. Tome I, p. 167-168.

5. *Gazette*, p. 510-512, 523, 527, 549, 584.

leur aura fait craindre que leurs vaisseaux ne fussent obligés de prendre le large et de les abandonner.

Dans le même temps qu'ils s'éloignent de nos côtes, le prince Stuart y arrive. Les deux frégates de Saint-Malo, dépêchées en dernier lieu pour l'Écosse, l'ont enfin ramené et débarqué le 10 à Roscoff, petit port près de Morlaix. Je ne doute pas qu'un courrier ne vous apporte cette nouvelle beaucoup plus tôt que cette lettre[1].

Ces bonnes nouvelles sont malheureusement compensées par d'autres qui ne me font pas plaisir. Le vent, qui nous a si bien servis en France, nous a bien maltraités en Amérique. J'ai appris avant-hier que le vaisseau *le Caribou* et la frégate *l'Argonaute*, de l'escadre de M. d'Anville, venoient de relâcher à Brest; que cette escadre a essuyé un coup de vent, le 13 septembre, à trente lieues de l'Acadie, qui a dispersé la flotte. Ces deux vaisseaux, qui ont revu le gros de la flotte le 15, et qui n'avoient point de pilotes pratiques de l'Acadie, ont pris le parti de revenir en France dans la crainte de tomber en quelques dangers des côtes de l'Acadie[2]. *L'Argonaute* dit encore que *le Mars* et *l'Alcide*, à qui il parla le 17, alloient relâcher à Saint-Domingue.

Ce n'est pas tout. Les Anglois, en abandonnant Lorient, n'ont pas abandonné la côte : plusieurs de leurs vaisseaux sont devant Belle-Isle. J'ai appris hier que le vaisseau *l'Ardent*, de l'escadre de M. d'Anville, qui venoit aussi relâcher en France, a été rencontré par ces vaisseaux, et qu'après un combat très long et très vif, ne voulant pas se rendre, il s'étoit échoué à la côte[3]. Je vois avec chagrin, comme vous le pensez bien, cette flotte dispersée et l'entreprise absolument découverte; car je n'ose me flatter qu'avec le peu de vaisseaux qu'il a pu rassembler après la tempête qu'il a essuyée, il se soit trouvé en état de rien tenter. La seule circonstance qui me satisfasse dans ce malheur, c'est que, du moins, M. d'Anville ne soit pas de retour des premiers, et que je suis persuadé qu'il ne reviendra que parce qu'étant abandonné, il n'aura point eu les forces suffisantes pour exécuter ce qui lui étoit ordonné.

Vous connoissez, etc.

MAUREPAS.

---

1. Le duc de Luynes (*Mémoires*, p. 449-455) a raconté les péripéties par lesquelles avait passé le Prétendant avant de pouvoir regagner la France.

2. Il y a, dans le registre Marine B4 59, fol. 158, une lettre de M. de Roquefeuil, second du *Caribou*, adressée au ministre et donnant un court résumé de la campagne de ce bâtiment.

3. *Luynes*, p. 449; lettre de M. de Coulombe, commandant du bâtiment, reg. Marine B4 59, fol. 156.

AU MINISTRE MAUREPAS.

Sur la victoire de Raucoux.

En vain, prince Charles, voudrois-tu t'obstiner
A rester dans ton camp dont on veut te chasser;
Notre grand maréchal en sait plus long que toi :
Il vient de te donner un cheval de renvoi.

Ce fut par un mardi, dans les champs de Raucoux.
Pour l'avoir attendu, tu ressentis ses coups :
Si Maurice avoit eu le pouvoir de Josué,
Allemands comme Anglois, tout se seroit noyé.

A quoi te servoit donc cent pièces de canons?
Il t'eût bien mieux valu d'avoir autant de ponts,
Car, dans la nuit, ma foi! il n'est pas de bon gué,
On les manque toujours quand on est trop pressé.

A Liège tu comptois hiverner à gogo;
Maurice te permet [d'aller] dans le Brisgau.
Pour vous, braves Anglois, faut repasser la mer :
Les Bretons vous font voir que vous savez ramer.

Messieurs les Hollandois, vous voilà bien penauds;
Je vois enfin trembler vos États-Généraux.
Nous allons à Bréda parler d'un autre ton;
Pour le printemps prochain ceci sert de leçon.

Vous, pauvres Bavarois, jadis nos bons amis,
Vous vous mordez les doigts de nous avoir trahis.
A quoi pensez-vous donc, en venant de si loin?
Nos braves fantassins vous ont servis à point.

Et vous, fameux Hessois qu'on a pour de l'argent,
Avouez que nos François vous ont payés comptant.
Pour vous, Hanovriens, repassez le Weser;
Vous avez grand besoin de vous y recruter.

La prise de Louisbourg vous a rendus bien fiers;
D'Anville à l'Acadie vous la fait payer cher.
Heureux si, cet hiver, notre grand roi veut bien
Vous rendre ce pays et reprendre le sien.

Pandours et hussards, allez chacun chez vous,

Car ici vous n'avez à gagner que des coups.
La Morlière et Grassin, et nos braves houlans,
Si vous y revenez, vous montreront les dents.

Adieu, reine de Hongrie, adieu, vos Pays-Bas!
Maurice les a pris; vous ne l'en chasserez pas.
Un si grand général, qui conduit les François,
Se moque des alliés et de tous les Hongrois.

Et toi, Maurice, dont la gloire suit les pas,
Conserve-toi pour nous, sois fier de tes soldats;
Nous te suivrons partout, conduits par ta valeur,
Sûrs que des ennemis tu seras le vainqueur.

Vous, brave Lowendal, et vous, comte d'Estrées,
Sur les pas de Bourbon vous nous avez montré
Qu'il ne manque aux François que d'être bien conduits
Pour passer sur le ventre à tous leurs ennemis.

M. de Maurepas à M. de Boze, secrétaire perpétuel de l'Académie des inscriptions et belles-lettres[1].

23 octobre 1746.

Les conquêtes que le roi a faites cette année de Mons, Charleroy, Saint-Ghislain et Namur, et la victoire par laquelle cette campagne vient de finir, sont des événements aussi dignes que les précédents d'être consacrés par des médailles[2]. Je ne crois pas cependant qu'il soit nécessaire d'en faire frapper une pour chaque ville prise : on peut, ce me semble, réunir dans une ou dans deux les différentes conquêtes, et en faire une particulière pour la bataille. Je ne m'arrêterai cependant à ce sentiment que lorsque vous aurez bien voulu me dire ce que vous en pensez, et je vous serai très obligé, en même temps, de me communiquer les idées qui vous viendront pour les médailles que l'on pourroit faire, afin que je puisse prendre les ordres du roi sur un ouvrage où l'on n'est parfaitement sûr de réussir que lorsque l'on a recours à vous.

Vous connoissez, etc. MAUREPAS.

M. de Maurepas à M. l'archevêque de Bourges.

24 octobre 1746.

J'ai reçu, mon cher cousin, votre lettre du 30 septembre, qui a

---

1. Le registre de l'Académie pour 1746 est en déficit.
2. *Luynes*, p. 442.

retardé de plusieurs jours. Il n'y a plus à compter de longtemps sur aucune régularité pour les courriers d'Italie, ni même sur beaucoup de sûreté : c'est ce qui m'a engagé à faire chiffrer en dernier lieu une lettre pour suppléer aux précédentes en cas que vous ne les receviez pas. J'aurai cette précaution lorsque je voudrai vous mander quelque chose de particulier.

Les Anglois sont toujours sur la presqu'île de Quiberon, où ils continuent à se retrancher. La plus grande partie de leurs vaisseaux sont dans la rade que renferme cette presqu'île ; les autres croisent le long de la côte, et rien, jusqu'à présent, ne fait connoître leur vrai projet.

Depuis la relâche des trois vaisseaux de l'escadre de M. d'Anville, il n'en est point revenu d'autres, et je n'ai point heureusement de ses nouvelles : peut-être que, malgré la diminution de ses forces, il aura voulu entreprendre quelque chose ; cependant je n'ose m'en flatter.

On s'est relayé ici à donner des soupers splendides au prince Édouard ; j'ai donné le mien dès le second jour de son arrivée[1]. Il est reparti aujourd'hui pour Paris.

Comme j'ai prévenu M. le cardinal Lanti par la lettre que je lui ai écrite lorsque son affaire a été finie, je ne répondrai point au remerciement qu'il me fait par celle que vous m'envoyez aujourd'hui, qui n'est pas de fraîche date.

Vous me faites le plus grand plaisir en m'assurant de votre bonne santé ; vous savez si je désire qu'elle continue, et si je m'y intéresse. Soyez-en aussi convaincu, mon cher cousin, que de la tendre amitié qui m'attache à vous pour jamais.

MAUREPAS.

M. de Maurepas à M. de Marville.

25 octobre 1746.

Je ne puis qu'approuver tout ce que M. le marquis d'Argenson décidera sur l'affaire de mylord Morton[2] ; mais, cependant, vous me

---

1. *Luynes*, p. 455.
2. James Douglas, 4ᵉ comte de Morton (1702-1768), marié à Francès Adderley de Halstow, gentilhomme de la chambre, chevalier de la Jarretière, savant membre de la Société royale, qui voyageait et séjournait en France, fut accusé d'espionnage pour le compte de l'Angleterre et arrêté, à la demande du Prétendant, le 24 octobre, comme il sortait de chez l'ambassadeur de Hollande (*Mémoires de Luynes*, t. VII, p. 465-468, et t. VIII, p. 8-9 ; *Journal de Barbier*, p. 195). Il fut tenu à la Bastille pendant deux ou trois mois, en façon d'otage, ou pour représailles des mauvais traitements dont les prisonniers de Culloden étaient l'objet en Angleterre. Le duc de Luynes a tenu à exposer, dans son article du 25 octobre, les circons-

ferez plaisir de m'envoyer des copies des lettres qui sont ou seront interceptées, et de m'informer de tout ce qui pourra faire juger de ses correspondances et de l'objet qu'elles avoient.

Vous connoissez, etc.

MAUREPAS.

M. de Marville au marquis d'Argenson[1].

27 octobre 1746.

Monsieur,

Je me conformerai à tout ce que vous me marquez par rapport à mylord Morton, et je préviendrai M. le gouverneur de la Bastille d'avoir une attention particulière à ce qu'il ne puisse résulter aucun inconvénient des facilités que nous lui procurerons.

A l'égard de Mme Morton, je verrai aussi à lui procurer les adoucissements auxquels vous consentez. Je crois que votre intention est qu'on en use de même pour sa sœur, et il est très vrai que la santé de la dame Morton n'est pas bonne. Je ne l'ai point encore vue, ni mylord Morton, parce que j'attendois vos instructions; mais j'irai les voir cet après-midi. Je n'interrogerai point toutefois mylord Morton que je n'aie revu M. O'Bryen et tiré de lui les éclaircissements que je pourrai avoir. Du reste, je ferai le meilleur usage qu'il me sera possible du peu de faits que vous me donnez.

Mon opération de cet après-midi avec mylord Morton sera la levée des scellés apposés sur ses papiers, à l'examen desquels on travaillera ensuite. Cet examen pourra être long, attendu que, si ces papiers sont écrits en anglois, comme il y a lieu de le croire, il faudra commencer par les faire traduire, et je mènerai avec moi M. Water, de la Bibliothèque, que je vais faire avertir, pour les traduire. Je donnerai aussi des ordres pour faire transférer chez lui mylord Morton, y faire perquisition en sa présence, et s'assurer de tous les papiers qui s'y trouveront dans les lieux qui n'ont pas été ouverts lorsque sa femme a été arrêtée.

Je dois vous ajouter que le public paroît imbu que mylord Morton jouoit ici le rôle d'espion, que la descente des Anglois en Bretagne est la suite des avis qu'il a donnés en Angleterre, et que, sous prétexte de voyager pour sa santé, il a parcouru toutes nos côtes et informé le roi d'Angleterre de leur état actuel. Il est très possible que ces bruits ne soient pas fondés; mais il est constant qu'ils courent.

---

tances « pour et contre » de cette arrestation, qui fit d'autant plus de bruit qu'il y avait eu des relations entre ces Anglais et MM. de Belle-Isle. Voyez ci-après, 1er et 16 novembre.

1. Dépôt des affaires étrangères, vol. *France* 1333, fol. 211. Marville écrit : *Morthon*.

On dit aussi que les Anglois ont remis à la voile le 23, de Quiberon, pour retourner en Angleterre. Dieu le veuille!

Je suis, avec un profond respect, etc.

MARVILLE.

M. de Maurepas à M. Rebel[1].

26 octobre 1746.

J'ai appris que plusieurs des acteurs et actrices, danseurs et danseuses de l'Opéra renouvellent les protestations mal fondées, et contraires au bien du spectacle, qu'ils ont quelquefois voulu introduire en s'arrogeant le droit de choisir ou de refuser, pour des motifs personnels, les rôles où les entrées que votre commission vous enjoint de leur distribuer et selon leurs talents, et même suivant les circonstances que fait naître la nécessité de soutenir le spectacle, et que souvent ils feignent de les accepter et se servent de faux prétextes pour discontinuer de les remplir ou pour se dispenser de le faire avec exactitude[2]. Comme rien n'est plus essentiel au soutien de l'Académie royale de musique en général, et aux intérêts même des acteurs, que l'exécution précise des règlements qui ont été faits à ce sujet, qui vous ordonnent d'y tenir la main, je vous recommande de nouveau de veiller plus que jamais à ce que personne ne s'en écarte, et de m'instruire exactement des contraventions, afin de me mettre en état d'en informer S. M.[3].

Je suis, etc.

MAUREPAS.

M. de Maurepas à M. l'archevêque de Bourges.

31 octobre 1746.

J'ai reçu, mon cher cousin, votre lettre du 8 octobre. M. du Fort nous avoit promis de faire passer aussi par la Suisse les courriers qu'il dépêche pour l'Italie. Comme je n'ai pas manqué de vous écrire à chaque ordinaire, voilà déjà un assez grand nombre de lettres que vous n'avez pas, et dont j'ignore le sort.

Depuis ma dernière, nous avons appris que les Anglois s'étoient

---

1. François Rebel (1701-1775), d'abord violoniste à l'Opéra, s'y était lié avec Francœur et avait composé, en collaboration avec celui-ci, un grand nombre d'opéras, en dernier lieu *Ismène* (1745). Fait inspecteur de l'Académie royale de musique en même temps que Francœur, il en fut, conjointement avec ce dernier, directeur de 1751 à 1767.

2. Voyez ci-dessus, p. 7, l'affaire de Mlle Bourbonnais.

3. M. de Maurepas usa pareillement de contrainte, en septembre, contre deux actrices de l'Opéra et des Français (O^1 391, p. 409 et 479).

rembarqués et qu'ils avoient quitté la presqu'île de Quiberon après avoir brûlé quelques petits villages. Leurs vaisseaux, cependant, sont toujours dans la même voie en vue des côtes. Ils en ont détaché une partie, qui a débarqué des troupes sur les îles d'Houat et d'Hoedic, qui sont entre la terre et Belle-Isle. Ils se sont emparés de ces petites îles, qui n'étoient défendues chacune que par une tour, dans laquelle il n'y avoit que trente soldats, qui auroient pu se défendre plus longtemps qu'ils n'ont fait. Ils tournent autour de Belle-Isle, qui paroît leur objet principal, et leur manœuvre feroit croire qu'ils attendent, pour l'attaquer, que le renfort qui doit leur venir d'Angleterre les ait joints[1]; mais M. de Saint-Sernin[2], suivant toutes ses lettres, paroît les attendre de pied ferme et n'être nullement inquiet. Toutes ses dispositions sont faites, et il ne demande pas même d'autres forces que celles qu'il a[3]. La lenteur avec laquelle les ennemis agissent laisse tout le temps aux troupes d'arriver sur les côtes de Bretagne et de mettre la province en sûreté.

Nous sommes derrière le Var, et les Provençaux ne sont pas tranquilles. Notre général nous fait espérer que ce sera le terme des heureux efforts de nos ennemis; malgré sa parole on prend ici, dans la province, toutes les précautions qu'on croit les meilleures pour qu'il nous la tienne aisément[4].

Je n'ai point de nouvelles de M. d'Anville, et voilà déjà trois semaines de passées depuis la relâche des vaisseaux qui nous en avoient apporté. Peut-être n'aura-t-il pas voulu revenir sans toucher barre.

Vous connoissez, etc.

MAUREPAS.

M. de Maurepas à M. de Marville.

31 octobre 1746.

J'ai reçu vos deux lettres du 29, et je vous remercie de votre attention à continuer de m'informer de l'affaire de mylord Morton.

---

1. *Mémoires de Luynes*, t. VIII, p. 2.
2. Jean-Benoît-César-Auguste des Porcelets de Maillane, comte de Saint-Sernin, puis de Soulatges-Armagnac en 1754, était lieutenant général depuis 1734 et s'était fort distingué dans la précédente guerre en Italie. Gouverneur de Belle-Isle depuis 1740, sa bonne contenance empêcha les Anglais de tenter une descente, et, en récompense, il fut continué dans ce gouvernement jusqu'à sa mort (1759).
3. Trois cents dragons, cinq cents gardes-côtes, trois cents canonniers, deux bataillons de milice et quinze cents habitants armés.
4. *Luynes*, p. 463.

AU MINISTRE MAUREPAS.

Il n'y a point de difficultés d'arrêter le sieur de [1], si, dans quelques jours, il n'a pas obéi aux ordres qui lui ont été signifiés. Je suppose que vous vous êtes suffisamment assuré que le rapport des officiers de police est juste, et qu'ils n'ont point été cause de la brutalité avec laquelle il les a reçus.

Comme je dois voir ici M. de Maupeou avant la fin du voyage, je lui parlerai du procédé de M. Cadot avec plus d'étendue que je ne ferois dans une lettre, et je lui en écrirai une, s'il croit que ce soit nécessaire de la faire lire à M. Cadot.

Vous connoissez, etc.

MAUREPAS.

Discours politique sur les affaires présentes.

Octobre 1746.

A considérer l'état où étoient les choses pendant l'hiver dernier, ne pourroit-on pas, Messieurs, regarder le prétendu empereur comme un étron dans une lanterne, et la reine de Hongrie, sa femme, comme la biche aux abois? Le roi d'Angleterre paroissoit entre deux selles le cul à terre, ayant également à craindre pour Londres et pour le Hanovre. Nous pondions sur nos œufs, et, quant au roi de Sardaigne, il étoit en telle presse, qu'on lui auroit bouché le derrière avec un grain de millet. Le prince Édouard faisoit florès, et donnoit du fil à retordre à ses ennemis. Le roi de Pologne, électeur de Saxe, avoit été réduit à ne faire pendant plusieurs années que de petites crottes; mais, tout d'un coup, la chance a tourné. Et comment cela, me direz-vous? Le voici, Messieurs. La reine d'Espagne est un bâton merdeux qu'on ne sait par quel bout prendre. Elle a toujours eu, vous le savez, la fureur de peter plus haut que le cul. Qu'en est-il arrivé? Le roi de Prusse nous a pété dans la main, et le roi de Sardaigne nous a chié du poivre[2]; le roi Georges a remonté sur sa bête, le Prétendant a fait Gilles, et les Hollandois, qui nous donnent chaque jour quelque godant, veulent nous faire avaler le goujon. Tout cela est très fâcheux; mais, si on en conclut qu'il faudroit plutôt faire la paix cette année que l'année prochaine, je vous assure, Messieurs, que la différence est à peu près comme de pisser la nuit sans chandelle; et, si on croit qu'en faisant agir plus vigoureusement nos armées en Flandres, nous eussions par là avancé de quelque chose,

---

1. Le nom n'a pu être lu; sans doute c'est le Boutin dont il sera question ci-après, p. 60.
2. Mot attribué à M. d'Argenson ci-dessus, p. 39. Il est probable que la présente pièce est de lui, puisque nous connaissons son goût pour le parler trivial et vulgaire.

c'est moi qui vous dis, Messieurs, que cela eût servi comme de battre de l'eau pour faire du beurre. Je conçois que vous devez être fâchés que nos généraux, après avoir laissé les Autrichiens se carrer deux mois dans le Parmesan comme un pou dans une rogne, sont enfin parvenus à déviédazer M. de Liechtenstein ; mais patience : j'espère que bientôt il en aura dans le cul, et qu'il ne fera enfin que de l'eau claire.

M. de Maurepas à M. de Marville.

1er novembre 1746.

J'ai reçu vos deux lettres d'hier et les pièces qui y étoient jointes, et je viens de recevoir celle que vous m'avez écrite aujourd'hui.

L'aventure de M. Boutin est honnêtement ridicule ; mais, s'il craint l'éclat, c'est moins de peur d'être honni par ses confrères que par les femmes de son quartier. Je consens qu'on lui garde le secret. On ne peut pas rendre le même service à M. Chaban[1], et il a tout lieu de craindre que la femme qu'il a impitoyablement envoyée à Saint-Martin[2] ne soit pas aussi discrète.

Vous ferez très bien de suivre l'affaire des deux soldats qui ont volé le grenadier du régiment de Poitou, et il faut tâcher de faire arrêter celui des deux que l'on connoît.

Je vois, par la copie de vos lettres sur l'affaire de mylord Morton[3], qu'elle vous donne des soins d'autant plus pénibles qu'il en résulte bien peu de fruit. Dans des affaires de cette espèce, lorsqu'on ne trouve pas bientôt ce que l'on cherche, il y a bien peu d'espérance de le trouver.

Je n'ai point vu Monsieur de Mirepoix, et je garde la lettre du P. La Valette[4] ; mais je doute fort qu'il entre dans ses vues, et, de la façon dont il me parle de l'écrit, lors du chapitre de l'Oratoire je doute qu'il s'oppose à la publicité de cet ouvrage, qu'il trouvoit fort bon, et je ne vois pas, dans le fond, de quoi le P. La Valette s'embarrasse, ni le mauvais effet que cela peut faire pour sa congrégation dans le moment présent.

---

1. Ci-dessus, p. 44.
2. Saint-Martin-des-Champs : tome II, p. 120 et 121.
3. Ci-dessus, p. 55-57.
4. Louis-Thomas de La Valette, fils de ce La Valette qui avait fait une si fière réponse aux envahisseurs savoyards de 1707, avait commencé par être marin avant d'entrer dans la Congrégation, et avait succédé en 1733 au P. de La Tour. Le pape Benoît XIV le tenait en grande estime. L'écrit dont parle M. de Maurepas doit être : *Lettre au R. P. N., prêtre de la congrégation de l'Oratoire, au sujet de l'assemblée qui doit se tenir au mois de septembre 1746.*

J'ai beaucoup insisté pour la liberté de mylady Morton, craignant comme vous quelque aventure sinistre. Quant au mylord, vous savez ce que j'en ai pensé dès le commencement, et je crois que l'événement confirmera mon opinion.

Je vous plains d'avoir été si longtemps avec le récollet protestant. S'il avoit été véritablement un prédicant, on n'auroit pas trouvé cet homme-là dans nos troupes. Ainsi, j'imagine que c'est encore du temps perdu.

Vous connoissez, etc.

MAUREPAS.

M. de Maurepas à M. l'archevêque de Bourges.

7 novembre 1746.

Vos courriers, mon cher cousin, sont plus heureux ou plus adroits que les nôtres : j'ai reçu encore votre lettre du 15 du mois passé, et, à quelques jours près de différence, j'ai de vos nouvelles toutes les semaines, tandis que vous devez manquer de six ordinaires, et que nos paquets s'accumulent sur les frontières.

Il faudra bien que, s'ils ne sont interceptés, que vous les receviez quelque jour.

Vous y verrez les nouvelles que j'ai reçues de M. d'Anville par *l'Argonaute* et *le Caribou*[1]. Je ne sais rien de plus, quoique *l'Alcide* vienne de relâcher à Brest, après s'être séparé du *Mars*. Ces deux vaisseaux, qui avoient aussi été séparés de l'escadre par le coup de vent du 13 septembre, devoient relâcher à Saint-Domingue, *le Mars* faisant beaucoup d'eau; mais, les vents les ayant contrariés, ils ont pris le parti de revenir tous deux en France. Ils faisoient route pour s'y rendre, lorsque, à deux cents lieues de nos côtes, un autre coup de vent les a séparés, et *l'Alcide* est rentré seul à Brest. Je ne sais ce qu'est devenu *le Mars*. Il y a lieu de croire que M. d'Anville aura tenu bon malgré cette séparation; sans cela, je crois que nous en aurions des nouvelles.

Nous voilà tout à fait défaits des Anglois. Ils n'ont pas fait la moindre tentative sur Belle-Isle, et, suivant les nouvelles d'hier, on les a vus tous faire route pour la Manche[2]. J'attends avec impatience les nouvelles d'Angleterre pour savoir de quelle façon ils y raconteront le détail de cette expédition.

---

1. Ci-dessus, p. 52 et 55.
2. *Gazette* du 29 octobre, p. 527 : « On apprit hier (26) que les Anglois qui avoient fait une descente dans la presqu'île de Quiberon, s'étoient rembarqués le 22 de ce mois, et que, le lendemain, leur escadre avoit mis à la voile. »

La fin de cette aventure n'est pas celle de notre besogne. Nous n'avons que le Var entre les Austri-Sardes et nous[1]. Il leur arrive journellement des renforts considérables ; ceux que nous envoyons à notre armée n'y seront pas sitôt, et l'on n'y est point du tout content de nos alliés.

Je n'ai point encore reçu le paquet de moëre qu'on doit m'adresser pour vous de Hollande, ni je n'en ai point encore eu d'avis. Aussitôt qu'il sera arrivé, je ferai tout ce qu'il faudra pour vous le faire tenir par la voie la plus sûre et la plus prompte.

Vous connoissez, etc.

MAUREPAS.

Nouvelles qui se débitent, etc.

12 novembre 1746 et jours suivants.

On racontoit ces jours derniers que, Mme de Pompadour ayant mandé M. le duc d'Aumont pour lui témoigner le plaisir qu'elle auroit de voir la Comédie-Italienne, s'il n'y avoit pas de poudre tirée, ce seigneur lui dit qu'il alloit donner des ordres en conséquence, et qu'à peine fut-il sorti de l'appartement, que cette dame dit assez haut pour être entendue de lui et des femmes qui l'environnoient : « Il est gentil, ce petit duc d'Aumont! »

On doute que M. le maréchal de Maillebois soit bien reçu à la cour à son retour[2]. On dit que, pour lui ménager un escalier dérobé pour sortir honorablement de Provence, on l'envoie tenir les états de Languedoc, où il se rendra en droiture de l'armée.

On a lu au jardin des Tuileries[3] une lettre qui venoit de Fontainebleau, par laquelle on mande que M. de Machault avoit supplié le roi d'agréer la démission de sa place de contrôleur général, et que S. M. y avoit nommé M. Paris de Monmartel. Quelqu'un a ajouté que M. de Monmartel avoit été enfermé hier, pendant deux heures, avec M. le maréchal de Saxe.

M. le maréchal de Belle-Isle, qui fut occupé hier à son hôtel à recevoir les compliments et les adieux de plusieurs seigneurs et dames, part aujourd'hui pour Fontainebleau, où il recevra ses dernières instructions demain, après un grand conseil d'État où il doit assister

---

1. Un détachement de six ou sept cents hommes des ennemis, ayant poussé une reconnaissance au delà, avait été taillé en pièces par la cavalerie du marquis de Crussol (*Gazette*, p. 561).

2. Sur le remplacement de M. de Maillebois par le maréchal de Belle-Isle à la tête de l'armée de Provence, on peut voir les *Mémoires de Luynes*, t. VIII, p. 9-11, 15, 20, etc. Le maréchal rappelé revint tout droit à la cour, où il arriva le 6 décembre, et fut « très bien reçu du roi » (*ibidem*, p. 26).

3. Dans le cercle des « Nouvellistes. »

ainsi que M. le maréchal de Saxe, et continuera ensuite sa route pour Grenoble.

On dit qu'il y a beaucoup de mouvements à la cour qui ont pour objet un changement dans le ministère. On tient que M. de Puyzieulx[1] sera nommé ministre des affaires étrangères[2], M. Pâris du Verney secrétaire d'État de la guerre, et M. de Monmartel contrôleur général des finances. On a vu passer, le 16, à midi, sur le Pont-Neuf, quatorze chariots chargés de toutes sortes de meubles et hardes appartenant à MM. d'Argenson, ce qui fait dire que c'est déménager avant le temps.

Des gens disent qu'on donne à la cour à M. le maréchal de Saxe, depuis son retour, le titre d'Altesse Sérénissime prince de Saxe.

Le bruit court que M. le contrôleur général veut se retirer, et qu'il sera remplacé par M. de Monmartel.

Toutes les lettres de Fontainebleau font mention du bruit qui court généralement à la cour, depuis quelques jours, sur un changement dans le ministère, que l'on soupçonne être le fruit des fréquentes conférences que M. le maréchal de Saxe a eues depuis son arrivée avec le roi. Outre la démission que l'on dit qu'a demandée au roi M. de Machault, qui est remplacé par M. de Monmartel, on comprend encore dans ce changement MM. d'Argenson, auxquels on fait succéder MM. de Séchelles et de Chavigny[3], et on ajoute que M. le comte d'Argenson est nommé vice-chancelier.

Le public, toujours avide de nouveautés, et qui croit toujours gagner au changement de ministre, forme là-dessus différents raisonnements, mais toujours accommodés à son intérêt particulier, et où la partialité et la passion dominent plus souverainement que l'équité. Il trouve cependant un grand inconvénient à faire M. de Monmartel contrôleur général, en ce qu'étant actuellement le grand ressort et mobile de la finance du royaume par son crédit immense, il le perdroit entièrement, s'il étoit une fois dans cette place, et l'on auroit bien de la peine à trouver une autre compagnie pour le remplacer dans les entreprises de l'État, et ce seroit lui ôter une ressource qui est absolument nécessaire.

On continue toujours de parler du changement dans le ministère, et on fait des observations que l'on regarde comme une certitude apparente. En voici une à l'occasion de l'arrivée de M. le maréchal de Saxe à Fontainebleau[4], que l'on dit être descendu chez M. le duc

---

1. Il reçut une place de conseiller d'État d'épée le 27 novembre (reg. O¹ 90, fol. 284 v°).
2. Il le deviendra en effet au commencement de l'année suivante.
3. Tome II, p. 236.
4. Il y est arrivé le 14 novembre au soir (*Luynes*, t. VIII, p. 15).

d'Ayen, où M. le maréchal de Noailles s'est rendu l'instant d'après, qu'ils ont passé tous deux, sans s'asseoir, dans le cabinet du roi, et qu'ils ont demeuré enfermés avec S. M. pendant deux heures; que l'usage ordinaire, quand un général d'armée arrive à la cour, c'est de descendre chez le ministre de la guerre, qui l'accompagne ensuite chez le roi.

On dit la ferme des postes renouvelée et augmentée de cinq cent mille livres par an, un million comptant pour la cassette du roi, et cinq cent mille livres en faveur de Mme la marquise de Pompadour[1].

On disoit hier publiquement que Mme de Pompadour n'étoit plus sur les rangs depuis quelques jours à la cour, et on impute sa disgrâce à ce que la femme de chambre qui a été arrêtée a déposé certaines choses qui lui ont fait tort dans l'esprit du roi[2].

Le roi a reçu un courrier extraordinaire du roi de Prusse, et S. M. a pris et gardé le paquet en disant que tout cela venoit à elle sans passer par les ministres[3].

On assure que le frère de Mme de Pompadour a été fait marquis[4], et que M. Le Normant de Tournehem se flattoit d'avoir avant peu le cordon bleu.

13 novembre 1746.

On prétend que la czarine donnera à la reine de Hongrie, la campagne prochaine, trente mille hommes de ses troupes, qu'elle fera passer sur le Rhin.

M. de Loos[5] paroît actuellement fort affairé et attend avec beaucoup d'impatience les dépêches de sa cour[6].

Les Anglois prétendent que, si la reine de Hongrie peut encore continuer la guerre deux campagnes, nous manquerons d'hommes, et, en conséquence, ils insistent auprès de la reine de Hongrie pour qu'elle ne se relâche en rien de ses prétentions.

---

1. Nicolas Labbé, étant devenu fermier général en 1744, mais ne se trouvant plus en état de tenir ses engagements pour les postes, a obtenu de se subroger, le 25 janvier 1746, Jean-André Isnard.

2. *Mémoires de Luynes*, t. VIII, p. 5-6 : « On dit que c'est pour avoir parlé indiscrètement. »

3. Le duc de Broglie, dans *le Secret du Roi*, a raconté l'histoire de la diplomatie personnelle et secrète de Louis XV.

4. Quoique Abel Poisson ait pris, dès 1746, le titre de marquis de Vandières, c'est seulement par lettres patentes du 14 septembre 1754 que sa terre de Marigny sera érigée en marquisat.

5. Envoyé extraordinaire de Saxe.

6. C'est la réponse au projet de mariage pour le Dauphin (*Luynes*, t. VIII, p. 18). Voir, dans le livre du duc de Broglie, p. 397 et suivantes, quel fut, dans cette négociation matrimoniale, le rôle de Maurice de Saxe, qui se trouvait être oncle de la princesse.

On disoit chez l'ambassadeur de Portugal[1] que les Autrichiens et Piémontois avoient déjà tiré des contributions de la Provence, et que le roi de Sardaigne n'envoyoit ses troupes que comme auxiliaires.

On murmure beaucoup contre M. le maréchal de Maillebois, à qui on attribue le mauvais succès des affaires d'Italie, et on retombe ensuite sur MM. d'Argenson, qui ont voulu l'employer à cause des liaisons qu'ils ont ensemble.

On dit M. le maréchal de Saxe brouillé avec M. le comte d'Argenson; qu'en conséquence il ne veut plus servir, et que ce sera M. le prince de Conti qui commandera l'année prochaine en Flandres : ce qui fait murmurer le public contre le ministre de la guerre[2].

On craint que le mariage de Monsieur le Dauphin avec une princesse de Saxe ne détermine l'Espagne à faire une paix particulière : ce qui donne de l'inquiétude au public.

Le public est partagé sur le choix de M. de Belle-Isle pour aller commander en Provence : ses partisans en sont fort aises, et les indifférents disent que, pour porter son jugement, il faut auparavant voir ce qu'il fera[3].

M. de Maurepas à M. de Marville[4].

13 novembre 1746.

Je joins ici quelques papiers concernant la police. Vous y trouverez un mémoire du nommé Simon Moyssant (?), pourvoyeur des écuries du roi, qui fait des représentations au sujet d'une augmentation sur le prix des foins. Je ne sais ce que c'est que cette nouvelle compagnie dont il parle. Je vous prie de m'en éclaircir, si vous en êtes instruit, et de me marquer si les foins sont en effet augmentés.

Je suis, etc.

MAUREPAS.

M. de Maurepas à M. l'archevêque de Bourges.

14 novembre 1746.

J'ai reçu, mon cher cousin, votre lettre du 21 du mois passé. Je suis assez étonné que vous continuiez à ne point recevoir de nos

---

1. C'est, depuis 1737, don Louis d'Aunha : tome II, p. 216.
2. Ci-dessus, p. 42. Le duc de Luynes raconte le ressentiment de Maurice de Saxe au sujet de la patente de généralissime donnée au prince de Conti (*Mémoires*, t. VIII, p. 27-28).
3. Ci-dessus, p. 62-63. Sur cette campagne de Belle-Isle, qui n'aboutit même pas à délivrer Gênes, voir *Maurice de Saxe*, tome II, p. 242-267, et le livre récent de M. Stryienski : *le Gendre de Louis XV*, p. 234-259.
4. Reg. O^1 391, p. 532.

nouvelles. Vous aurez des volumes à lire, si elles vous arrivent, et vous y verrez tout ce que je sais de M. d'Anville, dont je ne reçois pas de nouvelles, et dont je ne crois point celles qu'on débite en France et en Hollande : on dit tantôt qu'il a pris l'Acadie, et tantôt qu'il a tenté cette entreprise sans succès. Les vaisseaux que j'avois envoyés pour escorter un convoi destiné pour les Iles sont de retour dans nos ports. Je vous envoie la relation des événements de leur campagne[1]. Quoiqu'ils se soient tirés avec honneur des combats qu'ils ont été obligés de rendre, et que le public en soit content, j'avoue que je l'aurois été davantage, s'ils avoient pu joindre M. d'Anville comme je leur avois prescrit par des ordres secrets, et c'est encore des forces de moins qui diminuent mes espérances sur ce que M. d'Anville auroit pu faire.

Les gazettes d'aujourd'hui[2] m'apprennent que *le Mars*, qui s'étoit séparé de *l'Alcide* en revenant en France, a été pris par les Anglois. Quoique je n'en sache point le détail, cette prise me paroît très possible : l'équipage du *Mars* étoit sur les cadres, et ce vaisseau avoit une voie d'eau assez considérable ; on se défend mal en pareil état, surtout si les ennemis sont supérieurs en force.

M. le maréchal de Belle-Isle est nommé pour commander en Provence, et M. de Maillebois revient. Je vous laisse à juger de tout ce que fait dire cette nouveauté[3].

Je recevrai très bien M. de Filloy, et, sur toutes choses, je ne laisserai pas ignorer que vous m'avez écrit en sa faveur. Comme il faut bien que je vous rende recommandation pour recommandation, on m'a prié de vous proposer l'abbé de Rochain, chanoine-comte de Brioude, pour la députation du clergé de votre province.

Vous connoissez, etc.

MAUREPAS.

M. de Maurepas à M. de Boze.

14 novembre 1746.

J'ai rendu compte au roi, Monsieur, des idées que vous m'avez communiquées pour les deux médailles dont une rassembleroit toutes

---

1. Voir archives de la Marine, B4 59.
2. Non pas la *Gazette de France*.
3. Ci-dessus, p. 65. Ce couplet courut alors :

> Belle-Isle part pour la Provence,
> Maurice est dans les Pays-Bas.
> Ne craignons plus rien pour la France :
> Le roi se sert de ses deux bras.

M. de Maillebois ne sut son remplacement que par le chevalier de Belle-Isle, frère cadet du nouveau général.

les conquêtes de la dernière campagne, et l'autre auroit pour objet la victoire de Raucoux. S. M. les a approuvées toutes deux. Vous me ferez plaisir de vouloir bien en ordonner les desseins. Je ne crois pas qu'il soit nécessaire de vous observer qu'il faut que le sieur Bouchardon évite, par rapport à celle de la bataille de Raucoux, la ressemblance d'une qui a été frappée à la fin de 1744, sur laquelle on voit aussi la Victoire couronner un trophée. La composition peut en être aisément très différente [1].

Nous sommes, pour le moins, aussi pressés d'une troisième médaille, qui est celle du nouveau mariage de Monsieur le Dauphin. Je vous serai très obligé d'y penser le plus tôt qu'il vous sera possible [2]. Je vous parle avec peine d'un pareil soin dans un moment où vous êtes douloureusement occupé de la perte de M. Cangé [3]; croyez, je vous prie, qu'on ne peut y prendre part plus que je le fais. Vous n'avez pas ignoré ma façon de penser pour lui, et l'intérêt que j'ai toujours pris à ce qui le touchoit ne doit pas vous laisser douter de la sincérité de mes regrets.

Soyez toujours persuadé, Monsieur, des sentiments avec lesquels je suis plus parfaitement à vous que personne du monde.

MAUREPAS.

M. de Maurepas à M. de Marville [4].

16 novembre 1746.

Sur ce que vous me marquez concernant le sieur de Vieussens

---

1. Ci-dessus, p. 54. La médaille de 1745, n° 67 du recueil de Florimont, pour Fontenoy, représente le roi sur un char triomphal à quatre chevaux; le n° 69, pour la campagne du roi en Flandre, représente la Victoire inscrivant sur des boucliers les noms des villes conquises; le n° 70, pour la prise de Bruxelles, Mars foulant aux pieds un bouclier aux armes de Bruxelles, devant la brèche ouverte; le n° 71, pour la campagne de Flandre en 1746, trois légionnaires portant chacun, en guise d'enseigne triomphale, deux boucliers sur lesquels sont inscrits les noms des villes prises : RESIDUAE BELGII AUSTRIACI URBES EXPUGNATAE. La médaille de Raucoux, n° 72, porte une Victoire foulant aux pieds des débris de couronnes murales.

2. On avait fait, pour le premier mariage, une médaille, n° 65, où l'Hymen couronne les deux écus de France et d'Espagne; pour le second, ce fut la Prévoyance auprès d'un autel où l'Hymen rallume son flambeau, et un Génie en l'air, portant l'écusson de Saxe.

3. Jean-Pierre-Gilbert Imbert-Chatre de Cangé, premier valet de garderobe du roi, commissaire des guerres et secrétaire des commandements du duc d'Orléans. Sa veuve, Philippine-Charlotte de Wendt, d'une famille attachée à Madame, obtint une pension le 13 mai 1747 (reg. O^1 91, p. 219). Est-ce le collectionneur dont le roi avait acheté la bibliothèque en juillet 1733?

4. Reg. O^1 391, p. 535.

dont le père demande la liberté, je pense, comme vous, qu'il est à propos de reléguer ce jeune homme hors de Paris, et, à cet effet, je joins ici un ordre du roi pour le faire sortir de prison, et un autre qui lui enjoint de se retirer incessamment à Marseille, chez son père[1].

Je suis, etc.

MAUREPAS.

M. de Maurepas à M. de Marville.

16 novembre 1746.

Le roi approuve, Monsieur, que la nommée Bonafond[2] soit mise dans un couvent, comme l'a fait demander le P. Griffet. Lorsque vous m'aurez indiqué celui dans lequel vous jugerez qu'il conviendra qu'elle soit, j'expédierai un ordre pour la recevoir, en même temps que celui qui sera nécessaire pour qu'elle sorte de la Bastille[3].

Vous trouverez ci-joint l'ordre du roi pour l'expédition de l'ordonnance des dépenses secrètes de la police.

Je compte que, lorsque je recevrai de vos lettres, j'y trouverai des nouvelles de la santé de Mme de Marville, dont j'ai d'ailleurs donné ordre qu'on m'informât exactement[4].

Vous connoissez, etc.

MAUREPAS.

---

1. Il a été parlé du père et du fils au tome I, p. 139-140. Le dossier Bastille 11541, fol. 118, contient la minute d'une lettre de Marville au ministre, en date du 12 novembre 1746, relative à cette affaire. Le fils avait été envoyé au For-l'Évêque le 6 septembre. M. de Marville ne reçut que le 23 février 1747 l'ordre de le faire partir pour son exil (reg. O^1 392, p. 83).

2. Marie-Madeleine Bonafond ou Bonafous. C'est la femme de chambre de la princesse de Montauban arrêtée pour l'affaire du *Tanastès*, ci-dessus, p. 8. Voir Funck-Brentano, *les Prisonniers de la Bastille*, p. 293-295.

3. Transférée aux Bernardines de Moulins, avec six cents livres de pension, elle s'y conduisit si parfaitement bien, que, en 1759, M. de Saint-Florentin et M. Bertin obtinrent sa liberté, avec trois cents livres de pension pour qu'elle pût se retirer dans une province à son gré (*Archives de la Bastille*, t. XV, p. 260-269; dossier Bastille 11582).

4. M. de Maurepas reçut cette pièce de vers sur Mme de Marville, qui est dans son Chansonnier, et que M. Raunié a publiée (t. VIII, p. 101-102):

> Fils de Vénus, daigne changer
>   La beauté qui m'enchante.
> Le tourbillon est moins léger,
>   L'onde est moins inconstante :
> Tout nouvel objet est le sien.
>   Pour la fixer, que faire?
> Sans vouloir s'attacher à rien,
>   Elle veut toujours plaire.

Nouvelles qui se débitent, etc.

17 novembre 1746 et jours suivants.

L'on dit tout bas qu'il est arrivé à Brest deux frégates de la flotte du duc d'Anville, et que son expédition est manquée[1]. L'on voudroit bien faire entendre que ces deux bâtiments ont été séparés par un coup de vent; mais le public n'est point dupe d'une pareille défaite[2] : il y a plus de trois mois que cette flotte est partie; l'on ne conçoit pas aisément que le hasard ait pu jeter ces deux frégates des côtes de l'Amérique sur les nôtres, et, si elles ont été séparées en revenant, il faut qu'on n'ait pas opéré grand'chose, puisqu'on ne publie rien.

La nouvelle de la prise de Louisbourg, loin de se confirmer, a bien perdu de son crédit aujourd'hui, puisqu'on assure que, la flotte de M. le duc d'Anville ayant été dispersée par les mauvais temps, il en est déjà rentré dans nos ports deux frégates. Ce bruit a fait tomber hier les actions.

Certain courtisan qu'on ne nomme point, jaloux sans doute, comme bien d'autres, de la gloire de M. le maréchal de Saxe, vouloit insinuer, ces jours derniers, au roi, que le prince Charles, au rapport de ses déserteurs, disoit que le maréchal de Saxe avoit refusé quatre fois de mesurer ses armes avec les siennes, et qu'ayant une armée aussi formidable, il s'étonnoit qu'il refusât le combat, et qu'apparemment il n'avoit pas inventé la poudre. « Je ne sais,

> Courir le bal et les sermons,
> L'abbé, le militaire,
> Un philosophe, un papillon,
> Un pantin, un Voltaire :
> Tout amant lui devient égal
> Sans peine et sans mesure,
> Et je me trouve le rival
> De toute la nature.
>
> Amants, dans son volage cœur,
> Un jour vous aurez place ;
> Goûtez promptement ce bonheur :
> L'instant qui suit l'efface.
> Mais, flattés d'un espoir si doux,
> Quelle erreur est la vôtre ?
> Quelquefois même son époux
> Est traité comme un autre.

1. *Mémoires de Luynes*, t. VIII, p. 8.
2. Ci-dessus, p. 66, lettre à l'archevêque de Bourges.

« répondit S. M., si M. le maréchal de Saxe a inventé la poudre ;
« mais je suis certain qu'il ne la craint point. »

M. de Maurepas à M. de Marville.

19 novembre 1746.

Vous avez très bien fait, Monsieur, d'expédier l'affaire de M. Morton[1], et je vous félicite d'être dehors, du moins, de ce qu'elle avoit de fatigant.

Je compte être lundi, au soir, à Paris, et, pour ce qui me regarde, je suis fort d'avis que vous ne preniez pas la peine de venir ici ; le roi ne vous a point demandé, et, si vous n'avez point affaire à d'autres, ce seroit un voyage fort inutile. Il est vrai que M. le marquis d'Argenson doit rester jusqu'au moment du départ du roi, mardi[2]. Je suppose que le compte que vous lui rendez sur mylord Morton lui suffira. On m'a dit, cette après-midi, qu'il étoit indisposé, et qu'il avoit même la fièvre ; je ne sais si cela précipitera son départ. J'ai imaginé que nous pourrions, si vous êtes libre, travailler ensemble le lundi au soir. L'audience que je compte donner mardi peut être fort longue, et se joindra presque à l'heure de l'Opéra, où je ne serois pas fâché d'aller, et, conséquemment, pourroit ne me pas laisser le temps de vous voir. Ce seroit aussi remettre ce travail un peu loin que de le porter au mercredi. Ainsi, comme j'arriverai au plus tard lundi à sept heures, il me conviendroit fort que vous vous rendissiez chez moi à sept heures et demie, et, soit que je ne fusse pas arrivé, soit qu'arrivé de meilleure heure, je fusse sorti, je ne me ferai sûrement pas attendre longtemps : vous savez que je suis exact. Comme je compte vous donner tout le temps jusqu'à l'heure où il faudra bien aller souper, si vous n'en aviez que pour une heure ou une heure et demie, vous pourriez vous y rendre plus tard. Je compte que vous voudrez bien envoyer lundi un petit billet que je puisse trouver à mon arrivée, qui m'informera si vous pourrez venir ou non, ainsi que de l'heure juste à laquelle vous viendrez.

Comme le couvent de la Bonafond[3] n'est pas trouvé, nous verrons s'il conviendra d'avoir autant de confiance pour elle que le P. Griffet en veut inspirer.

---

1. Ci-dessus, p. 55-56. Ses papiers n'ayant rien fourni contre lui, il fallut le remettre en liberté, et le marquis d'Argenson s'y prêta très volontiers, comme il est raconté dans ses *Mémoires*, t. IV, p. 329-330. L'Anglais ne retourna qu'en 1747 dans son pays.

2. Le roi, qui était à Fontainebleau depuis le commencement d'octobre, revint à Choisy le mercredi 23 novembre (*Luynes*, p. 17).

3. Ci-dessus, p. 68.

Je vous renvoie la lettre du P. La Valette[1], et je pense qu'il est très nécessaire que vous soyez présent à la conversation qu'il aura avec Mme de Maurepas; il y a de très bonnes raisons pour cela.

Mesdames doivent retourner à Choisy après le service[2]; il faudra que vous envoyiez demander à Monsieur le Prince la route qu'elles doivent tenir, afin de pourvoir à la commodité et la liberté de leur passage.

Il étoit très juste d'empêcher de débiter aux portes des spectacles le mémoire de Travenol; ce n'est pas en effet la place du débit d'un mémoire[3]. A l'égard de la communication que Voltaire vous demande des pièces qui sont chez le commissaire La Vergée[4], il paroît, par sa lettre, que vous les lui avez promises, et je ne sais si vous pouvez les lui refuser; mais, comme il me paroît, par sa lettre même, que je vous renvoie, qu'il se propose de faire imprimer quelque réponse, je crois que vous devez faire attention à ce que vous lui écrirez comme il vous le demande, et vous pourriez fort bien vous trouver imprimé sans l'avoir voulu[5].

Vous connoissez, etc.

MAUREPAS.

---

1. Ci-dessus, p. 60.
2. Il s'agit du service de la Dauphine à Notre-Dame (*Luynes*, t. VIII, p. 16-18; *Gazette*, p. 587-588).
3. Voyez ci-dessus, p. 2.
4. Charles-Élisabeth de La Vergée, commissaire au Châtelet, avait été chargé, le 29 avril, de saisir des papiers contre Voltaire chez Adrien-Maurice Mairault (doss. Bastille 10300), cette saisie ayant été demandée par Roy à M. de Marville, dans la lettre qui suit (*Œuvres de Voltaire*, éd. 1880, tome XXXVI, p. 437-438) : « Au retour de la campagne, où j'étois allé ensevelir mon chagrin sur la mort de ma sœur, j'ai appris que ma réputation étoit violemment attaquée par le sieur Voltaire. Je ne puis en douter par les lettres qu'il a écrites à des académiciens. S'ils me les eussent confiées, j'aurois eu justice réglée, la voie ouverte pour le forcer à prouver ou à se rétracter. Il ne me reste de recours que votre seule autorité et les perquisitions. »
5. Toute cette affaire des Travenol père et fils contre Voltaire, qui avait exigé qu'on fît des perquisitions chez le père et qu'on l'incarcérât au For-l'Évêque, a été racontée par M. Henri Beaune, en 1869. Le très vif mémoire dont parle Maurepas avait été rédigé par le magistrat bourguignon Rigoley de Juvigny, et il y est beaucoup question de Marville et du commissaire La Vergée. Voltaire répliqua, et l'abbé d'Olivet écrivit une lettre qu'on trouve, avec les mémoires, au Dépôt des affaires étrangères, vol. *France* 1334, fol. 345-370. Voyez les *Œuvres de Voltaire*, t. XXXVI, p. 461-495; le *Journal de Barbier*, t. IV, p. 145-148; les *Archives de la Bastille*, t. III, p. 251, 273, 274, 279, 286; le Chansonnier, ms. fr. 12649, fol. 295-304 et 359. Finalement, après seize mois de procédure, les parties seront renvoyées dos à dos par une sentence de la Tournelle du 9 août 1747.

M. de Maurepas à M. de Marville[1].

20 novembre 1746.

Le jour du service pour feu Madame la Dauphine étant fixé au jeudi 24 de ce mois, l'intention du roi est qu'il n'y ait point, ce jour-là, de spectacles à Paris. Je donne les ordres en conséquence au sieur Berger pour l'Opéra, et vous voudrez bien donner les vôtres aux autres spectacles. Je suis, etc.

MAUREPAS.

Nouvelles qui se débitent, etc.

21 novembre 1746 et jours suivants.

Le roi a dit à M. le maréchal de Saxe, qui se rend à Chambord, qu'il pouvoit disposer de quatre millions sur le Trésor royal pour acheter ce qu'il jugeroit à propos en récompense de ses services, qui procurent à la France plus de vingt millions par an.

On dit qu'il y a bien des projets sur le tapis pour l'augmentation des finances de S. M.[2]. On a proposé, entre autres, le cinquième denier dans un conseil d'État; mais il a été rejeté à la pluralité des voix, dont M. le contrôleur général étoit à la tête, qui a proposé, à son tour, un emprunt sur les postes ou sur les pays d'États, et, sur les difficultés qu'on lui a opposées, il a demandé, dit-on, sa démission, que le roi lui a refusée. On parle aussi d'ériger la capitation en ferme à la tête de laquelle seront trois commissaires du roi pour empêcher les malversations, savoir : MM. de Maurepas, de Marville et Maboul[3].

On raconte que, samedi dernier, M. le maréchal de Saxe étant dans un appartement à Fontainebleau, où il attendoit le roi, il s'y trouva un jeune seigneur que ce général connoissoit parfaitement, à qui il dit : « Monsieur, si je sais que vous alliez voir Mlle une telle, « qui demeure à Bruxelles, vous savez bien ce que je veux vous dire, « je vous promets que je vous couperai les c........ » S. M. et Mme de Pompadour, à qui le maréchal tournoit le dos, entendirent le serment, et firent de grands éclats de rire. Le maréchal ne se démonta pas ; il n'y eut que le jeune seigneur, qui se retira un peu confus de la leçon pathétique que venoit de lui faire son général, qui en badina beaucoup avec S. M.

---

1. Reg. O¹ 391, p. 544.
2. On verra plus loin, p. 74 et 86, d'autres nouvelles de pareille nature.
3. L'inspecteur de la librairie : tome I, p. 117.

Le bruit court à Paris que M. le maréchal de Saxe a quelques sujets de mécontentement; l'on croit aussi à la cour qu'il en est quelque chose[1]. L'on est surtout très persuadé qu'il n'est pas bien avec le ministre de la guerre. Les raisons qu'on en apporte sont que les dernières grâces n'ont été accordées qu'à des créatures du prince de Conti, et que l'on a rien fait pour les officiers de l'armée qu'il vient de commander.

Ceux qui se mêlent de raisonner sur tous les événements prétendent que M. d'Argenson, en élevant les trois derniers maréchaux de France[2], a eu principalement en vue de se ménager l'appui des maisons de Conti et d'Orléans et de balancer le crédit que pourra donner au maréchal de Saxe l'alliance que nous faisons avec la cour de Pologne. L'on croit cependant qu'il pourroit bien être la dupe de sa politique. La princesse de Conti, qui est à la tête de toutes ces brigues, n'est pas pour lui un appui bien solide : l'on sait combien il lui est facile de se métamorphoser. Elle a trop d'esprit pour tenter de maintenir un ministre chancelant; elle s'est hâtée d'en tirer le meilleur parti qu'elle pouvoit, et l'on est persuadé qu'elle est toute disposée à l'abandonner maintenant à son sort. On la voit, en effet, aussi empressée à courtiser M. de Saxe qu'elle l'a été, depuis trois mois, à importuner M. d'Argenson et à courtiser jusqu'à ses commis[3]. Comme l'on conjecture que la ruine du cadet pourroit bien entraîner celle de l'aîné, l'on cherche aussi un autre ministre des affaires étrangères, et presque tout le monde sensé opine pour M. Paris du Verney[4], comme ayant un crédit infini dans toutes les cours de l'Europe et du génie au delà de ce qu'il faut pour le maniement des affaires dont il pourroit être chargé. L'on ne présume cependant pas que la cour jette jamais les yeux sur lui pour un tel poste : il n'est pas moins utile à l'État dans ce qu'il fait, en quoi il seroit bien plus difficile de le remplacer.

M. le maréchal de Saxe, loin d'avoir récompensé la demoiselle Chevalier[5], qui a chanté dans la cantatille[6], comme il avoit fait à la

---

1. *Luynes*, p. 27-28.
2. Les maréchaux de Balincourt, de la Fare et d'Harcourt, créés à la fin d'octobre (*Journal de Barbier*, p. 197).
3. Ci-dessus, p. 33.
4. Voir l'éloge que le duc de Croÿ, dans ses *Mémoires*, faisait alors de ce grand financier et de son alliance avec Mme de Pompadour.
5. Marie-Jeanne Fesch, dite Chevalier, née le 17 septembre 1722, débuta à l'Opéra vers 1740 et se retira en 1766; elle vivait encore en 1789. On peut voir dans *l'Académie royale de musique*, par M. É. Campardon, t. II, p. 123-125, la liste des rôles qu'elle chanta.
6. Le 20 novembre, quand le maréchal vint à l'Opéra la première fois après la bataille de Raucoux; le *Journal de Barbier* (p. 199) donne le texte de cette cantate.

demoiselle de Metz[1], a témoigné au sieur Berger, entrepreneur de l'Opéra[2], un mécontentement furieux de ce qu'on lui avoit adressé cette cantatille.

Il est arrivé à Brest une frégate de l'escadre de M. le duc d'Anville, par laquelle on apprend la descente faite à l'Acadie, et qu'on s'étoit emparé du fort d'Annapolis[3].

Des gens ont dit, à cette occasion, avoir vu une lettre écrite de Londres, par laquelle on mandoit qu'on y étoit dans la plus grande joie, ayant appris que M. le duc d'Anville, ayant fait la descente à Plaisance, avoit été forcé de rappeler son monde après plusieurs attaques infructueuses, et qu'enfin il avoit laissé tout le canon qu'il avoit débarqué, et avoit abandonné son arrière-garde pour sauver le reste.

On continue toujours à parler de la retraite de M. de Machault, à laquelle il songe très sérieusement[4]. On dit que ce qui y donne lieu est l'embarras de trouver les fonds nécessaires pour poursuivre la guerre avec vigueur la campagne prochaine. Il y a plusieurs projets de finances sur le tapis, entre autres une nouvelle tontine et une loterie. On parle aussi de mettre un impôt annuel de trois livres par chaque métier à faire des bas dans tout le royaume, ce qui ne seroit pourtant pas d'un produit considérable.

26 novembre 1746 et jours suivants.

Le bruit court, et personne ne peut le croire, que le fils du ministre des affaires étrangères doit aller à la cour de Dresde pour accompagner la princesse jusque sur nos frontières. C'est, dit-on, un objet mince de figure pour représenter la France.

Le bruit court aussi que le roi va accorder le titre d'Altesse Sérénissime au maréchal de Saxe comme oncle de la future Dauphine[5], et un rang immédiatement après les princes du sang et avant les ducs. Il mérite bien davantage; mais qu'il va faire de jaloux!

L'on dit que M. de Maurepas médite une entreprise importante, et qu'il fait venir ici l'intendant de marine et l'ordonnateur de Dunkerque, qui sont deux hommes d'esprit, pour conférer avec eux sur cet objet. On assure que M. de Maurepas a marqué son mécontentement contre les officiers de marine de l'escadre de M. le duc

---

1. C'est l'actrice qui, au mois de mars précédent, lui avait présenté une couronne quand il vint à l'Opéra après la prise de Bruxelles : tome II, p. 262-263.
2. Tome II, p. 174 et 196, et ci-dessus, p. 72.
3. Capitale de la Nouvelle-Écosse, fondée en 1604 par les Français appelée d'abord Port-Royal.
4. Ci-dessus, p. 62. — 5. Voir les *Mémoires de Luynes*, p. 28.

d'Anville qui sont revenus sans ordre et sous prétexte qu'ils manquoient d'eau et que le gros temps les avoit séparés, y ayant moins de chemin à faire pour eux pour en trouver que de revenir en France[1]. Mais, quand le fait seroit vrai, que leur en arrivera-t-il?

On dit qu'il a été envoyé des ordres dans les ports pour armer en toute diligence dix vaisseaux de guerre, pour être prêts au commencement de l'année.

Une dame de Bretagne écrit en ces termes : « Nous sommes heu-
« reusement délivrés de toute invasion angloise. Nous l'avons échappé
« belle. Aussi, les commandants des troupes réglées et garde-côtes
« sont des sots, les Bretons des poltrons, et tout ce qui appartient à
« la Compagnie des jean-f... »

On débita hier à l'Opéra que M. le comte de Maurepas n'avoit point été prévenu de la cantate qui y fut chantée en faveur de M. le maréchal de Saxe[2], et que ce ministre l'avoit trouvé mauvais, et défendu que pareilles choses n'arrivassent plus à l'avenir. On ajoute que M. de Saxe auroit fait un présent à la demoiselle Chevalier en la priant de n'en point parler, s'étant expliqué qu'il ne vouloit plus de pareilles distinctions[3].

La maison de feu Madame la Dauphine sera payée jusqu'au 1er janvier; mais il n'est pas certain que toutes les charges en soient continuées à ceux qui en étoient pourvus.

Il paroît une petite relation de l'expédition de M. le duc d'Anville au Cap-Breton, où il est dit que ce seigneur avoit entrepris le siège de Louisbourg, mais qu'il en avoit été repoussé avec une perte considérable et que les troupes de terre qui en ont échappé, commandées par M. de Pommery, brigadier, avoient été obligées de se rembarquer sur leurs vaisseaux, dont on ignoroit le sort. On dit que M. le duc d'Anville, qui est relâché à Lisbonne avec le débris de sa flotte[4], doit servir à escorter les troupes espagnoles qui doivent être transportées à Naples pour agir en Italie avec les troupes napolitaines sous les ordres de M. le comte de Gages.

Il court plusieurs bruits dans Paris, auxquels on n'ajoute pas grande foi, savoir : que M. Orry, ci-devant ministre des finances, alloit reprendre cette charge à la place de M. de Machault, que l'on continue à dire vouloir se retirer; plus, que MM. Paris, qui sont fort bien en cour, ont conçu le dessein de supplanter les fermiers géné-

---

1. C'est le 10 octobre que deux frégates étaient revenues à Brest, annonçant la dispersion de l'escadre et l'échec probable de l'expédition (lettre du 12, dans les *Mémoires de Luynes*, p. 458-459); mais c'est seulement le 30 novembre que la frégate *la Renommée* arriva à Lorient et fit connaître la mort du duc d'Anville et le désastre qui suivit, comme on le verra p. 87-89.
2. Ci-dessus, p. 73.
3. Ci-dessus, p. 74.
4. Voyez la note 1 de la page précédente.

raux et de les remplacer en donnant quelques millions de plus que les derniers tous les ans; et enfin sur un futur changement dans le ministère, où ces derniers favoris de la Fortune pourroient bien être employés tous les deux, s'ils abandonnoient le prétendu dessein dont on vient de parler, et s'ils poussent leur pointe auprès de M. le maréchal de Saxe, dont ils ont l'oreille, et qui a lui-même celle du roi.

Tout le monde étoit hier indisposé contre M. le maréchal de Maillebois. Il ne fut question que des époques fâcheuses que nous avons éprouvées en Italie, que l'on vouloit absolument faire rouler sur son compte, et on finit par assurer que ce général, se voyant forcé d'évacuer le comté de Nice par la plus grande supériorité des ennemis, avoit envoyé un plan à la cour par lequel il proposoit d'abandonner la basse Provence et se fortifier dans la haute jusqu'à ce que les secours fussent arrivés. Il faut, dit-on, dans les occasions embarrassantes, de la fermeté et des ressources. Le roi d'Espagne avoit sollicité depuis longtems son rappel, et ce qui le justifie, c'est que ses troupes sont revenues joindre notre armée aussitôt que la cour d'Espagne a appris que M. le maréchal de Belle-Isle avoit été nommé pour commander cette armée; que le roi d'Espagne a une si grande confiance dans les talents de M. de Belle-Isle, qu'il ordonne à M. de La Mina[1] de se renfermer aux différentes opérations qui lui seront proposées de la part de ce général[2].

On est fort intrigué, à la cour, de M. le duc d'Anville et de son escadre, dont on n'a aucune nouvelle. On dit que Mme la marquise de Roye[3] a fait écrire dans toutes les places maritimes sans avoir pu obtenir rien de favorable, puisque tous les bruits qui ont été répandus se trouvent faux et que l'on est toujours dans la même incertitude.

On confirme dans plusieurs cafés qu'il s'est présenté une nouvelle compagnie pour affermer les postes en faisant une avance de huit millions d'emprunt pour le roi et une augmentation de huit cent mille livres par an. L'on ajoute que cette proposition a échoué contre une offre moins considérable faite par les fermiers actuels, qui sont bien en cour, et dont on est content[4].

M. de Maurepas à M. l'archevêque de Bourges.

28 novembre 1746.

J'ai reçu, mon cher cousin, votre lettre du 4 de ce mois, et je suis

---

1. Jacques-Michel, marquis de La Mina, qui avait quitté l'ambassade en France, en 1741, pour commander l'armée envoyée au secours de Dom Philippe, vient d'être remplacé à la tête de l'armée de Gages.
2. Voir *Maurice de Saxe*, p. 242 et suiv.
3. Tome I, p. 191.
4. Ci-dessus, p. 64.

charmé que vous ayez enfin quelques-unes de celles que je vous ai écrites. J'espère que toutes vous parviendront. Vous y verrez que je ne vous ai laissé manquer d'aucunes nouvelles que j'ai de M. d'Anville. Je n'en ai point encore de directes, et, jusqu'à présent, je n'en ai pas des souhaitées. Si j'en croyois celles que l'on publie en Angleterre, il a abordé à l'Acadie quelques jours après l'ouragan du 13 septembre, et il y étoit encore le 30; c'est tout ce que les Anglois en ont appris par un bâtiment qui leur est arrivé de Louisbourg. Je ne veux point me flatter prématurément sur ce qu'il aura pu y faire, d'autant plus qu'après les malheurs que cette escadre a essuyés, et qu'avec le peu de forces qui lui restent, il n'y a pas d'apparence qu'il ait pu entreprendre avec succès rien de fort considérable; mais j'avoue que je suis intérieurement très satisfait qu'en dépit des obstacles il ait suivi courageusement son objet. Tout ce qui d'ailleurs peut être arrivé n'est plus qu'un malheur.

Le projet des Austro-Sardes sur la Provence n'étoit point si chimérique, et, s'ils avoient été en état de nous suivre aussi promptement que nous les laissions maîtres du terrain, tandis qu'ils sont encore derrière le Var, suivant les nouvelles du 21, quoiqu'ils paroissoient travailler depuis longtemps à faire un pont et à tous les préparatifs de leur passage, ils fussent entrés en Provence sans grands obstacles et eussent mis du moins le pays à contribution; mais ils ont laissé le temps de reprendre courage en Provence et de ne plus appréhender soit qu'ils passent ou ne passent pas. Les renforts de troupes qu'on envoie vont s'y rendre journellement, et les Espagnols, qui s'étoient séparés pour aller en Piémont, ont ordre de revenir sur leurs pas et de rejoindre notre armée. M. de Belle-Isle y arrivera d'un moment à l'autre, et M. le grand prieur a si bien prouvé qu'il y étoit très nécessaire, qu'il a obtenu la permission d'y aller.

Le mariage de Monsieur le Dauphin avec la princesse de Pologne est déclaré d'avant-hier[1], et, quelques précautions que l'on prenne pour abréger tout ce qui pourroit ralentir son arrivée, il n'y a guère d'aparence que les noces se fassent avant le carême.

M. de Béthune[2] a eu raison de vous mander qu'il étoit content de moi, puisque c'étoit mon sentiment décidé dès le moment de la

---

1. Le duc de Luynes raconte, avec des détails très probants (p. 18-19), que le roi fit « la première déclaration publique » le samedi 26, et que les compliments officiels eurent lieu le lendemain, dimanche 27. La *Gazette* l'annonça sous la date du 1ᵉʳ décembre (p. 587). Les pleins pouvoirs pour régler et signer le contrat furent délivrés le 4 au duc de Richelieu et au marquis des Issarts. Cf. le *Journal de Barbier*, p. 201-202.

2. Paul-François, duc de Béthune, âgé de soixante-quatre ans, capitaine des gardes du corps et cordon bleu.

mort de M. de Tessé qu'il eût l'exercice de la charge, et que j'ai vivement agi en conséquence [1].

M. de Puyzieulx m'écrit assez régulièrement [2]. Peut-être que les lettres qu'il vous écrit ne vous parviennent-elles pas plus que les miennes ; mais, à tout hasard, la première fois que je lui écrirai, je lui ferai un petit reproche de votre part.

Vous connoissez, etc.

MAUREPAS.

M. de Maurepas à M. de Marville.

3 décembre 1746.

Je vous trouve très prudent d'éviter, en restant à Paris, de perpétuer votre rhume. Vous ferez très bien même de ne pas courir la ville et de rester chaudement chez vous. Comme vous me prévenez simplement sur ce que vous croyez que Mme de Marville voudra me faire l'honneur de me donner à souper, je pense que, avant que je réponde au soupçon que vous en avez, il n'y aura pas de mal que vous sachiez si c'est en effet son sentiment ; mais, en tous cas, je doute que ce puisse être à mon premier voyage, le roi ne parlant pas d'aller à Choisy. Si je m'échappe d'ici quand le roi y reste, ce n'est jamais que pour vingt-quatre heures, et je ne m'y détermine que dans le moment même et par les circonstances.

J'ai vu M. de Mirepoix, et je l'ai trouvé tout aussi inflexible qu'il vous l'a paru sur l'affaire de l'Oratoire [3]. Il n'y a pas d'apparence qu'il change d'avis ; il en sera tout ce qu'il voudra.

J'ai trouvé les huîtres très belles et très bonnes, ainsi que tous ceux qui ont soupé hier chez moi. Je ne trouve nul inconvénient à lui accorder le privilège qu'il demande pour trois ans, exclusivement à tous nouveaux établissements dans la Normandie, mais sans préjudicier aux établissements déjà formés, dont les correspondances sont déjà établies pour l'approvisionnement de Paris. Ce sera à lui à s'attirer la préférence, ou par la supériorité de sa marchandise, ou par la diminution du prix. A l'égard de la demande qu'il fait de

---

1. René-Mans de Froullay, comte de Tessé, fils du maréchal, qui vient de mourir le 22 août 1746, s'était démis en 1735 de sa charge de premier écuyer de la reine en faveur de son fils aîné. Celui-ci, ayant été tué en 1742 pendant le siège de Prague, la charge avait été donnée au petit-fils, âgé de six ans, et le grand-père en avait eu l'exercice. Lorsqu'il mourut, M. de Béthune, grand-père maternel, le remplaça, mais sans en retirer aucun profit ni aucune commodité (*Mémoires de Luynes*, t. VII, p. 418, 423-424, et t. VIII, p. 25). Voir ci-après, Supplément, 3 octobre.

2. Il est plénipotentiaire aux conférences de Bréda.

3. Ci-dessus, p. 43 et 60.

rendre sujettes à visite par les gens qu'il y commettroit toutes les huîtres vertes venant à Paris, on n'aura garde de lui accorder une permission aussi tyrannique et aussi susceptible d'abus. Il lui sera facile de remédier aux inconvénients qu'il imagine du mélange de ses huîtres avec celles des autres bureaux[1].

Je joins ici tous les mémoires et placets que je vous aurois remis, si vous fussiez venu à Versailles.

Vous connoissez, etc.

MAUREPAS.

Nouvelles qui se débitent, etc.

3 décembre 1746 et jours suivants.

Le retour de M. de Saxe a renouvelé les bruits qui coururent l'année dernière au sujet de MM. d'Argenson[2]; mais on se trompe bien, si l'on peut s'en rapporter aux personnes qui paroissent sensées. MM. d'Argenson se font auprès du maréchal un mérite du mariage qu'ils viennent de conclure avec sa nièce[3]; ils ont cru lui faire leur cour. Peut-être n'ont-ils pas pu faire autrement; mais cela n'empêche pas que M. le maréchal ne leur sache gré, du moins en apparence, de ce qu'ils ne s'y sont pas opposés, en sorte qu'il y a lieu de présumer qu'il n'y aura encore aucun changement dans le ministère cette année. D'ailleurs, M. d'Argenson[4] est un ministre peu formidable pour M. de Saxe : il le laisse assez le maître de faire ce qu'il veut.

On a confirmé hier de nouveau la nouvelle de la conquête de l'Acadie par M. le duc d'Anville, que l'on tient pour certaine dans le public, en ce qu'on dit qu'elle vient de chez M. le comte de Maurepas.

S. M. a, dit-on, insinué, dans une conversation à sa table, que les obstacles opposés à la paix n'étoient pas insurmontables, et qu'elle feroit de son côté tout ce qui dépendroit d'elle pour conclure avant Pâques une pacification générale.

On croit que l'ambassadeur d'Espagne sollicitera la suppression de la pièce nouvelle de la Comédie françoise attendu qu'elle fait revivre une histoire qui ne fait pas d'honneur à la nation espagnole.

---

1. Un privilège de trois ans fut accordé le 7 décembre au marquis de Bellemarre, qui se chargeait de la fourniture et de la vente à Paris des huîtres vertes élevées dans ses parcs de Courseulles (O¹ 90, p. 297-299).

2. Tome II, p. 233-238. — On remarquait des égards très particuliers, mais bien explicables, du roi pour ce maréchal, qui avait été avisé de la déclaration par un billet de la main royale.

3. La princesse de Saxe, que le Dauphin va épouser : ci-dessus, p. 74. Voyez *Maurice de Saxe*, t. I, p. 431-436.

4. Le ministre de la guerre.

Le chevalier de Saint-Georges, capitaine de vaisseau de la Compagnie des Indes, très expérimenté et entreprenant, est, dit-on, fait chef d'escadre. Cet officier partit ces jours derniers pour Rochefort, où il doit prendre le commandement de plusieurs vaisseaux de guerre[1].

Le bruit se confirme de plus en plus de la prise de l'Acadie par M. le duc d'Anville, et de l'avis de sa mort, et même de l'abandon qu'on en a fait n'étant pas possible d'y rester à cause des maladies de nos soldats qui y étoient débarqués en grand nombre. Des gens disent aussi que nous avons repris le Cap-Breton, dont les Anglois sont inconsolables à cause du commerce de pelleteries et de pêche de la morue, où ils faisoient des fortunes immenses.

On prétend même que M. le duc d'Anville avoit trouvé le moyen d'apprivoiser les Iroquois, nation la plus redoutable des sauvages, et avec lesquels on peut faire un grand profit pour les pelleteries, dont les Anglois de la Nouvelle-York pouvoient recueillir tout le fruit en donnant à cette nation, en échange, des marchandises meilleures et à plus bas prix que les François. On soutient donc que M. le duc d'Anville a fait envisager à ces sauvages qu'ils seroient fous de porter un seul castor chez les Anglois : 1º parce qu'au lieu de soixante lieues qu'ils seroient obligés de les transporter sur leur dos à la Nouvelle-York, ils n'en ont que sept à faire de leurs habitations jusqu'aux rives du lac de Frontenac, où l'on a placé les barques pour le commerce ; 2º qu'on peut actuellement leur donner des marchandises meilleures, et à meilleur marché, que les Anglois; 3º qu'il leur est impossible de subsister dans le chemin de chez eux à la Nouvelle-York ; et 4º, c'est qu'en s'écartant de leurs villages pour aller si loin, ils exposeroient leurs femmes, leurs enfants et leurs vieillards en proie à leurs ennemis, comme cela est déjà arrivé plusieurs fois.

Les fâcheuses nouvelles de Provence[2] font murmurer le public contre le ministère qui a donné des ordres, il y a quelques jours, pour arrêter la marche des troupes qui faisoient diligence pour y aller.

On assure la flotte de M. le duc d'Anville arrivée à Brest le 2 de ce mois. La nouvelle de la mort de M. le duc d'Anville a consterné tout ce qui a quelque rapport à la marine. L'on avoit fondé les plus belles espérances sur sa bonne conduite, et l'on ne doutoit nulle-

---

1. Jacques-François Grout de Saint-Georges, entré au service de la Compagnie des Indes en 1720, avait eu en 1746 une commission royale de capitaine de vaisseau, pour un an, à l'effet de conduire plusieurs bâtiments aux Indes. Il devient chef d'escadre à la suite d'un combat contre les Anglais devant l'île de Groix.

2. L'armée ennemie passa le Var le 30 novembre.

ment du succès de son expédition ; mais ces espérances sont bien diminuées, et l'on ne doute pas que ce seigneur n'ait été saisi par le chagrin qu'il avoit de voir sa flotte presque ruinée par les tempêtes qu'elle avoit essuyées. L'on ne publie encore aucunes circonstances de sa mort, sinon qu'elle a été subite, quelques jours après son débarquement dans l'Acadie[1].

L'on dit que M. de Maurepas est inconsolable de la mort du duc d'Anville. Depuis cette fâcheuse nouvelle, tous ses meilleurs amis ne l'ont presque pas quitté. Il est aisé de concevoir que, pour bien des raisons, elle a dû être un coup terrible pour lui. Il est allié de fort près à la maison de La Rochefoucauld, et il avoit compté que, le duc d'Anville revenant couvert de lauriers, on ne manqueroit pas de lui donner la survivance de la charge de grand maître de la garde-robe[2] : c'étoit la première des récompenses qu'il devoit attendre de son expédition. De plus, M. de Maurepas avoit espéré qu'il pourroit remettre sa marine en honneur ; quel chagrin pour lui de voir que, quelque sages que soient ses mesures, il ne peut parvenir à ses fins! Il n'est personne de bien intentionné qui ne le plaigne d'avoir toujours contre lui les éléments et des accidents contre lesquels toute la prudence humaine ne sauroit apporter aucune précaution[3].

On ne dit plus mot de MM. d'Argenson, sinon que tous les bruits qui ont couru de leur chute prochaine ont été mal fondés, et qu'ils sont, au contraire, mieux étayés qu'ils ne l'ont jamais été.

S. M., à la nouvelle du passage du Var[4], n'en a pas été plus étonnée en l'apprenant, et elle l'a annoncée elle-même comme une chose indifférente. On dit même qu'à l'ouverture des dépêches du courrier de M. de Belle-Isle[5], ce monarque prononça ces propres termes : « Je « m'en f...! » et qu'il dit ensuite : « Le propre des Autrichiens est de « passer et repasser les rivières, et d'être repassés. »

---

1. *Mémoires du duc de Luynes*, t. VIII, p. 23-24; *Gazette*, p. 612; *Journal de Barbier*, t. IV, p. 204-205 ; reg. de la Marine B⁴ 59, fol. 94-163 (aux folios 111-112, il y a une très courte relation de la fin de la campagne d'après M. de Blénac, commandant du *Diamant*). M. d'Anville avoit été frappé d'apoplexie le 25 septembre, en se promenant sur le gaillard de son vaisseau *le Northumberland*, et était mort le 27, à trois heures du matin. Il n'avait que trente-sept ans. Voltaire dit que cet infortuné marin, n'ayant jamais commandé que des galères dans la Méditerranée, s'était trouvé au-dessous de sa tâche, ayant d'ailleurs un trop faible effectif.
2. Qu'avait le duc de La Rochefoucauld, son beau-père.
3. Voir les *Mémoires de Luynes*, t. VIII, p. 238 et 385-386, IX, p. 431, et X, p. 119 et 141.
4. Ci-contre, p. 80.
5. Voyez le *Journal de Barbier*, p. 209.

Le roi a dit qu'il s'attendoit à annoncer dans peu la nouvelle d'une action, et de la gloire que M. le maréchal de Belle-Isle y aura acquise. S. M. a aussi insinué qu'on ne tarderoit pas d'apprendre que le roi de Prusse, informé de cette invasion, n'aura pas manqué d'exécuter la sienne projetée sur la Moravie.

A l'occasion du passage du Var, on disoit hier, à la Comédie, à M. le maréchal de Saxe, qu'il faudroit envoyer à la tête de notre armée M. le duc de Villars[1] et le marquis de Salins[2], qui se trouvoient-là présents sur le théâtre; ce général dit en propres termes : « Ce sont des b....... » — « Tant mieux, répondit un troisième, « les ennemis en seront mieux f...... »

M. de Maurepas à M. de Marville[3].

4 décembre 1746.

Sur ce que vous me marquez de l'aliénation d'esprit du baron de [Saint]-Huruge[4], je pense comme vous du danger qu'il y auroit à le laisser libre. Je joins ici les ordres du roi que vous proposez pour le faire renfermer à Saint-Lazare[5].

Je suis, etc.

MAUREPAS.

M. de Maurepas à M. de Marville[6].

7 décembre 1746.

Au mois de septembre dernier, le sieur Massé, orfèvre du roi demeurant à Versailles, s'étant plaint de ce que les commis de la barrière de Grenelle avoient saisi sur le nommé Le Grand, son commissionnaire, plusieurs pièces d'argenterie et un lingot d'argent qu'il faisoit porter à Paris, il en a demandé la restitution. Sur l'examen que vous fîtes alors de son mémoire, vous m'avez marqué que cette argenterie et ce lingot avoient été portés chez M. de Rouville, inspecteur général des fermes du roi, qui s'en étoit chargé pour être remis à qui il appartiendroit. Comme le tout appartient véritable-

---

1. Honoré-Armand (1702-1770), fils du maréchal, avait succédé à son père comme gouverneur de Provence en 1734.
2. Nom douteux.
3. Reg. O¹ 391, p. 571.
4. Écrit : *Vruge*.
5. Ordre du même jour pour mettre le baron de « Saint-Vruge » à Saint-Lazare, aux frais de sa famille (O¹ 90).
6. Reg. O¹ 391, p. 573.

ment audit sieur Massé, à l'exception d'une paire de flambeaux qui lui ont été confiés par la dame de Montgival, première femme de chambre de Madame Henriette, à laquelle il les remettra, je vous prie de donner vos ordres audit sieur Massé, qui vous remettra cette lettre, pour qu'il puisse retirer de chez M. de Rouville ladite argenterie et le lingot d'argent. Je suis, etc.

MAUREPAS.

M. de Maurepas à M. de Marville.

7 décembre 1746.

J'ai reçu votre lettre du 5 et toutes les pièces que vous y avez jointes.

Rulhière[1] m'a rendu compte des deux vols faits près de Saint-Denis et de Pontoise.

Je ne puis qu'approuver le parti que vous avez pris de vous assurer du sieur de Saint-Huruge, et vous n'avez pas moins bien fait de faire conduire à Saint-Lazare M. de Vildé le fils[2] et M. de Sabran[3], sur la demande de leurs parents[2].

A l'égard des rapports des deux exempts des comédies, comme ce ne sont que des propos qui n'ont point eu de suite, et qu'il n'est pas possible d'empêcher les vivacités de cette espèce, et que ce sont de ces menaces qu'on seroit presque toujours fâché d'exécuter, je ne pense pas qu'il faille les relever.

Je n'ai pas douté que vous ne fussiez touché de la perte de M. d'Anville, et je suis bien sensible à la part que vous prenez au chagrin que j'en ressens.

Vous connoissez, etc.

MAUREPAS.

Au maréchal de Saxe.

10 décembre 1746.

L'envie est sous tes pieds, la gloire sur ton front;
Que tes destins sont beaux, invincible Saxon!
Louis choisit ton sang pour puiser dans la source
Un germe de héros qui règnent après lui,
Et nos derniers neveux se diront dans leur course :
« Son sang nous fit des rois, son bras fut leur appui. »

---

1. Au mois de juin, ce commandant de la brigade de Saint-Denis avait été suspendu de ses fonctions pendant huit jours, pour n'avoir pas déféré aux ordres du sieur Guény, son inspecteur (reg. O¹ 391, p. 263 et 264).

2. Ordre du 12 décembre : reg. O¹ 90.

3. M. de Sabran, qui n'est pas nommé dans les ordres, était peut-être Isaac-Elzéar, de la branche de Biosc, capitaine de cavalerie, né en 1720.

Envoi de l'auteur.

Philosophe ignoré, content du nécessaire,
Ne crois pas, Maréchal, ma muse mercenaire :
Je n'ai besoin de rien; mes vers, enfants du cœur,
Te payent le tribut qu'on doit à ta valeur.

M. de Maurepas à M. l'archevêque de Bourges.

11 décembre 1746.

J'ai reçu, mon cher cousin, votre lettre du 19 du mois passé.

Deux vaisseaux de notre malheureuse escadre sont revenus. Ils ne m'apprennent guère plus de détails que ce que je vous ai envoyé avec ma lettre précédente. Ils me confirment seulement que, sans la multitude et l'opiniâtreté des incidents malheureux, l'exécution de nos projets étoit infaillible. J'attends le reste de l'escadre avec impatience et inquiétude. Je vais demain à la Roche-Guyon[1], où toute la famille est rassemblée, dans la situation d'âme que vous imaginez aisément; personne heureusement n'est malade.

J'espère que votre première lettre m'apprendra que le cardinal Acquaviva[2] aura augmenté le nombre des chapeaux, et que ce nombre suffira pour déterminer la nomination que je voudrois qui fût faite promptement, dans l'espérance de vous revoir plus tôt[3].

Vous connoissez, etc.

MAUREPAS.

Nouvelles qui se débitent, etc.

11 décembre 1746 et jours suivants.

Les conversations roulent uniquement sur la circonstance critique dans laquelle se trouve la Provence[4]. Comment est-il possible, dit-on, que l'on n'ait pas prévu ce qui arrive, puisqu'il y a plus de deux mois que l'on sait que les ennemis se proposent d'y venir; qu'ils ont été beaucoup plus longtemps à s'y rendre, par les contretemps qui leur sont arrivés, et qui devoient nous être favorables; que cependant il n'étoit encore arrivé que dix bataillons, en sorte que l'on se

---

1. Le château patrimonial des La Rochefoucauld, dans le Mantois, sur la Seine.
2. Tome II, p. 169.
3. Dans une lettre inédite du 3 août, au cardinal de Rohan, M. de Maurepas prétend qu'il ne vouloit pas intriguer pour faire avoir le chapeau à son cousin l'archevêque de Bourges, et que même il lui déconseilloit d'essayer de l'obtenir. La promotion ne se fera qu'en avril 1747.
4. Voir le livre de M. Stryienski, p. 239.

trouvoit forcé d'abandonner une partie de cette province, et que l'autre seroit dans le cas de craindre des courses par leur cavalerie légère, n'en ayant que très peu à leur opposer[1]; qu'il y a environ quarante années que, M. le duc de Savoie étant venu dans la Provence[2], il y eut des troupes françoises, parties du camp de Ramillies, qui se rendirent en six semaines à l'armée de Provence[3].

On est informé que c'est faute de vivres et de bons aliments que l'escadre de M. le duc d'Anville a échoué dans des entreprises qui ont été retardées d'un mois par une route extraordinaire qu'elle avoit été obligée de prendre pour éviter la rencontre des vaisseaux anglois qui auroient pu informer de son arrivée le Cap-Breton. On a compté jusqu'à deux mille cinq cents malades sur le reste de ces vaisseaux qui reviennent en Europe[4].

On dit que les arsenaux de Provence sont si dénués d'artillerie, qu'on est obligé d'y en transporter de Flandres par la voie des chevaux de poste.

On débita hier que, M. le duc d'Anville et M. d'Estourmel, chef d'escadre[5], ayant eu dans leur traversée des vivacités marquées dans les différents conseils de guerre où ils se sont trouvés, M. d'Estourmel étant d'ailleurs mal disposé, ces deux messieurs s'étoient battus quelques jours après le débarquement, que M. d'Anville étoit mort des blessures qu'il avoit reçues, et que M. d'Estourmel, qui avoit été blessé dangereusement, avoit eu différents accidents, et qu'il étoit enfin resté en démence.

On apprend de Brest que M. le chevalier d'Estourmel, que les gazettes avoient tué dans un délire, et que certains bruits insinuoient avoir tué M. le duc d'Anville dans une querelle, est arrivé dans ce port sur le vaisseau *le Terrible*[6], commandant de toute l'escadre,

---

1. *Luynes*, p. 16, 19 novembre 1746 : « Il a été résolu d'envoyer encore en Provence vingt bataillons de plus que le premier arrangement. L'on compte que, lorsque tout sera arrivé, nous y aurons cent cinq bataillons. Il y aura peu de cavalerie; mais elle n'est pas fort nécessaire dans le pays où nous faisons la guerre. »

2. En 1707.

3. Voyez les *Mémoires de Saint-Simon*, éd. nouvelle, t. XV, p. 216.

4. Le tableau des morts de la campagne et des hommes revenus malades est dans le registre B⁴ 59 des archives de la Marine, fol. 163; il montait à près de trois mille.

5. Constantin-Louis, chevalier puis commandeur d'Estourmel, garde-marine de 1707, enseigne en 1709, lieutenant de vaisseau en 1712, capitaine en 1727, avait été fait chef d'escadre le 1ᵉʳ janvier 1746. Voyez ci-après, p. 87-88.

6. Il n'y avait pas de bâtiment de ce nom dans l'escadre.

qui doit être actuellement toute rassemblée à Brest, à l'exception de ce qui est péri en Amérique et dans le trajet[1].

On parle d'un édit du roi qui met un impôt sur les draps, les toiles, les soieries, l'amidon et autres marchandises à l'usage de tout le monde, et contre lequel on murmure déjà beaucoup, attendu que c'est frapper également sur le grand et sur le petit. On dit même qu'il y en a encore beaucoup d'autres, et que, pour les rendre publics, on a engagé une vingtaine d'ouvriers à l'Imprimerie royale, pour un mois, pour y travailler renfermés[2].

17 décembre 1746 et jours suivants.

L'on confirme qu'il n'y aura d'autres réjouissances, à l'occasion du mariage de Monsieur le Dauphin, que celles qui conviennent ordinairement au carnaval, sans faire de dépenses extraordinaires.

Il y a bien des personnes qui prétendent qu'on ne peut imputer qu'à M. d'Argenson le retard de nos troupes, et ces mêmes personnes ne font pas de difficultés de dire que c'est une manœuvre de ce ministre pour justifier M. de Maillebois en faisant voir que M. de Belle-Isle ne fait pas plus que lui. Si cela n'est pas, du moins on le doit craindre, d'autant plus que l'événement donne lieu de le présumer.

Un certain public s'imagine savoir que le roi n'est pas content de ce que l'on ne l'a pas averti plus tôt du danger que couroit la Provence, où l'on supposoit qu'il y avoit des troupes suffisantes pour faire tête à l'ennemi même avant l'arrivée des renforts.

On assure que le roi paroît résolu de faire la campagne prochaine, et même qu'il a ordonné que toutes ses tentes fussent prêtes, parce qu'il étoit dans le dessein de camper partout au milieu de son armée. On ne désigne point la frontière où il ira; mais on présume fortement que ce sera en Hollande, si les conférences de Bréda n'ont pas plus de succès[3].

On assure que M. le maréchal de Belle-Isle adresse directement ses lettres au roi, afin d'avoir plus vite les réponses et les ordres de S. M. en conséquence.

---

1. Voyez ci-contre, p. 87. Il y a des extraits du journal de bord du *Trident*, que montait M. d'Estourmel, dans le registre B⁴ 59, fol. 117-154.

2. Ci-dessus, p. 72, 74 et 76. Il y eut seulement création de cinq cent mille livres de rentes sur la ferme des postes et de douze cent mille livres de rentes héréditaires au denier vingt, dont les arrérages devaient être fournis par une augmentation de deux sols pour livre sur la taxe du dixième (*Journal de Barbier*, p. 203-204; reg. O¹ 90, p. 316-324).

3. *Journal de Barbier*, p. 203 : « On doute que les conférences de Bréda, qui vont bien lentement, produisent une prompte paix. »

M. de Maurepas à M. le procureur général[1].

18 décembre 1746.

J'avois fait peu d'attention au spectacle que M. de Ximénès[2] a donné, et je n'y avois aperçu aucun inconvénient ; cependant, si vous pensez que cet établissement puisse avoir des conséquences, et qu'il soit contraire à la police et aux mœurs, vous avez, pour le faire cesser, la voie de donner un réquisitoire et de le faire défendre par un arrêt du parlement. C'est ce que je vous aurois dit, et à M. le premier président, si j'avois eu l'honneur de vous voir l'un et l'autre. Ce moyen fera tomber en même temps quelques autres spectacles qui commencent à s'établir à Paris, et je m'en rapporte absolument aux réflexions que vous avez faites sur les dangers qu'il peut y avoir à les laisser subsister.

Vous connoissez, etc.   MAUREPAS.

M. de Maurepas à M. l'archevêque de Bourges.

20 décembre 1746.

J'ai reçu, mon cher cousin, vos deux lettres des 27 et 28 novembre. Cette dernière m'est parvenue avant la précédente, par le courrier que vous en aviez chargé.

J'ai été, lundi passé, à la Roche-Guyon, comme je vous en avois prévenu par ma dernière lettre[3], et j'en suis revenu le mardi au soir. Quelque vive qu'ait été l'affliction de toute la famille assemblée, heureusement personne n'est malade, ce que je craignois beaucoup qui arrivât.

Le Northumberland et le reste des vaisseaux de guerre de l'escadre sont arrivés au Port-Louis, et avec une partie des navires de transport ; quelques-uns de ces derniers que l'on attendoit encore arrivent dans différents ports. J'ai appris, par leur retour, le triste détail de leur campagne, et j'ajouterai à l'extrait de la lettre de Kersaint[4] que je vous ai envoyé[5], que le bruit qu'on a fait courir quelque temps ici d'un combat entre M. d'Anville et M. d'Estourmel est complète-

---

1. M. Joly de Fleury : ci-dessus, p. 36.
2. Augustin-Louis, marquis de Ximénès, né le 28 février 1726, fils d'un maréchal de camp qui était mort à l'armée de Bohême en 1743, avait un guidon dans la gendarmerie.
3. Ci-dessus, p. 84.
4. Guy de Coëtnempren, comte de Kersaint (1707-1759), capitaine de vaisseau, commandait la frégate *la Renommée*.
5. Le duc de Luynes donne cet extrait à la date du 5 décembre, p. 23-24.

ment faux. La maladie de M. d'Estourmel me paroît presque un événement singulier auquel on ne devoit pas s'attendre, et qui n'a pas peu contribué à empêcher l'exécution du projet, qui pouvoit encore avoir lieu, du moins en partie. M. d'Estourmel arriva le 27 septembre, après midi, à Chibouctou[1]. M. d'Anville n'étoit plus : il fut frappé de se voir à la tête d'une besogne qu'il sentoit au-dessus de ses forces; il en parla sans cesse avec inquiétude jusqu'au 30, où, pendant la nuit, cette inquiétude dégénérant en délire, il se passa son épée au travers du corps. Il fut secouru. On l'a guéri, et il est de retour en France[2]; mais il donna le lendemain sa démission à M. de La Jonquière[3], qui, chargé du tout, ne put exécuter la mission particulière qu'il avoit[4] et voulut tenter encore la principale ; mais un dernier coup de vent, en séparant tous les vaisseaux qui s'étoient rassemblés sous ses ordres, lui ôta tout moyen de rien entreprendre, et le força de retourner en France. Il restoit encore à trouver quelque malheur au port, afin que tout fût complet. *Le Borée*, l'un des vaisseaux qui est arrivé

---

1. Fort d'Acadie, qui était donné comme point de ralliement aux bâtiments de l'escadre; aujourd'hui, Halifax.

2. Une lettre d'un officier du *Borée* (reg. Marine B⁴ 59, fol. 114-115) raconte ainsi cet événement : « Le 27 septembre, à midi, M. d'Estourmel nous joignit avec le convoi, et, à cinq heures du soir, nous ancrâmes dans la grande rade [de Chibouctou]... Une chaloupe vint à nous... et nous apprit que le duc d'Anville étoit mort d'apoplexie à deux heures du matin. Ce fut un terrible coup, et qui ne fit pas un petit effet sur tout le monde. Le 28, le commandement fut dévolu à M. d'Estourmel, qui employa ce jour à prendre les instructions de M. de La Jonquière et de M. Bigot. Le 29, il tint un conseil de guerre à bord du *Trident;* mais, par l'événement le plus particulier, le plus tragique et le plus extraordinaire, M. d'Estourmel ne resta pas davantage de temps notre général. Le conseil de guerre, qui avoit duré sept à huit heures, l'aigrit si violemment, que, le 1ᵉʳ octobre, il fut saisi d'une fièvre ardente, qui dégénéra bientôt en délire. Dans cet état, il fut tellement agité que, s'imaginant être parmi les Anglois, il tira son épée et se la passa au travers du corps. Il vit encore, mais si affoibli, qu'il s'est volontairement démis du commandement en faveur de M. de La Jonquière. Ce dernier général, malgré toutes nos infortunes, nous donne de grandes espérances; car, sans rien ôter de la réputation du duc d'Anville, M. de La Jonquière a la même activité et plus d'expérience. »

3. Jacques de Taffanel, marquis de La Jonquière de La Pomarède, garde-marine en 1697 et enseigne en 1703, lieutenant de vaisseau en 1720, capitaine en 1731, avait été nommé chef d'escadre au commencement de 1746; devenu gouverneur du Canada en 1749, à la mort de M. de Beauharnais (ci-dessus, p. 46), il mourut à Québec le 17 mars 1752.

4. Il obtint sa retraite et mourut à Paris le 6 avril 1765, âgé de soixante-quatorze ans, grand bailli de Morée et commandeur de Latran.

avec *le Northumberland*, s'est fait échouer sur une roche en entrant au Port-Louis; il s'est entr'ouvert, et l'on a eu peine à en sauver l'équipage.

Quoique les événements du côté de la mer aient assez occupé le public, il paroît fixer encore plus son attention à ce qui se passe en Provence. Les progrès des ennemis n'y sont pas encore marqués par rien d'éclatant; ils bloquent Antibes jusqu'à l'arrivée de leur flotte[1]. On leur a abandonné le pays jusques au bois de l'Esterel, dont les défilés sont gardés par ce que nous avons de troupes, et M. le maréchal de Belle-Isle a établi son quartier général au Luc. Il attend les renforts qui arrivent journellement pour faire mieux, s'il est possible, que de se tenir sur la défensive. Nous apprenons, en ce moment, les mouvements des Génois, qui nous délivrent à leurs dépens[2].

Sur ce que vous me mandez du cardinal Acquaviva, il me paroît difficile qu'il aille loin, et je compte que vos premières lettres m'apprendront la fin de ses maux et m'annonceront la certitude de la prochaine promotion. Je voudrois fort que ce fût la dernière fois que nous eussions recours au clergé, et que les affaires prissent une tournure à n'en avoir plus besoin.

Vous connoissez, etc.

MAUREPAS.

M. de Maurepas à M. de Conflans[3].

25 décembre 1746.

Sur le compte que j'ai rendu au roi de l'intelligence que vous avez fait voir en conduisant à nos Iles et ramenant heureusement dans nos ports le nombre considérable de vaisseaux marchands que S. M. vous avoit chargé d'escorter, et de la valeur avec laquelle vous avez surmonté les obstacles que les Anglois, avec des forces supérieures, ont voulu vous opposer[4], S. M., voulant vous donner des marques de la satisfaction qu'elle a de ces services, vient de vous accorder une pension de quinze cents livres sur le Trésor royal. C'est avec un véritable plaisir que je vous annonce cette grâce, que vous avez si

---

1. *Gazette*, p. 621-623; Bibl. nat., Lb38, n° 555, relation du siège d'Antibes.
2. Ci-après, p. 90.
3. Hubert de Brienne (1690-1777), d'abord appelé le chevalier de Brienne, puis le comte de Conflans, était capitaine de vaisseau; il fut fait chef d'escadre en 1748 et parvint au bâton de maréchal en 1758.
4. Sur cette campagne de M. de Conflans, on peut voir la *Gazette*, p. 563-564 et 585, les *Mémoires de Luynes*, t. VIII, p. 12, le volume *France* 1333 du Dépôt des Affaires étrangères, p. 253-254, le registre de la Marine B4 59, fol. 165-200, et le dossier C7 71 des mêmes archives.

bien méritée, et que je suis charmé d'avoir pu contribuer à vous faire obtenir. Vous ne devez pas douter de la sincérité avec laquelle je suis, etc.

MAUREPAS.

M. de Maurepas à M. l'archevêque de Bourges.

26 décembre 1746.

J'ai reçu, mon cher cousin, votre lettre du 3 de ce mois, quoiqu'elle soit datée du 3 novembre.

Je ne vous répondrois rien qui vous pût être nouveau sur les articles qu'elle contient. Vous devez savoir à présent, même mieux que nous, le détail de la prétendue révolution arrivée à Gênes, dont on a d'abord fait ici un événement si admirable, que les Autrichiens étoient perdus et devoient pour le moins abandonner à la hâte leur entreprise sur la Provence[1]. Ils paroissent très éloignés d'y penser; nous apprenons, au contraire, qu'ils ont pris les îles Sainte-Marguerite, qu'ils poursuivent le siège d'Antibes et qu'ils s'avancent sur Toulon. M. le maréchal de Belle-Isle s'est replié sur cette ville, qu'on assure en état de se défendre, et il se met plus à portée des renforts qui lui arrivent, et qui l'iront chercher moins loin. Le public, comme vous croyez bien, est fort attentif à ce qui se passe de ce côté-là, qui en effet devient infiniment intéressant[2].

Vous avez pu savoir la déclaration de mariage de Monsieur le Dauphin plus tôt que je ne pouvois vous le mander, puisque nous attendions, pour la pouvoir faire, le retour d'un courrier de Varsovie. Le temps est si court pour que Madame la Dauphine arrive ici avant le carême, qu'il est décidé que non seulement elle traversera l'Allemagne en poste, mais qu'elle viendra sans descendre de Strasbourg ici, ce qui abrègera bien du cérémonial sur la route, et, malgré cette diligence, elle arrivera si tard, que les fêtes pour son arrivée ne pourront être ni considérables ni nombreuses[3].

---

1. Ci-dessus, p. 89. Le 11 décembre, les Génois, exaspérés par les exactions des Autrichiens, se sont soulevés et ont chassé de leur ville les troupes impériales (*Gazette*, p. 624, 631-632 et 634-635; *Mémoires de Luynes*, p. 38-39; *Journal de Barbier*, p. 208-209 et 215-216; *le Gendre de Louis XV*, p. 234-243); mais cette révolte sera promptement réprimée.

2. Le duc de Luynes (*Mémoires*, t. XI, p. 117-121) a exposé, d'après le récit de Belle-Isle lui-même, les difficultés de tout genre, surtout au point de vue des approvisionnements, avec lesquelles le maréchal se trouvait aux prises depuis son arrivée en Provence.

3. Le duc de Luynes disait, le 29 novembre (*Mémoires*, t. VIII, p. 19) : « On doute fort que le mariage puisse se faire avant le carême. La princesse viendra à Strasbourg, où sa maison ira la trouver, et, de Strasbourg,

Je suis bien fâché qu'en m'apprenant la fin prochaine du cardinal Acquaviva, vous détruisiez l'espoir que j'avois qu'elle seroit l'époque de la promotion, dont j'ai la plus grande impatience.

Les paquets que vous m'avez envoyés se sont exactement rendus à leur adresse.

Vous connoissez, etc.

MAUREPAS.

M. de Maurepas à M. de Voltaire.

26 décembre 1746.

J'ai su par M*me* la marquise du Châtelet, Monsieur, le mauvais état de votre santé. On ne peut souhaiter plus sincèrement que je le fais qu'elle se rétablisse. L'affaire de votre charge étant finie[1], ce sont des soucis de moins qui vous permettront d'en prendre pour vous-même, et je vous félicite de tout mon cœur de ce qu'elle est absolument terminée.

Vous connoissez les sentiments avec lesquels je suis, Monsieur, plus sincèrement à vous que personne du monde.

MAUREPAS.

M. de Maurepas à M. de Marville[2].

27 décembre 1746.

Je joins ici des ordres du roi pour faire arrêter et conduire en prison le nommé Boyer, ses deux fils et le nommé Perthuison, ci-devant marchand mercier, accusés de faire de faux billets[3]. M. de Boullongne vous a déjà expliqué ceux dont ils exigent le payement de la succession du feu sieur Ravenel, ci-devant pourvoyeur du roi. Ainsi, il paroît de l'intérêt public de s'assurer de ces particuliers au cas qu'après avoir vous-même entré dans l'examen de l'accusation formée contre eux, vous la trouviez fondée. On demande aussi que la nommée Desjardins, qui a demeuré avec l'un des fils de Boyer, soit arrêtée, parce qu'elle a connoissance de leur manœuvre. Si vous le jugez nécessaire, je vous enverrai les ordres à cet effet. Au surplus,

---

elle viendra ici par Belfort, Langres et Troyes. » Et, le 15 décembre (p. 32) : « Il paroît décidé que le roi veut faire le mariage de Monsieur le Dauphin le dimanche gras au plus tard, et que, si l'on prévoit que Madame la Dauphine, venant à journées, ne puisse arriver pour ce jour, on lui fera prendre la poste. »

1. C'était cette charge de gentilhomme ordinaire dont le brevet, du 22 décembre, a été déjà cité dans notre tome II, p. 232, note 7.
2. Reg. O¹ 391, p. 610.
3. Ordre du 27 décembre : reg. O¹ 90.

si ces particuliers se trouvent coupables, leur procès doit être instruit sans avoir aucun égard aux arrangements qu'ils pourroient prendre avec les parties intéressées.

Je suis, etc. MAUREPAS.

Nouvelles qui se débitent, etc.

28 décembre 1746 et jours suivants.

De toutes les dispositions que l'on fait, l'on conclut que les trois branches de la maison de Bourbon font, comme à l'envi, des efforts pour en établir une quatrième qui, par sa position, disent les politiques, mettroit cette maison en état de faire la loi à toute l'Europe, de contraindre ses ennemis à la paix désirée depuis si longtemps, et de parvenir, pour ainsi dire, par leur obstination, à la monarchie universelle. « C'est prévoir les choses d'un peu loin, disoit hier un particulier. C'est un enthousiasme fort louable et très pathétique; mais, avant toutes choses, il faut nous délivrer nous-mêmes des ennemis et les chasser de la Provence, puisque la révolution de Gênes n'est pas capable de les en faire sortir[1]. »

Toutes les lettres de Lorient font mention de l'état déplorable dans lequel sont arrivés les débris de la flotte de M. le duc d'Anville; les troupes qui ont soutenu le voyage ont été retirées malades de leurs bords et meurent journellement à terre[2]. Ces mêmes lettres ajoutent que, le vaisseau du roi *le Borée*, de soixante-quatre pièces de canon, ayant péri dans le port, tout l'équipage a été écrasé dans le fond de cale par les canons qui, en roulant, l'ont pulvérisé[3].

On dit que M. de Courteille[4] est nommé ministre des affaires étrangères pour remplacer M. le marquis d'Argenson[5].

L'on garde à Versailles un profond silence sur la situation de nos affaires en Provence, ce qui donne matière à divers raisonnements : les uns prétendent que nos affaires sont en mauvais état, et que c'est pour cette raison que l'on n'en dit mot; les autres imaginent que l'on médite contre les ennemis quelque grand coup, et que le silence que l'on garde indique l'attente où l'on est du succès. L'on se tue de dire dans les bureaux de la guerre que M. de Belle-Isle a

---

1. Ci-dessus, p. 90.
2. Ci-dessus, p. 85.
3. Ci-dessus, p. 88 et 89.
4. Dominique-Jacques Barberie, marquis de Courteille, maître des requêtes, ancien ambassadeur en Suisse, cousin germain de M. Barberie de Saint-Contest qui devint ministre des affaires étrangères en 1751, fut fait conseiller d'État en 1747, intendant des finances en 1748, conseiller au conseil royal en 1762.
5. La disgrâce des deux frères ne se produira qu'en janvier 1747.

plus de troupes qu'il ne faut pour arrêter les ennemis, et qu'il est étonnant qu'il ne se soit pas encore présenté devant eux. L'on n'est pas dupe de pareils discours : l'on voit assez qu'ils ne tendent qu'à insinuer que le retardement des troupes ne doit point être imputé au ministre, et que d'ailleurs il en a fait parvenir à temps un nombre suffisant[1].

Tout le monde sait que le roi a conservé toutes les charges de la maison de Madame la Dauphine[2] aux sujets qui en étoient pourvus; mais il y a quelques-uns des grands officiers qui revendent celles qui sont dans leur dépendance, ce qui fait beaucoup murmurer, et avec juste raison. L'on dit que M. de Rubempré est dans ce cas[3], et qu'il n'est point de si petite charge pour laquelle il n'exige une centaine de louis au moins.

M. le prince de Conti raconta, ces jours derniers, au roi, qu'étant allé dans un temple de Vénus proche la place des Victoires, il étoit resté si longtemps à faire son offrande à une aimable déesse qu'il ne pouvoit quitter, qu'il trouva à la porte son cocher endormi, et que, l'ayant voulu éveiller, celui-ci, le prenant pour un passant, l'envoya promener tout net; à quoi le prince répliqua : « Je t'ai obéi d'avance ; « c'est à toi de suivre actuellement mes ordres. »

Est-il possible, dit-on, que M. le maréchal de Belle-Isle temporise et suspende de marcher aux ennemis, qui, pendant ce temps-là, vivent aux dépens du pays? Mais ses partisans disent que le mauvais état de nos troupes, à mesure qu'elles arrivent, ne lui permet pas de les employer, manquant la plus grande partie de chaussures, mais que, le soldat un peu remis de la fatigue d'une longue marche, il se portera en avant.

On disoit hier que la nouvelle du jour à Versailles étoit que le roi s'étoit déterminé à prendre un premier ministre; on nommoit même M. Chauvelin[4].

On dit que M. de Coulombe[5], capitaine de vaisseau qui commandoit *l'Ardent*, ayant été attaqué par trois vaisseaux anglois, avoit

---

1. Voyez les nouvelles enregistrées par la *Gazette*, p. 634-636, et par le duc de Luynes, p. 47; comparez ci-dessus, p. 90, la lettre du ministre.

2. Ci-dessus, p. 20, 21, etc.

3. Louis de Mailly, marquis de Rubempré (1723-1774), était premier écuyer de la Dauphine. Sa femme, Antoinette-Françoise Kadot de Sébeville, fut nommée, en février 1747, dame du palais de Marie-Josèphe de Saxe.

4. « Comme M. Chauvelin est à Paris, et que réellement il se porte bien et jouit de toute sa tête, on s'imagine qu'il pourroit bien se rapprocher du trône. Cela lui fait toujours beaucoup d'honneur que le public pense avoir besoin de lui et pouvoir y trouver de la ressource. » (*Journal de Barbier*, p. 209.)

5. N. de Coulombe, garde-marine en 1702, enseigne en 1707, était capitaine de vaisseau depuis 1734.

soutenu leur feu avec toute la fermeté possible, mais que, son équipage étant plein de malades, il avoit pris le parti de s'échouer, afin que les Anglois ne profitassent pas de son vaisseau[1], mais que cet officier, arrivé à la cour, avoit été mal reçu de M. de Maurepas, s'étant fait de part et d'autre des reproches vifs, en sorte que M. de Coulombe avoit envoyé sa démission[2]. On ajoute que la noblesse de Bretagne avoit envoyé une députation à M. de Penthièvre[3] pour le supplier de vouloir bien protéger ce capitaine de vaisseau, qui mérite des grâces du roi pour ses anciens services.

On croit que ce qui a donné lieu au bruit de Versailles et de Paris que M. Chauvelin alloit être premier ministre, c'est que, le roi ayant signé un contrat de mariage de sa fille avec M. de Maulévrier[4], S. M. lui a accordé le titre d'ancien principal ministre ; mais tout le monde pense qu'il ne rentrera jamais dans le ministère, et que, telles sollicitations que fasse pour lui la maison de Conti, il a des ennemis trop puissants à la cour, et en trop grand nombre, pour pouvoir jamais espérer de reprendre son rôle.

M. le cardinal de Tencin a de fréquentes conférences avec M. le comte de Maurepas, qu'on croit concerner une nouvelle entreprise pour le Prétendant[5].

On a découvert à Brest une conspiration formée de cinq ou six incendiaires, qui devoient mettre le feu au magasin et à l'arsenal. On les a tous arrêtés.

On parle toujours d'un changement dans les ministres, et on est persuadé que c'est ce mois-ci que la chose doit être décidée. Bien des personnes prétendent que M. Chauvelin y a bonne part, que sa santé est parfaitement rétablie, et que l'on remarque que le mariage de Mlle Chauvelin a attiré à Grosbois une quantité de visites du plus grand ordre, et qui se continuent journellement.

[*Brevet de calotte pour M. de La Poupelinière*[6].]

Un de nos fermiers généraux,
Au cœur triste, à la face blême,

---

1. *Luynes*, p. 449 et 452.
2. Il donna en effet sa démission, et mourut en 1751.
3. Amiral de France.
4. Le duc de Luynes dit, p. 35 : « M. Chauvelin a fait demander au roi l'agrément pour le mariage de sa fille et s'il vouloit honorer le contrat de sa signature, ce qui lui a été accordé. » Henri-René-François-Édouard Colbert de Maulévrier, lieutenant des gendarmes anglais, épousa, le 28 décembre, Anne-Espérance Chauvelin (tome II, p. 244), et mourut le 30 janvier 1748.
5. Le cardinal, qui devait son chapeau au roi Jacques, tenait à être le principal soutien de son fils.
6. Alexandre-Jean-Joseph Le Riche de La Poupelinière, fermier général

Qui sait mieux Plaute que Barême,
Par mille traits originaux
Tous les jours ici se distingue.
En pensant jouer l'important,
Il n'est tout au plus qu'un pédant.
Tantôt, faisant la comédie,
Il se travestit en farceur
Et prend les qualités hardies
D'héroïque et comique auteur.
Ce penchant heureux de son âme
Parut dès ses plus jeunes ans :
Aussi voulut-il prendre femme
Qui pût seconder ses talents.
Il courut dans une coulisse,
Se choisir un extrait d'actrice,
Objet d'ailleurs des plus friands,
Sous des dehors doux et riants
Couvrant le plus malin caprice
Et cent projets extravagants
D'une grandeur imaginaire
De mère en fille héréditaire.
Cet époux l'égala d'abord
A l'épouse d'un gros Mylord :
Elle en prit les airs et le faste,
Et jamais états différents
N'ont formé dans si peu de temps
Un si magnifique contraste.
On vit, au bout de quelques jours,
La fille de Mimi Dancourt,
Du grand, du sublime idolâtre,
Mépriser les gens de théâtre
Et ne plus fréquenter que les gens de la cour.
Mais son cher mari, convaincu,
Outre la peur d'être cocu,
Que l'orgueil passant les limites
Peut avoir de mauvaises suites,
Voulut, primo par la raison,

---

depuis 1718, avait épousé en 1737 Thérèse des Hayes, dite Dancourt, fille de Samuel Boulinon des Hayes, et dont la mère, Marie-Anne Carton Dancourt, dite Mimi Dancourt, était entrée à la Comédie-Française en 1699 et la quitta en 1728. Les aventures galantes de Mme de la Poupelinière sont bien connues, et M. Campardon a consacré une curieuse plaquette à un épisode de son existence amoureuse. Voyez aussi Auguste Vitu, *la Maison mortuaire de Molière*, p. 355-365.

En second lieu par le bâton
Dont fut meurtri son beau visage,
La rendre moins vaine et plus sage;
Et, voyant que rien n'opéroit,
Il s'y prit par un autre endroit
Pour humilier son audace
Et remettre tout en sa place.
Plein de bonnes intentions,
Il tenta donc de mettre en œuvre
Ses riches dispositions,
Et, par une adroite manœuvre,
De la faire ressouvenir
De la condition infâme
Dont ses biens l'avoient fait sortir
Lorsque, légitimant sa flamme,
Il la rendit vraiment sa femme.
Il résolut, en effet,
De faire une pièce comique.
Sans en chercher loin le sujet,
Il le prit dans son domestique :
Sachant de sa folle moitié
Le goût pour la magnificence,
Pour la grandeur et l'excellence,
Aucun trait n'y fut oublié
Pour hâter sa résipiscence
Et la réduire au petit pied;
Mais, d'un si curieux ouvrage
Pour venir aisément à bout,
Le bel esprit pensa surtout
A lui rendre le personnage
Qu'elle eût dû naturellement
Exercer sans son mariage,
Et que jadis si dignement
Jouèrent sa tante et sa mère
Et sa grand'mère et son grand-père[1]
Et qu'elle-même avoit, aux yeux de tout Paris,
Su remplir avec tant de gloire,
Sur toutes ses consœurs ayant gagné le prix

---

[1]. La mère de Mme de la Poupelinière était fille de Florent Carton d'Ancourt, acteur de la Comédie-Française de 1685 à 1718, et qui avait épousé, en 1683, Thérèse Le Noir de la Thorillière, fille du comédien et sociétaire de la Comédie en même temps que son mari. La sœur aînée de sa mère, Marie Carton d'Ancourt, avait aussi fait partie de la troupe de la Comédie.

Au sentiment de l'auguste auditoire.
Vive les esprits si profonds !
Vive les gens de caractère !
Hommes de finances et d'affaire,
Venez prendre ici des leçons :
Vous avez un fameux confrère
Qui vous en donnera de toutes les façons.
Si vos femmes trop fastueuses,
Trop hautaines et trop orgueilleuses,
Donnent dans un brillant éclat,
De lui, j'ose vous le promettre,
Vous apprendrez l'art de remettre
Toutes choses dans leur état.
A ces causes, nous, souverain
De ce grand peuple calotin
Répandu dans notre hémisphère,
De notre pouvoir spécial
Nous avons du Nouveau Molière
De la gent falotte ou ratière
Donné le titre original
Au prince de la Popelinière,
Et l'exhortons par tous moyens
De continuer sans scrupule
A redoubler le ridicule
De sa chère femme et le sien ;
Lui permettons, sous les auspices
D'un duc autrefois ses délices
Et le favori de l'Amour[1],
Si méchants que soient ses ouvrages,
De leur faire avoir les suffrages
Et de la ville et de la cour.

Rapport de décembre 1746.

Ayant été fait chez les libraires, imprimeurs et colporteurs de Paris les perquisitions les plus exactes pour tâcher de découvrir les mauvais livres, les libelles, soit imprimés, soit manuscrits, dont on est inondé[2], et toutes ces perquisitions, même la détention de

---

1. Le duc de Richelieu, amant de Mme de la Poupelinière.
2. Voyez quelques titres, en dehors des ouvrages de polémique religieuse, pour l'année 1746, dans le livre de M. Rocquain. Cf. notre tome II, p. 40, 41, 133, etc. Le 7 août 1746, à la suite d'une saisie de brochures, ouvrages ou manuscrits chez la veuve Delormel et chez son gendre, René

quelques particuliers soupçonnés, n'ayant mené à rien, M. de Marville a été de plus en plus confirmé que tous ces ouvrages et libelles n'étoient point faits à Paris, et que les dépôts n'y étoient pas non plus, ou que, du moins, s'ils y étoient, ce ne pouvoit être que dans quelques maisons où il étoit, pour ainsi dire, impossible à la police d'exercer ses fonctions. En conséquence, il s'est donné de nouveaux soins, il a gagné des particuliers, qui se sont liés avec des colporteurs, et il a été instruit que le *Tanastès*[1] se vendoit à Versailles par un nommé Dubuisson, libraire[2], ayant une boutique dans la ville et en ayant aussi une dans le château, auprès de l'appartement de Mme la duchesse de Luynes[3]. Il a aussi appris où Dubuisson avoit une partie de ses magasins. En conséquence, il en a rendu compte à M. de Maurepas et a envoyé à Versailles, chez le nommé Dubuisson, où l'on a saisi quatre ou cinq cents exemplaires du *Tanastès*, avec le manuscrit de l'ouvrage, et plusieurs autres manuscrits sous différents titres, tels que : le *Traité des trois imposteurs;* la *Science pratique des filles du monde*, divisée en quarante façons de ...; quelques feuilles de *Petites nouvelles*, dans lesquelles il ne s'est rien trouvé à redire; *Histoire physique et morale par laquelle on démontre et on rend raison pourquoi on ne trouve plus de gros... et de beaux...; les Souteneurs*, comédie en trois actes, et quelques romans. Ce Dubuisson est encore convenu d'avoir envoyé à un imprimeur de Rouen, nommé Ferrand, qui s'est trouvé chez lui à Versailles et a été arrêté, un manuscrit ayant pour titre : *Histoire de la tourière des Carmélites*[4], et que c'étoit lui qui avoit imprimé cet ouvrage et le *Tanastès*. A l'égard du *Tanastès*, il a déclaré que le manuscrit lui en avoit été remis par un nommé Mazelin, attaché au service de Mmes de la Lande[5] et de Prye[6], et que Mazelin, en le lui remettant,

---

Josse, déjà déchu de la maîtrise de librairie, la boutique a été fermée pour trois mois, et chacun des coupables frappé d'une amende de cinq cents livres.

1. Ci-dessus, p. 8.
2. *Archives de la Bastille*, t. XV, p. 260 et suivantes; dossier de la Bastille 11582. Dubuisson fut envoyé à la Bastille et y resta jusqu'au 25 février.
3. Marie Brûlart, femme de l'auteur des *Mémoires* et dame d'honneur de la reine. — En septembre précédent, M. de Maurepas avait déjà pris des mesures pour empêcher les étalages de mauvais livres dans les maisons royales (reg. O^1 391, p. 425-426 et 551).
4. Ci-dessus, p. 9.
5. Charlotte-Angélique Amelot, sous-gouvernante de Louis XV, puis des enfants de France, mariée en 1687 à Jean-Baptiste du Deffant, marquis de la Lande. Le 10 février 1746, elle avait été faite intendante de la garde-robe et atours de Madame et de Madame Adélaïde, et elle se retira en 1749.
6. La maîtresse bien connue du duc de Bourbon, Agnès Berthelot de Pléneuf, morte en 1727.

avoit exigé de lui qu'il lui en donneroit deux cents exemplaires. Depuis, Dubuisson a encore déclaré qu'en vendant le *Tanastès*, il y avoit joint une clef, et qu'il avoit fait cette clef sur les explications que Mazelin lui avoit données des mots que lui, Dubuisson, n'entendoit pas[1], et que Mazelin, en lui remettant le manuscrit, lui avoit dit que l'on pourroit avoir une permission tacite. Cette dernière déclaration de Dubuisson est postérieure à la détention de Mazelin ; mais, sur la première, qui s'est trouvée appuyée de la déclaration de la femme Dubuisson et de son garçon de boutique, M. de Maurepas a décidé qu'il convenoit d'arrêter Mazelin.

Mazelin, arrêté, a dit qu'il tenoit le manuscrit de *Tanastès* d'une demoiselle de Bonafou[2], fille attachée à Mme la princesse de Montauban[3] ; que c'étoit pour faire plaisir à cette fille, qui avoit de l'esprit, travailloit à des comédies et avoit déjà composé des romans, qu'il s'étoit chargé du manuscrit et avoit songé à le donner à Dubuisson pour le faire imprimer, attendu que, Dubuisson étant venu dans sa chambre et y ayant remarqué un manuscrit ayant pour titre : *Vie du cardinal Dubois*, il lui avoit proposé de lui remettre, et qu'il le feroit imprimer. Mazelin est convenu d'avoir exigé les deux cents exemplaires du libraire, mais n'en avoir retenu aucuns, et les avoir tous remis à la demoiselle Bonafou ; que, lorsqu'il avoit donné le manuscrit à Dubuisson pour le faire imprimer, il n'avoit point imaginé qu'on pût faire aucune mauvaise application dans l'ouvrage, mais qu'ayant appris depuis le bruit qu'il faisoit dans le public, il avoit conseillé à la demoiselle Bonafou de brûler les exemplaires qu'elle avoit, ce qu'elle lui avoit promis ; et il a dénié d'avoir fait espérer à Dubuisson une permission tacite, et de lui avoir donné l'explication des noms allégoriques qui étoient dans l'ouvrage.

Pendant qu'on interrogeoit Mazelin, la demoiselle Bonafou a conté son aventure à Mme de Montauban, et, pendant que M. de Marville alloit pour rendre compte à M. de Maurepas des déclarations de Mazelin, Mme de Montauban l'instruisoit de ce que la demoiselle Bonafou lui avoit dit, et lui proposoit de la faire remettre à qui l'on jugeroit à propos. En conséquence, la demoiselle Bonafou a été arrêtée, et elle est convenue d'avoir composé le *Tanastès*. Elle est encore convenue d'avoir lu l'ouvrage à Mazelin à mesure qu'elle le composoit, et que Mazelin, sur cette lecture, lui avoit fait des obser-

---

1. Suivant cette clef, qu'on rencontre jointe à certains exemplaires, *Tanastès* était Louis XV, *Ardentine* la duchesse de Châteauroux, *Muscadin* le duc de Richelieu, *Phélinette* Mme de Lauraguais, etc.

2. Ci-dessus, p. 527 et 583.

3. Éléonore-Eugénie de Béthisy de Mézières, dame du palais de la reine, mariée depuis 1722 à Charles de Rohan-Guémené, prince de Montauban.

vations sur les différentes applications que l'on pouvoit faire de l'ouvrage. Elle n'a point dénié d'avoir senti qu'on pouvoit les faire, même en composant son livre ; mais elle a soutenu que c'étoit d'imagination qu'elle l'avoit composé, et qu'il ne lui avoit été donné ni conseil, ni mémoires pour y travailler ; qu'elle savoit bien qu'elle avoit tort, mais que, quoiqu'elle sentît quelques-unes des applications que l'on pouvoit faire dans son livre, elle ne croyoit pas qu'on pût les pousser aussi loin qu'elles l'avoient été. Enfin elle a dit que son imagination avoit été aidée par les discours qu'elle avoit entendus dans le public. Elle est aussi convenue d'avoir été instruite du bruit que faisoit son livre ; qu'elle avoit été tentée de s'en défaire et de le brûler, mais que le besoin d'argent l'en avoit empêchée ; que cependant, depuis la détention de Dubuisson, sur l'avis de Mazelin, elle avoit brûlé les exemplaires qu'elle en avoit, et que Mazelin en avoit fait de même d'une partie des exemplaires qui lui étoient restés. Elle a encore ajouté que, sur le grand bruit qu'avoit fait l'ouvrage, Mazelin lui avoit conseillé antérieurement de n'en point débiter.

Mazelin n'a pas pu disconvenir d'avoir fait à la demoiselle Bonafou des observations sur les applications que l'on pouvoit faire de l'ouvrage, avant de le donner à imprimer. Il est encore convenu d'en avoir eu quarante-cinq exemplaires ; mais il a dit les avoir brûlés bien avant la détention de Dubuisson. Il a aussi prétendu avoir conseillé à la demoiselle Bonafou de brûler ceux qu'elle avoit, avant que Dubuisson fût arrêté, et la demoiselle Bonafou a dit qu'elle ne pouvoit se souvenir précisément si Mazelin lui avoit donné ce conseil avant ou depuis la détention de Dubuisson, mais que, s'il lui avoit donné auparavant, ce n'étoit que de deux ou trois jours [1].

Le manuscrit de la *Vie du cardinal Dubois* et plusieurs tables de chiffres appartenant à M. Pecquet se sont trouvés dans les papiers de Mazelin.

Le nommé Ferrand, imprimeur à Rouen, ayant été arrêté, et étant convenu d'avoir imprimé le *Tanastès* et l'*Histoire de la tourière des Carmélites*, on a cru devoir envoyer à Rouen pour saisir l'imprimerie et arrêter les ouvriers qui y travailloient. On s'y est transporté, et on a trouvé chez la veuve Ferrand, mère dudit Ferrand, la planche du *Tanastès*, plusieurs feuilles de la *Tourière des Carmélites*, les *Œuvres de Rousseau*, les *Confessions de M. le comte D...*, et beaucoup d'autres romans et mauvais livres imprimés sans privilège. Cette veuve est convenue, aussi bien que son fils, d'avoir imprimé le *Tanastès* et l'*Histoire de la tourière des Carmélites* sur la demande de Dubuisson ; mais elle a dit que, pendant l'absence de son fils, elle avoit brûlé les quinze cents exemplaires qu'elle avoit tirés de la

---

1. Ci-dessus, p. 100.

Tourière des Carmélites, et que, à l'égard du *Tanastès*, elle en avoit tiré mille exemplaires, qui avoient été envoyés à Dubuisson.

Il a aussi été arrêté différents colporteurs, qui sont convenus d'avoir acheté de Dubuisson des *Tanastès* et de lui avoir fourni des exemplaires des *Mémoires pour servir à l'histoire de Perse*[1], et que ces exemplaires leur avoient été vendus par le portier de M. du Châtel[2] et le valet de chambre de M. le marquis de Gontaut[3].

SUPPLÉMENT A L'ANNÉE 1746.

Ces vingt-neuf pièces ont été retrouvées trop tardivement pour prendre rang, à leurs dates, dans la correspondance de l'année.

M. de Maurepas au prévôt des marchands[4].

17 février 1746.

J'ai su qu'on devoit vous faire la proposition de former une place devant le portail de l'église de Notre-Dame, en faisant acheter par la Ville une certaine quantité de maisons que l'on détruiroit à cet effet[5]. Quoiqu'on ne m'eût exposé cette proposition que généralement, je trouvois déjà plus d'une difficulté à la recevoir; mais le détail que vous me faites du projet et de ce qu'il faudroit faire pour parvenir à son exécution achève de me persuader qu'il n'est pas possible de l'admettre. Il n'en résulteroit point une place, qui, cependant, est l'objet qu'on se propose, et l'idée de détruire la plus grande partie de l'Hôtel-Dieu pour augmenter l'espace et faire une place régulière, obligeant de transporter ailleurs l'Hôtel-Dieu, devient une entreprise immense, à laquelle le motif d'étendre le parvis de Notre-Dame ne suffit pas pour déterminer[6].

---

1. Tome II, p. 133.
2. *Ibidem*, p. 122.
3. Charles-Antoine-Armand, fils du maréchal de Biron et frère cadet du duc. C'était le premier confident des relations du roi avec Mme de Pompadour.
4. Il y en a une copie dans le registre O^1 391, p. 80-81.
5. Il n'est pas question de ce projet, à cette époque, dans les registres du Bureau de la Ville; mais, de nos jours, M. André Hallays en a parlé dans ses articles du *Journal des Débats*.
6. C'est là que la foire au Jambon se tenait, le mardi saint, sous la juridiction archiépiscopale.

Le second projet que vous aviez examiné est sans doute infiniment plus praticable; mais, indépendamment de ce que, pour arriver jusques à la place que vous proposez, les débouchements ne seroient pas plus ouverts et plus faciles qu'ils le sont aujourd'hui, il me paroît que, dans ce projet comme dans le premier, toutes proportions gardées, les avantages ne sont pas assez grands, ni la nécessité assez urgente, pour obliger à une dépense aussi considérable que celle que la Ville seroit obligée de faire pour les exécuter. Du moins, je ne pense pas que, dans les circonstances présentes, il convienne de songer à un pareil objet, qui pourroit peut-être avoir lieu dans un temps plus tranquille et où la Ville se trouveroit avoir moins d'occasions de dépenses essentielles ou indispensables[1].

Vous connoissez, etc.

MAUREPAS.

M. de Maurepas à M. de Marville.

28 février 1746.

Je suis fort aise que votre migraine soit dissipée. Quoique vous soyez mieux, vous auriez grand tort de vous exposer, en venant ici, à vous rendre, faute d'un peu de repos, malade peut-être plus sérieusement. Je ne sais point quand je pourrai aller à Paris, et même si je pourrai y aller cette semaine; mais, si j'y vais passer assez de temps pour y travailler avec vous, vous en serez sûrement prévenu. Sinon, ce ne sera pas une chose sans exemple que nous ayons passé huit jours sans nous voir, et les affaires n'en souffriront pas, si vous voulez m'écrire sur celles qui exigeroient une prompte expédition. Je joins ici, par cette raison, les différentes affaires que j'avois rassemblées pour notre travail, sur lesquelles il en est de pressées; j'attendrai vos observations.

Vous trouverez aussi une lettre de M. de Lauberivière, qui demande que son fils soit arrêté et mis en lieu de correction; c'est une affaire dont M. de Sauvigny[2] vous parlera[3].

J'ai reçu le cours des effets, les chansons et la feuille particulière qui étoient joints à votre lettre.

Il me paroît que vous n'aviez point d'autres mesures que celles que vous avez prises pour découvrir quel est l'homme qui a fait le voyage de Rouen à Paris sous tant de titres différents.

Il n'y a point d'inconvénient d'avoir fait arrêter le valet de chambre

---

1. Voir ci-après, p. 104.
2. Berthier de Sauvigny, intendant de Paris.
3. Il ne semble pas que cette affaire ait eu des suites.

de M. le comte de Riantz¹, puisque c'est d'ailleurs un mauvais sujet. Il ne seroit pas impossible qu'il donnât quelques lumières sur le vol fait à son maître.

Le *Te Deum*² est fixé au jeudi, comme on vous l'a dit, et votre ordonnance pour les illuminations ordinaires sera publiée à temps.

Vous connoissez, etc.

MAUREPAS.

M. de Maurepas au prévôt des marchands.

1ᵉʳ mars 1746.

J'ai fait remettre au sieur Bouchardon³ le titre de la récompense et de l'honneur que la Ville vient de lui faire sur vos représentations, et je suis fort sensible à l'attention qui vous a engagé à me mettre de part dans cette belle action⁴.

L'acquisition des places des maisons incendiées du Pont-au-Change⁵ m'avoit paru un acheminement au projet depuis longtemps formé de supprimer, avec le temps, les maisons bâties sur les ponts;

---

1. Ce titre était tombé par substitution à Guy-François de La Porte-Brion, qui a épousé, le 21 février, l'héritière des Croissy et des Torcy.

2. Pour la prise de Bruxelles (*Gazette*, p. 130; *Journal de Barbier*, t. IV, p. 131). Cinquante-deux drapeaux furent accrochés aux voûtes de Notre-Dame.

3. Edme Bouchardon (1698-1762), après un séjour à Rome, eut le titre de sculpteur du roi en 1732, devint académicien en 1744, et fut nommé professeur de sculpture en 1745. En 1736, M. de Maurepas lui avait confié les fonctions de dessinateur de l'Académie des inscriptions et belles-lettres.

4. Voir la lettre qui suit.

5. On se rappelle que ce pont avait été brûlé en 1621 avec ses deux bordures de boutiques et de maisons. L'incendie nouveau survenu dans la nuit du 26 janvier 1746 a détruit trois maisons d'une couturière et d'un ceinturonnier, malgré les pompiers et les pompes flottantes. Neuf personnes ont été brûlées, et un pompier tué. Pour celui-ci, qui était un maître tourneur employé depuis douze ans à la brigade des pompes, le directeur général de ce service, Dumouriez du Perrier, a obtenu, le 8 février, que la Ville payerait à sa veuve, chargée de quatre enfants, une « gratification » de six cents livres, comme il avait déjà été fait pour un cas pareil en 1733 (reg. de la Ville H 1861, fol. 527 et 533). Une délibération subséquente nous apprend qu'en 1746 il y avait deux pompes doubles, une simple et une petite pompe, de construction nouvelle, à l'Hôtel de ville, une double et une simple à l'hôtel de la première compagnie des mousquetaires dans la rue de Beaune, une double à l'hôtel de la seconde compagnie au faubourg Saint-Antoine, et enfin, sur des bateaux stationnés près de la machine hydraulique du pont Notre-Dame, deux pompes doubles. Il fut décidé qu'on passerait un marché pour assurer l'entretien de ces engins et leur transport.

mais je suis persuadé que le mémoire que vous voulez me communiquer me découvrira des difficultés qui ne s'étoient pas présentées à moi.

Je m'en tiens aux raisons que je vous ai expliquées sur le dessein de former une place vis-à-vis le portail de Notre-Dame[1]. Rien ne m'en démontre la nécessité, et, d'autre côté, j'ai peine à croire qu'on fasse jamais dans ce lieu quelque chose dont la Ville puisse se faire honneur.

Vous connoissez, etc.

MAUREPAS.

M. de Maurepas à M. Bouchardon.

1er mars 1746.

M. le prévôt des marchands m'a remis la délibération du Bureau de la Ville que je vous envoie, par laquelle elle vous accorde quinze cents livres de pension. Je vous répète avec grand plaisir, à cette occasion, que je suis charmé qu'elle vous l'ait accordée[2].

Je suis, etc.

MAUREPAS.

---

1. Ci-dessus, p. 101.
2. Les termes de la délibération de la Ville qui lui avait accordé une pension de quinze cents livres, à partir du 11 février 1746 (reg. H 1861, fol. 535), valent d'être rapportés : « Ayant considéré que les ouvrages de sculpture en marbre ou en pierre qui avoient été ordonnés par nos prédécesseurs suivant les marchés faits au Bureau par actes des 6 mars et 23 décembre 1739 avec le sieur Edme Bouchardon, sculpteur ordinaire du roi, pour la décoration de la fontaine construite dans la rue de Grenelle, quartier Saint-Germain-des-Prés, étoient si parfaitement achevés et d'une si grande beauté, que ce monument, élevé à la gloire de S. M., feroit connoître, dans les temps les plus reculés, le goût de ce siècle et à quel point de perfection l'art de la sculpture a été porté par ledit sieur Bouchardon; qu'un ouvrage aussi digne de l'admiration générale méritoit également de cette ville capitale une marque de reconnoissance envers le sieur Bouchardon, qui puisse, en même temps, exciter l'émulation de tous ceux qui s'adonnent aux arts, et transmettre à la postérité un exemple des récompenses que méritent leurs talents et leurs veilles lorsqu'ils atteignent à un degré de perfection capable de faire honneur au goût et à la magnificence de ce grand royaume; la matière mise en délibération, nous avons, du consentement du procureur du roi et de la Ville, accordé au sieur Edme Bouchardon, sculpteur ordinaire du roi, une pension viagère de quinze cents livres, à compter de ce jourd'hui, laquelle lui sera payée de six mois en six mois par le receveur des domaines, dons, octrois et fortifications de la Ville.... »

M. de Maurepas à M. de Marville[1].

2 mars 1746.

Je joins ici les ordres du roi pour faire arrêter et conduire à l'hôpital le sieur Collot, chanoine du chapitre de Saint-Étienne-des-Grés. Vous voudrez bien faire exécuter ces ordres le plus tôt qu'il vous sera possible, en prenant néanmoins des mesures pour éviter l'éclat dans ce quartier.

Je suis, etc.

MAUREPAS.

M. de Maurepas à M. de Marville[2].

2 mars 1746.

Je joins ici les ordres du roi pour faire arrêter et conduire à Saint-Lazare M. de Monteil, ci-devant capitaine au régiment de Beauvoisis. M. le chevalier de Monteil, son neveu, vous a déjà prévenu des démarches que la famille faisoit à ce sujet, et se concertera avec vous pour l'exécution des ordres de S. M.[3]

Je suis, etc.

MAUREPAS.

M. de Maurepas à M. de Marville[4].

5 mars 1746.

La famille du sieur de la Chambre, clerc tonsuré du diocèse de Saint-Omer et chanoine de l'église de Laon, étudiant en théologie dans l'Université de Paris, ayant demandé que ce jeune homme fût renfermé à Charenton à cause de sa mauvaise conduite, dont vous êtes informé, je joins ici les ordres du roi pour l'y faire conduire[5].

Je suis, etc.

MAUREPAS.

M. de Maurepas à M. de Marville[6].

6 mars 1746.

Le nommé Nicolas Du Clos, jardinier demeurant à Chatou, au

---

1. Reg. O¹ 391, p. 101.
2. Reg. O¹ 391, p. 101.
3. Balthazar-Aymard de Monteil, marquis de Saint-Vincent, capitaine réformé en 1715, s'était marié la même année dans son pays de Vivarais, et ne mourut qu'en 1756.
4. Reg. O¹ 391, p. 110.
5. Cet abbé fut envoyé à l'abbaye d'Hyvernaux, le 21 mai 1747, aux dépens de sa famille et de son canonicat.
6. Reg. O¹ 391, p. 114.

sujet duquel vous m'avez écrit, a véritablement été conduit à Bicêtre pour cause de démence; mais, sur le compte qu'on vous a rendu que ce particulier est revenu à son bon sens, je ne vois aucun inconvénient à ce qu'il soit rendu libre. Vous trouverez ci-joints les ordres à cet effet.

Je suis, etc.

MAUREPAS.

M. de Maurepas à M. de Marville[1].

12 mars 1746.

Je joins ici un ordre du roi qui enjoint au P. Fabre, religieux carme qui est actuellement au couvent des Carmes de la place Maubert, d'en sortir et de se rendre à celui d'Arles en Provence. Vous voudrez bien lui faire notifier cet ordre et tenir la main à ce qu'il y obéisse.

Je suis, etc.

MAUREPAS.

M. de Maurepas à M. de Boze[2].

24 mars 1746.

Je n'ai pu qu'hier au soir faire voir au roi le dessin de la médaille sur la prise de Bruxelles. S. M. m'a paru tout à fait contente de la noblesse de l'idée et du feu avec lequel elle est rendue. Elle a jugé à propos que le montant de la garnison qui a été faite prisonnière de guerre fût exprimé par le nombre des bataillons, qui étoit de dix-huit, et celui des escadrons, de neuf. Il faut aussi observer de mettre dans l'exergue *21 février*, qui est le jour de la reddition de la place. Je vous renvoie le dessin pour que vous ordonniez que ces petits changements y soient faits : après quoi, vous voudrez bien le faire remettre à M. de Cotte[3]. Je lui écris pour l'en prévenir et lui mander que le roi désire que cette médaille soit exécutée par le sieur Marteau.

Vous connoissez, etc.

MAUREPAS.

M. de Maurepas à M. de Boze.

28 mars 1746.

Je comptois bien qu'on ne pourroit exprimer en latin que par un terme général et équivalent les mots de *bataillons* et d'*escadrons* dont

---

1. Reg. O^1 391, p. 119.
2. Ci-dessus, p. 66.
3. Tome I, p. 189.

le roi a préféré l'expression à celle de nombre de soldats, et ils ne pouvoient être mieux rendus que par *agmen*. A l'égard de la quantité de ces bataillons et escadrons, en mettant sur la médaille *18* et *9*, ainsi que *21* pour le jour de la reddition de la place[1], on sera d'accord avec la lettre que le roi a écrite pour ordonner les *Te Deum*, dont je joins ici une copie[2], et il convient mieux de se conformer à cette pièce, qui émane du roi, qu'à ce qu'on a pu mettre dans les gazettes.

Vous connoissez, etc.

MAUREPAS.

M. de Maurepas à M. l'archevêque de Bourges.

3 avril 1746.

J'ai reçu, mon cher cousin, votre lettre du 16 du mois passé.

Nous sommes dans la même situation par rapport aux affaires d'Écosse, toujours voulant faire, et toujours vis-à-vis de difficultés renaissantes.

Le public n'a pas moins, ici que chez vous, parlé et raisonné sur le prétendu raccommodement avec le roi de Sardaigne[3]; mais, quelque chose qu'il en ait pu être, je vous en laisse à juger, comme je vous l'ai déjà dit, par ce qui se passe actuellement dans ce pays-là.

Les remarques avantageuses que vous faites sur vos voyageurs m'en donnent une grande idée et confirment plus que jamais l'utilité infinie des voyages. On voit bien que Racine[4] n'a pas voyagé; car il s'est conduit tout de travers, et, toujours obstiné dans des prétentions assez mal fondées, il ne s'est voulu plier à rien de ce qu'on lui a proposé. Je n'en ai pas pris cependant plus d'humeur contre lui. Les circonstances peuvent se ménager, dans la suite, de façon à lui faire avoir la pension, ou plutôt des personnes qui s'y intéressent[5].

---

1. Cette médaille, qui est gravée (n° 70) dans les *Médailles du règne de Louis XV* par G.-R. Fleurimont (Bibl. nat., Lj²⁷ 21ᴅ), eut en effet pour légende : *Cum XVII castrorum præfectis, XVIII peditum et IX equitum agminibus*.

2. Le texte de cette lettre circulaire aux évêques, datée du 21 février, est dans le registre O¹ 90, fol. 54 v°.

3. *Journal de Barbier*, p. 131, et ci-dessus, p. 59 et 65.

4. Louis Racine (1692-1763), fils du grand poète, venait de se démettre de la direction des fermes qu'il exerçait depuis longtemps.

5. On voulait enlever à Racine, sous prétexte qu'il était financier, sa place de pensionnaire de l'Académie des inscriptions, pour la donner à l'érudit Sainte-Palaye, protégé du duc de Nivernais; mais il résista jusqu'à ce que son protecteur, Monsieur de Bourges, obtînt qu'on lui attribuât la place de vétéran-pensionnaire vacante par la mort de Burette, « le roi ayant bien

M. de Lusignan m'a remis la lettre que vous m'avez écrite en sa faveur, et je l'ai reçue avec plaisir. M. de Lusignan est fort bon sujet, et se conduit très bien : comme il est commissaire des galères, ce ne peut être qu'avec le temps qu'il peut espérer son avancement; mais, en attendant, je lui rendrai volontiers service dans toutes les occasions qui pourront s'en présenter[1].

J'ai demandé hier au roi, pour mon frère[2], la lieutenance générale du pays d'Aunis, vacante par la mort de M. de Guéry[3]. Elle m'a été accordée tout de suite, et de la meilleure grâce du monde. Il y a cinquante mille livres à payer; mais elle vaut bien huit mille livres de rente, et cela ne fera point mal à mon frère.

Vous connoissez, etc.

MAUREPAS.

M. de Maurepas à M. l'archevêque de Bourges.

17 avril 1746.

J'ai reçu, mon cher cousin, votre lettre du 30 du mois passé.

Les nouvelles que nous recevons d'Angleterre, toutes falsifiées quelles sont par le gouvernement, nous apprennent que, si les affaires du prince Édouard ne s'y rétablissent pas, du moins elles se soutiennent de façon à occuper les Anglois avec inquiétude, et les petits succès qu'il a depuis quelque temps rendront plus que jamais attentifs à empêcher les secours du dehors[4].

Je ne suis point surpris des propos que vos Autrichiens tiennent

---

voulu qu'on s'écartât des règlements qui pouvoient être contraires » (lettre de Maurepas, 17 juillet 1747, O¹ 392, p. 337). Un peu auparavant, en janvier 1747, comme il venait alors de perdre son frère Jean-Baptiste, on reporta sur sa tête la pension entière de deux milles livres attribuée à la famille par Louis XIV.

1. Vincent de Lusignan-Mamachi, né à Scio en octobre 1697, naturalisé le 1ᵉʳ janvier 1721, avait été chancelier du consulat d'Alep, puis secrétaire du grand prieur avant de devenir écrivain principal des galères en 1733 et commissaire ordinaire des mêmes galères en 1737. Il fut commissaire de la marine à Marseille de 1749 à 1760 et eut une pension de retraite de trois mille livres. Il était défavorablement noté comme capacité et passait pour un prévaricateur.

2. Paul-Jérôme Phélypeaux, marquis de Pontchartrain (tome II, p. 177), était devenu inspecteur général de cavalerie et lieutenant général en 1745; il eut le gouvernement de Ham en 1754.

3. Ou Guiry. C'était un gentilhomme attaché autrefois au duc du Maine et lieutenant général du pays d'Aunis (*Mémoires de Luynes*, t. VII, p. 271; *Gazette*, p. 191).

4. *Gazette*, p. 188, 201-202, 211-212, etc.

sur les événements d'Italie. Ils font leur charge; mais il est bien fatal qu'on ne puisse détruire la prévention espagnole, qui a toujours été un obstacle aux succès, qui se réveille aux moindres échecs, et qui empêche d'y remédier.

Je vous envoie la liste des officiers généraux des trois armées, qui est publique depuis hier seulement[1]. Le roi part ce soir pour Choisy, d'où il reviendra vendredi[2]. On compte toujours qu'il part le 2 du mois prochain pour la Flandre.

Vous connoissez, etc.

MAUREPAS.

M. de Maurepas à M. de Marville[3].

30 avril 1746.

Je joins ici les ordres du roi pour faire sortir de l'hôpital plusieurs particuliers et en reléguer la plus grande partie, conformément aux états qui accompagnoient votre lettre du 30 du mois passé. Vous n'y trouverez point ceux concernant les nommés Robert Vitard, François de l'Épine, André Issolier, Claude-Marguerite Érard, femme Granard dit Bourguignon, et Élisabeth Mignot, veuve Bonnet, que je crois devoir y rester jusques à ce que les personnes intéressées à leur détention les réclament.

Je suis, etc.

MAUREPAS.

M. de Maurepas à M. de Marville[4].

30 avril 1746.

Je reçois une lettre de M. le marquis de Dreux sur la nécessité de laisser M. l'abbé de Dreux auprès de M. son père, qui me marque être fort content de son fils. Ainsi, je crois qu'on pourroit avoir agi, suivant ce que me marque M. le marquis de Dreux, qui est un homme fort sage, sans le consentement de son père, qui est mourant, et auprès duquel il est très assidu[5]. En cet état, il convient de tolé-

---

1. La *Gazette* ne les donna que le 7 mai, p. 226-228.
2. *Luynes*, p. 290.
3. Reg. O¹ 391, p. 152.
4. Reg. O¹ 391, p. 198.
5. Thomas Dreux, marquis de Brezé (1677-1749), lieutenant général, le premier de cette maison pourvu de la charge de grand maître des cérémonies de France, qui devait y rester de 1701 à 1830. Il avait pour survivancier son fils aîné, Michel Dreux, aussi lieutenant général, mais ne mourut que trois ans plus tard. L'abbé, qui devait être un fils cadet, venait d'être relégué le 25 avril dans le prieuré qu'il possédait à Gisors.

rer qu'il reste à Paris, et même que vous le fassiez avertir sous main qu'il n'y sera point inquiété. Je compte vous en parler plus au long la première fois que je vous verrai.

Je suis, etc.

MAUREPAS.

M. de Maurepas à M. l'archevêque de Bourges.

1er mai 1746.

J'ai reçu, mon cher cousin, votre lettre du 13 du mois passé; mais je n'ai point trouvé celle que m'écrit M. le cardinal Lanti[1], que vous me dites que vous joignez à la vôtre. Je ferai faire incessamment un mémoire sur sa demande; j'y rassemblerai les raisons que vous m'avez fournies, et toutes celles que je croirai capables d'engager le roi à lui accorder la grâce qu'il désire. Comme le roi est parti cette nuit[2], et que ce n'est pas une affaire à traiter de loin et par lettre, je compte attendre qu'il revienne pour lui en parler, et ce sera vers la fin du mois prochain; les couches de Madame la Dauphine le ramèneront à Versailles.

Vous devez bien penser que je ne suis nullement content de notre situation en Lombardie; mais, à dire vrai, je suis encore plus fâché de la cause que des effets qui en ont été la suite toute naturelle, puisque cette même cause, qui subsiste toujours, peut faire naître partout ailleurs de pareilles aventures.

Nous venons de recevoir des nouvelles d'Écosse assez brillantes; j'espère bien qu'elles parviendront à Rome par quelque [voie].

M. Warren, aide de camp du prince Édouard[3], est arrivé avant-hier au soir pour nous annoncer, entre plusieurs avantages, que le duc de Perth avoit défait entièrement un détachement de l'armée du duc de Cumberland, de trois mille deux cents hommes commandés par le comte de Loudoun[4]. Ce bonheur seroit plus complet, si un

---

1. Ci-dessus, p. 31, 32 et 55. Ce cardinal obtint, le 20 juillet, une exemption des décimes sur ses bénéfices jusqu'à concurrence de six mille livres (reg. O¹ 90, p. 196), et cette exemption fut renouvelée le 1er mai 1747.

2. Le roi partit pour l'armée de Flandre dans la nuit du 1er au 2 mai (*Mémoires de Luynes*, p. 299-300).

3. Richard-Auguste Warren (1706-1775), réfugié en France, avait, en 1744, quitté Marseille pour suivre l'expédition d'Écosse, et, en 1745, il avait servi d'aide de camp au lord Georges Murray et pris part à la défaite de lord Loudoun. Il est arrivé à Versailles le 30 avril 1746 pour demander des renforts, et, pourvu d'un grade de colonel (*Luynes*, p. 302, 449, 454-455 et 461), il retournera chercher le Prétendant en Écosse, et le ramènera à Roscoff le 10 octobre. Son prince reconnaîtra ce service en le créant baronet.

4. Jean Campbell, quatrième comte de Loudoun, avait pris lord Lovat à

bâtiment corsaire, qui portoit environ cent mille écus au prince, n'eût pas été pris par les Anglois.

Je n'ai pas prétendu vous faire envisager d'autre difficulté sur l'abbaye de Saint-Satur[1] que celle que vous avez devinée, et elle suffisoit bien, puisque cette abbaye est donnée[2].

Comptez toujours, mon cher cousin, sur l'inviolable amitié qui m'attache pour toujours à vous.

MAUREPAS.

M. de Maurepas à M. l'archevêque de Bourges.

10 mai 1746.

J'ai reçu, mon cher cousin, votre lettre du 20 du mois passé.

Nous attendons avec inquiétude des nouvelles d'Italie, où l'on prétend que nous aurons eu la bataille que vous me mandez être inévitable. Cet événement est sérieux, et décidera peut-être de bien des choses. On veut aussi que le prince Stuart en ait livré une au duc de Cumberland, autre affaire qui pourroit être décisive[3].

Nous venons de recevoir des nouvelles de M. le maréchal de Noailles, qui ne nous apprennent que son heureuse arrivée et la flatteuse réception qu'on lui a faite. Il avoit à peine respiré lorsqu'il a dépêché son courrier, et n'avoit entamé aucun des objets de sa mission, qui doivent, en général, tenir un peu de tous ceux que vos politiques imaginent[4].

M. d'Anville avoit appareillé de Brest le 29 du mois passé[5]; mais à peine était-il hors de la rade, qu'il a essuyé un coup de vent si terrible, que tous les vaisseaux de son escadre ont été obligés de couper leurs câbles et de rentrer le lendemain. Heureusement qu'il n'est pas arrivé d'autre malheur. Ils ont repris au port les ancres et les câbles qu'ils avoient perdus, et, le 5 de ce mois, ils n'attendoient que le vent favorable pour repartir.

Castle-Downie en 1745. Il vient, en 1746, d'être chassé d'Inverness, et a été obligé de se retirer dans l'île de Skye (*Gazette*, p. 222-223; *Luynes*, p. 302; *Barbier*, p. 147). C'est lui qui marquera en 1757 dans la guerre d'Amérique.

1. En Berry, près Sancerre; elle valait à l'abbé huit mille livres de rente.
2. Cette abbaye avait été donnée le 17 avril à l'abbé Robinet, vicaire général de l'archevêché de Paris (*Gazette*, p. 204). Par un bref du 8 janvier, qui fut enregistré le 1er septembre, l'archevêque avait obtenu la faculté, pour lui-même ou ses vicaires généraux pendant trente ans, de conférer en commende les bénéfices dépendants de son prieuré de Notre-Dame de la Charité-sur-Loire (reg. O¹ 90, p. 234-235).
3. Le prince a été battu à Culloden le 27 avril (*Gazette*, p. 248).
4. *Mémoires de Luynes*, p. 261-263 et 307.
5. *Journal de Barbier*, p. 146-147.

Pour me mettre en règle avec vous, mon cher cousin, pendant l'absence du roi, je recommence à vous envoyer les bulletins que je reçois de Flandres. Ces premiers-ci ne sont pas fort intéressants; mais il faut bien que vous ayez l'ouvrage complet.

Soyez toujours persuadé, etc.

MAUREPAS.

Nouvelles qui se débitent, etc.

24 mai 1746 et jours suivants.

On dit que, M. le duc de Richelieu n'ayant pas usé de toute la prudence nécessaire dans la conduite d'un détachement à la vue des ennemis, ce détachement a été maltraité[1]. On ajoute que M. le maréchal de Saxe lui en a fait des reproches, et qu'il a supplié le roi que l'on ne suivît plus le tableau pour les officiers de jour, et qu'il lui fût permis d'employer les sujets qu'il croiroit les plus capables pour les occasions qui se présentent, ne voulant pas qu'une gloire malentendue sacrifie des troupes imprudemment.

Mme de Pompadour doit partir samedi prochain pour aller à Crécy, près Clermont-en-Beauvoisis, où il y a un très beau château, et la situation plus agréable que celle de Choisy[2]. On a travaillé à le meubler depuis huit jours, et on dit que le roi s'y rendra au retour de l'armée, le 20 du mois prochain; d'autres disent qu'elle feint ce voyage afin d'aller trouver le roi à l'armée.

On dit que le roi a témoigné publiquement combien il avoit été mécontent de la conduite de MM. de Richelieu et d'Estrées[3] dans l'échec qu'ils ont eu dernièrement, où il a péri beaucoup de braves officiers par leur faute.

Monsieur le Dauphin, depuis quelque temps, demande à tous les hommes qui vont chez lui s'ils se sont trouvés aux couches de leurs femmes, si elles crioient et souffroient beaucoup, si elles avoient eu ensuite de violentes tranchées, et autres questions semblables.

---

1. *Gazette*, p. 251.
2. *Luynes*, p. 303 : « C'est un très beau château, bien meublé, avec une terrasse que l'on dit avoir coûté cent mille écus. C'est une terre qui vaut vingt-cinq mille livres de rente; elle appartenoit au fils de M. de Verjus, si connu dans les négociations. Le roi l'a achetée pour Mme de Pompadour, en cas que le lieu et le séjour lui convinssent. Elle en paroît extrêmement contente, et fait déjà des arrangements pour la personne du roi, comptant qu'il ira y faire des voyages. Cette terre est située à une ou deux lieues par-delà Dreux. » Il y avait donc confusion avec le Crécy du Beauvaisis.
3. Louis-Charles-César Le Tellier de Courtenvaux, d'abord chevalier de Louvois, substitué en 1739 aux nom et armes d'Estrées, comme petit-fils, par sa mère, du dernier maréchal, était lieutenant général depuis 1744.

Comme on ne lui fait aucune mention des accidents qui peuvent survenir en pareil cas, il ne manque pas d'aller aussitôt dire à Madame la Dauphine : « Bon courage, ma femme; tu n'en mourras pas. M⁽ᵐᵉ⁾ *** est accouchée le plus gaillardement du monde; son mari vient de m'en faire le détail. » Il a tellement pris l'habitude de faire de ces demandes à tous ceux qui se présentent, qu'il a fait la même question à un chapelain, qui fut tout déconcerté, croyant qu'on avoit fait une histoire au prince sur son compte. On ajoute que, malicieusement, il avoit demandé à M. le duc de Gesvres s'il s'étoit trouvé aux couches de sa femme[1].

Voilà la citadelle d'Anvers prise[2]. Que va-t-on faire à présent? c'est à quoi tout le monde est attentif. On écrit de l'armée qu'on va faire un détachement aux ordres de M. le comte d'Estrées pour aller faire le siège de Charleroy, tandis que le prince de Conti fera celui de Namur, et que, pendant ce temps, le maréchal, avec un corps d'armée, tiendra les ennemis en respect sur leurs frontières.

D'autres, au contraire, disent que l'on va raser la citadelle d'Anvers, et que M. le maréchal, pour ne donner aucun ombrage aux Hollandois, se retirera aussi, avec son armée, pour venir faire le siège de Mons. Par ce moyen, l'on abandonneroit aux ennemis tout le pays qui est depuis la frontière d'Hollande jusqu'à Bruxelles, ce qui seroit une insigne faute, à moins qu'on ne veuille les attirer pour les combattre, paroissant qu'on se fait un scrupule de les attaquer en Hollande.

Quoi qu'il en soit de ces deux conjectures, dont la meilleure ne vaut rien, il est très certain que l'on paroît disposé à faire de la besogne fort mauvaise, si ce que l'on soupçonne est vrai, savoir : que M. le maréchal et M. d'Argenson ne sont point bien ensemble. Les gens bien instruits disent que M. de Saxe a proposé d'aller à Maëstricht, et que le roi, c'est-à-dire M. d'Argenson, a rejeté bien loin cette proposition.

On murmure bien contre le gazetier de France, qui semble prendre plaisir à ne rapporter dans sa gazette que ce qu'il recueille de plus désavantageux contre le prince Édouard dans ce qui est porté dans les gazettes de Hollande, qu'il copie mot pour mot[3], et l'on est surpris que la France, qui devroit se piquer d'avoir une gazette mieux

---

1. Le duc était veuf, depuis 1717, de Marie-Madeleine Mascranny, qui avait soutenu contre lui un long et célèbre procès en annulation de mariage pour cause d'impuissance (*Mémoires de Saint-Simon*, éd. 1873, t. IX, p. 311-312).

2. La ville fut évacuée par les Impériaux le 19 mai; mais la citadelle ne capitula que le 1ᵉʳ juin (*Journal de Barbier*, p. 151 et 155; *Gazette*, p. 262, 273-275, 276 et 285-286).

3. Voir les pages 235-236 et 248-249 de la *Gazette*.

écrite qu'aucune autre, puisqu'elle est traduite partout et qu'elle part de la cour, soit si stérile et si mal rédigée.

M. de Maurepas au prévôt des marchands.

26 mai 1746.

J'étois parti lorsque votre lettre a été portée chez moi; elle ne m'a été remise que ce matin.

Dans la conversation que j'ai eue avec M. le premier président, nous avons examiné avec une nouvelle attention les propositions qui ont été faites à la Ville d'étendre le parvis de Notre-Dame[1]. Il est convenu avec moi qu'on ne pouvoit songer quant à présent à des agrandissements réguliers tels que M. de Boffrand[2] les propose, et qu'il falloit du moins attendre des circonstances plus favorables pour une pareille entreprise, mais que, comme il étoit assez vraisemblable qu'on insistât dans d'autres temps à reprendre quelques-uns de ces projets, on pouvoit dès à présent fixer les constructions à faire pour les Enfants-Trouvés[3], de façon à ne point faire obstacle à ce qu'on voudroit faire dans les suites, et, en conséquence, s'arranger avec M. Arrault pour reculer et supprimer déjà une partie des bâtiments des Enfants-Trouvés, tant sur le parvis que sur les rues de Notre-Dame et de Saint-Christophe, en sorte que les deux rues se trouveroient déjà plus ouvertes dans leurs bouts du côté seulement de Notre-Dame, et que ce seroit un commencement d'agrandissement, et autant d'acquis sur ce qu'on seroit obligé d'acheter, si, avec le temps, on se décidoit à y faire une place régulière. Je me suis d'autant plus volontiers rendu à cette idée, qu'indépendamment des raisons dont on l'appuie, on m'assure qu'il ne s'agit que d'un dédommagement de dix mille écus pour les Enfants-Trouvés, et je crois que vous trouverez que c'est le parti qui, en finissant cette affaire, s'ajuste le mieux au présent et à l'avenir, et qu'il est le moins onéreux pour la Ville. Je souhaite bien sincèrement que la dernière atteinte de goutte que vous venez d'éprouver soit le terme de votre indisposition, et c'est avec plaisir que je reçois l'espérance que vous m'en donnez.

Vous connoissez, etc.

MAUREPAS.

---

1. Ci-dessus, p. 101 et 104.
2. Germain Boffrand (1667-1754), l'architecte bien connu qui, membre de l'Académie de peinture et de sculpture dès 1719, avait été chargé, en 1737, de la décoration intérieure de l'hôtel de Soubise.
3. La succursale de la maison du faubourg Saint-Antoine qui a été établie en 1670 vis-à-vis de l'Hôtel-Dieu, et qui est desservie, comme la maison principale, par des sœurs de charité.

M. de Maurepas à M. de Marville[1].

2 juin 1746.

Les sieurs et demoiselles Le Maistre, frères et sœurs au nombre de cinq, dont trois sont domiciliés à Paris, demandent par la requête ci-jointe qu'attendu qu'ils sont issus de parents nouveaux convertis, il leur soit accordé la permission tant de recevoir le remboursement d'une somme de cinq mille livres, prix de la moitié de la métairie de la Martinière, sise en Sologne, par eux vendue le 24 décembre 1738, que de vendre quelques autres héritages provenant de la succession de leur père, et de valeur de neuf mille livres au plus, sans être tenus de faire emploi, vu la modicité de ce qui en reviendra à chacun d'eux. Quoique les motifs sur lesquels ils se fondent semblent mériter quelque considération, vous voudrez bien cependant vous faire informer si, par la conduite que ceux qui demeurent à Paris y tiennent, il n'y auroit point à craindre qu'ils puissent faire un mauvais usage d'une semblable permission.

Je suis, etc.   MAUREPAS.

M. de Maurepas à M. de la Reynière[2].

4 juin 1746.

Le roi désirant que la nouvelle de l'accouchement de Madame la Dauphine ne parvienne en Espagne que par un courrier dépêché de sa part, et ne voulant pas être prévenu par qui que ce puisse être, il est nécessaire, ainsi que je vous l'ai fait dire, que vous vous assuriez de deux courriers en état de faire cette course, et qu'ils soient prêts à partir au premier ordre. Le premier des deux portera en Espagne les nouvelles des premières douleurs de Madame la Dauphine et laissera à chaque maître de poste des ordres que je lui ferai remettre pour défendre qu'il soit fourni des chevaux à aucun courrier jusqu'au passage du second, qui portera la nouvelle de l'accouchement, et le second portera un ordre particulier, signé de moi, pour continuer la défense de donner des chevaux à tout courrier courant à franc-étrier que quarante-huit heures après le passage. Si ces courriers ont besoin d'ordres particuliers de vous pour que les maîtres de poste leur donnent des chevaux, vous aurez pour agréable de leur en donner et de leur faire avancer l'argent que vous jugerez leur être nécessaire pour faire ces courses.

On ne peut être, etc.   MAUREPAS.

---

1. Reg. O¹ 391, p. 235.
2. Tome II, p. 118.

M. de Maurepas à M. l'archevêque de Bourges.

4 juin 1746.

J'ai reçu, mon cher cousin, votre lettre du 18 du mois passé.

Vous pouvez être bien sûr que la lettre de M. le cardinal Lanti[1] n'étoit point dans la vôtre, et que je n'en ai pas reçu de lui par le même ordinaire, ni ceux qui l'ont suivi; j'en suis d'autant plus fâché qu'elle m'auroit peut-être été utile pour la demande que je ferai au roi pour lui.

Il est sûr que nos affaires en Italie ne peuvent prendre le dessus que, préalablement, la confiance et l'union ne soient rétablies. Il faudra voir ce qu'aura fait sur cet article M. le maréchal de Noailles, en qui j'ai plus d'espoir que vous ne paroissez en avoir.

Le peu de nouvelles que nous avons reçues d'Écosse[2] nous confirment le fâcheux état du prince Stuart. Les tentatives qu'on fait en sa faveur trouvent partout des obstacles, dans la route, dans les atterrages, et dans l'ignorance des lieux qui sont pour lui et de ceux où il est. Toutes ces difficultés ne rebutent cependant pas.

J'attends de moment en moment des nouvelles du départ de M. d'Anville, qui doit être actuellement parti. Malgré tous les soins et toutes les précautions que j'ai prises pour accélérer son armement et son départ, ils ont été contrariés par tout ce qui pouvoit les ralentir, et vous jugez bien que je n'ai pas vu sans impatience un retardement qui rend les choses très différentes.

Je crois que votre cardinal apoplectique[3], ainsi que le cardinal d'Auvergne[4], ne tireront pas grand profit du mieux qu'ils éprouvent. M. l'archevêque d'Albi[5] est aussi mieux de cette façon; mais ce mieux ne m'a pas empêché d'entretenir M. de Mirepoix au sujet de M. l'abbé de la Rochefoucauld[6]. Il m'a confirmé ce qu'il m'avoit dit et promis ci-devant, et je regarde cette affaire comme faite, à

---

1. Ci-dessus, p. 110.

2. Voir le livre de M. Lacour-Gayet, p. 157-161.

3. Ce ne pouvait être que le cardinal de Rohan, âgé de soixante-douze ans; il vécut jusqu'en juillet 1749.

4. Celui-ci mourra le 16 avril 1747, et l'archevêque de Bourges héritera de son abbaye d'Ainay et de son chapeau de cardinal.

5. Armand-Paul de la Croix de Castries, nommé à Albi en 1718, et qui mourra le 15 avril 1747.

6. Dominique de la Rochefoucauld, de la branche de Saint-Ilpize, né en 1712, succéda à M. de Castries comme archevêque d'Albi en 1747, devint abbé de Cluny en 1757, archevêque de Rouen en 1759, cardinal en 1778, commandeur du Saint-Esprit en 1780; député aux États généraux de 1789, il émigra en Hollande, et mourut à Münster le 23 septembre 1800.

moins qu'il ne trouve quelque obstacle de la part du roi, ce qu'il ne croit pas, et qu'en effet il n'est pas accoutumé de rencontrer.

Je n'ai point vu M. l'abbé de Mury, et je ne suis instruit de son affaire que par vous; mais, avec l'intérêt que vous y prenez, cela suffit assurément pour que j'y donne toute mon attention, et je vous réponds que je ne serai point ébloui par [*la fin manque*].

M. de Maurepas à Mme la princesse de Talmond[1].

23 juin 1746.

Voici, Madame, le prologue du *Temple de la Gloire*[2] que je vous avois promis; mais je vous supplie de vous souvenir de nos conditions et de vous rendre si bien maîtresse de ce manuscrit, qu'on n'en tire point de copie, ou que, si l'on étoit obligé d'en faire pour l'exécution, elles vous soient toutes exactement remises. Vous sentez combien il seroit cruel pour l'auteur, et désagréable pour moi, qu'on les multipliât et qu'on vînt à les graver à son insu. Je souhaite fort qu'il vous amuse à Lunéville plus qu'il ne nous a amusés ici.

Vous connoissez les sentiments infiniment respectueux avec lesquels j'ai l'honneur, etc.

MAUREPAS.

M. de Maurepas à M. l'abbé d'Harcourt.

29 juin 1746.

J'ai rendu compte au roi de la demande que vous lui faites, et je lui ai lu en entier la lettre que vous m'avez fait l'honneur de m'écrire. S. M. est entrée avec bonté dans toutes les raisons qui vous engagent à lui demander aujourd'hui la permission de quitter la place de doyen du chapitre de Notre-Dame[3], et elle s'est expliquée on ne peut pas plus à votre avantage sur la satisfaction qu'elle avoit de la façon dont vous l'aviez remplie dans tous les temps[4]. Le roi veut donc

---

1. Marie-Louise, princesse Jablonowska, avait épousé en 1730 le prince de Talmond; elle mourut le 20 décembre 1773.
2. Par Voltaire : tome II, p. 196. Cette pièce, réduite à trois actes, a été reprise en avril.
3. Ci-dessus, p. 22.
4. L'abbé d'Harcourt avait eu une contestation avec les membres de l'assemblée du clergé lors du *Te Deum* pour la prise de Bruxelles (ci-après, p. 124) : « M. l'abbé d'Harcourt voulant entonner le *Te Deum* en chape et avoir ensuite un fauteuil au pied de l'autel, le clergé le lui ayant contesté, les parties s'en sont rapportées à la décision de M. de Maurepas, qui a pensé que M. l'abbé d'Harcourt devoit se tenir debout pendant le *Te Deum*, ainsi

bien approuver que vous remettiez cette place au chapitre, de qui vous la teniez. S. M. m'a fait aussi l'honneur de me parler de la grâce que vous lui faites demander par M. de Saint-Florentin : votre conduite avoit si bien fait votre éloge auprès d'elle, que je n'ai pas eu besoin de lui rappeler tout ce qu'on doit dire en votre faveur, et que personne ne sent mieux et ne pense plus sincèrement que moi[1]. Soyez-en aussi persuadé, je vous supplie, que de l'attachement avec lequel je suis, etc.

MAUREPAS.

M. de Maurepas à M. de Rochemont [2].

13 juillet 1746.

J'apprends que le sieur Pitrot[3] a refusé, à la dernière représentation, de danser l'entrée que le maître de ballet lui a destinée, ainsi qu'il en a le droit, dans l'opéra que l'on remet au théâtre, et que non seulement il a dit qu'il ne la danseroit pas demain à la réprésentation, mais qu'il a même insulté de paroles le maître de ballet.

Une pareille conduite mériteroit une sévère punition; cependant voyez le sieur Pitrot, et dites-lui que, s'il ne danse pas demain son entrée à l'Opéra, vous avez ordre de le faire conduire au For-l'Évêque, ce que vous ferez exécuter en effet, s'il ne vient pas à l'Opéra pour y danser, et il restera en prison jusqu'à ce qu'il se détermine à se rendre à son devoir.

Vous connoissez, etc.

MAUREPAS.

---

que cela se pratiquoit du temps de M. le cardinal de Noailles, parce qu'on doit être debout pendant les hymnes eucharistiques » (reg. O¹ 90, fol. 54 v°).

1. Le duc de Luynes écrivait en avril 1746 (*Mémoires*, t. VII, p. 270-271) : « A la mort de M. de Vintimille, quelques gens avoient pensé que le choix du roi pourroit tomber peut-être sur l'abbé d'Harcourt; on peut même être étonné qu'à l'âge qu'il a, il n'ait point été nommé évêque. Cet étonnement cesse lorsque l'on est instruit qu'il étoit extrêmement lié et attaché à feu M. le cardinal de Noailles, ce qui a donné des soupçons, peut-être fort injustes, sur sa doctrine. On pourroit ajouter encore une raison, qui, cependant, ne devroit pas être comptée aujourd'hui : c'est que Mme la maréchale d'Harcourt, sa mère, eut une explication fort vive, il y a quelques années, avec M. le cardinal de Fleury, vraisemblablement au sujet de l'abbé d'Harcourt, et la conversation s'échauffa au point que, quoiqu'ils eussent été fort amis, ils ne se sont jamais vus depuis. »

2. Ci-dessus, p. 7.

3. Ce danseur est-il le même que le Pietro qui figurait, avec sa femme et son fils, dans les ballets de l'Opéra-Comique vers 1750 (Campardon, *les Spectacles de la Foire*). Selon M. Funck-Brentano, un Pitrot, maître de ballet à la Comédie-Italienne et mari de la Rey, mérita encore d'être mis au For-l'Évêque en 1765.

M. de Maurepas au P. La Valette.

12 septembre 1746.

J'ai vu M. de Marville, mon Révérend Père, qui m'a parlé de la lettre que vous craignez qui ne devienne publique, et j'avois dès hier décidé que cet ouvrage ne paroîtroit pas. Soyez tranquille, et croyez qu'indépendamment de la nécessité qu'il y a pour le bien général qu'il soit supprimé, l'intérêt personnel que vous avez à sa suppression est un motif qui ne m'a pas échappé[1].

Vous connoissez, etc.

MAUREPAS.

M. de Maurepas à M. l'archevêque de Bourges.

19 septembre 1746.

J'ai reçu, mon cher cousin, votre lettre du 31 du mois passé.

Lorsque M. Guilbout se présentera, je lui ferai remettre l'arrêt de M. le cardinal Lanti[2]. Je n'imagine pas que, dans la situation où sont les affaires d'Italie, vous receverez des ordres assez pressants sur la promotion des chapeaux pour craindre d'avoir à les signifier, et, d'ailleurs, étant comme vous l'êtes à portée de juger de l'effet qu'auroient vos démarches, c'est à vous à les régler au point où elles ne pourront être ni dangereuses ni inutiles. Pour moi, je n'ai d'empressement pour cette affaire qu'en ce qu'elle vous regarde, que je voudrois voir fini. Je suis bien persuadé de notre discrédit : où vous êtes, chaque moment l'augmente, et l'on vous tient sûrement de bons propos. Cette situation me fait désirer souvent que vous n'ayez pas longtemps l'embarras de répondre à tout ce que vous entendez.

Nous poursuivons le siège de Namur, et ce ne seroit pas une besogne de longue haleine, si l'on nous laissoit faire tranquillement; mais l'armée ennemie nous tourne de fort près, et l'on assure que, d'un moment à l'autre, nous aurons la nouvelle d'une bataille[3].

J'ai envoyé votre paquet à l'abbé ***, et je vous réitère que vous pouvez compter sur toute mon attention pour l'affaire de l'abbé Mury[4].

Le voyage de Fontainebleau est fixé au 7 ou 8 du mois prochain[5].

---

1. Voyez ci-dessus, p. 60.
2. Ci-dessus, p. 116.
3. Voyez la *Gazette*, p. 464-466.
4. Ci-dessus, p. 117.
5. *Luynes*, p. 432.

On dit qu'il ne sera que de six semaines[1]; cependant, comme il dépend du temps que l'on mettra aux réparations que l'on va faire à Versailles, il pourroit bien devenir plus long qu'on ne croit, et que tout le monde ne le voudroit.

Vous connoissez, etc.

MAUREPAS.

M. de Maurepas à M. le marquis d'Hérouville[2].

19 septembre 1746.

Je me souviens parfaitement de ce que vous me fîtes l'honneur de me dire, l'hiver dernier, sur vos vues pour une place à l'Académie des sciences, et j'ai toujours le même désir de vous y servir; mais les engagements qu'on a pris pour la place qui vient de vaquer ne permettent pas de faire des démarches pour cette fois-ci : je ne vous cacherai pas qu'ils regardent M. le contrôleur général, à qui la première place est promise depuis assez longtemps[3].

Je voudrois fort que nous puissions avoir le magnifique port dont vous me faites l'éloge; nous en ferions sûrement bon usage.

Comme l'emploi de maître de quai est vendu au profit de la Ville, je ne m'opposerai point à cette pratique, n'ayant d'ailleurs aucune vue sur cette place.

Vous connoissez, etc.

MAUREPAS.

M. de Maurepas à M. l'archevêque de Bourges.

3 octobre 1746.

J'ai reçu, mon cher cousin, votre lettre du 14 du mois passé.

Je n'ai point de peine à croire que les courriers ne vous arrivent pas régulièrement : il n'y a que trop d'obstacles, et du côté de la saison, et de la part de ceux qui sont à présent maîtres des chemins. Je crois bien qu'où vous êtes, les rieurs ne sont pas pour nous, et que vous faites grand usage de patience. Nous ne sommes pas aussi à plaindre en Flandres : M. de Crillon nous a, hier matin, apporté la nouvelle de la reddition des châteaux de Namur[4]. Les armées sont

---

1. La cour y resta du 8 octobre au 23 novembre.
2. Antoine Ricouart, comte d'Hérouville (1713-1782), était maréchal de camp depuis 1745, et venait de prendre part à la prise de Bruxelles. Il publia en 1757 un *Traité des Légions*.
3. En effet, M. de Machault fut désigné membre honoraire à la première élection. Charles-René de Montalembert, tacticien comme M. d'Hérouville, eut une place d'associé libre en 1747.
4. Louis des Balbes-Berton, marquis de Crillon, était brigadier d'infan-

toujours à portée de se voir; elles se tâtent alternativement, et tous leurs mouvements finissent par rentrer dans leurs camps, bien retranchés de part et d'autre. Le comte de Tessé vient enfin de mourir[1]. Grande discussion pour exercer la charge, qui est au petit-fils[2]. Le marquis de Tessé[3] s'est proposé, et demandoit même d'abord à jouir des appointements jusqu'à ce que son petit-neveu fût en âge; mais la famille n'en a point voulu, et M. de Béthune[4], qui s'est offert de l'exercer gratuitement, l'a obtenue, ce dont Mme de Tessé[5] est très contente. Cela ne s'est pas fait sans beaucoup de mouvements de toutes les parts.

M. de Mailly d'Haucourt[6] a envoyé à M. Davault le montant des frais que M. [non lu] avoit fait pour lui.

Sans doute que M. de Puyzieulx vous aura [dit] qu'il est à la fin établi à Dresde.

Vous connoissez, etc.

MAUREPAS.

---

terie sous Boufflers. Il arriva à la cour le 2 octobre, et fut immédiatement promu maréchal de camp.

1. Ci-dessus, p. 78.
2. René-Mans, deuxième du nom, né en 1736.
3. René-Louis de Froullay, second fils du maréchal, capitaine des gardes du Régent en 1718, puis premier gentilhomme de la chambre du duc de Bourbon.
4. Ci-dessus, p. 77.
5. Marie-Charlotte de Béthune-Charost, mariée le 26 octobre 1735 à René-Marie de Froullay, marquis de Tessé, était veuve depuis le 23 août 1742, son mari ayant été tué au siège de Prague.
6. Joseph de Mailly, marquis de Mailly-Haucourt, qui ne mourut qu'en 1755; ou son fils, Joseph-Augustin, comte de Mailly-Haucourt, qui, en 1746, avait la charge de lieutenant des gendarmes écossais, avec grade de maréchal de camp.

APPENDICE

ORDONNANCES, ARRÊTS ET SENTENCES DE POLICE

RENDUS EN 1746[1].

5 janvier 1746. — Arrêt du parlement qui confirme la sentence de police rendue le 17 juillet 1744 en faveur des maîtres boulangers, par laquelle ils sont maintenus dans le droit de se servir de charrettes et de chevaux, avec des paniers, pour envoyer du pain à leurs pratiques.

7 janvier 1746. — Sentence de police qui condamne à cinq cents livres d'amende le sieur Flèche, maître sellier, pour avoir refusé de laisser visiter ses ateliers et magasins par les commis du fermier du droit de la marque des cuivres.

8 janvier 1746. — Sentence de police condamnant la veuve Guidet, bouchère à Pantin, à la saisie de cinq vaches et à trois cents livres d'amende, pour avoir contrevenu aux règlements de police sur la vente des bestiaux.

13 janvier 1746. — Ordonnance de police qui fait défenses aux marchands fréquentant la foire Saint-Germain de vendre leurs marchandises avant la visite des inspecteurs des manufactures et des gardes des communautés des drapiers et merciers, à peine de confiscation et de deux cents livres d'amende.

21 janvier 1746. — Sentence de police qui condamne Nicolas Cadeville, maître fourbisseur quai de l'École, à cent livres d'amende pour avoir contrevenu aux règlements relatifs à l'achat des vieux effets et marchandises de hasard.

---

1. D'après les imprimés de la collection Rondonneau : Arch. nationales, AD + 881 à 885. Les articles marqués d'un astérisque proviennent d'une liasse de sentences et d'ordonnances de police conservée aux Archives nationales sous la cote Y 9499.

APPENDICE.   123

21 janvier 1746. — Sentence de police qui condamne le nommé Lefèvre, limonadier, à trois cents livres d'amende pour avoir tenu chez lui une assemblée de jeu de siam.

21 janvier 1746. — Sentence de police qui condamne la demoiselle Maisonneuve à quinze cents livres d'amende pour avoir tenu chez elle une assemblée de jeu de quadrille.

21 janvier 1746. — Sentence de police qui condamne la nommée Dinet, revendeuse rue Champfleury, à vingt livres d'amende pour contravention aux règlements qui défendent de se placer dans les rues, devant les maisons, avec tonneaux, échoppes et comptoirs, et d'embarrasser la voie publique.

24 janvier 1746. — Ordonnance de police qui proroge pour six mois le délai pendant lequel les marchands bonnetiers doivent faire marquer les ouvrages de bonneterie au métier par les gardes de la communauté.

25 janvier 1746. — Sentence des prévôt des marchands et échevins de la ville de Paris qui prescrit ce qui doit être observé dans la perception des droits attribués au corps des marchands épiciers et apothicaires-épiciers, sur les marchandises qui seront déchargées et rechargées au port Saint-Nicolas-du-Louvre et autres ports des deux côtés de la rivière de Seine, depuis le Pont-Neuf jusques et y compris le port de la Conférence, avec tarif desdits droits.

4 février 1746. — Sentence de police qui condamne le nommé Desnoyers, loueur de carrosses, à quarante livres d'amende, pour avoir troublé et insulté les jurés-contrôleurs de la marchandise de foin dans l'exercice de leurs fonctions.

4 février 1746. — Sentence de police qui condamne à cinquante livres d'amende le nommé Mareschal, aubergiste-traiteur rue des Vieux-Augustins, pour avoir donné à manger chez lui passé onze heures du soir.

4 février 1746. — Sentence de police qui condamne à trente livres d'amende chacun et à la saisie plusieurs marchands de foin, pour avoir apporté des bottes de foin d'un poids supérieur à celui prescrit par les ordonnances.

5 février 1746. — Ordonnance de police faisant défense aux personnes masquées de porter ou faire porter par leurs laquais des épées, bâtons ou autres armes.

8 février 1746. — Sentence de police qui condamne les nommés Chéron frères, marchands forains de bestiaux, à rendre au fermier

des marchés de Sceaux et de Poissy le prix d'une vache morte par eux vendue au sieur Cottard, boucher, prix restitué par le fermier audit Cottard.

18 février 1746. — Sentence de police qui condamne à cent livres d'amende chacun les nommés Bosselot, Jean et Mignot, dont les enfants, en jouant avec des charbons dans des pots, avaient mis le feu sur la voie publique à une voiture de paille, et renouvelle les défenses faites aux pères, mères et maîtres de laisser jouer et vagabonder les enfants, apprentis et domestiques dans les rues ou places publiques.

19 février 1746. — Arrêt du parlement permettant de vendre des œufs dans les marchés et places publiques de la ville et faubourgs de Paris pendant le carême de 1746.

1er mars 1746. — Ordonnance de police qui prescrit d'illuminer les maisons le jeudi 3 mars, en réjouissance de la prise de Bruxelles par l'armée du maréchal de Saxe.

1er mars 1746. — Sentence de police qui condamne deux marchands forains d'œufs et de beurre, demeurant à Montreuil et Vincennes, à la saisie d'une partie de leurs marchandises et à l'amende, pour n'avoir pas porté leur beurre et leurs œufs sur le carreau de la Halle.

4 mars 1746. — Ordonnance de police prorogeant de trois mois le délai pour la marque des bas et ouvrages de bonneterie au métier.

12 mars 1746. — Ordonnance de police pour la levée et l'habillement de six cents hommes de milice dans la ville et faubourgs de Paris.

15 mars 1746. — Arrêt du parlement qui condamne à mort, et préalablement à la question ordinaire et extraordinaire, le nommé Jean Roquet, pour vol avec effraction.

15 mars 1746. — Arrêt du conseil d'État pour faire cesser plusieurs abus introduits dans le commerce qui se fait sous la Halle aux toiles de la ville de Paris.

15 mars 1746. — Arrêt du conseil d'État qui permet aux maîtres chapeliers de Paris de percevoir six sous par douzaine sur les chapeaux de laine venant des provinces à Paris, et une livre quatre sous par douzaine sur les chapeaux de vigogne.

18 mars 1746. — Sentence de police qui condamne à trente livres d'amende le nommé Oudart, pour avoir exposé en vente, un dimanche, de la vieille quincaillerie, et renouvelle les défenses de vendre aucunes marchandises les dimanches et jours de fête.

APPENDICE. 125

18 mars 1746. — Sentence de police qui condamne le sieur Robert à quinze cents livres d'amende pour avoir tenu chez lui une académie de jeu de quadrille et de piquet.

18 mars 1746. — Sentence de police qui condamne à l'amende les nommés de la Porte et Sanson, écaillers à Rouen, et la veuve Harvart, factrice d'huîtres à Paris, pour avoir mis en vente des paniers d'huîtres gelées et avariées, sans les avoir fait visiter par le commissaire.

29 mars 1746. — Arrêt du conseil d'État qui ordonne que, dans le délai d'un mois, les seigneurs particuliers des villes et lieux, dans l'étendue de vingt lieues autour de Paris, qui prétendent avoir droit de marché de bestiaux à pied fourché, représenteront devant M. de Marville leurs lettres de concession et autres pièces justificatives de ce droit de propriété, interdit en outre à tous marchands forains, laboureurs et autres, de conduire leurs bestiaux à tout autre marché que ceux de Sceaux et de Poissy, et fait défenses à tous bouchers d'en acheter ailleurs que dans lesdits marchés.

29 mars 1746. — Arrêt du conseil d'État qui commet M. de Marville pour recevoir les comptes du dixième de l'industrie imposé sur les corps et communautés d'arts et métiers de la ville et faubourgs de Paris.

29 mars 1746. — Sentence de police qui condamne à trois mille livres d'amende le marquis de Gamaches, pour avoir tenu une assemblée de jeu de pharaon, solidairement avec le principal locataire de l'appartement où le jeu s'est tenu.

29 mars 1746. — Sentence de police qui condamne à trois livres d'amende la nommée Javotte, marchande à l'étalage sur le quai de Gesvres, pour avoir mis en vente des almanachs.

29 mars 1746. — Sentence de police qui déclare valable la saisie de deux porcs faite sur le nommé Duchemin, hôtelier, comme ayant contrevenu aux ordonnances qui interdisent aux hôteliers d'acheter de la viande de porc ailleurs que chez les charcutiers.

29 mars 1746. — Sentence de police qui déclare valable la saisie faite chez le sieur Lucas père, maître fondeur-acheveur en cuivre, et le condamne à dix livres d'amende sur chaque pièce saisie, pour ne pas les avoir déclarées au bureau du droit de marque sur les cuivres, et à cent livres d'amende et soixante livres de dommages et intérêts pour avoir menacé les commis du fermier.

29 mars 1746. — Sentence de police qui condamne à vingt livres d'amende le sieur Comsy, maître fondeur en cuivre, pour n'avoir pas

déclaré au bureau du droit de marque sur les cuivres des marchandises fabriquées par lui.

29 mars 1746. — Sentence de police qui condamne le sieur Crampon, marchand mercier, pour n'avoir pas déclaré les marchandises de cuivre qu'il avait chez lui, à dix livres d'amende pour chaque pièce saisie, et à trente livres pour avoir menacé les commis du fermier du droit de marque.

29 mars 1746. — Sentence de police qui condamne à quarante livres d'amende et à la saisie de ses marchandises de cuivre le nommé Nicolas Vauvilliers, brocanteur, pour n'avoir pas fait de déclaration au fermier du droit de marque sur les cuivres, et n'avoir pas payé les droits.

7 avril 1746. — Sentence de police, en forme de règlement, qui fait défenses aux habitants de Nanterre et lieux circonvoisins de faire entrer dans Paris des marchandises de porc par toute autre porte que celle du Roule, et en dehors des heures fixées par le présent règlement.

9 avril 1746. — Ordonnance de police réglementant le travail et les salaires des forts de la Halle pour le déchargement et la livraison des beurres, œufs et légumes.

12 avril 1746. — Arrêt du conseil d'État portant règlement pour la fermeture de toutes les caves ouvertes dans la ville et faubourgs de Paris en contravention aux statuts du corps des marchands de vin.

26 avril 1746. — Arrêt du conseil d'État portant règlement pour l'administration des deniers communs de la communauté des marchands de vin et pour la reddition des comptes des maîtres et gardes de ladite communauté.

5 mai 1746. — Mandement des vicaires généraux du chapitre et archidiacres de l'église de Paris, administrateurs de l'archevêché le siège vacant, qui ordonne des prières publiques pour demander à Dieu la prospérité des armes du roi.

6 mai 1746. — Sentence de police qui condamne à vingt livres d'amende la veuve Normand, entrepreneur du nettoiement du quartier de la place Maubert, pour avoir contrevenu aux règlements de police sur le nettoiement des rues.

17 mai 1746. — Arrêt du parlement confirmant trois sentences du Châtelet qui ont interdit aux marchands de vin de Paris de loger et tenir chambres garnies, de faire noces et festins, ni de recevoir des compagnies de noces ou lendemains, contrairement aux privilèges des maîtres traiteurs.

18 mai 1746. — Sentence de police qui condamne à vingt livres d'amende et vingt livres de dommages et intérêts le nommé Letellier, cabaretier au Petit-Charonne, et sa femme, pour avoir fait dans leur maison l'entrepôt des marchandises de beurre et œufs et empêché les commis du fermier des droits rétablis de faire la visite de leur maison.

*18 mai 1746. — Sentence de police qui condamne à quinze cents livres d'amende le sieur Robert, pour avoir tenu chez lui une académie de jeu de quadrille et de piquet.

20 mai 1746. — Sentence de police qui condamne à l'amende et à mille livres de dommages et intérêts le sieur Duval, marchand de vin à Paris, pour avoir mélangé son vin de cidre et de poiré; ordonne que ledit vin sera jeté au ruisseau, et la boutique et la cave murées et fermées pendant un an, sans que ledit Duval puisse, pendant ce temps, faire aucun commerce de vin.

20 mai 1746. — Sentence de police qui ordonne que les articles du compte de Simon Bénard, maître charcutier à Paris, sorti de jurande, qui sont restés en souffrance, seront accordés ou contestés par la communauté des maîtres charcutiers assemblée.

3 juin 1746. — Sentence de police condamnant à cent livres d'amende, à trois cent vingt livres de dommages et intérêts, et à la saisie de quatre demi-queues de poiré, le sieur Claude Lemoyne, marchand de vin, comme ayant contrevenu aux ordonnances qui défendent aux marchands de vin d'avoir du poiré dans leurs caves.

14 juin 1746. — Sentence de police qui condamne à l'amende, à la confiscation des veaux saisis et à des dommages et intérêts en faveur du fermier des droits de sol pour livre sur les marchés de Sceaux et de Poissy, les sieurs Thomas Barré, marchand boucher, Ambroise Paysan, marchand forain de bestiaux, et François Dourdan, conducteur de bestiaux, pour avoir fait entrer des veaux dans Paris sans acquitter les droits.

5 juillet 1746. — Arrêt du conseil d'État confirmant les ordonnances de M. de Marville sur le commerce des fruitiers-orangers.

7 juillet 1746. — Arrêt du parlement qui condamne deux livres intitulés, l'un *Histoire naturelle de l'âme*, l'autre *Pensées philosophiques*, à être lacérés et brûlés par l'exécuteur de la haute justice, comme scandaleux, contraires à la religion et aux bonnes mœurs.

*14 juillet 1746. — Ordonnance de police prescrivant d'illuminer les maisons le 16 juillet, en réjouissance de la prise de Mons.

*14 juillet 1746. — Ordonnance concernant les mesures de police à prendre à l'occasion du feu d'artifice que la ville fera tirer le 16 juillet.

19 juillet 1746. — Arrêt du conseil d'État qui indique les précautions à prendre contre la maladie épidémique des bestiaux.

21 juillet 1746. — Mandement de Messieurs les doyen, chanoines et chapitre de l'église de Paris pour l'administration et régime de l'archevêché de Paris pendant la vacance du siège.

29 juillet 1746. — Sentence qui condamne le nommé Ferret et sa femme à faire démolir une échoppe qu'ils ont fait construire dans la rue de Bretagne, au Marais, contrairement aux règlements qui défendent d'embarrasser la voie publique.

30 juillet 1746. — Ordonnance de police qui proroge jusqu'au 31 décembre 1746 le délai fixé pour la marque des ouvrages de bonneterie.

7 août 1746. — Arrêt du conseil d'État qui ordonne que les feuilles imprimées, les brochures et autres ouvrages prohibés qui ont été saisis chez la veuve Bienvenu et chez Claude-Nicolas Delormel, libraires à Paris, seront et demeureront confisqués.

8 août 1746. — Arrêt du parlement qui homologue la délibération générale du corps de la marchandise de vin des 21 mai 1746 et jours suivants, pour être exécutée selon sa forme et teneur, et qui prescrit, entre autres choses, ce qui doit être observé pour les permissions d'ouvrir des caves, pour la réception des aspirants, et pour les certificats de service qui leur seront délivrés.

*8 août 1746. — Ordonnance de police prescrivant de tapisser les rues où doit passer la procession du jour de l'Assomption.

*11 août 1746. — Ordonnance de police prescrivant d'illuminer les maisons le 13 août, en réjouissance de la prise de Charleroy et de Saint-Ghislain.

*11 août 1746. — Ordonnance relative aux mesures de police à prendre à l'occasion du feu d'artifice qui sera tiré le même jour.

12 août 1746. — Sentence de police qui condamne les jurés en charge de la communauté des maîtres charcutiers à payer à Simon Bernard, sorti de jurande, la somme de six cent cinquante-cinq livres quatorze sols un denier, pour le reliquat de son compte de jurande.

17 août 1746. — Sentence de police qui déclare valable la saisie faite sur le nommé Gaillard, roulier de Moulins, d'une charrette, de chevaux et de diverses marchandises, et le condamne à cinq cents livres d'amende et aux dépens pour avoir chargé sur sa voiture des petits paquets pesant moins de cinquante livres.

30 août 1746. — Ordonnance du prévôt des marchands pour la création de dix nouveaux préposés à la vente, par les marchands forains, des vins amenés dans les ports, à la Halle ou sur l'Étape de Paris.

2 septembre 1746. — Sentence de police qui interdit à la veuve Le Maistre de tenir boutique d'ouvrages de poterie de terre et carreaux, fait défenses aux jurés de la communauté de recevoir aucun maître qui n'ait été apprenti pendant quatre ans et compagnon pendant quatre autres années, et n'autorise que les seuls maîtres potiers de terre et carreleurs, ou leurs femmes, à vendre et colporter ladite marchandise.

2 septembre 1746. — Ordonnance de police renouvelant les défenses de jouer dans les rues ou places publiques au volant, au bâtonnet, aux quilles, au cerf-volant, et autres jeux dont les passants puissent être incommodés ou blessés, ou les lanternes publiques cassées, à peine de deux cents livres d'amende.

2 septembre 1746. — Sentence de police qui condamne à vingt livres de dommages et intérêts au profit des officiers auneurs et visiteurs de toiles, à dix livres d'amende et aux dépens, la nommée Marie-Élisabeth Quentin, femme de Nicolas Mayeux, pour avoir fait entrer en fraude à la barrière Saint-Martin trois pièces de toile de Bulles.

9 septembre 1746. — Sentence de police qui condamne à vingt livres d'amende et trente livres de dommages et intérêts le sieur Pierre Quesnel, maître charcutier, pour avoir contrevenu à l'ordonnance qui prescrit aux charcutiers ayant acheté des porcs au delà de vingt lieues de Paris d'en mener un tiers à la Halle pour y être loti et vendu.

10 septembre 1746. — Sentence de police qui fait défense aux officiers mouleurs de bois de percevoir aucun droit sur le bois provenant du déchirage des bateaux, les condamne à restituer les sommes reçues par eux jusqu'à présent, plus mille livres d'amende au profit de l'Hôpital général, et ordonne que la membrure et le bois de déchirage saisis sur le nommé Tillard lui seront rendus.

12 septembre 1746. — Arrêt du conseil d'État qui fixe la qualité des marchandises sujettes à la visite, à la marque et aux droits des maîtres et gardes de la draperie et de la mercerie, et de celles sujettes aux droits des officiers auneurs de toile de la ville et faubourgs de Paris.

*20 septembre 1746. — Ordonnance de police fixant le prix auquel pourra être vendu le foin sur les marchés de Paris, et prescrivant diverses mesures au sujet de cette marchandise.

4 novembre 1746. — Sentence de police qui condamne le sieur Nicolas Maubert, marchand de vin à Paris, à cent cinquante livres d'amende pour avoir eu dans sa cave deux demi-queues d'eau-de-vie contrairement aux règlements qui l'interdisent aux marchands de vin.

18 novembre 1746. — Sentence de police qui condamne à cinq cents livres d'amende le nommé Goyon, maître chaudronnier à la porte Saint-Jacques, pour avoir refusé avec violence de se conformer aux ordonnances qui prescrivent à tous marchands et artisans qui achètent, revendent, changent et trafiquent des effets et marchandises de hasard, d'avoir deux registres, pour représenter l'un au commissaire ancien, l'autre à l'inspecteur de police du quartier.

18 novembre 1746. — Sentence de police qui ordonne que le nommé Jacques Ledru, marchand de foin à Nogent-sur-Seine, convaincu d'avoir accaparé de grandes quantités de fourrage pour en faire hausser le prix, sera tenu d'envoyer chaque semaine cent milliers de foin pour être vendus sur les ports de Paris au taux fixé par les ordonnances.

*18 novembre 1746. — Sentence de police condamnant à trois cents livres d'amende le nommé Tasselin, hôtelier à la Grande-Pinte de Bercy, pour avoir acheté de la farine en dehors des marchés.

*18 novembre 1746. — Sentence de police qui condamne à mille livres d'amende le nommé Robin, limonadier rue Saint-Honoré, pour avoir tenu chez lui une assemblée de jeu.

*18 novembre 1746. — Sentence de police qui condamne à quinze cents livres d'amende le nommé Martin, maître paumier rue d'Orléans-Saint-Honoré, pour avoir tenu chez lui une assemblée de jeu.

26 novembre 1746. — Sentence de police qui condamne à dix livres d'amende et quinze livres de dommages et intérêts le nommé Claude Benoist, charcutier à Faremoutier, pour avoir tué et vendu trois porcs sans payer les droits au fermier des droits rétablis.

*2 décembre 1746. — Sentence de police qui condamne à cent livres d'amende le nommé Filey, logeur rue du Petit-Bourbon, pour avoir logé chez lui des femmes de mauvaise vie et gens sans aveu, et avoir contrevenu aux règlements de police relatifs aux chambres garnies.

3 décembre 1746. — Sentence de police qui condamne les marchands merciers et les gardes de la mercerie à payer au fermier de la marque des cuivres les droits de la première marque de toutes les

marchandises contenues dans leurs inventaires et ayant été fabriquées avant et depuis l'édit de février 1745.

13 décembre 1746. — Sentence de police qui homologue une délibération de la communauté des maîtres amidonniers-cretonniers, portant défenses aux membres de la communauté de distribuer aux gantiers-parfumeurs aucuns gâteaux, ni autres choses, à la fête des Rois, ni dans aucun autre temps, à peine de trois cents livres d'amende applicable à l'Hôpital général.

14 décembre 1746. — Ordonnance de police qui défend aux cabaretiers, limonadiers, vendeurs de bière, charcutiers, pâtissiers et autres, sous peine de deux cents livres d'amende, d'ouvrir leur boutique, ni de vendre leurs marchandises, pendant la nuit de Noël, passé huit heures du soir.

16 décembre 1746. — Sentence de police qui déboute les syndics, officiers, contrôleurs et visiteurs de porcs de l'opposition formée par eux à la sentence du 7 avril relative à l'entrée des marchandises de porc amenées à Paris par les habitants de Nanterre.

23 décembre 1746. — Sentence de police qui ordonne l'établissement d'une troisième bergerie ou parquet hors la barrière de la rue de Charonne, pour y amener les moutons à lotir entre les marchands bouchers de Paris venant des marchés de Sceaux et de Poissy.

23 décembre 1746. — Sentence servant de règlement pour la communauté des maîtres cordonniers, qui interdit aux fils de maîtres reçus en bas âge de faire aucun commerce du métier avant d'avoir quatorze ans, et enjoint aux maîtres de mettre leurs noms apparents sur leurs boutiques et appartements.

ANNÉE 1747.

Nouvelles qui se débitent aux promenades publiques et dans les cafés.

Du 9 janvier 1747 et jours suivants.

On parle toujours d'un changement dans le ministère, que l'on dit même être assuré. On nomme M. de Puyzieulx[1] pour succéder à M. le marquis d'Argenson, qui se retire avec le titre de ministre et une pension de cinquante mille livres. M. Chauvelin est toujours également sur les bancs pour la place de premier ministre.

On dit de M. l'archevêque de Paris[2] que ce prélat, loin de suivre le système de M. de Bellefont, a rejeté un mandement que ce dernier étoit prêt de donner quand il est mort : ce qui ayant été aux oreilles de Monsieur de Mirepoix, ce ministre en a apparemment informé le roi, qui en parla, il y a quelques jours, à M. l'archevêque, qui donna à S. M. des raisons si plausibles de cette conduite, qu'il y applaudit. Les jansénistes tirent de grandes conséquences de ces dispositions de M. l'archevêque; reste à savoir par l'avenir si elles sont telles qu'ils les imaginent.

On dit que M. le marquis de Puyzieulx est attendu à Paris, et qu'il y vient remplir la place de ministre des Affaires étrangères[3].

---

1. Ci-dessus, p. 41 et 63. Louis-Philogène Brûlart, marquis de Puyzieulx (1702-1770), maréchal de camp en 1743, avait été ambassadeur à Naples en 1735 et prenait part comme plénipotentiaire aux conférences de Bréda depuis août 1746; conseiller d'État d'épée en octobre de la même année, il fut désigné pour remplacer M. d'Argenson comme secrétaire d'État des Affaires étrangères le 15 janvier 1747, et conserva ce poste, malgré sa santé chancelante, jusqu'en septembre 1751. Il était tout dévoué aux Jésuites. Il arriva de Bréda dans la nuit du 16 au 17 janvier, et eut ses provisions le 21 (reg. O¹ 91, fol. 11).

2. Christophe de Beaumont : ci-dessus, p. 50.

3. Plus heureux qu'il ne l'avait été jusque-là, le marquis d'Argenson venait de réussir à relever la maison de Saxe en faisant le mariage de l'héritier présomptif de Louis XV avec la fille du roi-électeur, lorsque son maître le sacrifia à sa propre diplomatie secrète, à la rancune de la cour de Madrid, aux intrigues de M. de Noailles et de Maurice de Saxe. Le duc de Luynes écrivait, le 10 janvier (*Mémoires*, p. 79) : « L'on parle beaucoup, depuis longtemps, sur M. d'Argenson l'aîné; le bruit se renouvelle depuis trois ou quatre jours. On prétend même que ce changement est déter-

« Le changement dont on parle dans le ministère depuis quelque
« temps, disoit hier un chevalier de Saint-Louis à un de ses amis,
« doit se manifester dans huit jours, et je tiens de bonne part que
« M. le marquis d'Argenson est sur le point de se retirer pour finir
« ses jours avec plus de repos et moins d'embarras. »

L'on donne aussi pour certain que M. le comte de Maurepas aura le département des Affaires étrangères et conservera ses autres emplois[1], excepté celui de la Marine, qui doit être donné à M. de Machault, qui restera en même temps contrôleur général.

On assure qu'on a arrêté à Brest quelques Anglois, ou quelques-uns de leurs émissaires, qui cherchoient les moyens de mettre le feu à l'armement qu'on y fait.

M. le duc de Penthièvre[2] a, dit-on, demandé au roi le commandement de la flotte que l'on équipe à Brest, et les officiers qui y sont employés appréhendent fort que M. l'amiral en obtienne l'agrément.

Le mariage de M. de Villequier avec Mlle Mazarin est accroché par les obstacles qu'y apportent les parents de ce jeune seigneur, parce qu'il sera obligé de porter le nom et les armes de Mazarin; mais on ne doute point que les grands biens de cette demoiselle ne lèvent ce scrupule, qu'on regarde comme un petit trait de politique, et non de réalité[3].

On dit que M. de Puyzieulx est arrivé à la cour le 11, étant porteur des préliminaires de la paix; que, s'ils conviennent au roi, M. de Saint-Séverin ira prendre la place de M. de Puyzieulx à Bréda[4], et que M. de Puyzieulx restera ici pour remplacer M. le marquis d'Argenson.

---

miné, et que ce qui empêche qu'il ne soit déclaré aujourd'hui, c'est par rapport à la noce de M. d'Argenson, fils du cadet, avec Mlle de Mailly d'Haucourt, qui se fait aujourd'hui à Paris chez Mme de Mailly. » Cf. l'article du 12, p. 80-82. Rappelé précipitamment des conférences malgré son mauvais état de santé, M. de Puyzieulx tomba malade presque aussitôt, et M. de Maurepas fit l'intérim des Affaires étrangères. C'étaient les Paris qui avaient fait nommer M. de Puyzieulx de préférence à Chavigny ou à Saint-Séverin (*Maurice de Saxe*, p. 107-111).

1. Ce bruit courut encore pendant la maladie de M. de Puyzieulx : *Luynes*, p. 99.
2. Tome II, p. 96.
3. Louis-Marie-Guy d'Aumont, marquis de Villequier, fils aîné du duc d'Aumont, n'épousera que le 2 décembre 1747 Louise-Jeanne de Durfort, duchesse Mazarin du chef de sa mère, et âgée seulement de douze ans; il prendra alors le titre de duc Mazarin. Dès le mois d'octobre 1746, on avait obtenu une nouvelle érection de ce duché-pairie en faveur du futur mariage (reg. O¹ 90, p. 269-275).
4. *Luynes*, p. 91, 26 janvier.

On ajoute que le roi a accordé la plume à M. du Theil[1], secrétaire du cabinet, à la place de M. de Verneuil[2].

La démission de M. le marquis d'Argenson est généralement ébruitée, et cet événement donne lieu à bien des raisonnements[3]. Chacun l'interprète suivant qu'il est affecté. Ce qui fait plaisir aux partisans de cette maison, c'est que ce ministre se retire en bon ordre, avec une pension considérable[4] et une place de conseiller d'honneur au conseil royal des finances.

On disoit hier qu'il n'auroit pas été mal à propos de donner les Affaires étrangères à M. de Maurepas, et joindre la Marine au Contrôle général, afin que ce ministre fût en état par lui-même de rétablir ce département par la suite.

On dit dans le public que la cause de la retraite de M. le marquis d'Argenson est la mésintelligence qui a toujours régné entre les deux frères, dont l'un étoit pour la paix et l'autre pour la guerre[5].

On a fait ces deux vers sur la retraite de l'un et les honneurs de l'autre :

> Quel est des d'Argenson le plus bizarre sort?
> Quoiqu'entrés[6] tous les deux, l'un entre, et l'autre sort[7].

On dit que M. le cardinal de Tencin s'attendoit bien d'avoir les Affaires étrangères.

---

1. Ci-après, p. 141.
2. Jacques-Eusèbe Chaspoux, marquis de Verneuil par érection de 1746, secrétaire du cabinet « ayant la plume » et introducteur des ambassadeurs, était mort le 2 janvier. Son fils, Eusèbe-Félix, hérita de la charge d'introducteur (provisions du 4 février, reg. O¹ 91, p. 42), et même de « la plume. » Le duc de Luynes explique à ce propos (p. 92) que la plume, c'est-à-dire la fonction d'écrire les « lettres de la main, » doublait les profits du secrétaire.
3. *Mémoires de Luynes*, p. 80-82; *Journal de Barbier*, p. 213-215; *Mémoires du marquis d'Argenson*, t. IV, p. 378-379; *Maurice de Saxe*, t. II, p. 87-99; *Mémoires du duc de Croÿ*, p. 38.
4. Trente mille livres pour lui et six mille pour son fils, avec réversion de quatre mille livres sur la tête du fils après le décès du père (brevets du 19 janvier, reg. O¹ 91, p. 6-8; lettre de M. de Maurepas, du 22 janvier, reg. O¹ 392, p. 34). Le roi lui écrivit qu'il se chargeait de l'avenir de son fils et qu'il payerait ses deux cent seize mille livres de dettes.
5. Le duc de Luynes (p. 80-82) attribue à d'autres motifs le mécontentement du roi, et prétend que le renvoi du ministre était demandé unanimement en France et à l'étranger, comme faisant obstacle à la paix. Voyez le bulletin suivant, p. 137, et *les Dessous de l'histoire*, par Hovyn de Tranchère, t. II, p. 366.
6. Mot douteux.
7. Le roi voulut accorder les grandes entrées au comte d'Argenson « pour que le public pût juger que la disgrâce de son frère ne retomboit en aucune manière sur lui » (*Luynes*, p. 82).

M. de Maurepas à M. de Marville[1].

A Versailles, le 17 janvier 1747.

Je ne consentirai pas au rappel du sieur Hermand, qu'il ne soit demandé par sa famille. D'ailleurs, il m'est revenu qu'il n'avoit point obéi à la loi de son exil : ainsi, puisqu'il s'est adressé à vous pour avoir son rappel, faites-lui dire qu'avant toutes choses il faut qu'il se rende au lieu où il a été envoyé.

Je suis, etc. MAUREPAS.

M. de Maurepas à M. de Marville[2].

A Versailles, le 20 janvier 1747.

Je vous envoie, suivant le mémoire que vous m'avez laissé il y a quelques jours, les ordres du roi pour reléguer à la suite du régiment de Lorraine-infanterie les nommés Jean Laurens et Yves Philippe. Vous n'y trouverez point celui concernant Jean Loyau, dit Langevin, attendu qu'il s'est engagé dans le régiment de Talaru, et j'ai signé, le 5 de ce mois, les ordres nécessaires pour le faire remettre au sieur de Changy, capitaine dudit régiment[3].

Je suis, etc. MAUREPAS.

Nouvelles qui se débitent, etc.

21 janvier 1747 et jours suivants.

Des ecclésiastiques disoient hier que M. le comte de Maurepas avoit envoyé de la part du roi à M. l'archevêque de Paris la constitution *Unigenitus*, pour la faire signer, et que ce prélat avoit refusé de le faire sous prétexte qu'il ne vouloit pas signer une chose qui alloit directement contre les intérêts de S. M.

On dit que, le jour que M. le marquis d'Argenson présenta au roi M. de Macanaz[4] en la qualité de ministre plénipotentiaire au con-

---

1. Reg. O¹ 392, p. 26.
2. Reg. O¹ 392, p. 32.
3. Ordre du 5 janvier, dans O¹ 91, pour Jean Langevin, dit Loyau le Fiacre, détenu à l'Hôpital.
4. Raphaël-Melchior Macanaz, d'abord fiscal du conseil de Castille, avait été exilé en France en 1714 pour avoir attaqué les privilèges du clergé. Gracié par Ferdinand VI, on l'envoya à Bréda, d'où ses inconséquences le firent bientôt rappeler. A son retour en Espagne, il fut emprisonné à Pampelune, et mourut peu après.

grès de Bréda, le ministre françois lui dit d'un ton railleur : « Sans
« doute, Monsieur, que vous allez donner la paix? » — « Cela pourroit
« bien être, Monsieur, si vous voulez cesser de persécuter l'Espagne,
« dont vous êtes plus l'ennemi que les Anglois même. »

Sur les quarante mille livres de pension que le roi donne à
M. le marquis d'Argenson, il en est réservé dix mille après sa mort
à Monsieur son fils, et le roi permet à ce ministre d'assister en cette
qualité au conseil des finances[1].

Le roi a donné pour étrennes à Mme la marquise de Pompadour
des tablettes enrichies de diamants où le nom et les armes de cette
dame sont tracés en diamants. S. M. y a ajouté une boîte d'or qui
renfermoit une ordonnance de cinquante mille francs sur le Trésor
royal[2]. Cette dame en a été moins touchée que du travail exquis de
cette boîte; elle a supplié le roi de la dispenser d'accepter cette
ordonnance dans un temps où l'argent est si rare. Cet acte de géné-
rosité a beaucoup plu au roi.

Le roi Stanislas de Pologne a quitté la duchesse Ossolinska[3], sa
maîtresse, pour prendre Mme la marquise de Boufflers[4], et, pour que
la reine sa femme[5] ne le trouve pas mauvais, il lui donne tous les
jours une demi-bouteille de Tockai, dont la reine de Hongrie ne le
laisse pas manquer[6], parce que ce prince entretient avec elle une
grande intelligence.

On dit que M. de Puyzieulx est d'une complexion fort délicate,
quoique d'un âge peu avancé, et qu'il succombera infailliblement
sous les grandes fatigues qu'entraîne nécessairement sa place[7]. On
lui substitue, en cas de mort, M. de Chavigny[8], que l'on croit
l'homme de France le plus capable d'occuper la place de ministre
des Affaires étrangères, et que sa capacité suppléera à sa naissance[9].

---

1. Ci-dessus, p. 135.
2. *Mémoires de Luynes*, p. 76-77.
3. Catherine-Dorothée Jablonowska, sœur de la princesse de Talmond et
seconde femme, en 1733, de François-Maximilien, comte de Tenczin-Osso-
linski, grand maître de la maison du roi Stanislas, créé duc en France par
brevet de 1736, et plus âgé qu'elle de trente ans.
4. Marie-Françoise-Catherine de Beauvau-Craon, mariée depuis 1735 à
Louis-François, marquis de Boufflers-Remiencourt, et dame de la reine de
Pologne.
5. Catherine Bnin-Opalinska, qui va mourir à Lunéville le 19 mars.
6. Voir G. Maugras, *la Cour de Lunéville*, p. 63, 148-160 et 227-228. Les
vins de cette ville de la Haute-Hongrie étaient célèbres dès le XVIIe siècle.
7. A peine entré en fonctions, M. de Puyzieulx tomba malade de la petite
vérole; il en guérit assez vite, pendant que Maurepas remplissait les fonctions de secrétaire d'État (*Luynes*, p. 90-94 et 99).
8. Tome II, p. 236.
9. *Ibidem*.

On mande de Versailles qu'on n'y parle point de nos affaires de Provence. Il semble même qu'on n'y pense plus depuis quelques jours; on se dit seulement tout bas que M. de Belle-Isle, qu'on laisse malicieusement manquer de tout, pourroit bien être obligé de demander son rappel, ce qui seroit une fâcheuse extrémité pour les affaires du roi et le bien de la province. Il est étonnant, ajoute-t-on, que la cour n'ouvre pas les yeux sur une si indigne conduite. Est-il possible que le roi n'en ait aucune connoissance, tandis que tout le public en murmure hautement[1]?

Des gens qui vont souvent à la cour, et principalement des femmes, se plaignent beaucoup de Monsieur le Dauphin. Entr'autres épithètes, on le qualifie de grossier envers les femmes : il appelle *grosse vache* et *grosse vilaine* celles qui servent Madame sa fille. Si ce prince manque à la politesse, il faut s'en prendre à ceux qui ont été chargés de son éducation. Au contraire, le roi n'ouvre la bouche devant les dames que pour leur dire des choses agréables. Monsieur le Dauphin s'étoit mis sur le ton d'appeller Madame Adélaïde *Petite cadette;* comme personne ne lui en faisoit sentir le ridicule, elle en prit elle-même le soin, et s'en acquitta si adroitement, qu'il convint de son tort sans se pouvoir fâcher.

On dit qu'à l'arrivée de Madame la Dauphine à Versailles, le roi y supprimera les droits d'entrée qui ont été établis l'année dernière[2], qui, par compte fait et déduction de ce qu'on paye annuellement au roi pour la consommation de sa maison, ne rapportent pas, de net, les frais de régie prélevés, plus de vingt sous par jour.

On dit que M. le prévôt des marchands a reçu ces jours-ci une petite cassette bien fermée, dont il n'a pu découvrir l'envoyeur, dans laquelle il y avoit tous les ustensiles et attributs d'un charretier[3], fai-

---

1. Sur les opérations des armées en Provence pendant le mois de janvier 1747, voyez les gazettes à la main du ms. fr. 13705, la *Gazette*, p. 10-11, 22-23, 47, 56-58 et 68-70, les *Mémoires de Luynes*, p. 78-79, 89-90, et, p. 95-98, une lettre du maréchal de Belle-Isle. Cf. un imprimé du temps : *Relation abrégée du mouvement que les ennemis ont fait devant Antibes* (30 novembre 1746-3 février 1747), et les chapitres x et xi du livre récent de M. Casimir Stryienski : *le Gendre de Louis XV.*

2. Tome II, p. 151, 152, etc.

3. Le jeudi gras, 9 février, jour du mariage du Dauphin, « le corps de ville de Paris a donné pour fête au peuple cinq chars peints et dorés, qui, depuis dix heures du matin jusqu'au soir, ont fait le tour des différents quartiers » (*Journal de Barbier*, p. 219-220; *Gazette*, p. 82-84). On rit beaucoup de cette exhibition : voyez le *Chansonnier Raunié*, t. VII, p. 92, et les pièces du temps intitulées *les Chars de la ville*, et *les Fêtes roulantes et les regrets des petites rues;* ci-après, p. 144-146. La description détaillée de chacun des chars de Mars, l'Hymen, Bacchus, Cérès et Lutèce, ainsi que

sant allusion aux chariots; on va les imiter en pantins[1] et leur faire faire l'exercice.

M. de Maurepas à M. d'Orves[2].

22 janvier 1747.

M. de Villebranche, Monsieur, m'avoit informé de la proposition que le sieur Léopold Spinola avoit faite à M. le maréchal de Belle-Isle, de l'approbation que ce général y avoit donnée, et M. le maréchal de Belle-Isle m'en a écrit lui-même. Je n'ai garde de m'opposer à un projet qui a pour but une entreprise contre les ennemis de l'État, et je dois supposer que les moyens et la possibilité en ont été suffisamment examinés. Vous me ferez plaisir de suivre l'intention que vous avez eue, par les mêmes raisons, de procurer au sieur Spinola les facilités dont il prétendra avoir besoin pour l'exécution. Cet homme ne m'est point inconnu. Je l'ai vu tout un hiver à Versailles, à la faveur des projets de même espèce et d'une hardiesse difficile à déconcerter, pénétrer partout, et trouver même quelques gens qui l'écoutoient. Sur ce que j'en ai vu, je ne sais si c'est uniquement un aventurier. Quoi qu'il en soit, je m'en rapporte à ceux qui le connoîtront mieux que moi.

---

leur prix de revient et la dépense de la figuration, se trouvent dans le registre de la Ville H 1862, fol. 119 v° à 182.

1. C'est au mois d'octobre 1746 que les pantins commencèrent à paraître. On prétendait que ce jouet avait été inventé pour décontenancer un acteur en scène, au moyen de quelque rival placé en face de lui à l'orchestre et faisant mouvoir le pantin sur sa poitrine par des fils cachés. La vogue en devint extrême; il y eut des pantins à tous les prix, et on chantait l'air :

> Que Pantin seroit heureux
> S'il avoit l'art de vous plaire!

qui devint populaire. Il n'est guère possible de reproduire, dans ce qu'elles ont de plus piquant, les chansons qui furent faites sur cet air et sur ce sujet :

> Tout Paris a cet excès,
> Tout Paris tombe en enfance;
> Tout Paris a cet excès,
> Du maître jusqu'aux valets,
> Et les magistrats benais
> Feront bientôt au Palais
> Danser pendant l'audience
> Des pantins dans leurs bonnets.
> Tout Paris a cet excès, etc.

Voyez le *Journal de Barbier*, p. 211-213, et le *Chansonnier Clairambault-Maurepas*, publié par M. Raunié, t. VII, p. 81.

2. Louis de Martini d'Orves, lieutenant général des armées navales, commandait à Toulon.

Je vous suis très obligé des nouvelles particulières que vous me donnez, et même des observations que vous y ajoutez, que je suis fort éloigné de désapprouver; mais, en vous demandant de continuer à m'en faire part, je souhaiterois que ce fût par des lettres particulières, c'est-à-dire dans lesquelles il ne fût mention d'aucune affaire concernant directement le service, afin que je pusse les garder, comme je fais celle à laquelle je réponds aujourd'hui. Je suis trop persuadé de votre zèle et de la droiture de vos sentiments particuliers pour moi, pour n'avoir pas en vous une entière confiance, et je vous prie d'y compter autant que sur la sincérité avec laquelle je suis, Monsieur, etc.

Maurepas.

M. de Maurepas à M. le baron de Tassy.

22 janvier 1747.

J'ai reçu, Monsieur, l'exemplaire que vous m'avez envoyé des *Songes philosophiques*. On y reconnoît très bien l'esprit et le style de M. d'Argens[1], ce qui n'est pas en faire un grand éloge. Il seroit difficile d'y démêler ce qui est d'un autre; mais ce n'est pas le moyen de partager des succès, que de faire société avec cet intarissable auteur[2]. On a parlé de quelques livres imprimés en Hollande depuis quelque temps, qu'on n'a pas osé faire passer ici, et que cependant j'aurois désiré de faire venir pour être instruit s'ils sont en effet aussi malins qu'on le prétend. Peut-être les connoissez-vous. On m'en promet les titres, que je vous enverrai pour en faire la recherche. Recevez mes remerciements et croyez, Monsieur, qu'on ne peut être plus sincèrement à vous que je le suis[3].

Maurepas.

Nouvelles qui se débitent, etc.

27 janvier 1747.

On dit que M. le marquis de Puyzieulx a déclaré à un de ses amis qu'il avoit lieu d'espérer que nous aurions la paix générale à son avènement au ministère[4].

---

1. Jean-Baptiste de Boyer d'Argens (1704-1771) écrivait en Hollande.
2. Il était surtout connu pour ses *Lettres juives*.
3. Au mois de novembre suivant, le baron envoya une copie du *Traité philosophique* tombée entre ses mains; M. de Maurepas répondit : « Ouvrage dangereux, si l'on venoit à l'imprimer ici. Je ne puis croire que ce soit une traduction : la tournure de la Préface et le style de l'ouvrage me paroissent prouver qu'il a été composé en françois. »
4. Dès en arrivant, il avait annoncé l'entente la meilleure avec l'Espagne.

29 janvier 1747 et jours suivants.

On dit que M. le maréchal de Saxe a demandé au roi que les droits d'entrée établis sur les denrées à Versailles fussent ôtés, et que, comme c'est un petit objet, le roi a bien voulu lui accorder cette demande[1].

Le roi a nommé M. du Theil[2] pour aller à Bréda secrétaire d'ambassade à la place de M. Chiquet, qui revient pour être employé au bureau des Affaires étrangères[3], et on dit que M. le maréchal de Noailles ira en qualité de plénipotentiaire à Bréda à la place de M. de Puyzieulx, étant plus habile dans le cabinet qu'à la tête des armées. On prétend que M. le duc d'Ayen, qui divertit souvent le roi par ses sorties[4], est le premier à le dire, et qu'il tient de famille, étant le premier à convenir que, dans sa maison, on s'escrime mieux de la langue que de l'épée[5].

Sur ce que quelqu'un faisoit l'étonné que M. du Theil fût chargé en chef du travail des conférences de Bréda[6], attendu qu'il falloit être lettré[7], on a reparti que S. M. avoit dit en propres termes, en le regardant : « Je vous choisis par prédilection, ayant toujours été « content de vous dans les négociations de Madrid et de Vienne. »

On regarde, à Versailles, comme un coup terrible porté à MM. d'Argenson la nomination de M. du Theil. L'on dit que le marquis s'ex-

---

1. Ci-dessus, p. 138.
2. Ci-dessus, p. 135. Jean-Ignace de la Porte du Theil, qui appartenait depuis 1697 aux Affaires étrangères, est devenu premier commis en 1714, et, entre autres missions, il a tenu le poste de secrétaire d'ambassade à Madrid de 1733 à 1734, puis a négocié le traité de 1737 à Vienne; mais, en décembre 1745, l'inimitié du marquis d'Argenson l'a forcé d'échanger son bureau avec l'abbé de la Ville, dont il sera parlé plus loin, contre le titre de garde du dépôt des papiers diplomatiques. Voyez les *Mémoires de Luynes*, t. VII, p. 142-143 ; les *Mémoires du marquis d'Argenson*, t. IV, p. 153, et le chapitre VIII de l'*Histoire du dépôt des Affaires étrangères*, par Armand Baschet, p. 274-291.
3. Chiquet avait été laissé à la Haye par M. de Puyzieulx (*Maurice de Saxe*, t. II, p. 178-180, 191, etc.).
4. C'était un des acteurs et chanteurs les plus goûtés sur le théâtre des Petits-Appartements (*Luynes*, t. VIII, p. 135, 147, etc.).
5.   Noailles, dit Louis, voudroit toujours tout faire,
  Et du monde lui seul porter le faix.
  Il a toujours mal fait la guerre ;
  Voyons s'il fera bien la paix.
6. Voyez, sur ces conférences, *Maurice de Saxe*, t. II, p. 24-41.
7. Les plénipotentiaires étrangers le trouvèrent aussi un trop petit personnage, et il fallut lui dresser une généalogie (*ibidem*, t. II, p. 153-167). Voyez ci-après, p. 148.

cuse de ce qu'il l'avoit fait disgracier sur ce que son frère lui avoit fait entendre qu'il n'étoit plus en état de travailler. M. du Theil est reçu, dit-on, à Versailles avec toutes les démonstrations possibles d'amitié de tout ce qu'il y a d'honnêtes gens à la cour[1]. Le choix qu'on a fait de lui pour travailler à la paix est regardé comme un augure certain qu'elle n'est pas éloignée.

Bien des personnes appréhendent que nous ne tirions pas tout le parti que nous devrions tirer de l'heureuse circonstance que les Génois nous ont procurée[2].

On dit que M. le cardinal de Tencin, qui a manqué la place de M. de Puyzieulx[3], renouvelle ses espérances depuis la maladie de ce ministre des Affaires étrangères; mais le public est prévenu que tous les ministres s'opposeront à l'élection de l'Éminence.

Ce n'est pas le livre de *la Portière des Carmélites*[4] qui a été dédié à Madame Adélaïde, comme on l'a dit, mais bien une continuation du *Portier des Chartreux*, par cette princesse, avec des notes par Mme d'Andlau. On ne croit pas ce livre encore répandu dans Paris; mais on en parle beaucoup à la cour[5].

On se donne bien des soins, à la cour, pour le rappel de Mme la marquise d'Andlau[6]. Le roi n'y veut point entendre, quoiqu'on lui ait représenté que cette dame a de la vertu et que c'est un tour qu'on lui a joué d'avoir supposé qu'elle a laissé voir un instant le *Portier* à Madame Adélaïde.

On dit que le marquis de Paulmy, fils de M. le marquis d'Argenson, a passé de Dresde[7] à la cour de Berlin, où il est arrivé le 20, et d'où l'on croit qu'il reviendra ici après qu'il aura eu du roi de Prusse une audience que l'on présume devoir rouler sur des affaires de la dernière importance, d'autant que l'on remarque depuis quelque temps que les courriers sont très fréquents entre cette cour et celle de Prusse[8].

---

1. Il possédait une des charges de secrétaire du Dauphin, celle de surintendant du cabinet du roi et celle de secrétaire de Mesdames.
2. On a vu ci-dessus, p. 89-90, la révolte de Gênes contre les Autrichiens. La suite des événements est racontée dans la *Gazette*, p. 19-22, 28, 32, 46, 77-78, etc. Cf. *les Dessous de l'histoire*, par Hovyn de Tranchère, t. II, p. 264 et suiv.
3. Ci-dessus, p. 135.
4. Ou *Tourière des Carmélites*.
5. Ci-dessus, p. 8 et 9.
6. Ci-dessus, p. 4.
7. Ci-dessus, p. 74.
8. *Mémoires du marquis d'Argenson*, t. IV, p. 378; *Maurice de Saxe*, t. II, p. 2 et 101-102.

On a fait plusieurs pasquinades sur les chars de M. le prévôt des marchands[1], et on assure qu'on travaille à les représenter en pantins[2]. On dit qu'il a un brevet[3] de « surintendant des réjouissances « malentendues. » Dans ces pasquinades, on y ajoute que le comte de Belle-Isle[4] et le marquis de Mirepoix[5] vont mettre à feu et à sang le camp des Pandours en Provence, tandis que M. de Belle-Isle, avec son gros corps de réserve, formera une armée d'observation.

On croit que, si M. de Puyzieulx vient à mourir, ce sera M. du Theil qui le remplacera.

M. de Séchelles est attendu aujourd'hui à la cour, où il a été mandé. On présume qu'il pourroit bien y avoir encore quelque changement dans le ministère.

Sur le bruit qui a couru hier de la mort de M. de Puyzieulx, on a dit que le roi avoit rappelé M. Chauvelin, et que cet ancien ministre paroîtroit à la cour samedi prochain.

On dit que M. le duc de Nivernois est nommé pour le congrès de Bréda en qualité de plénipotentiaire[6], accompagné de M. du Theil, qui doit l'aider de ses conseils.

M. le maréchal de Saxe sollicite fortement, dit-on, pour avoir rang à la cour après les princes légitimés.

Depuis hier, on donne la place de M. de Puyzieulx, en cas qu'il vienne à mourir, à M. de Chavigny[7].

On dit que M. d'Argouges, lieutenant civil[8], est nommé par le roi pour succéder à M. de Bernage dans la place de prévôt des marchands.

En cas de mort de M. de Puyzieulx, on parle beaucoup de M. de Courteille, ambassadeur en Suisse[9], pour le remplacer; quelques-uns nomment M. Chauvelin parce qu'il fait faire des équi-

---

1. Ci-dessus, p. 138, et ci-après, p. 141.
2. Ci-dessus, p. 139.
3. Un brevet de calotte.
4. Frère cadet du maréchal : tome II, p. 233.
5. Gaston-Charles-Pierre-François de Lévis-Mirepoix était lieutenant général depuis 1744. Lui et le chevalier de Belle-Isle commandaient chacun un petit corps de troupes sous le maréchal de Belle-Isle. M. de Mirepoix devint duc à brevet en 1751, maréchal de France en 1757.
6. Ce bruit était faux; mais M. de Nivernois sera désigné en décembre 1747 pour l'ambassade de Rome (*Luynes*, p. 358). Il est en pleine faveur par ses succès sur le théâtre des Petits-Appartements.
7. Ci-dessus, p. 137. Celui-ci encore était mal vu du marquis d'Argenson, qui l'a relégué au poste de Munich (*Maurice de Saxe*, t. II, p. 77-78).
8. Jérôme d'Argouges de Fleury occupait depuis 1710 la place de lieutenant civil au Châtelet.
9. Ci-dessus, p. 92.

pages pour aller, dit-on, à Versailles; mais on est bien assuré que les ministres l'éloigneront autant qu'ils pourront.

Chanson sur les chars du prévôt des marchands[1].

Monsieur le prévôt des marchands,
Homme de grand entendement,
Pour célébrer le mariage
De notre Dauphin a fait rage.

Il a rassemblé tout d'abord
Les magistrats de ville en corps,
Leur a dit : « Que nous faut-il faire,
« Au public si nous voulons plaire?

« Ne donnons plus de bals de bois :
« On les critiqueroit, je crois,
« Car on en a dit du mal parce
« Qu'ils sentoient un peu trop la farce. »

Sur quoi, Messieurs les échevins
Ont dit : « Faudra donner du vin,
« Des cervelas en abondance,
« Et des violons pour la danse. »

Le prévôt des marchands a dit :
« Vous avez tous beaucoup d'esprit;
« Mais ce que vous dites de faire
« Me paroît un peu trop vulgaire.

« Faisons promener des chariots,
« Dorés de bas jusques en haut. »
On approuva l'idée à cause
Que c'étoit une belle chose.

Ainsi, le jeudi, du matin,
Ces beaux chars, au nombre de cinq,
Furent en marche bien en file,
Par toutes les rues de la ville.

---

1. Ci-dessus, p. 138.

Dans le premier est le dieu Mars,
Qui se tient droit comme un César,
Traîné par des chevaux d'Espagne,
Car on n'alloit pas droit à l'épargne.

Il étoit fait d'un beau carton
Sur un dessin de Bouchardon,
Remuoit tant soit peu la tête,
Comme pour approuver la fête.

Les cochers et les postillons
Étoient tous couverts de galons,
Rouges comme des écrevisses,
Et dorés comme des calices.

Ensuite l'Hymen et l'Amour
Sur le second vient à son tour,
Avec un orchestre qui touche
Tous les airs de Monsieur Destouche.

Le troisième étoit un vaisseau
Argent et bleu, quoique fort beau,
Qui contenoit de la mangeaille
Et de quoi faire bien ripaille.

Ceux qui suivent sont merveilleux,
Bien plus plaisants, bien plus joyeux;
Bacchus est dans le quatrième,
Et Cérès est dans le cinquième.

Après s'être bien promenés,
J'ignore où l'on les a menés;
Mais au peuple on entendoit dire :
« Ça nous a dû bien faire rire! »

M. de Maurepas à M. de Marville[1].

1ᵉʳ février 1747.

J'ai pris les ordres du roi pour les réjouissances qui doivent se faire à Paris à l'occasion du mariage de Monseigneur le Dauphin,

---

1. Reg. O¹ 392, p. 57.

qui sera célébré le 9 de ce mois. S'il arrivoit quelque changement à cet égard, je vous en donnerois avis[1].

S. M. a décidé que, le jour du mariage, les boutiques seront fermées, que les maisons seront illuminées dans tous les quartiers de la ville.

Ce sera aussi le même jour que les chars que le corps de ville a fait préparer seront conduits dans la ville. Je ne doute point que vous ne donniez tous les ordres nécessaires pour que rien ne puisse, dans cette occasion, troubler la tranquillité publique, et pour prévenir les accidents dans les quartiers où l'affluence du peuple pourroit en causer.

S. M. approuve que les magistrats et les personnes qui tiennent un rang dans l'État puissent, s'ils le veulent, donner du vin au peuple à la porte de leurs maisons, mais non le jour des chars, ainsi que nous en sommes convenus.

A l'égard du feu préparé dans la place de Grève, il ne sera tiré que le 12[2].

Je suis, etc.

MAUREPAS.

M. de Maurepas à M. le prévôt des marchands.

2 février 1747.

Je suis fort aise que, en conséquence des précautions que vous avez concertées avec M. de Marville et le sieur Duval, vous ayez lieu de croire que la marche de vos chars se passera sans embarras ni désordre : ce qui m'a fait trouver d'autant moins d'inconvénients à distribuer des imprimés de la route de cette marche, qu'il vous paroît qu'on désire[3]. Je suis persuadé que vous aurez, ainsi que M. le premier président et moi, trouvé justes les raisons qui nous ont décidés

---

1. Sur le second mariage du Dauphin et les fêtes données à cette occasion, on peut consulter l'ouvrage de M. C. Stryienski, *la Mère des trois derniers Bourbons* (1902); Alb. Babeau, *la Dauphine à Troyes* (1879); les relations conservées à la Bibliothèque nationale sous la cote Lb^{38}, n°⁵ 537 et suivants; le *Chansonnier Raunié*, t. VII, p. 89; des aquarelles et des bordereaux de frais, dans le *Musée des Archives nationales*, n° 966.

2. Le devis est dans le registre de la ville H 1862, fol. 131 v° à 136.

3. On distribua en effet un imprimé de quatre pages intitulé : *Route qui sera tenue dans la marche des chars que Messieurs les prévôt des marchands et échevins feront promener dans la ville de Paris le jeudi 9 février 1747, jour de la célébration du mariage de Monseigneur le Dauphin avec la princesse Marie-Josèphe de Saxe* (Arch. nat., collection Rondonneau, AD + 886).

sur la suppression des fontaines de vin dans nos maisons particulières[1].

On ne peut, etc.

MAUREPAS.

M. de Maurepas à M. de Marville.

3 février 1747.

Je ne crois pas qu'il soit intéressant de suivre l'affaire des cinq jeunes officiers qui ont arraché un flambeau des mains d'un laquais sur le Pont-Neuf; ils n'étoient pas d'humeur bien difficile à en juger par l'exploit qu'ils ont fait et par leur condescendance à suivre le guet chez un commissaire.

Quand il n'y auroit que la circonstance du temps, je ne pense pas qu'il convienne de s'opposer aux amusements que les bourgeois prennent entre eux, et de mettre obstacle à leur plaisir lorsque le bon ordre n'en souffrira pas. Cependant, si l'on prenoit de l'argent à la porte de quelques-uns de ces spectacles, il faudroit empêcher ceux de cette espèce; mais il est nécessaire auparavant d'en être bien informé. Vous avez cependant très bien fait d'écouter le curé de Saint-Nicolas-du-Chardonnet sur l'avis qu'il vous a donné, et de ne pas permettre qu'il en fût représenté un jour de fête, où tous les spectacles sont fermés.

Je joins ici un placet qui, sur le nom de ceux dont il s'agit, m'a paru mériter examen.

Je compte toujours vous voir demain à Paris, comme nous en sommes convenus.

Vous connoissez, etc.

MAUREPAS.

Nouvelles qui se débitent, etc.

4 février 1747.

La procession des cordons bleus s'est faite jeudi à Versailles, suivant l'usage ordinaire[2]; mais il n'y a eu aucune promotion. Cependant M. l'archevêque de Paris croyoit pouvoir y prétendre; mais on dit que Monsieur de Mirepoix, qui n'a pas tout à fait sujet d'être content de ce prélat[3], n'a pas peu contribué à retarder cette marque de distinction.

---

1. Il n'y en eut que dans les places publiques (*Journal de Barbier*, p. 219).
2. La cérémonie annuelle de l'ordre du Saint-Esprit au jour de la Chandeleur, 2 février (*Mémoires de Luynes*, t. VIII, p. 101).
3. Ci-dessus, p. 133.

5 février 1747 et jours suivants.

On a été fort surpris d'apprendre que M. du Theil a été nommé pour remplacer M. de Puyzieulx au congrès de Bréda[1] : on avoit cru que cette commission regarderoit plutôt M. le comte de Saint-Séverin[2], connu par l'étendue de ses talents[3] ; mais l'intrigue de cour a prévalu en faveur de M. du Theil, qui, néanmoins, a du mérite.

M. de Puyzieulx va toujours de mieux en mieux. Les provinces de son département ont été partagées : M. de Maurepas a les pays méridionaux[4], M. le comte d'Argenson a le côté de l'Allemagne et du nord, et M. de Saint-Florentin a le dedans du royaume.

On dit qu'on a joué dans les Petits-Appartements le *Tartuffe*, où le roi et Mme de Pompadour ont joué des rôles[5], et, sur-le-champ, il a paru une affiche qui est un petit ouvrage de quatorze pages, qui a pour titre : *On a donné le « Tartuffe, » représenté pour la première fois en 1670, qui a été remis au théâtre à Metz en 1744, avec les agréments.*

On dit toujours que M. le duc de Nivernois a été nommé pour assister aux conférences de Bréda conjointement avec M. du Theil.

Les gens de M. le maréchal de Saxe disent que le prince royal et électoral de Saxe, frère aîné de la Dauphine[6], eut le cœur si serré en lui faisant ses adieux, que, pour se soulager, il s'écria qu'il chercheroit une occasion pour la venir voir : sur quoi, on a écrit à M. de Saxe que ce prince souhaiteroit fort rendre ses respects au roi très chrétien et de faire une campagne sous ses ordres en qualité de son aide de camp, ou sous les ordres de S. A. son oncle, s'il vouloit bien l'agréer, et que M. le maréchal[7] lui a fait réponse qu'il se tiendroit trop honoré de recevoir lui-même les ordres de S. A. R., mais que, si elle persistoit dans le dessein de faire une campagne en France, elle en étoit la maîtresse, et qu'elle pouvoit venir.

On recommence à parler du prochain retour de M. Chauvelin à la cour, où l'on prétend, dans les cafés, qu'on a besoin de son expé-

---

1. Ci-dessus, p. 141-142.
2. Tome II, p. 242.
3. M. de Saint-Séverin rejoignit plus tard la Porte du Theil.
4. Pendant la maladie, M. de Maurepas signait les expéditions.
5. Le *Tartuffe* fut en effet joué à Versailles le 16 janvier, par Mme de Pompadour et plusieurs courtisans, après quelques répétitions exécutées à Choisy ; mais le roi ne fut pas du nombre des acteurs (*Luynes*, p. 78 et 86-87).
6. Frédéric-Christian-Grégoire-Georges-François-Léopold, né le 5 septembre 1722, prince électoral depuis le mois de février 1733.
7. Maurice de Saxe.

rience pour être à la tête des affaires ; mais on assure en même temps qu'il y a contre lui un puissant parti qui traverse ceux qui tâchent de le remettre en bonne odeur[1].

On prétend que M. le duc de Lauraguais[2] ira à Bréda avec M. du Theil, qui sera son adjoint.

Il paroît un arrêt du parlement contre les *Nouvelles ecclésiastiques*, qui choque beaucoup les jansénistes[3]. M. d'Ormesson, avocat général[4], portant la parole, dit que l'auteur de cet écrit s'arme d'une nouvelle violence contre une Constitution affermie tant de fois par le concours des deux puissances, et devenue par là une loi de l'Église et de l'État ; il blâme ensuite, avec tout le monde, ces expressions de l'auteur : « La barque où Jésus-Christ repose ne semble-t-elle pas prête à périr ? Dieu a permis à Satan de prévaloir. » Ce que le public trouve de singulier, c'est qu'il est défendu aux colporteurs de crier cet arrêt, que l'on trouve néanmoins très nécessaire à arrêter le cours des *Nouvelles ecclésiastiques*, qui amusent peu de monde, et qui sont une satire perpétuelle qui ne divertit personne[5].

M. de Puyzieulx est hors de danger ; mais ce ministre a tant pris d'émétique, que sa poitrine en est toute épuisée, et l'on ne pense pas qu'il soit jamais en état de remplir les fonctions de sa charge.

On parle toujours du prochain départ de M. le prince de Conti pour l'armée d'Italie et de M. de Saxe pour l'armée des Pays-Bas. Bien des personnes doutent de la première nouvelle, parce que le prince, qui ne sympathise pas avec la gravité et la lenteur espagnole, est peu propre pour retourner servir sous l'infant don Philippe[6].

Le bruit couroit hier que M*me* de Pompadour seroit déclarée duchesse le jour du mariage de Monsieur le Dauphin, pour qu'elle

---

1. Il est à remarquer que le duc de Luynes ne dit mot de tous ces bruits répétés d'un retour en grâce.

2. Tome II, p. 21.

3. Le 1*er* février, le parlement condamna au feu les deux premières feuilles des *Nouvelles* du mois de janvier (*Journal de Verdun*, avril, p. 319 ; dossier Bastille 11635 ; *Archives de la Bastille*, t. XV, p. 293 et 340 ; F. Rocquain, *l'Esprit révolutionnaire avant la Révolution*, p. 120-121 ; *Mémoires de Luynes*, p. 127-128 et 392-394 ; Léon Séché, *les Derniers jansénistes*, t. I, p. 7-88). Voyez ci-après, p. 152, la suite de cette affaire.

4. Louis-François-de-Paule Le Fèvre d'Ormesson était avocat général depuis décembre 1741 ; il devint président à mortier en 1754.

5. Voir le compte rendu du début de cette affaire dans les *Nouvelles* elles-mêmes, p. 41-45.

6. En effet, le bruit était faux ; le duc de Luynes a enregistré (*Mémoires*, p. 160) un mot mordant que le roi dit au prince, montrant bien qu'il n'avait pas l'intention de l'employer.

soit admise aux parties de la reine et de la Dauphine, et qu'elle ait le tabouret.

On dit que Monsieur le Dauphin n'a point encore consommé le mariage par rapport à des circonstances lunaires de Madame la Dauphine. D'autres assurent qu'il a dit qu'à quelque prix que ce fût, il vouloit tout surmonter. On ne sait encore rien à cet égard, et on attend que M. de Bouillac[1], dépositaire de pareil secret, le rende public, comme il a coutume de faire.

On appréhende de nouveaux impôts, et on dit que M. le contrôleur général ne cesse de recevoir de nouveaux projets à cet effet.

M. de Maurepas à M. Berger, directeur de l'Opéra[2].

11 février 1747.

M. le duc de Gesvres m'a fait part de ses arrangements, suivant lesquels il ne seroit pas possible d'assurer la représentation du ballet de l'*Année galante*[3], si l'on donnoit un opéra jeudi, 8 de ce mois, à Paris, attendu que les acteurs n'auroient pas le temps de faire les répétitions nécessaires de ce ballet destiné pour la cour. Sur cette considération, et sur les représentations que vous me faites que ces mêmes acteurs ne pourroient suffire à l'exécution des opéras qui doivent être donnés à Versailles tous les mercredis jusques à la clôture des spectacles, si on les obligeoit à jouer dès le lendemain à Paris, vous pouvez donner relâche au théâtre tous les jeudis jusques à la clôture.

Je suis, etc.

Maurepas.

Nouvelles qui se débitent, etc.

Le 12 février 1747 et jours suivants.

A M. le comte de Maurepas.

Pendant que la cour de Versailles retentit de cris d'allégresse, celle de Lunéville est dans une profonde douleur de la perte prochaine de

---

1. Premier médecin de la Dauphine.

2. Ci-dessus, p. 74. Selon d'Argenson, Berger était l'homme de Maurepas, et on se demandait si celui-ci avait plus mal conduit l'Opéra ou la Marine. Berger fera banqueroute au mois de décembre.

3. Paroles de Roy, musique de Mion; représenté le mardi gras 14 février (*Gazette,* p. 81). Le duc de Luynes raconte (p. 116) que la musique fut loin de plaire à tout le monde, quoique Mme de Pompadour protégeât l'auteur, qui eut, le 15 mars, un brevet de pension de deux mille livres (O^1 91, p. 105).

la reine de Pologne¹. Par les dernières lettres, on mandoit que cette princesse étoit à toute extrémité, et l'on dit que la grande haine qui est incrustée dans son cœur contre la maison de Saxe n'a pas peu contribué à sa maladie quand elle a appris le mariage de Monsieur le Dauphin.

M. le duc de Nivernois ne doit partir, pour se rendre à Bréda², que lorsque les plénipotentiaires seront d'accord et qu'il sera question de signer les propositions convenues de part et d'autre.

Le public paroît très mécontent de M. le prévôt des marchands au sujet du feu d'artifice qui a été tiré dimanche³. Il y a eu beaucoup de personnes tuées et blessées ; on en dit sept mortes par les accidents de l'artifice et des carrosses.

On parle d'une amnistie générale pour tous les déserteurs comme d'une chose certaine et résolue à laquelle il ne manque plus que la publication, puisqu'elle est sous la presse. On s'y attendoit dès le premier mariage de Monsieur le Dauphin ; mais, dans ce temps-là, il n'y avoit pas tant de déserteurs qu'à présent, et l'on assure que cette amnistie en ramènera plus de vingt mille, tant de Hollande, où ils meurent de faim parce qu'on n'en veut point dans les troupes hollandoises ni angloises, le François étant généralement haï, que de l'Allemagne, comme de l'Italie, où ils ne sont pas plus à leur aise, sans compter ceux qui se tiennent cachés en France.

Depuis que le bruit vient général de l'élévation de Mme de Pompadour au rang de duchesse, il s'en élève un autre, en conséquence, qui est qu'elle est grosse.

Cette dame perdit au jeu, ces jours derniers, considérablement, et, sur un grand coup qui lui emporta quantité de louis, il lui échappa une exclamation dont le roi lui témoigna par un regard son mécontentement.

Plusieurs voleurs se sont introduits à Versailles lors des fêtes. M. le duc de Béthune a pensé perdre son épée, que le voleur a jetée par terre, voyant qu'on le poursuivoit.

A un des bals masqués⁴, on a arrêté un particulier inconnu qui pressoit beaucoup. On a remarqué que le roi étoit masqué sans façon

---

1. Ci-dessus, p. 137 ; elle ne mourra que le 19 mars. Voir *la Cour de Lunéville au XVIIIe siècle*, par G. Maugras, p. 250-252, et le manuscrit des *Mémoires du duc de Croÿ*, t. VII, p. 26.
2. Ci-dessus, p. 143.
3. La *Gazette* (p. 93-94) en donna la description. Voyez aussi le *Journal de Barbier*, p. 221.
4. Il y en eut le dimanche et le mardi gras, 12 et 14 février (*Luynes*, p. 113-114 et 117-118).

à ce bal, et qu'un masque étant sur le passage de S. M., regardant fixement Mme de Pompadour, qui étoit démasquée, le roi lui donna un petit coup sur l'épaule pour faire passage, et que le masque, ne reconnoissant pas le roi, dit : « Passe, beau masque ; tu m'interromps « dans le plaisir que j'ai à voir une si belle dame. Regarde si cet « éclat n'éblouiroit pas les dieux comme les hommes. »

On parle beaucoup de l'arrêté du parlement à l'occasion, dit-on, de ce que M. l'avocat général avoit pris l'avis de M. le chancelier, de M. le premier président et de Monsieur de Mirepoix pour faire son réquisitoire du 1er février, à l'occasion duquel les enquêtes se sont indisposées attendu que l'avocat général n'avoit pu ni dû qualifier cette bulle de « loi de l'Église et de l'État. » On prétend que l'arrêté du parlement casse le réquisitoire, ce qui fait croire que le roi va faire intervenir son autorité pour annuler ledit arrêté[1].

Il est arrivé au dernier bal de Versailles une catastrophe bien vive, puisque, deux masques s'étant approchés du buffet pour y demander des liqueurs, le premier, qui étoit le plus près, se trouvant extrêmement pressé par l'autre, qui lui ayant dit de ne pas le gêner comme il faisoit, celui-ci y avoit répondu quelque grossièreté, et que l'autre y avoit réparti par une bouteille qu'il lui avoit apostrophée sur la tête, dont il l'avoit abattu, et qu'on le croyoit mort ; que M. de la

---

1. L'affaire à laquelle il est fait allusion remontait à plusieurs mois. M. de la Mothe, évêque d'Amiens, ayant publié un mandement dans lequel il établissait que la constitution *Unigenitus* représentait un jugement irréformable de l'Église en matière de doctrine, et où il prescrivait la conduite à suivre par ses curés vis-à-vis des fidèles rebelles à cette décision, le parlement rendit, le 7 janvier, un arrêt qui ordonnait la suppression du mandement. Louis XV en fut très mécontent, et encore plus de la conduite des gens du roi en cette occasion. Pour y remédier, l'avocat général d'Ormesson saisit l'occasion des *Nouvelles ecclésiastiques* (ci-dessus, p. 149) et prononça le réquisitoire dans lequel il qualifiait la Constitution de « loi de l'Église et de l'État. » La grand'chambre rendit un arrêt en conséquence ; mais, le vendredi 17 février, les chambres s'étant trouvées réunies, les membres des enquêtes s'élevèrent fortement contre le réquisitoire et obtinrent qu'il fût rendu un arrêt qui rectifiait ce que pouvaient avoir d'excessif les termes employés par M. d'Ormesson. Le roi, mécontent, cassa l'arrêté par un arrêt de son Conseil du 21 février (reg. E 2257, n° 50) et manda une députation du parlement à Versailles, le 22 février, pour lui adresser ses réprimandes (imprimé du parlement, dans la collection Rondonneau, AD+ 886, 1er février, n° 7 ; *Mémoires de Luynes*, p. 100, 125-128, 137 et 391-395, où sont donnés les textes des divers arrêts ; *Journal de Barbier*, p. 221-231, qui fait tout l'historique de l'affaire ; les registres de la Maison du roi O¹ 91, p. 59-60, et O¹ 392, p. 80-81 et 93 ; les *Nouvelles ecclésiastiques*, année 1747, p. 21-22, 41-45, etc.; les gazettes à la main, ms. fr. 13705, fol. 26 et 27).

Billarderie, chef de brigade[1], avoit fait arrêter celui qui avoit donné le coup de bouteille.

On voit, par toutes les dispositions que nous faisons en Provence, que nous abandonnons les Génois, ce qui ne fait point d'honneur à la France et va déprimer le cas qu'on doit faire de son alliance. Pour qu'une chose aussi singulière arrive, il ne faut pas moins que les articles de paix convenus[2].

On assure que M. le maréchal de Noailles fait ses équipages pour assister au congrès de Bréda : ainsi il n'est plus question de M. le duc de Nivernois, que l'on disoit être nommé pour y aller[3].

On prétend que MM. les évêques de Cominges[4] et de Carcassonne[5] représentent vivement à la cour de défendre la sortie des grains de la province de Languedoc, en disant qu'il en est sorti une quantité immense, qui a été portée aux ennemis sans passeports, dont ces évêques ont la preuve en main.

On s'attendoit que nous passerions le Var et que nous irions au secours des Génois, auxquels nous sommes redevables du salut de la Provence ; mais l'inaction actuelle de notre armée prouve le contraire et fait murmurer le public, parce qu'il ne nous revient jamais rien des fautes feintes ou forcées que nous faisons[6].

---

1. Alexandre-Sébastien Flahaut de la Billarderie, exempt des gardes du corps de la compagnie de Noailles.

2. La rareté des fourrages et la difficulté des approvisionnements avaient forcé le maréchal de Belle-Isle à ne pas poursuivre les ennemis au delà du Var, et même à répartir ses troupes dans des cantonnements (*Gazette*, p. 105-106). Une gazette à la main (ms. fr. 13705, fol. 19) contient ces nouvelles envoyées d'Aix le 30 janvier : « Enfin, l'on peut compter aujourd'hui les ennemis comme hors de la Provence. Il est vrai que les ennemis avoient commencé le siège d'Antibes le 21 ; mais, ayant appris la marche de nos troupes, ils l'ont levé le 24. Ils ont fait dans cette province un ravage horrible ; ils ont pillé et brûlé toutes les bastides du terroir de Draguignan, et il en coûte, au delà de la contribution, plus de quatre cent mille livres à la seule ville d'Aix, et ils ont eu la cruauté d'emmener les consuls de Draguignan, avec deux des plus notables de la ville, le baron de Laval et un autre gentilhomme ; ils les font marcher à pied en les traînant après eux comme des criminels. »

3. Ci-dessus, p. 151.

4. Antoine de Lastic (1709-1763), évêque de Cominges en 1739, fut transféré à Châlons-sur-Marne en 1763 et mourut un mois après.

5. Armand Bazin de Bezons, second fils du maréchal, était évêque de Carcassonne depuis 1730 ; il y mourut en 1778.

6. Voyez la relation envoyée par le maréchal de Belle-Isle, dans les *Mémoires de Luynes*, p. 120-122. Le feu duc de Broglie a raconté cette campagne au tome II de *Maurice de Saxe et le marquis d'Argenson*. Le correspondant de la gazette à la main (ms. fr. 13805, fol. 18) écrivait de Pro-

Le roi a, dit-on, résolu de rendre sa confiance et ses faveurs à M. Chauvelin et de rappeler en ses conseils cet ex-ministre, qui a reçu de fréquentes visites de M. le maréchal de Saxe et travaillé avec ce grand général sur des affaires qu'on dit être des plus épineuses et de la dernière importance.

On prétend que, sur l'arrêté du parlement[1], il y a eu des avis à la cour pour exiler un nombre de conseillers, d'autres pour démembrer

---

vence, le 4 février : « Par un gros quart d'heure de conversation que j'eus avec M. le maréchal de Belle-Isle lorsqu'il passa par ici, et par les discours que je lui ai entendu tenir en public, je jugeai d'une part qu'il étoit très affable et très insinuant quand il vouloit l'être, et, de l'autre, qu'il n'étoit pas l'homme du monde le plus modeste. J'attendis, pour juger de lui à fond, de voir comment il se tireroit de la besogne la plus difficile dans laquelle aucun général de notre temps se soit peut-être jamais trouvé. Pour bien entendre la grandeur de cette besogne, il faut savoir que M. de Belle-Isle ne trouva dans cette province que dix ou douze mille hommes épouvantés et accoutumés à fuir devant l'ennemi depuis le Tidon jusqu'ici, que ces hommes étoient tout déguenillés, sans souliers, et presque sans poudre et sans balles. Une province stérile et épouvantée, dans laquelle on n'avoit pris aucune mesure à l'égard des hôpitaux, des fourrages et des subsistances nécessaires pour les secours qui doivent nous arriver; point de poudre dans nos places, aucun train d'artillerie de campagne, nuls approvisionnements d'aucune espèce sur cette partie principale de la guerre; une infidélité effrontée et une volerie établie parmi presque tous les employés, les fournisseurs et les entrepreneurs; et, sur le tout, pas un sou pour subvenir à tant de besoins : voilà en bref tous les obstacles que M. de Belle-Isle a eus à surmonter sans être secouru de personne. Il faudroit un volume pour détailler toutes les ressources que cet homme merveilleux en ce point a tirées de sa seule tête, et tous les expédients qu'il imaginoit à mesure qu'il rencontroit des difficultés. Je me bornerai à vous dire qu'elles étoient si grandes et si connues, que les ennemis, qui les croyoient insurmontables, avoient si bien compté de passer leur hiver en Provence et s'attendoient si peu qu'il marchât à eux, que peu s'en fallut qu'ils ne fussent surpris à Draguignan, où ils laissèrent cinq mille rations de pain et cent cinquante sacs de farine. Cette retraite précipitée a été suivie jusqu'à Grasse, d'où ils décampèrent la nuit du 30 au 31, et où l'avant-garde de la division de M. le maréchal arriva le même jour. Vous jugez bien que ce n'est pas pour s'arrêter sur les bords du Var qu'ils se sont retirés avec tant de diligence, et qu'au moment que je vous parle, ils ont passé cette rivière et soulagé cette province des maux qu'elle souffroit, et dont elle se ressentira pendant longues années. Voilà par quels degrés M. le maréchal de Belle-Isle, sans coup férir, est parvenu à remporter un avantage d'autant plus glorieux pour lui qu'il ne le doit qu'à sa seule tête. C'est à votre ami présentement à juger, par cette exposition des faits, de ce que je dois penser de ce général. » Cette lettre émanait du commandant de Toulon, c'est-à-dire M. d'Orves (p. 139), écrivant à un de ses amis de Paris.

1. Ci-dessus, p. 152.

le parlement, et d'autres pour l'envoyer à Pontoise. On prétend même que M. le maréchal de Saxe a dit : « Quand le roi fait trem-
« bler la reine d'Hongrie dans son palais à Vienne, deux cents robins
« s'aviseront de contrarier sa volonté! » On ajoute que le roi est très piqué de la démarche de son parlement[1].

M. de Maurepas à M. de Marville[2].

13 février 1747.

Je joins ici l'ordre de S. M. pour vous autoriser à faire faire des visites dans les lieux prétendus privilégiés de Paris lorsque les gardes de la communauté des bonnetiers le requerront, afin qu'ils puissent examiner si le règlement de 1743 y est exécuté[3].

Je suis, etc.

MAUREPAS.

Le roi à M. de Marville[4].

Versailles, 13 février 1747.

Mons. de Marville, étant informé que les gardes de la communauté des bonnetiers de ma bonne ville de Paris trouvent des difficultés lorsqu'ils se présentent pour faire leurs visites dans les endroits de ladite ville prétendus privilégiés afin d'examiner si mes ordonnances et règlements, et particulièrement celui de 1743 pour les ouvrages de bonneterie, y sont exécutés par ceux qui exercent leur profession établis dans lesdits endroits, je vous fais cette lettre pour vous dire que mon intention est que vous fassiez faire, par tels commissaires au Châtelet que vous jugerez à propos de choisir, et ce en vertu de mon présent ordre, des visites dans tous les lieux prétendus privilégiés de la ville de Paris lorsque les gardes de la communauté des bonnetiers le requerront, à l'effet, par ceux qui accompagneront le commissaire que vous aurez nommé, d'examiner si le règlement rendu en 1743 y est exécuté, et, au cas qu'il se trouve des ouvrages de bonneterie défectueux, qu'ils puissent être saisis, et ceux qui les auront fabriqués ou exposés en vente poursuivis et condamnés suivant la rigueur des ordonnances. Sur ce, je prie Dieu qu'il vous ait, Mons. de Marville, en sa sainte garde.

LOUIS.

---

1. Ci-après, p. 159-160.
2. Reg. O¹ 392, p. 70.
3. Ci-dessus, p. 37.
4. O¹ 91, fol. 46 v°.

M. de Maurepas au Père prieur de l'abbaye de la Chaise-Dieu[1].

13 février 1747.

J'ai reçu la lettre par laquelle, en m'informant de l'arrivée de M. le comte de Thélis[2], vous désirez savoir s'il ne doit point sortir hors de l'enceinte de votre maison. Il est nécessaire de vous instruire des raisons qui ont déterminé S. M. de l'éloigner. Le dérangement de son esprit y a donné lieu, et, après avoir été arrêté ici il y a quelques années, il fut relégué dans ses terres en Auvergne, d'où il n'a eu la permission de revenir à Paris qu'à condition de ne point paroître à la cour. Loin de se conformer à ce qui lui avoit été prescrit, il ne fut pas longtemps sans y paroître, et renouvela ses démarches, qui avoient déplu au roi, et qui firent connoître tout le dérangement de son esprit. C'est ce qui détermina S. M. à le faire de nouveau arrêter et mettre à la Bastille, d'où il a été transféré chez vous[3]. En cet état, vous sentez qu'il ne seroit pas convenable qu'il sortît de l'enceinte de votre maison; ou, si vous le trouvez assez tranquille pour que vous croyiez pouvoir lui permettre des promenades aux environs, il sera nécessaire qu'il soit accompagné de manière que vous soyez assuré de son retour chez vous; car vous sentez qu'il nous seroit fort désagréable si votre complaisance lui donnoit la facilité de s'évader et de venir à la cour. Il m'écrit aussi pour demander la permission de pouvoir aller quelquefois chez Madame sa sœur et chez M. le comte de Boissieux; mais je lui marque qu'il ne convient pas encore qu'il paroisse si tôt désirer ces facilités. Vous voudrez cependant bien me marquer la manière dont il se conduira chez vous[4].

Je suis, etc.

MAUREPAS.

---

1. Reg. O¹ 392, p. 70. Cf. *ibidem*, p. 43, 72, 74, 97.

2. Tome II, p. 41, 49, 52 et 55, et ci-dessus, p. 16 et 18; *Archives de la Bastille*, t. XV, p. 228; registres de la Maison du roi O¹ 90 et 91, 391 et 392.

3. Mis à la Bastille le 22 juillet 1746, il avait été transféré le 25 décembre à l'abbaye de la Chaise-Dieu, à ses frais.

4. Le 27, le ministre écrit au maréchal de Biron qu'il semble impossible d'arriver à payer les dettes du prisonnier (O¹ 392, p. 89). L'intendant Pallu, les officiers de la Monnaie et le président de Lyon furent désignés pour traiter avec ses créanciers (O¹ 91, p. 125).

M. de Maurepas à M. de Marville.

15 février 1747[1].

Vous avez parfaitement bien fait d'avoir fait arrêter sans délai le juif que M. le maréchal de Saxe vous avoit dénoncé[2], et il n'y a aucun inconvénient à l'emprisonnement de son valet et de l'autre juif qu'on a trouvé avec eux. Je ferai expédier les ordres nécessaires pour leur détention. Comme vous en avez informé M. le maréchal de Saxe, il vous mandera vraisemblablement ce qu'il jugera qu'il faudroit faire pour en tirer les éclaircissements dont il peut avoir besoin.

J'ai reçu la chanson que vous m'avez envoyée, qui me paroît assez froide[3].

Il est fâcheux que M. le prévôt des marchands, au par-dessus du peu de succès de ses fêtes, ait à soutenir les reproches des accidents; il est vrai aussi que la place de Grève n'est point faite pour des feux d'artifices considérables[4].

Vous connoissez, etc.　　　　　　　　　　　　MAUREPAS.

Chanson.

Vous n'êtes que des pantins[5].
Vous n'êtes qu'un corps sans âme,
Vous n'êtes que des pantins,
Vous, Messieurs les grands robins.
L'échappé des Théatins[6]
Vous fait jouer dans ses mains ;
Le faux zèle qui l'enflamme,
De François vous fait Romains[7].
Vous n'êtes que des pantins, etc.
Les lois, la religion,
Sur vos têtes calotines,
Les lois, la religion
Ne font plus d'impression :
Vous servez la passion

---

1. Lettre publiée en partie dans les *Archives de la Bastille*, t. XV, p. 377, d'après l'original.
2. Voyez, *ibidem*, l'apostille de Marville à une lettre de Tapin.
3. Ci-dessous.
4. Ci-dessus, p. 151.
5. Ci-dessus, p. 139.
6. M. Boyer, évêque de Mirepoix, ancien religieux théatin.
7. Il s'agit des rigueurs du parlement contre les *Nouvelles ecclésiastiques*, ci-dessus, p. 149, etc.

D'un moine dur et brouillon ;
Vous n'êtes que des machines
De la Constitution.
Les lois, la religion, etc.

M. de Maurepas à M. de Marville.

15 février 1747.

Je vous envoie l'ordre signé du roi pour l'expédition de l'ordonnance des dépenses secrètes de la police du mois de janvier. Je joins en même temps ici une lettre que j'ai reçue de M. de Castellane[1]. Vous verrez, par cette lettre et le mémoire qu'elle contient, qu'un jeune homme de Paris a formé le dessein de passer à Constantinople pour s'y mettre au service d'un Turc[2]. Vous y trouverez tous les renseignements nécessaires pour savoir ce que c'est que ce jeune homme.

Vous connoissez, etc.

MAUREPAS.

Nouvelles qui se débitent, etc.

20 février 1747.

On dit que M. le prince de Conti va commander en Provence, et qu'il partira à la fin de ce mois. M. d'Argenson vient d'écrire à M. de Fumel[3], capitaine dans le régiment de Septimanie-dragons[4], que le roi lui a accordé l'agrément d'un des régiments qui vaquent[5].

S. M. a donné à M. le maréchal de Saxe la liberté de choisir lui-même les officiers généraux qui doivent servir sous ses ordres dans les Pays-Bas[6]; mais on doute que ce général accepte cette faveur, qui ne manqueroit pas d'augmenter le nombre des mécontents de ceux qui sont jaloux de sa gloire.

Le public est à présent instruit que, lorsque la reine donna à Madame la Dauphine la chemise de noce comme le roi la donna à Monsieur le Dauphin[7], S. A. R. lui dit : « Madame, je supplie « Votre Majesté de me regarder comme sa propre fille, de me don- « ner les instructions dont j'ai besoin, et d'oublier les anciens diffé-

---

1. L'ambassadeur à Constantinople.
2. Tome I, p. 55-56.
3. Joseph, marquis de Fumel, qui devint maréchal de camp en 1762.
4. Levé en 1744 aux dépens des États de Languedoc et de Provence, il fut licencié en 1762.
5. Voir ci-après les Nouvelles du 4 mars.
6. Voir les nouvelles à la main du ms. fr. 13705, fol. 7 et 33 v°.
7. *Mémoires de Luynes*, p. 115.

« rends de nos pères, dont la présente union invite Votre Majesté à
« m'honorer de son amour maternel et de la même tendresse que j'ai
« conçue pour elle dès le premier instant que je l'ai vue. » La reine
fut si touchée de ce discours, que les larmes lui en vinrent aux yeux,
et qu'elle en laissa les marques sur les joues de cette chère fille,
qu'elle embrassa tendrement.

On débite que Madame la Dauphine a demandé au roi une amnistie générale pour les déserteurs françois, et qu'on ne tardera pas à savoir le succès de sa demande[1].

L'arrivée de M. le maréchal de Belle-Isle se confirme toujours[2], ainsi que sa destination pour Bréda[3]. On prétend qu'il a pratiqué les mêmes voies, pour se faire choisir pour le congrès, dont il a fait usage pour parvenir à avoir le commandement de l'armée de Provence. C'est par l'Espagne qu'il y est parvenu, et c'est par la Hollande, inspirée par le roi de Prusse, qu'il va à Bréda, ce qui ne contente pas MM. de Maurepas, d'Argenson, ni M. le maréchal de Noailles.

L'affaire du parlement est, dit-on, accommodée[4], et M. de Maurepas a fait entendre à M. l'archevêque de Tours[5] que l'arrêté du parlement n'étoit point absolument désapprouvé par le roi, qui, au surplus, dans toutes les occasions, donneroit à son clergé les marques les plus évidentes de protection. On ne sait pas trop comment le clergé prendra la chose.

On dit que ce sera M. le prince de Conti qui commandera en Provence la campagne prochaine.

On a rapporté hier matin qu'on tenoit de témoins oculaires que, le lendemain des noces de Madame la Dauphine, cette princesse allant à la messe appuyée sur le maréchal de la Fare[6], et passant au milieu d'une haie de curieux de voir la nouvelle mariée, un coureur saxon dit à un de ses camarades françois : « Regarde ma payse, si elle n'est
« pas charmante et bien découplée. — Pas trop, dit celui-ci; elle
« baisse le dos et a peine à marcher. » A quoi l'autre répliqua : « Ne
« vois-tu pas que Monsieur le Dauphin lui a fait bobo cette nuit?
« Cela se passera. » Et l'on remarqua que cette princesse, ayant entendu une partie de cet entretien, se mit à sourire et se redressa sur-le-champ.

On dit que M. Bouret, fermier général[7], est allé en Provence par ordre du roi pour examiner les lieux ruinés par l'ennemi et déchar-

---

1. Ci-dessus, p. 151.
2. Le maréchal ne revint à Versailles que le 3 avril (*Luynes*, p. 176).
3. On parlait aussi du duc de Richelieu pour aller à Bréda.
4. Ci-dessus, p. 154-155.
5. M. de Chapt de Rastignac : tome I, p. 92.
6. Tome II, p. 118.
7. Tome II, p. 11.

ger les habitants des impositions auxquelles ils étoient taxés, au prorata du dommage qu'ils ont souffert.

On dit que M. l'archevêque de Paris ne veut se déclarer pour aucun parti, et qu'il a refusé de donner dans son diocèse une instruction pastorale telle que M. de Bellefont, son prédécesseur, l'avoit dressée.

Quelque sage que paroisse aux yeux de bien des personnes l'arrêté du parlement du 17 de ce mois [1], il est regardé par d'autres comme très vif et propre à exciter de nouveau les plaintes du clergé, qui vient de s'assembler deux jours de suite pour se disposer à aller demander justice au roi contre cette entreprise. L'archevêque de Tours est furieux, et excite le clergé à faire cette démarche. Il y a des personnes qui disent que ce prélat est mandé à la cour, comme étant l'auteur de cet arrêté du parlement, parce qu'on prétend que, pour faire pièce à M. l'évêque de Mirepoix, Monsieur de Tours a excité le parlement sous main à faire ce qu'il a fait. Tout le monde sait l'inimitié qui est entre ces deux prélats, et ce qui l'a occasionnée.

On dit M. le premier président fait chancelier [2], M. de Blancmesnil [3] premier président, et M. de Fresnes [4] premier président de la cour des aides.

Les députés du parlement ont été fort mal reçus à Versailles [5], et le

---

1. Ci-dessus, p. 159.
2. M. de Maupeou ne deviendra chancelier qu'en 1768.
3. Tome II, p. 282.
4. Henri-François-de-Paule Daguesseau, fils aîné du chancelier et conseiller d'État depuis 1729.
5. Les députés de la Cour furent reçus en simples particuliers. Le roi leur dit : « Je suis très mécontent de votre dernier arrêté; je l'ai cassé et annulé par un arrêt de mon Conseil, et je vous défends, sous peine de désobéissance, de me faire aucune représentation à ce sujet. Je vous ordonne d'inscrire ce que je vous dis là sur vos registres. » Le premier président répondit : « Sire, nous sommes pénétrés de la plus vive douleur de ce que nous venons d'entendre. Nous sentons jusqu'au fond de l'âme le malheur d'avoir déplu à V. M., et nous ne nous en sommes que trop aperçus à la manière dont nous avons été mandés et à la réception qui nous a été faite; mais le chagrin, quelque grand qu'il puisse être, ne doit point étouffer ma voix. Il est du devoir de la place que vous m'avez confiée de supplier très respectueusement V. M., même avec les instances les plus vives, de ne point interdire à votre parlement ses usages ordinaires, de ne lui point refuser la grâce de vous exposer les motifs de sa conduite et de vous expliquer ses véritables sentiments, qui seront toujours également conformes au zèle, au respect, à la fidélité et à l'obéissance pleine et entière qui sont dus à vos volontés et à vos ordres. » Le roi répliqua : « Je jugerai des sentiments par les actions » (Arch. nat., registre du conseil secret du parlement, X1A 8476, fol. 323; registre du secrétariat de la Maison du roi, O¹ 91, p. 59-60; *Journal de Barbier*, p. 228-230; *Luynes*, p. 125-126). Le roi était assisté du chancelier et des ministres.

bruit court que M. le maréchal de Saxe a dit au roi qu'il étoit surprenant que, lorsque la reine de Hongrie trembloit à l'aspect des troupes que S. M. lui opposoit, une poignée de robins contrecarrassent ses volontés[1]. Ce bruit se répand, et on dit que M. le maréchal parle un peu trop militairement.

M. le marquis de Bauffremont[2] épouse Mlle de Brun, fille du feu lieutenant général[3], qui a déjà essuyé ses pleurs de la mort de Tavannes, décédé depuis six semaines, pour lequel elle avoit tout sacrifié[4].

On dit aujourd'hui que M. le comte de Belle-Isle[5] reviendra avec M. le maréchal son frère, et qu'ils seront envoyés tous les deux, comme faisant ensemble un tout, soit en Angleterre ou à Bréda.

M. de Lanmary[6], notre ambassadeur à la cour de Suède, y a fait construire quinze vaisseaux de ligne du premier, deuxième et troisième rang, qui doivent arriver incessamment dans nos ports et être joints à ceux que nous y équipons.

Tout le monde est persuadé ici que les conclusions qui ont été laissées à la grand'chambre par M. d'Ormesson, au sujet de deux feuilles des *Nouvelles ecclésiastiques*[7], sont sorties de Monsieur de Mirepoix. On croit y reconnoître son style; tout au moins on n'y reconnoît point celui d'un avocat général[8]. En conséquence de cette idée, il n'est personne qui ne crie haro sur ce prélat.

Madame la Dauphine, qui, par son début, a gagné tous les cœurs,

---

1. Déjà dit ci-dessus, p. 155.
2. Charles-Roger, né en 1713, qui avait un régiment de dragons et qui fut fait brigadier en mars de la présente année, était second fils du prince de Bauffremont-Listenois et de l'héritière des Courtenay.
3. Ferdinand-Agathange, marquis de Brun, lieutenant général depuis 1743, était mort l'année précédente. Sa fille, Charlotte-Gabrielle de Brun, était née en 1720. Le mariage projeté avec M. de Bauffremont n'eut pas lieu, et tous deux moururent sans alliance, Mlle de Brun n'ayant plus voulu se marier à la suite de son enlèvement par M. de Tavannes (*Mémoires de Luynes*, t. VII, p. 411, et VIII, p. 85).
4. Ci-dessus, p. 6. Mlle de Brun, qui, non plus, n'avait point voulu consentir à épouser Tavannes, quoiqu'il eût obtenu sa grâce (il est mort le 12 janvier), et qui avait été déshéritée par ses père et mère, engagea contre les héritiers de ceux-ci un procès, lequel, finalement, se termina en sa faveur en 1753 (*Mémoires de Luynes*, t. VIII, p. 188, et XII, p. 415 et 423).
5. Appelé jusque-là le chevalier.
6. Marc-Antoine-Front de Beaupoil Saint-Aulaire, marquis de Lanmary (1689-1759), avait eu la charge de grand échanson de 1703 à 1731 et était ambassadeur en Suède depuis 1741.
7. *Mémoires de Luynes*, p. 392-393; ci-contre, p. 160.
8. Selon Barbier, p. 222, il avait été dicté à l'avocat général par son oncle le chancelier Daguesseau : ci-après, p. 165.

se les conserve à merveille[1]. L'on doute cependant qu'elle ait celui de son mari, et l'on fonde cette opinion sur de petites misères d'assez peu de conséquence. L'on dit que, le soir des trois ou quatre premiers jours de son mariage, Monsieur le Dauphin a fait bien des cérémonies avant de se mettre au lit, et qu'il ne pouvoit retenir ses larmes ; que, Madame la Dauphine lui ayant demandé si elle avoit le malheur de lui déplaire, il lui avoit répondu que non, mais qu'il ne pouvoit éloigner de son souvenir sa première femme, qu'il avoit tendrement aimée et avec laquelle il avoit couché dans le même lit où elle étoit. L'on imagine que Madame la Dauphine ne put manquer d'être très mortifiée d'un tel aveu. De plus, on a remarqué qu'ils parlent fort peu ensemble et qu'à table ils se regardent à peine. L'on est véritablement fâché de voir ces mortifications à Madame la Dauphine, parce qu'on est persuadé qu'elle n'oublie rien pour plaire à son mari[2].

La rumeur et le bourdonnement du Palais a recommencé ce matin à rouler sur le foudroyant arrêt du Conseil[3]. On plaint en général cette cour, autant qu'on y blâme M. l'évêque d'Amiens et qu'on y regarde de mauvais œil M. l'avocat général d'Ormesson, qu'on dit être cause de l'abaissement et de la mortification de cet illustre corps[4].

On dit que, plusieurs officiers généraux ayant été chez M. le prince de Conti afin d'être employés sous ses ordres, le prince avoit répondu : « Je serois charmé, Messieurs, de vous obliger ; mais « assurément il n'est question de moi en aucune façon, et je ne pré- « vois pas que je m'éloigne de l'Isle-Adam, où vous serez les maîtres « de venir quand il vous plaira. »

M. de Maurepas à M. de Marville[5].

23 février 1747.

Je joins ici un ordre du roi[6] pour la liberté du sieur de Vieus-

---

1. « Madame la Dauphine paroît fort vive, et en même temps fort douce ; elle aime à s'occuper continuellement.... Il paroît qu'elle craint fort tout ce qui peut déplaire à Monsieur le Dauphin. » (*Luynes*, p. 123-124.) — « Tout ce que l'on a annoncé jusqu'à présent des grâces de Madame la Dauphine se confirme tous les jours par l'expérience ; on voit qu'elle a désir de plaire et de se faire aimer » (*ibidem*, p. 134).
2. Cf. les *Mémoires du marquis d'Argenson*, t. V, p. 77.
3. Ci-dessus, p. 160-161 ; *Luynes*, p. 395-397, texte de l'arrêt.
4. Voir les *Mémoires de Luynes*, p. 137, et le *Journal de Barbier*, p. 230.
5. Reg. O¹ 392, p. 83.
6. Ordre du 23 février, dans reg. O¹ 91.

sens¹, qui a été conduit au For-l'Évêque pour désobéissance à la loi de son exil. Vous voudrez bien, en donnant les vôtres pour son exécution, faire dire à ce jeune homme de se rendre promptement au lieu de son exil, sans quoi S. M. donneroit des ordres plus sévères contre lui.

Je suis, etc.

MAUREPAS.

Nouvelles qui se débitent, etc.

A M. le comte de Maurepas.

25 février 1747.

Les Pères Jésuites ont obtenu, à ce qu'on dit, de S. M., un terrain à Versailles, sur lequel ils vont faire bâtir une maison pour l'éducation de la jeunesse.

Il se trouve des gens qui trouvent de leur goût le procédé de la cour par rapport au parlement² ; mais il y en a aussi qui le désapprouvent très fort, en ce que c'est, disent-ils, anéantir, pour ainsi dire, une autorité qui a été établie pour servir de médiatrice entre le roi et le peuple, dont les membres du parlement sont les tuteurs perpétuels³. On croit qu'il y aura des remontrances, et qu'elles paroîtront incessamment.

Le parlement doit faire incessamment une assemblée générale pour délibérer sur le parti qu'il a à prendre dans une conjoncture aussi délicate que celle où il prétend être entre le devoir, d'un côté, et la crainte, de l'autre, de soutenir ses anciens droits et ceux du royaume touchant « les affaires du temps, » suivant les propres expressions de plusieurs membres de ce corps.

Le mandement de Monsieur d'Amiens⁴ reste toujours supprimé, et l'on assure qu'il est si contraire à la pacification de l'Église dans un temps où tout est en guerre, et où il seroit dangereux de mécontenter les paysans, qui ne connoissent rien à cette matière, que le Conseil, toujours sage et prévoyant, en a approuvé la suppression. C'est

---

1. Tome I, p. 139-140, et ci-dessus, p. 67-68.
2. Dans l'affaire des *Nouvelles* : ci-contre, p. 162.
3. C'est ce que dit une chanson reproduite dans le *Chansonnier* de M. Raunié, t. VII, p. 97-100, beaucoup plus vive et plus détaillée que celle que nous avons donnée ci-dessus, p. 157.
4. Louis-François-Gabriel d'Orléans de la Mothe (1683-1774), ancien administrateur du diocèse de Senez, évêque d'Amiens depuis 1734, un des plus ardents adversaires du jansénisme : ci-dessus, p. 152, note. Son *Avis aux curés de son diocèse au sujet de ceux qui, n'étant pas soumis à la Constitution, demandent les sacrements*, dont on a l'imprimé du temps en date du 19 décembre 1746, était la cause et l'origine de toute cette affaire.

au moins de cette manière qu'on parle, dans un public distingué, de toutes ces matières.

En conséquence du bruit qui se répand que le roi ira à l'armée, chacun se demande où ira le roi, ou, pour mieux dire, où s'assemblera l'armée. Comme on ne prévoit point la guerre contre la Hollande, il faudra nécessairement que l'armée du roi s'assemble sur nos conquêtes, et qu'elle y attende l'ennemi. Or, l'on croit ce parti bien peu convenable à la majesté de notre monarque, qui n'est point fait sans doute pour garder par sa présence notre frontière tandis qu'il pourroit conquérir. Il est vrai qu'il reste encore le siège de Luxembourg à faire; mais, comme cette place n'est pas d'une grande utilité aux ennemis, sa conquête ne nous seroit pas beaucoup avantageuse. Tels sont les raisonnements qui se tiennent même dans l'antichambre du roi.

L'on parle toujours beaucoup de l'affaire du parlement. Tout le monde impute à Monsieur de Mirepoix la mortification qui a été faite au corps en cette occasion, et l'on en sait mauvais gré au prélat. Il est généralement détesté. Il y a longtemps qu'on ne le peut ignorer, et l'on ne cesse de dire que, si on ne prend pas le parti de le renvoyer dans son moutier tôt ou tard, son peu de capacité ne manquera pas de causer les plus grands troubles dans la religion et dans l'État.

On dit qu'il y a deux conseillers du parlement d'exilés. Ce qui a le plus mortifié cette compagnie est que ses députés n'ont pas été conduits ni introduits avec les cérémonies ordinaires[1].

Depuis que MM. les députés du parlement sont revenus de Versailles, et qu'il leur a été défendu de s'assembler, on dit que Messieurs des Enquêtes n'ont pas cessé de s'assembler entre eux, mais qu'ils ont changé, pour cet effet, chaque jour de domicile, pour n'être pas découverts. Le résultat de ces assemblées est si secret, qu'il n'en a encore rien transpiré.

Le roi ayant demandé, ces jours derniers, à Madame la Dauphine ce qui lui feroit le plus de plaisir en France, cette princesse répondit, à ce que l'on publie : « Sire, je me plairois beaucoup à aller à la « chasse avec Votre Majesté[2], comme je me plais à la messe avec la « reine, et au lit avec Monsieur le Dauphin. »

S. M. eut, il y a trois ou quatre jours, un entretien avec M. le maréchal de Saxe sur la future paix, et lui demanda naturellement

---

1. Ci-dessus, p. 160, note 5. L'avocat Barbier expose dans son *Journal* (p. 228) les divers griefs du parlement, et celui-ci notamment, que M. de Maurepas, comme secrétaire d'État de la maison du roi, ne fût pas venu les chercher en personne pour les présenter au souverain.

2. *Luynes*, p. 123 : « Madame la Dauphine connoît la chasse à tirer, elle tiroit même à Dresde; mais elle ne connoît pas celle à courre. »

ce qu'il en pensoit. Ce général répondit qu'il n'y auroit jamais de paix, si on n'entroit à force ouverte dans le cœur de la Hollande, et qu'il répondroit de cent trente mille François déterminés à cette expédition salutaire et nécessaire. On prétend aussi savoir que le roi lui repartit : « Monsieur le maréchal, je m'en rapporte à votre pru-
« dence et à votre expérience. Vous ferez ce que vous jugerez à pro-
« pos ; je vous donne carte blanche¹. »

On a débité au parterre de la Comédie italienne que, par les lettres de Marseille, on venoit d'apprendre qu'on y étoit extrêmement alarmé au sujet de quelques balles de marchandises venues du Levant par la dernière flotte, suspectées de contagion, depuis lequel temps il y auroit beaucoup de maladies dans la ville.

A la thèse de M. l'abbé de Choiseul² en Sorbonne³, on dit que Monsieur de Mirepoix y reçut des compliments de plusieurs personnes sur le dernier arrêt du Conseil, et qu'il a répondu que M. le chancelier en étoit l'auteur, et qu'on devoit lui être redevable du service essentiel qu'il venoit de rendre à l'Église romaine.

Il y a des gens qui prétendent que les six mille hommes qu'on a envoyés au secours des Génois n'iront pas bien avant en mer, et que ce n'est que pour se disculper aux yeux de l'Europe que la France fait cet embarquement⁴.

Le bruit court sourdement que le roi va créer une chambre royale pour décider des affaires de religion, dont les brouilleries, plus funestes que les affaires politiques, sont souvent cause du renversement total d'un État.

Les lettres de Flandres ne laissent point ignorer combien peu l'on y est content de ceux qui commandent dans les différentes places, et l'on convient que, si malheureusement nous y avions du dessous, les Flamands nous égorgeroient et nous traiteroient plus inhumainement que les Autrichiens n'ont fait les Génois.

On fait courir aujourd'hui le bruit d'une seconde alliance avec la Pologne, en mariant Madame Adélaïde au fils de ce roi⁵.

---

1. Pour le consoler de la patente du prince de Conti, on lui a donné, le 11 janvier, celle de maréchal général, qui n'existait plus depuis Villars, en 1733 (*Luynes*, p. 82-83 ; *Mémoires du duc de Croÿ*, p. 39).

2. Léopold-Charles de Choiseul-Stainville (1724-1781) devint évêque d'Évreux en 1758, archevêque d'Alby en 1759, puis de Cambray en 1764.

3. Il soutint sa thèse de bachelier en théologie le 23 février ; elle était dédiée au Dauphin (*Gazette*, p. 94).

4. Louis XV avait d'abord envoyé aux Génois un secours d'un million ; puis, il tenta de leur faire passer six mille hommes malgré les croisières anglaises : quatre mille cinq cents seulement atteignirent Gênes, sous le commandement du marquis de Boufflers (*Journal de Barbier*, p. 242 ; *Gazette*, p. 184-187).

5. Le prince électoral de Saxe épousera, le 13 juin de la présente année,

On dit qu'il s'est présenté, samedi dernier, à Versailles, un particulier, assez mal vêtu, à la porte de la chambre du roi, qui a donné à l'huissier une lettre pour remettre en droiture au roi, disant qu'il en viendroit chercher la réponse dans trois jours : cette lettre, à ce qu'on dit, contenoit des remontrances au sujet du dernier arrêt du Conseil, qui fait aujourd'hui le sujet de toutes les conversations ; et qu'au jour marqué, ce même particulier, en habit galonné, s'étant présenté, fut conduit chez M. de Maurepas, qui l'a envoyé par lettre de cachet chez les Frères de la Charité de Charenton. On dit que c'est un homme de robe appelé M. Roussel [1].

On attend de jour en jour l'instruction pastorale de M. l'archevêque de Paris, qui, à ce qu'on dit, se soumet malgré lui aux intentions de Monsieur de Mirepoix.

On conte dans le public une histoire sur M. Roussel, conseiller au parlement, que l'on dit enfermé par ordre du roi à Charenton pour avoir adressé une lettre à S. M., par laquelle il la reprenoit sur sa conduite et lui faisoit des exhortations un peu hardies.

Quelques officiers écrivent des Pays-Bas que M. de Séchelles vient de leur ôter le logement et bien d'autres petits agréments qu'ils avoient dans leurs garnisons, ce qui les fait beaucoup crier, aussi bien contre le ministre que contre l'intendant de l'armée : ils prétendent qu'étant privés de ce secours, ils ne sont plus en état de bonifier leurs compagnies.

L'on assure que, dans la lettre que M. Roussel de la Tour a écrite au roi et qui lui a valu la prison de Charenton, il dit à S. M. que c'est contre le droit des gens et de la religion qu'il retient auprès de lui la femme d'autrui ; qu'il lui conseille, pour son honneur et l'acquit de sa conscience, de la renvoyer, etc.

On dit que l'on ne presse plus avec la même vivacité l'armement de Brest, ce qui fait juger que cet objet est abandonné et que l'on porte ses vues ailleurs.

Le parlement devoit se rassembler au sujet de l'arrêt du Conseil [2]; mais, toutes réflexions faites, il n'en a rien fait, craignant le sort de M. Roussel.

Le prince Doria, envoyé extraordinaire de la république de Gênes [3], doit partir ces jours-ci pour Bréda, et l'on assure que, si les alliés

---

Marie-Antoinette de Bavière, fille de l'empereur Charles VII. Il devint électeur à la mort de son père, en 1763, et mourut deux mois plus tard.

1. Il était conseiller à la troisième chambre des enquêtes depuis février 1739. Voyez les paragraphes suivants.

2. Ci-dessus, p. 164.

3. Tome II, p. 30, etc. Sur son caractère, voyez les *Mémoires du marquis d'Argenson*, t. IV, p. 441-442.

refusent de l'admettre au futur congrès, M. du Theil, qui est encore à Anvers, a ordre de revenir ici sans prendre congé de personne.

Le bruit auroit couru que Mme de Pompadour avoit eu quelque échec[1]; mais cela n'est nullement fondé. On sait qu'elle est mieux que jamais dans l'esprit du roi et qu'elle se comporte à la cour avec bien de la sagesse, de la politesse, et beaucoup d'art.

Les partisans de Mme d'Andlau disent que c'est par une intrigue de Mme de Pompadour qu'elle a été exilée, et que les gens sensés ont toujours regardé l'histoire du livre comme une chimère[2].

M. de Richelieu espéroit, à son retour de Dresde, d'être maréchal de France; mais il voit bien présentement qu'il n'y réussira pas : on lui a fait entendre que la chose auroit trop fait de mécontents dans le militaire.

On dit que M. Thomé, conseiller au parlement[3], a reçu ordre de se rendre dans ses terres, et que M. de Richelieu, en parlant de cette affaire, auroit dit au roi que les jansénistes étoient des fous et les molinistes des fripons, et qu'ainsi il falloit se défier des uns et des autres.

On assure que le roi de Pologne a donné sa nomination au cardinalat à Monsieur de Mirepoix, et que le Prétendant l'a donnée à M. l'abbé de Ventadour[4].

M. le maréchal de Belle-Isle, informé qu'une femme de qualité de Provence, ayant fait prier le général Browne[5] de tenir son enfant sur les fonts de baptême, avait eu depuis un commerce de lettres avec lui, l'a fait mettre en prison.

---

1. Cf. *Argenson*, t. V, p. 79-80.
2. Ci-dessus, p. 142.
3. Doyen de la première chambre des enquêtes, où il était conseiller depuis janvier 1713. Il mourut en mai 1752, ayant pris une part prépondérante à tous les incidents de la lutte qui venait de remplir les dernières années, et secondant toujours le premier président Maupeou, ou même l'inspirant. C'était le fils d'un fermier général, et, de ce fait, il avait été taxé à 230,000 livres par la Chambre de justice de 1716.
4. Armand de Rohan-Soubise (1717-1756), dit l'abbé de Ventadour, reçu à l'Académie française en 1741, évêque *in partibus* et coadjuteur de son grand-oncle le cardinal de Rohan à Strasbourg en 1742, eut le chapeau le 10 avril suivant et prit le nom de cardinal de Soubise; il devint évêque de Strasbourg et grand aumônier de France en 1749.
5. Maximilien-Ulysse, comte de Browne (1705-1757), d'origine irlandaise, était entré au service de l'Autriche et commandait l'armée qui avait envahi la Provence.

Chanson[1].

Enfant du Pinde et de Cythère,
Brillant et sage Algarotti
A qui le ciel a départi
L'art d'aimer, d'écrire et de plaire,
Et que, pour comble de bienfaits,
Un des plus grands rois de la terre
A fait son conseiller de guerre
Dès qu'il a voulu vivre en paix,
Dans vos palais de porcelaine
Recevez ces frivoles sons
Enfilés sans art et sans peine
Dans le pays des pompons.
O Saxe, que nous vous aimons!
O Saxe, que nous vous devons
D'amour et de reconnoissance!
C'est de votre sein que sortit
Le héros qui venge la France,
Et la nymphe qui l'embellit.
Sachez donc que notre Dauphine,
Par ses grâces, par son esprit,
Ici chaque jour accomplit
Ce que votre muse divine
Dans ses lettres m'avoit prédit.
Vous penserez que je l'ai vue
Quand je vous en dis tant de bien,
Et que je l'ai même entendue?
Je vous jure qu'il n'en est rien,
Et que ma muse peu connue,
En vous répétant dans ses vers
Cette vérité toute nue,
N'est que l'écho de l'univers.

---

1. Ces vers sont attribués à Voltaire par le Chansonnier de M. de Maurepas, ms. fr. 12650, p. 109-111, et on en a d'autres, de 1735, dans le tome XXXIII de ses *Œuvres*, p. 549-550. — François, comte Algarotti (1712-1764), Vénitien d'origine, poète d'abord, puis mathématicien, physicien, astronome, critique d'art, intimement lié avec Voltaire et avec beaucoup de savants français, très aimé de Frédéric le Grand et du roi Auguste, venait de faire paraître en 1745, à Naples, son *Congresso di Citera*, qui fut traduit en français.

Une Dauphine est entourée,
Et l'étiquette est son tourment :
J'ai laissé passer prudemment
Des paniers la foule dorée,
Qui remplit tout l'appartement,
Et cinq cents dames qui, peut-être
Venant là pour la censurer,
Se sont mises à l'adorer
Dès qu'elles ont pu la connoître.
Virgile étoit-il le premier
A la toilette de Livie?
Il laissoit passer Cornélie,
Les ducs et pairs, le chancelier
Et les cordons bleus d'Italie,
Et s'amusoit sur l'escalier
Avec Tibulle et Polymnie.
Mais, à la fin, j'aurai mon tour;
Les dieux ne me refusent guère.
Je fais aux Grâces chaque jour
Une très dévote prière;
Je leur dis : « Filles de l'Amour,
« Daignez, à ma muse discrète
« Accordant un peu de faveur,
« Me présenter à votre sœur
« Quand vous irez à sa toilette. »

M. de Maurepas à M. de Marville[1].

26 février 1747.

Sur ce que vous me marquez concernant le sieur abbé de la Rivière, ci-devant aumônier de M. le duc de Richelieu à Dresde, on ne peut qu'approuver les ordres que vous venez de donner pour découvrir le lieu de la retraite de cet ecclésiastique, et, au cas qu'on puisse y parvenir, je joins ici les ordres de S. M. pour le faire arrêter et conduire en prison[2].

Je suis, etc.

MAUREPAS.

1. Reg. O¹ 392, p. 87.
2. Au For-l'Évêque : ordre du 26 février, reg. O¹ 91. Au 6 mars, ordre de perquisition à son domicile pour y retrouver les effets qu'il a volés au roi de Pologne (*ibidem*). — En 1752, le duc de Luynes parle d'un abbé de la Rivière, clerc de chapelle de la reine, qui prêchait devant le roi.

M. de Maurepas à M. de Marville[1].

28 février 1747.

J'ai parlé à M. l'évêque de Mirepoix de la lettre que vous avez écrite à M. l'abbé Le Riche, et de celle que j'ai pareillement reçue de lui. M. l'évêque de Mirepoix pense qu'il convient de faire ce qu'il propose par rapport aux religieuses opposantes[2]. Ainsi, vous voudrez bien voir Madame la générale, afin qu'elle vous en remette l'état, en marquant les maisons où il conviendra de les transférer. Je ferai alors expédier les ordres nécessaires.

Je suis, etc.   MAUREPAS.

M. de Maurepas à M. d'Orves[3].

2 mars 1747.

J'ai reçu votre lettre particulière du 23 du mois passé. C'est moins par le petit nombre des confidents, que par le choix qu'on en fait, que les projets sont secrets, ainsi que leur exécution. Les gazettes ne parlent d'autres choses que des secours qu'on doit envoyer à Gênes et de leur passage par mer; il est sûr que le plan que vous vous étiez fait de cette expédition en facilitoit la manœuvre et la rendoit plus mystérieuse, et, sans entrer dans le détail des facilités que vous aviez prévues, j'avois toujours pensé qu'Antibes seroit le lieu naturel du rendez-vous et du concours des opérations de terre et de mer[4]. Il est fort à souhaiter que le succès prouve que ces précautions étoient superflues, ce qui ne devra pas cependant faire conclure qu'il faille les négliger en pareil cas. Je vous suis très obligé de la franchise avec laquelle vous m'informez de ce que vous voyez et de ce que vous en pensez, et je vous prie de croire, etc.

MAUREPAS.

Nouvelles qui se débitent, etc.

4 mars 1747 et jours suivants.

On convient à présent que l'arrêt du Conseil qui a cassé l'arrêté du parlement ne contente ni le clergé, ni l'évêque d'Amiens, ni le parle-

---

1. Reg. O¹ 392, p. 91.
2. Les religieuses de l'ordre du Calvaire : reg. O¹ 392, p. 97. Voyez notre tome I, p. 2.
3. Ci-dessus, p. 139.
4. Belle-Isle a forcé Browne à lever le siège d'Antibes, et ce général s'est replié sur l'armée de Botta, destinée à tirer vengeance des Génois.

ment, parce que le premier arrêt de cette compagnie, qui supprime le mandement en question en forme d'Avis aux curés, subsiste toujours. Il y a presque tous les jours chez M. l'archevêque de Tours une assemblée de quelques prélats à ce sujet. Cet archevêque a écrit à Monsieur de Mirepoix que le clergé n'est nullement content de la façon dont il vient d'être traité dans le temps qu'il donne des témoignages réels de son zèle pour le service du roi[1].

Il est décidé que Monsieur le Dauphin fera campagne avec le roi, et le départ de S. M. est fixé au 3 du mois de mai. Le roi a ordonné que ses équipages fussent prêts pour le 15 d'avril, ainsi que ceux de Monsieur le Dauphin et de Madame la Dauphine.

M. le prince de Conti, qui eut, à la campagne dernière, quelque mécontentement par rapport au commandement général des deux armées réunies dans les Pays-Bas, qu'il comptoit avoir[2], et qui revint ici si promptement de l'avis de Madame la princesse sa mère, fait vendre ses équipages, et ne fera pas la campagne[3].

M. le maréchal de Saxe a demandé au roi la permission de réformer les équipages des officiers et d'en supprimer les deux tiers, parce qu'ils affament les magasins de vivres et fourrages et causent, dans les marches, un trop grand embarras.

On assure que le prince Édouard a disparu d'Avignon : les uns le disent à Rome, d'autres qu'il est retourné en Écosse, où il y a encore un grand nombre de montagnards qui tiennent son parti[4]. Le comte d'Albany[5], son frère, compte faire la campagne de Flandres en qualité de volontaire.

On prétend que les officiers généraux des corps de la maison du roi ne serviront point en qualité d'officiers généraux, mais bien en celle qu'ils ont dans leur corps, et qu'ils ne feront qu'une seule fois les fonctions d'officiers généraux.

Il y a des lettres de Montpellier qui marquent que cette ville est si pleine d'Espagnols, que les bourgeois sont obligés de se déplacer pour les loger : ce qui a donné lieu à une espèce de sédition populaire, dans laquelle il y a eu bien du monde de tué et blessé de part et d'autre.

Les lettres de Lunéville d'hier marquent que la reine y est à l'extrémité et sans aucune espérance[6].

---

1. Ci-dessus, p. 163 et 164.
2. Sa patente (ci-dessus, p. 65) s'est trouvée annulée par l'incorporation de son armée avec celle de Maurice de Saxe.
3. Voyez ci-dessus, p. 162. Le feu duc de Broglie a fait remarquer que la « diplomatie secrète » du prince de Conti date de cette retraite.
4. Voyez le *Journal de Barbier*, p. 233 et 235.
5. Tome II, p. 160.
6. *Luynes*, p. 143, 16 mars : « Les nouvelles de Lunéville sur la santé

L'assemblée du clergé se sépare dimanche prochain, peu contente de la cour, qui, malgré les onze millions qu'elle vient de donner, n'a point rétabli, par l'arrêt du Conseil, le mandement en forme d'Avis de M. l'évêque d'Amiens que le premier arrêt du parlement a supprimé[1].

Le marquis de Fumel[2] a été, toute la journée de vendredi, jusqu'à six heures du soir, colonel du régiment Dauphin, Madame la Dauphine, M. de Saxe, le prince Lubomirski[3] et le duc de Richelieu l'ayant demandé pour lui; mais Monsieur le Dauphin l'avoit déjà demandé pour M. de Marbeuf, frère de son lecteur[4], qui l'a obtenu en payant quatre-vingt-dix mille livres[5].

On parle d'une grande promotion qui fera vaquer nombre de régiments[6]. On prétend que M. d'Argenson a fait un projet pour que le roi rembourse tous les régiments qui viendront à vaquer, lesquels S. M. donnera gratuitement, et qu'il n'y aura que les grands régiments que le roi accordera pour un certain argent, qui servira à racheter les autres. Par exemple, pour le régiment Dauphin, M. de Marbeuf a donné au roi quatre-vingt-dix mille livres; cet argent sera employé à rembourser quatre régiments à raison de vingt-deux mille cinq cents livres chacun.

Tout le monde assure à la cour que Monsieur le Dauphin fera la campagne cette année avec le roi, et bien des personnes trouvent qu'il est imprudent que le père et le fils soient exposés aux mêmes

---

de la reine de Pologne sont fort mauvaises. Elle est asthmatique depuis longtemps et hydropique; ces maladies avoient réduit son corps, et encore plus son esprit, dans l'état le plus fâcheux, elle n'avoit plus de mémoire et avoit des absences continuelles.... On apprit, il y a deux jours, que ses jambes, qui étoient fort enflées, s'étoient ouvertes..., mais que l'enflure montoit et que tout paroissoit annoncer une fin prochaine. »

1. Ci-dessus, p. 163 et 170-171.
2. Ci-dessus, p. 158.
3. Il avait accompagné en France la nouvelle Dauphine. Sa présentation au roi par le duc de Richelieu faillit amener, lors de son départ, des difficultés de protocole (*Luynes*, p. 154-156).
4. Louis-Charles-René, comte de Marbeuf (1712-1786). C'est le futur commandant de l'expédition de Corse. Son frère, René-Auguste, vicaire général de Rouen, aumônier de la reine, puis lecteur du Dauphin, mourut conseiller d'État en 1754. Le marquis d'Argenson raconte, dans ses *Mémoires*, t. V, p. 76, la querelle que cette compétition suscita entre Mme de Pompadour et le Dauphin. M. de Fumel n'eut un régiment qu'en 1749. L'incident de 1747 est raconté dans les gazettes à la main du ms. 13705, fol. 34.
5. *Luynes*, p. 138.
6. Le 23 mars, le roi créa quatre-vingt-dix brigadiers (*Luynes*, p. 153).

dangers; mais, d'un autre côté, l'on convient que Monsieur le Dauphin a grand besoin de se former, et qu'il le peut à l'armée infiniment mieux qu'ailleurs.

Madame la Dauphine continue de ne rien oublier pour plaire à son mari. L'on ne cesse de faire l'éloge de ses attentions et de ses complaisances pour lui, et l'on voit avec un véritable chagrin qu'il y répond assez mal[1]; mais, si elle pouvoit être dédommagée de cette indifférence, elle le seroit bien par la tendresse du roi et de la reine et par l'empressement de Mesdames à lui rendre gracieux son séjour en cette cour. Son naturel sympathise si bien avec celui de Mesdames, qu'elles ne se lassent point d'en faire l'éloge. Madame disoit ces jours passés, à sa toilette, qu'elle étoit outrée de voir l'indifférence de son frère pour sa femme, et qu'elle se proposoit bien de lui faire ouvrir les yeux sur ses mauvais procédés. Elles firent samedi dernier la partie de s'habiller uniformément et d'aller voir ensemble le roi, qui leur fit l'accueil du meilleur des pères.

Madame Adélaïde avoit une bague qui avoit appartenu à la feue Dauphine. Celle d'à présent, en étant instruite, a trouvé le moyen de prendre cette bague, et a déclaré à Madame Adélaïde qu'elle ne la lui rendroit point, puisqu'elle avoit été à une personne qui étoit encore si chère à son mari. Elle la montra ensuite à toutes les dames de la cour, en leur demandant si elles la reconnoissoient, et s'applaudissant d'en avoir fait l'acquisition.

M. de Maurepas à M. le baron de Tassy.

7 mars 1747.

Le livre des *Pensées philosophiques* a paru pour la première fois il y a environ seize ans; on l'attribue au sieur Voltaire. Celui de l'*Histoire naturelle de l'âme* est du sieur la Mettrie et a été publié à Paris il y a deux ans. L'un et l'autre ont été, dans leur temps, condamnés au feu[2]. Ce sont sans doute de nouvelles éditions que vous en aurez vues. Il conviendra dorénavant, pour que vous ne m'envoyiez pas ceux que j'ai déjà, comme ceux-ci, qu'avant de les prendre, vous me donniez avis de ceux qui paroissent dans ce genre. Je ne vous ferai pas attendre ma réponse.

Je suis, etc.

MAUREPAS.

---

1. Ci-dessus, p. 161-162.
2. Les deux livres avaient été condamnés par le parlement le 7 juillet 1746, ainsi que la *Politique du médecin de Machiavel*, le 9, comme sapant les fondements de toute vertu et de toute religion.

M. de Maurepas à M. de Marville.

8 mars 1747.

Je vous suis obligé de m'avoir envoyé la relation de ce qui s'est passé à Antibes[1].

Il me paroît, comme à vous, trop dangereux de permettre des feux d'artifices sur les théâtres de la Foire, et vous ferez très bien de les défendre absolument.

A l'égard des comédiens italiens qui ne se sont point conformés à ce qui leur a été prescrit sur le nombre des billets qu'ils devoient donner pour leur parterre, je crois qu'il faudroit que vous envoyassiez chercher quatre d'entre eux pour leur en renouveler l'ordre et leur dire que, s'ils en donnent encore une fois un seul au-dessus du nombre qui sera fixé, on mettra dans le bureau de distribution de ces billets un contrôleur à leurs frais, qui fera fermer le bureau lorsque le nombre réglé sera distribué. C'est le moyen que je crois le plus sûr pour les mettre à la raison à cet égard, ou faire exécuter l'ordre, s'ils ne s'y soumettoient pas[2].

Vous connoissez, etc.   MAUREPAS.

Nouvelles qui se débitent, etc.

8 mars 1747 et jours suivants.

La capitainerie de Saint-Denis fut donnée dimanche à M. de Vandières, frère de Mme de Pompadour, quoiqu'elle fût demandée par MM. les ducs de Richelieu et de la Vallière, lesquels lui ont été faire compliment dès qu'ils en ont su la destination[3]. Le nouveau pourvu fut présenté le même jour à Monsieur et Madame la Dauphine. Mme de Pompadour assista à la messe dans un déshabillé galant dont tout le monde fut enchanté, pendant que toute la cour étoit habillée superbement. M. le duc de Chartres ne discontinua pas un moment de lui faire sa cour, et lui donna la main pour la ramener dans son appartement[4].

---

1. Ci-dessus, p. 170, et ci-après, p. 180-181.
2. Voir ci-après, p. 198, le règlement du 22 avril, et l'article publié par M. Paul d'Estrée dans *le Ménestrel*, année 1893, p. 323 et suiv.
3. Les provisions de bailli et capitaine des chasses de la varenne des Tuileries (et non seulement de Saint-Denis ou de Grenelle, comme dit aussi le duc de Luynes, p. 139), datées du 11 mars, en faveur de M. de Vandières, sont dans le registre O^1 92, fol. 85. Cette charge était vacante par la mort de Bontemps.
4. Il tenait un rôle sur le théâtre de la marquise aux Petits-Appartements (*Luynes*, p. 143).

On assure que Mme de Pompadour a donné ses ordres pour un équipage très leste qui la mènera prendre les bains en Flandres.

S. M. doit tenir ces jours-ci un grand conseil de guerre où seront appelés plusieurs maréchaux de France et lieutenants généraux, pour décider des premières opérations de la campagne.

Tout Paris est étonné de la retraite de M. le prince de Conti, dont on ignore la cause au vrai. On croit cependant qu'il ne peut commander en Italie à cause de Don Philippe, et sur la Meuse parce qu'il appréhende que son armée ne soit, en cas de besoin, incorporée dans celle de M. de Saxe, comme cela s'est fait la campagne dernière [1].

On débite dans Paris que les ennemis nous ont enlevé en Flandres un poste où nous avions cinq à six mille hommes [2]. Les lettres de ce pays font mention de la manière dure et avide dont agissent ceux qui commandent dans les places; on n'en excepte aucun. On prétend que M. le maréchal a eu dans cette dernière campagne trois millions pour lui, M. de Lowendal un million, et les autres à proportion. Les Brabançons nous regardent de mauvais œil; ils donnent des avis aux généraux des alliés, et on a pendu à Gand et à Bruxelles trois ou quatre personnes convaincues d'intelligence avec eux.

M. Moufle, trésorier général de l'extraordinaire des guerres [3], a été, il y a quelques jours, demander à M. d'Argenson de vouloir bien agréer qu'il remît sa charge à un de ses fils, qui est en état de la remplir. Soit que ce ministre ait eu des vues pour la procurer à tout autre, il lui a refusé sa demande. M. Moufle s'est cru en droit de se donner des mouvements à la cour pour en avoir l'agrément du roi, et il y est parvenu en mariant son fils avec la fille d'un des premiers valets de chambre du roi. Cela a tourné que la charge vient d'être supprimée, ce qui est regardé comme l'effet de la vengeance du ministre [4].

Le mariage de M. le chevalier de Brancas a été célébré cette semaine [5].

Deux partis se contredisent sur la destination de M. le prince de

---

1. Ci-dessus, p. 162 et 171.
2. Les bulletins de Flandre envoyés à Marville sont dans le portefeuille 10022 des archives de la Bastille.
3. Jean-Baptiste Moufle avait depuis 1724 cette charge triennale de nouvelle création.
4. En effet, la charge ne figura plus à l'*Almanach royal* de 1748.
5. Louis-Paul de Brancas, mestre de camp de cavalerie en 1739 et brigadier en 1744, épousa, le 9 mars, Marie-Anne-Renée-Jacqueline Grandhomme de Giseux, fille d'un maître des cérémonies; elle devint dame de compagnie de Mesdames de France. Le duc de Luynes (*Mémoires*, p. 131, 140 et 143) donne de curieux détails sur la famille de la mariée, enrichie par le commerce d'Amérique.

Conti : l'un dit qu'il servira, et l'autre qu'il ne servira pas; mais on peut dire, en cette occasion, que l'un a raison, et l'autre n'a pas tort. Il est certain que ce prince vend ses équipages : c'est pour faire de l'argent et réparer ses finances; mais il n'en partira pas moins pour l'armée : on raccommodoit hier sa tente, et il suivra le roi en qualité d'aide de camp de S. M., ainsi que M. le duc de Chartres, avec lequel il fera ordinaire[1] pour éviter la dépense; le tout, par ordre du roi, à ce que l'on prétend.

Il est arrivé, dit-on, une sédition à Montpellier au sujet de ce que les troupes, n'ayant pas trouvé le pain prêt à l'étape, avoient été à main armée chez les boulangers de la ville pour en avoir. On fait mention de six bourgeois tués et dix-sept soldats[2].

On dit que, M. de Belle-Isle s'étant plaint en cour de M. de la Porte, intendant de l'armée de Provence[3], le roi l'avoit rappelé.

Le bruit court qu'il ne sera point expédié dorénavant à la Chancellerie aucunes provisions pour les charges de conseillers au parlement de Paris que le récipiendaire n'ait été pourvu d'un agrément préalable du roi.

M. le maréchal de Saxe vient de faire bien des mécontents : il y a quelques jours qu'on lui remit une liste des officiers généraux destinés à servir sous ses ordres[4]; dans un travail particulier avec le roi, il en supprima plusieurs, et, entre les plus mécontents, l'on nomme MM. de la Motte-Houdancourt et de Tresmes[5]. L'on dit que M. d'Argenson a été extrêmement piqué de ce changement, et qu'ayant voulu faire des représentations au roi à ce sujet, S. M. lui avoit répondu que, puisque ses intérêts exigeoient qu'il donnât le commandement de son armée à M. de Saxe, il convenoit de ne lui donner pour seconds que des gens qui sussent obéir. Il est certain, d'ailleurs, que le seul motif de diminuer considérablement la consommation des vivres et les embarras des équipages autorisoit ce changement.

L'on a reçu avis du départ du secours que l'on fait passer à Gênes[6], et l'on attend avec impatience la nouvelle du succès de cette entreprise[7]. Bien des personnes blâment la manière dont on s'y est pris. L'éclat avec lequel notre dessein a été annoncé pourroit bien le faire

---

1. Maison commune, à deux.
2. Même nouvelle que ci-dessus, p. 171.
3. Pierre-Jean-François de la Porte, maître des requêtes, avait été intendant à Moulins avant de passer à Grenoble en la même qualité, novembre 1744.
4. Ci-dessus, p. 171.
5. Tome II, p. 27 et 103.
6. Ci-dessus, p. 165 et 170.
7. Voyez *Maurice de Saxe et le marquis d'Argenson*, t. II, p. 12-17, 242-267 et 285-321.

échouer : l'on eût pu, sans tant d'appareil et sans armement de galères, embarquer peu à peu dans les petits ports de Provence les troupes qu'on vouloit envoyer, et l'on prétend qu'elles auroient couru bien moins de risques.

On dit que Monsieur le Dauphin a repris d'un ton sévère Madame la Dauphine sur ce qu'elle s'étoit jetée trop précipitamment dans un fauteuil, en lui disant que, dans l'état où elle se trouvoit, elle devoit observer plus de circonspection.

On garde un grand silence sur l'embarquement de Brest, et les préparatifs en sont si lents, qu'il y a tout lieu de croire qu'il ne sera pas sitôt prêt[1]. L'on compte cependant qu'il pourra l'être à la fin du mois prochain, tandis que, lorsqu'on l'a commencé, il devoit partir au 15 février, ou 1er mars au plus tard.

On assure que Madame la Dauphine a eu le retour de ses règles.

Le roi a défendu à Versailles d'y vendre des pantins[2], pour éviter, dit-on, l'impression que ces bagatelles pourroient faire sur Madame la Dauphine en cas de grossesse.

On dit que M. le maréchal de Belle-Isle, ayant eu des raisons de plaintes contre M. de la Porte, intendant de son armée[3], avoit demandé son rappel; que M. d'Argenson n'a pas voulu s'en mêler : en sorte que M. de la Porte retourne à Grenoble, et M. de Sérilly[4] doit partir pour le remplacer.

On dit que M. le maréchal de Saxe a obtenu le rétablissement de l'Opéra-Comique, qui aura lieu au commencement de la foire Saint-Laurent prochaine, et le privilège en faveur de la demoiselle Jaquet, actrice de l'Opéra[5].

On ne doute pas que le roi ne fasse la campagne. Tout l'annonce : on travaille en grande diligence à ses équipages de guerre, les officiers de sa maison ont ordre de se préparer à partir; mais cependant on croit que son départ ne sera qu'à la fin de mai.

On dit que le roi a fait présent à Mme de Pompadour d'un pantin qui a coûté deux mille écus, et que M. le duc de Chartres en a donné un à sa femme, de cent cinquante louis.

Le roi a donné, dit-on, le gouvernement de Roye en Picardie à M. Ferrand, neveu du grand prévôt de Metz.

---

1. Ci-dessus, p. 166. Voir l'*Histoire de la marine sous Louis XV*, par M. Lacour-Gayet, p. 166-167.
2. Ci-dessus, p. 139 et 157.
3. Ci-contre, p. 176.
4. Jean-Nicolas Mégret de Sérilly, intendant de Franche-Comté depuis 1744, était gendre du procureur général Joly de Fleury. Il ne changea d'intendance qu'en 1750 et alla alors en Alsace.
5. Louise Jaquet débuta à l'Opéra vers 1739 et s'en retira en 1755 (É. Campardon, *l'Académie royale de musique*, t. II, p. 1-5).

On prétend à la cour que M. l'évêque de Mirepoix sera compris dans la nouvelle promotion des cardinaux[1], quoiqu'il y ait des gens qui assurent qu'il est déchu de toutes ses espérances et qu'il n'est question que de M. l'archevêque de Bourges et de M. l'abbé de Ventadour. M. l'évêque de Soissons[2] auroit eu part à cette promotion, sans le péché originel qui l'en écarte[3]. Il paroît à la cour; mais il n'y est point vu avec agrément, tant il y a que trop de zèle nuit[4]. On s'attendoit à cette promotion vers la fin du mois dernier, qu'elle avoit été annoncée; on ne sait ce qui le retarde.

Mme de Pompadour est plus maîtresse de l'esprit du roi que jamais. Quand M. de Vandières, son frère[5], est des appartements, elle le fait placer le plus près du roi qu'il est possible, ce qui déplut si fort, l'autre jour, à quelques seigneurs, qu'ils en témoignèrent leur mécontentement; le roi, qui s'en aperçut, dit que, quand il faisoit tant que d'admettre ses sujets auprès de lui, ils devenoient dès lors tous égaux.

L'on parle beaucoup dans Paris d'un mandement de M. l'archevêque qui doit paroître vers les fêtes de Pâques[6]. Bien des gens ont cru qu'il seroit dans le même esprit que celui de M. l'évêque d'Amiens; mais d'autres prétendent qu'il est vrai que M. l'évêque de Mirepoix a voulu l'engager à donner le mandement conforme à celui que M. de Bellefont avoit projeté de donner, qui a été envoyé à M. l'évêque d'Amiens, et qui est le même qui a paru, mais que M. l'archevêque l'a refusé, et même qu'ayant été au roi pour lui exposer les raisons qu'il a de ce refus, S. M. en avoit paru satisfaite. Quoi qu'il en soit, l'on dit que les curés à Paris, qui sont entichés de l'ancien système, sont dans de grandes inquiétudes. Ils sont souvent mandés par M. l'archevêque, avec qui ils conférent à ce sujet. On doute fort que ce prélat, qui a si bien débuté, veuille rendre un mandement qui soit susceptible de quelque tracasserie, lui qui ne cherche que la paix. Du moins on lui fera la justice de croire que, s'il le donne autrement, c'est qu'il y aura été forcé, et ce qui rassure à cet égard est que l'on prétend qu'étant pressé par M. l'évêque de Mirepoix, il a supplié le roi d'agréer sa démission plutôt que de donner un pareil mandement.

---

1. Ci-dessus, p. 167.
2. Tome II, p. 252.
3. Ci-après, p. 196.
4. D'abord hostile au jansénisme, il devint plus tard ennemi acharné des Jésuites, dont, seul des évêques français, il demanda la suppression en 1762. Louis XV, qui ne l'aimait pas, empêcha qu'il eût la nomination du Prétendant (*Luynes*, p. 188).
5. Ci-dessus, p. 174.
6. Ci-dessus, p. 166.

Mme de Tencin a enfin échoué dans l'entreprise qu'elle avoit faite de gouverner l'esprit de Mme de Pompadour. Le parti que cette dame a pris, depuis qu'elle a perdu l'espérance du côté de la favorite, de se retourner vers MM. Paris, avec lesquels elle est entièrement liée, et principalement avec M. du Verney, qu'elle voit tous les jours, joint à ce qui se dit tout bas que M. d'Argenson ne restera pas longtemps en place, fait conjecturer que le dessein de Mme de Tencin, qu'on dit n'être pas portée pour ce ministre, étoit de mettre Mme de Pompadour dans ses intérêts pour l'élévation de son frère le cardinal. On verra ce que cette nouvelle intrigue produira par rapport au département de la guerre.

On dit que le roi fait mettre à sa droite, dans les petits appartements, M. de Vandières, et que l'amitié que le roi lui témoigne donne bien de la jalousie. M. le duc d'Ayen ne l'appelle que M. d'Avant-hier[1].

M. de Saxe a pris pour maîtresse la demoiselle Navarre, qui n'a pas été cruelle à beaucoup de gens dans Paris. Il la mènera dans les Pays-Bas[2]. M. de Lowendal en a fait autant de la demoiselle Auguste. Le maréchal a pris Lécluse, de l'Opéra-Comique, pour son comédien, et lui donne un carrosse à quatre chevaux. Le général cherche de jolies filles, qu'il mettra dans sa troupe de comédiens de Bruxelles pour en faire usage autant que sa santé et ses affaires pourront le lui permettre[3].

Messieurs les officiers aux gardes ont presque tous leurs établissements chez les dames du Marais. Ils en exigent de l'argent pour faire la campagne. Un lieutenant a obligé une dame de mettre pour vingt mille francs de pierreries en gages pour lui donner huit mille livres dont il a besoin, et les soldats, à l'exemple de leurs officiers, mettent à forte contribution les filles de Paris.

La réduction des officiers généraux a produit bien des mécontents, entre autres M. de la Motte-Houdancourt[4], qui s'étant plaint au roi de ce qu'il n'avoit pas reçu ses lettres de service, S. M. lui avoit répondu qu'elle ne pouvoit rien changer à ce qu'elle avoit réglé, mais que cela ne lui feroit aucun tort, et qu'il viendroit à son rang au grade de maréchal de France.

Une lettre du camp de M. le maréchal de Belle-Isle marque que, dans deux de nos batteries qui ont été établies pour border la mer afin de favoriser le passage du Var, les canonniers, ayant aperçu des

---

1. Ci-contre, p. 178.
2. Voyez *Maurice de Saxe*, t. I, p. 352-355, et L. Perey, *Charles de Lorraine et la cour de Bruxelles*, p. 98-106.
3. Cf. *Maurice de Saxe*, p. 232-234.
4. Ci-dessus, p. 176.

vaisseaux anglois qui venoient à portée de canon, ont voulu se mettre en devoir de tirer sur eux, mais que l'officier d'artillerie qui y commande l'avoit empêché, disant qu'il lui étoit défendu de faire tirer sans ordre.

M. de Maurepas à M. de Marville[1].

9 mars 1747.

M. de Barentin[2] m'a envoyé la copie d'une lettre écrite de Paris, et qui paroît mériter attention, puisqu'elle est adressée à un homme que l'on qualifie de ministre à la Rochelle[3]. Il faudroit, s'il vous plaît, tâcher de savoir ce que c'est que la demoiselle Landry qui a signé cette lettre, et la demoiselle de Ponthieu qui y donne lieu. Vous voudrez bien me faire part de ce que vous aurez appris à ce sujet.

Je suis, etc. MAUREPAS.

M. de Maurepas à M. le maréchal de Belle-Isle.

10 mars 1747.

J'ai été informé des préparatifs que vous avez concertés avec M. le grand prieur pour faire passer à Gênes les quatre mille hommes qui y sont destinés, et je compte que vous aurez trouvé, de la part des commandants et intendants de la marine, toutes les facilités qu'ils auront pu donner pour l'exécution de ce projet. Il n'est pas douteux qu'on eût évité bien des dangers, s'il eût été possible de faire d'Antibes le lieu du rendez-vous et du départ[4], et vous en avez trop bien connu les avantages pour les abandonner si vous n'y aviez été forcé par de plus grandes difficultés[5]. Il reste à désirer que le succès soit aussi heureux qu'il est important. La lettre que j'avois écrite à M. de Pallavicini[6], pour lui annoncer l'envoi des huit cent mille livres, étoit la suite d'une résolution et d'un arrangement pris dans le Conseil. J'ai été fort fâché qu'on ait été obligé de retarder ce payement, et

---

1. Reg. O¹ 392, p. 110.
2. Charles-Amable-Honoré Barentin, maître des requêtes et intendant à la Rochelle depuis dix ans, va être transféré à Orléans.
3. Les religionnaires se donnaient quelques mouvements en Poitou et en Aunis, et, le 7 mars, le ministre avait envoyé des instructions à ce sujet au comte de Chabannes, commandant de la province. Voyez aussi deux lettres au même, des 19 et 29 mars, et d'autres à l'intendant, à l'évêque de Luçon, etc. (reg. O¹ 392, p. 101, 133, 143, 149-152, etc.).
4. Ci-dessus, p. 165, 170, 176 et 177.
5. Ci-après, p. 188.
6. Tome II, p. 253.

j'ai senti tout l'embarras dans lequel ce retard vous mettoit; mais, heureusement, vous avez su réparer le mal autant qu'il étoit possible.

Il est sûr qu'au défaut de poursuivre les Autrichiens au delà du Var, on ne peut rien faire de plus utile, pour le moment présent, que de les mettre dans la nécessité de rester sur la rive gauche et de fixer leurs soins à la défense du comté de Nice, pour vous laisser le temps de faire passer à Gênes les secours avec moins d'obstacles; mais je ne pense pas qu'on eût pu vaincre ceux que les Anglois font naître du côté de la mer, quand il seroit possible d'armer actuellement à Toulon un certain nombre de vaisseaux et frégates, car vous n'ignorez pas le peu de moyens qu'il y a aujourd'hui à les armer par l'état où sont nos magasins, que les fournitures qu'ils ont faites ont épuisés à beaucoup d'égards. Un armement qui paroîtroit avoir quelque prétention ne manqueroit pas d'attirer de ce côté, sur nos côtes, des forces plus considérables de la part des Anglois, d'augmenter leur attention, et peut-être même de les engager à bloquer absolument nos ports, qu'ils ne laissent libres qu'autant qu'ils ne voient point de mouvements dont ils aient à appréhender les effets[1].

J'ai l'honneur d'être, etc. MAUREPAS.

M. de Maurepas à M. de Marville.

11 mars 1747.

Je suis fort fâché de votre indisposition, et, pour n'en point faire une maladie, je vous conseille de vous tenir tranquille, et de ne pas songer à venir à Versailles. Vous saurez bien, s'il y avoit quelque chose de pressé, m'en donner avis, et, quoique éloignés, nous ne laisserions pas que d'y mettre ordre.

Je suis bien aise que le capitaine Langlin[2] soit arrêté, et je vous enverrai un ordre du jour de sa détention[3].

Je vous suis très obligé des informations que vous avez bien voulu prendre sur le terrain qui est devant l'hôtel de Pontchartrain[4]; j'avois toujours bien pensé qu'il appartenoit au roi. Voudrez-vous bien vous charger de mes remerciements pour M. Mégret[5], et de lui

---

1. Cette lettre est à rapprocher des pages de *Maurice de Saxe* indiquées plus haut, p. 176.

2. Auteur de nouvelles à la main et d'écrits obscènes. Voyez le dossier Bastille 11631.

3. Reg. O¹ 91, ordres datés du 6 mars au 21.

4. Cet hôtel, dans la rue Neuve-des-Petits-Champs, aujourd'hui représenté par la place Ventadour, avait été acheté par le chancelier Pontchartrain en 1703. Voyez ci-après, p. 185.

5. Ce peut être le frère de M. de Sérilly nommé plus haut, p. 177, Antoine Mégret d'Estigny, maître des requêtes depuis 1744.

dire que, puisqu'il veut bien se mêler de cette affaire, il me fera un véritable plaisir de m'envoyer un projet de lettres patentes. Lorsque je l'aurai reçu, je ferai mon mémoire pour en faire la demande au roi.

Vous connoissez, etc.

MAUREPAS.

M. de Maurepas à M. de Marville[1].

11 mars 1747.

On ne peut qu'approuver le parti que vous avez pris de faire mettre en prison le nommé Marol et sa femme, marchands de bestiaux à Antony, qui ont refusé de remettre au nommé Varlet les certificats de santé des vaches qu'ils lui ont vendues, et dont quelques-unes sont mortes de la maladie ordinaire. Je joins ici les ordres de S. M. pour autoriser ceux que vous avez donnés à cet effet[2].

Je suis, etc.

MAUREPAS.

M. de Maurepas à M. de Marville[3].

12 mars 1747.

Je joins ici un mémoire qui m'a été présenté par les plus proches parents du sieur Pierre-Aimé Hacquet, leur père, ci-devant intéressé dans les fermes du roi, qui demeure à Paris, Vieille-Rue-du-Temple, chez le sieur Tabeuf, demandant qu'il soit arrêté et conduit par ordre du roi dans la maison des Frères de la Charité de Senlis, à leurs dépens, où ils payeront sa pension, ainsi qu'ils en sont convenus avec le supérieur de cette maison. Ils exposent que ledit sieur Hacquet est tombé dans une démence qui donne lieu d'appréhender, tant pour sa famille que pour ses voisins, les suites fâcheuses du dérangement de son esprit. Vous voudrez bien, après vous être fait rendre compte des faits contenus dans ce mémoire, et s'ils sont tels, me marquer si vous croyez qu'on doive accorder les ordres qu'on demande[4].

Je suis, etc.

MAUREPAS.

---

1. Reg. O^1 392, p. 116.
2. Ordres, reg. O^1 91, au 11 mars.
3. Reg. O^1 392, p. 118.
4. Sur avis conforme de M. de Marville, il fut enfermé à Senlis : reg. O^1 91, ordre du 24 mars.

M. de Maurepas à M. de Marville[1].

12 mars 1747.

Je joins ici les ordres du roi pour faire sortir de l'Hôpital plusieurs particuliers, tant hommes que femmes, qui sont dénommés dans les états que vous m'avez laissés il y a quelques jours, aux conditions y portées[2], à l'exception néanmoins des nommés André Cholier, Joseph de Ville, Barbe Aumont et Madeleine de Lislé, femme Mercy de Pixérécourt, que je crois devoir laisser encore pendant quelque temps dans cette maison, jusqu'à ce qu'on puisse prendre un autre parti à leur égard.

Je suis, etc.

MAUREPAS.

M. de Maurepas à M. de Marville.

15 mars 1747.

Vous ne pouviez pas vous dispenser de faire arrêter, sur la demande de M. le prince de Dombes, les deux personnes qu'il croit être complices dans l'empoisonnement du gibier d'Anet[3].

J'ai bien compté sur la demande de la prorogation des spectacles de la Foire jusqu'au samedi de la semaine de la Passion, et vous pouvez l'accorder.

La femme du major des chevau-légers n'étoit pas si attachée à sa montre que celle qui sauva son collier à peu près au même prix; quoi qu'il en soit, l'aventure me paroît assez grave.

Voici un mémoire du sieur Restier[4], qui redemande la permission des feux d'artifices. Il l'a fait signer par les syndics de la Foire, qui entrent apparemment chez lui gratis. Je ne crois pas qu'il y ait de prudence à y avoir égard.

Vous connoissez, etc.

MAUREPAS.

Nouvelles qui se débitent, etc.

18 mars 1747.

On dit que M. l'archevêque de Tours, en prenant congé du roi à

---

1. Reg. O¹ 392, p. 119.
2. Reg. O¹ 91, au 12 mars.
3. Anet était venu du duc de Vendôme aux enfants du duc du Maine.
4. Le comédien Antoine-Jérôme Restier n'avait que vingt-un ans. S'agit-il de lui?

la tête du clergé, a parlé avec bien de la vivacité sur l'entreprise du parlement contre le mandement de M. l'évêque d'Amiens, qui demeure supprimé quoique l'arrêt du Conseil annulle l'arrêté du parlement. Le roi, dit-on, a été peu satisfait du discours de ce prélat[1].

On assure que le roi a résolu de mettre les fermes générales en régie à la fin du bail présent et d'en donner la direction à MM. Paris, qui auront des commis fidèles, et non intéressés à vexer le public[2].

On avoit parlé, il y a quelques jours, du retour de M. Chauvelin au ministère, ce qui avoit causé de la fermentation parmi les ministres; Mme la princesse de Conti s'étoit donné quelques mouvements pour cela, ayant toujours en vue de culbuter M. d'Argenson.

M. Clementi est nommé protecteur des affaires de France à la cour de Rome à la place du cardinal Acquaviva, qui, par ses grandes infirmités, est regardé comme mort[3]; il a reçu ses lettres de créance, et on ne doute pas qu'à la prochaine promotion il ne soit revêtu de la pourpre[4]. On ne sait point trop s'il pourra réparer la perte que la France et l'Espagne font en la personne du cardinal Acquaviva, qui a si parfaitement servi les deux couronnes dans les dernières guerres d'Italie en employant les châtiments les plus rudes et ayant à sa suite au moins soixante assassins de Naples et de Venise, qui, sans coup férir, mettoient à mort tous ceux qui apportoient quelques obstacles à ses vues : ce qui avoit si fort irrité la cour de Vienne, que le prince de Lobkowitz[5], étant dans la Romagne et l'État ecclésiastique, a mis tout en usage pour le faire enlever, la résolution étant prise de le faire pendre, si on y fût parvenu.

Le roi doit aller passer les deux dernières fêtes de Pâques à la

1. Ce ne fut pas l'archevêque de Tours qui porta la parole, mais M. de Jumilhac, archevêque d'Arles (*Luynes*, p. 141).

2. Les frères Paris étaient tout-puissants, et aussi bien vus du public que de Mme de Pompadour. C'est le temps où Voltaire écrivait : « L'homme qui a soutenu le crédit de la nation par le sien, crédit à la fois fondé sur l'industrie et la probité, est un des prodiges de notre siècle.... Ceux qui ont fait ainsi subsister nos armées étoient des hommes dignes de seconder ceux qui nous ont fait vaincre. »

3. Le cardinal Trojan Acquaviva mourut le 21 mars (*Gazette*, p. 184). En 1744, c'est lui qui, étant protecteur d'Espagne, avait préparé avec M. de Maurepas l'expédition jacobite.

4. D. Alphonse Clementi de Aroztegui était le plus ancien des deux auditeurs de rote espagnols et fut chargé de l'intérim des affaires d'Espagne, non pas de France, jusqu'à ce que le cardinal Portocarrero fût nommé protecteur; mais il ne devint pas cardinal.

5. Georges-Chrétien, prince de Lobkowitz, feld-maréchal des armées de Marie-Thérèse, commandant en chef en Hongrie. C'est lui qui, en 1742, n'avait pu retenir Belle-Isle dans Prague. Il a été envoyé en Italie l'année suivante.

maison de Mme de Pompadour, et l'on y conduit les glaces et ameublements[1].

Il est défendu à Mlle Hélie[2], fille d'un marchand de Rouen, la plus belle qu'on connoisse dans le royaume, de paroître à la cour. C'est M. le duc de Richelieu qui lui a fait insinuer cet ordre, aussi flatteur du côté de l'orgueil que mortifiant pour l'ambition à qui en auroit. Cette beauté dangereuse fait l'admiration du public : elle est courue aux spectacles et promenades. Tout le monde voudroit la voir, et personne n'en veut. M. Boucher, qui a cent cinquante mille livres de rentes, l'auroit épousée il y a un an, si la belle-mère n'avoit demandé une dot exorbitante pour elle-même au cas que la fille vînt à mourir. M. de Saint-Julien en a aussi voulu tâter, il y a quelque temps; mais le mariage fut proposé et rompu presque le même jour, le futur s'étant fait une expectative du cocuage, comme si on ne devoit l'appréhender que de la part des belles[3] !

Il court un bruit sourd qu'on a découvert une cabale d'un prince[4] qui ne commandera plus et de plusieurs officiers généraux, contre le maréchal de Saxe, lors de la bataille de Raucoux, et qu'à cette occasion, plusieurs de ses officiers ne seront plus employés.

On dit que M. le Camus, fils du ci-devant premier président de la cour des aides[5], avoit été chez M. le chancelier à l'occasion de la réception, et que M. le chancelier lui auroit dit qu'il y avoit une cérémonie préliminaire, qui étoit la signature du Formulaire, mais que M. le Camus auroit reparti qu'il ne vouloit pas qu'on pût lui reprocher d'avoir été le premier à acquiescer à un incident qu'il regardoit comme tout à fait étranger pour la place qu'il sollicitoit.

Le roi achète l'hôtel de Pontchartrain pour y loger le gouverneur de Paris[6].

On écrit d'Avignon que le marquis d'Argouges[7], qui y commande,

---

1. C'était le château de Crécy. Voir la notice publiée en 1876 par le feu comte de Reiset.
2. Tome II, p. 276.
3. Ci-après, p. 189 et 193.
4. Le prince de Conti.
5. Nicolas Le Camus, marquis de Bligny, eut plus tard une compagnie aux gardes et devint brigadier en 1762. Son père, premier président de la cour des aides en 1715, avait donné sa démission en 1746.
6. Ci-dessus, p. 181. On n'y logea pas le gouverneur de Paris, mais les ambassadeurs extraordinaires; puis il devint, en 1754, le ministère des Finances (G. Brice, *Description de Paris*, t. I, p. 384 et 450; *Mémoires de Luynes*, t. VIII, p. 328, IX, p. 201, XIII, p. 250, et XIV, p. 400; Arch. nat., reg. Q¹ 1099⁶, fol. 128 v° et 148).
7. Louis-Henri, marquis d'Argouges, lieutenant général en 1744 et commandant du Comtat.

se fait fournir les fourrages et autres subsistances comme en pays ennemi, et que, faute de ces denrées ou d'argent, on prend la vaisselle d'argent des églises. Quoique les habitants du Comtat aient beaucoup gagné aux fournitures qu'ils ont faites à l'armée de M. de Belle-Isle, ils sont très mécontents, et on dit qu'ils ont envoyé des députés à la cour pour faire des représentations.

Des gens prétendent que M. le prince de Conti a reçu ordre de se tenir à l'Isle-Adam, et que Mme la princesse de Conti ne va plus à la cour.

Don Philippe et le duc de Modène sont à Montpellier, au grand regret des habitants, qui sont obligés de donner cent pistoles par jour pour l'ustensile. Les Espagnols qui y sont en usent avec une dureté inexprimable et insultent tout le monde; mais ceux qui font le plus de désordre sont cent cinquante gardes de M. le duc de Modène, tous chevaliers de Malte, que ce prince a donnés à Don Philippe, qui ont tous les jours des affaires avec les jeunes gens de Montpellier. Il y a eu plusieurs combats, où trois ou quatre bourgeois ont été tués[1]. La licence avec laquelle ces gens se comportent va si loin, qu'indubitablement il y aura un soulèvement, que M. Le Nain[2] tâche de prévenir[3].

Don Philippe a amené une comédie, et ce prince voltige d'un lieu à un autre, où l'on a toujours lieu d'être mécontent de sa suite. Ils ont voulu disputer aux gardes bourgeoises de faire leur service. Ce défaut de discipline rend odieux ceux qui commandent. Plusieurs filles ont été violées; une, entre autres, a arraché le sabre à un grenadier espagnol et le lui a passé au travers du corps, dont il est mort.

On dit à présent que le roi ne fera pas la campagne.

Quelques gens auroient dit que M. de Saxe avoit les jambes enflées; mais il n'y a pas d'apparence, puisque, tous les soirs, il fait arrêter son carrosse au dernier guichet du Louvre et va de son pied voir la demoiselle de Metz[4], qui loge à l'Académie royale de musique[5].

Le roi a envoyé ordre à Namur de lui préparer un logement pour lui et Monsieur le Dauphin, et les habitants s'empressent de leur mieux à faire tous les préparatifs possibles pour la réception de leur nouveau souverain.

S. M. a aussi dit, dans une autre conversation, que, si la publication de paix ne se faisoit point à la tête des armées, toutes les apparences la donnoient pour certaine avant la fin de l'année.

---

1. Voir ci-dessus, p. 171 et 176.
2. Jean VII Le Nain (1698-1750), intendant de Languedoc depuis août 1743.
3. Voir ci-après, p. 188.
4. Ci-dessus, p. 74. Elle fut reçue dans la musique de la chambre en décembre suivant, par la protection de Mme de Pompadour (*Luynes*, p. 354).
5. L'Opéra était dans l'aile droite du Palais-Royal.

M. de Maurepas à M. de Marville[1].

22 mars 1747.

Je joins ici un mémoire, par lequel M. le baron de Brancourt, conseiller d'ambassade du roi de Pologne, se plaint de la lettre qui est ci-jointe, que lui a écrite le sieur abbé Mottin. Vous voudrez bien le faire chercher à Paris, et même le mander chez vous pour savoir ce qui a pu le déterminer à écrire une pareille lettre. Il convient même que vous vous fassiez rendre compte de ce qu'il fait à Paris et de la conduite qu'il y tient.

Je suis, etc.

MAUREPAS.

M. de Maurepas à M. de Marville.

26 mars 1747.

J'apprends avec chagrin que c'est le dérangement de votre santé qui vous empêchera de venir demain à Versailles, et je vous conseille fort de ne point faire cette fois-ci comme la précédente[2]. Puisque vous croyez que quelques remèdes, comme il y a toute apparence, vous auroient sauvé cette rechute, ne vous en tenez pas uniquement au repos que vous vous proposez. J'attendrai des nouvelles de votre santé, comme m'y intéressant véritablement.

Vous connoissez, etc.

MAUREPAS.

M. de Maurepas à M. de Marville[3].

30 mars 1747.

Il eût été à souhaiter qu'on eût pu arrêter le sieur Barbette[4] dès les premiers jours qu'il a discontinué de paroître à son bureau. Vous ne pouvez, au surplus, qu'être approuvé d'avoir fait arrêter ses domestiques et mettre le scellé sur ses papiers. Je joins ici les ordres du roi pour autoriser ceux que vous avez donnés à cet effet[5]. Il n'est pas douteux que, si les domestiques savent où leur maître s'est retiré, ils le déclareront.

Je suis, etc.

MAUREPAS.

---

1. Reg. O^1 392, p. 138.
2. Ci-dessus, p. 181.
3. Reg. O^1 392, p. 148.
4. Commis des bureaux du clergé.
5. Ordre du 27 mars : reg. O^1 91.

Nouvelles qui se débitent, etc.

30 mars 1747 et jours suivants.

Les matières contentieuses des affaires de religion ont donné lieu au Conseil de délibérer s'il seroit à propos d'établir une commission dont les membres seroient tirés des dignités de l'Église pour décider de ces disputes ; mais il n'y a encore rien de résolu sur cet objet[1].

Plusieurs lettres de Montpellier continuent de parler du mécontentement des habitants contre les Espagnols[2]. Don Philippe, disent-elles, est un prince qui cherche à plaire : il va souvent à la comédie ; on ne sait point s'il s'y amuse ou s'il peut s'y ennuyer ; on remarque sur son visage une grande indifférence pour toutes choses[3]. Tous les endroits où il se trouve lui sont égaux, et il ne conserve véritablement son rang qu'avec M. le duc de Modène, à qui il le fait souvent sentir, inspiré en cela par M. de la Mina[4]. On croit qu'il doit venir à la cour de France, ou s'en retourner à Madrid. On voudroit, à Montpellier, qu'il en partît au plus tôt, non pas que sa personne n'y soit aimée et respectée, mais à cause de sa suite, qui sont gens insupportables.

Il y a des lettres de Marseille et de Toulon qui disent que, le vent étant devenu extrêmement contraire, il est rentré peu de bâtiments de l'embarquement[5], qui a mis à la voile le 18 et le 19 pour aller secourir les Génois, et que le reste a été pris. Il n'étoit guère possible que cet embarquement eût un heureux succès, attendu la grande quantité de vaisseaux anglois qui font la croisière dans ces mers-là. Il y a des gens qui prétendent qu'il y a de l'intelligence de la cour de France avec les puissances qui sont en guerre, et qu'elle s'est peu souciée que ce secours arrivât ou non, pourvu qu'il fût notoire qu'elle a fait tout ce qu'elle a pu pour secourir des alliés qui ne pourront lui faire aucun reproche à cet égard[6].

---

1. Cf. ci-dessus, p. 165.
2. Ci-dessus, p. 186.
3. Voir ce que le duc de Luynes dit de son caractère (*Mémoires*, p. 351).
4. Général des troupes espagnoles jointes à celles de M. de Belle-Isle : ci-dessus, p. 76.
5. Ci-dessus, p. 180-181.
6. *Luynes*, p. 181 : « Des cinquante barques que M. le maréchal de Belle-Isle avoit fait partir de Toulon et de Marseille, on sait qu'il y en a quarante-deux d'arrivées, ou au moins en sûreté ; l'on est sûr que trois ont été prises, et on soupçonne qu'il pourroit y en avoir, outre cela, cinq autres ; mais le total de ces huit barques ne fait pas en tout plus de cinq cents hommes. »

Le sieur Hélie, de Rouen, est venu ici avec sa fille[1], qui est belle comme le jour, dans la vue de faire fortune par son canal. Il a donné à manger, pour cet effet, à M. le duc de Richelieu et adhérents, en vue que sa fille fût présentée au roi. Effectivement, on a trouvé dans cette personne des grâces infinies; mais les qualités du cœur et de l'esprit sont si supérieures à sa beauté, qu'elle rougit et déteste publiquement l'infâme procédé de son père. On dit que Mme de Pompadour a empêché qu'elle n'allât à Versailles. M. le duc de Richelieu et ses amis lui donnent presque tous les jours des repas.

On dit qu'il y a eu de nouveaux ordres pour que les équipages du roi fussent prêts pour le 15 d'avril; mais cela ne décide rien de certain pour le départ de S. M.

M. le maréchal de Belle-Isle est, dit-on, arrivé[2] avec beaucoup de preuves contre M. de la Porte, intendant de son armée, et demande qu'on lui fasse son procès[3].

On dit que ce maréchal a travaillé seul avec le roi plusieurs fois depuis son arrivée, et notamment mardi 4 avril, qu'il fut enfermé avec S. M. depuis onze heures du matin jusqu'à deux heures après midi[4]; et, au sortir de cette conférence, il fut expédié un courrier au chevalier de Belle-Isle, en Provence[5].

On disoit hier que M. le duc d'Huescar avoit répandu la nouvelle que le prince Édouard étoit parti de Madrid, comblé d'honneurs et de promesses de la cour, pour s'aller embarquer à Bilbao, et de là se rendre à Brest pour y monter sur la flotte qu'on équipe[6].

Le roi vient d'accorder à l'abbé de Bernis le privilège de la *Gazette de France* à la recommandation de Mme de Pompadour. Cette place vaut dix mille livres de rente.

Les lettres de Languedoc sont toutes à l'unisson sur la conduite que les Espagnols y tiennent. Ils s'y comportent comme en pays ennemi. On a beau se plaindre : on promet de rendre justice, et on n'en fait rien; aussi ne les ménage-t-on plus, et, à mesure qu'il y en a qui s'écartent, on les assomme.

On prétend que, dans le compte que M. de la Porte, intendant de l'armée de Provence, a rendu, il rejette sur le commis des hôpitaux le vuide qu'il y a dans la caisse, et, par le mémoire de ce directeur, il est

---

1. Ci-dessus, p. 185.
2. Il arriva à Versailles le 4 avril (*Luynes*, p. 176).
3. Ci-dessus, p. 177.
4. *Luynes*, p. 176.
5. C'est à ce frère très aimé que le maréchal eût voulu laisser l'honneur des opérations.
6. Ci-dessus, p. 171. Au milieu d'avril, le Prétendant reviendra à Paris, fort mécontent de l'accueil qu'on lui avait fait en Espagne, et la *Gazette* aura soin de l'annoncer bien haut.

démontré que cet intendant a détourné deux millions, dont il n'y a point d'emploi. M. le maréchal de Belle-Isle, qui a examiné cette affaire à fond, a trouvé de la malversation de la part de M. de la Porte, et M. de Fontanieu[1], à qui cette affaire a été renvoyée, a rendu compte que le directeur est innocent, et que c'est à M. de la Porte à tenir compte de ces deux millions.

Le roi a nommé M. le comte de Clermont-Gallerande[2] pour commander à Ostende[3]. Ce lieutenant général est un de ceux qui ont été réformés de l'armée des Pays-Bas, et il fait vendre ses équipages à Anvers pour se rendre à ce nouveau commandement, que l'on regarde comme un adoucissement de la disgrâce qu'il s'est attirée depuis la bataille de Raucoux[4].

S. M. a fait donner dix mille francs, une fois payés, et trois mille livres de pension à M. de Lage, qui est parti pour aller prendre le commandement de quelques vaisseaux de guerre sur l'Océan[5].

On écrit de Lyon que M. Pallu, intendant[6], est chargé d'examiner les comptes de cette ville, dont les revenus se montent à trois millions cinq cent mille livres, et que, suivant les apparences, cette ville donnera quelques millions pour être exempte de cette revision.

On dit que le roi retire le privilège de la *Gazette de France* accordé à M. de Verneuil[7], en lui donnant un dédommagement proportionné, S. M. regardant cette commission comme une récompense littéraire, dont elle se propose de gratifier M. l'abbé de Bernis.

On dit qu'on n'a jamais vu le roi si triste qu'il l'étoit hier à la revue.

M. de Maurepas à M. le président Portail.

3 avril 1747.

Je ne vois pas de quoi vous inquiéter beaucoup dans l'opposition

---

1. Gaspard-Moïse de Fontanieu (1693-1767), conseiller d'État et intendant des meubles de la couronne, petit-fils d'une sœur du cardinal de Fleury : tome I, p. 33.
2. Tome II, p. 276.
3. Ci-après, p. 196.
4. Voir, dans les *Mémoires de Luynes*, t. VIII, p. 3-4, et dans le *Journal de Barbier*, t. IV, p. 191 et 195-197, les accusations qu'on avait portées contre cet officier.
5. Ci-dessus, p. 48 et 49. Le chevalier commandait une escadre de petits bâtiments destinés à aider à prendre la place d'Aksel, en Zélande, entourée par l'inondation.
6. Bertrand-René Pallu du Ruau (ci-dessus, p. 12), intendant à Lyon depuis 1738, devint conseiller d'État.
7. Ci-dessus, p. 135.

que Mme Portail vient de faire[1]. Cette démarche n'est ni raisonnable ni fondée, et ne doit pas vous empêcher d'aller en avant sur votre affaire. Je n'imagine pas qu'elle suive cette opposition. Cependant, si, contre toute vraisemblance, on l'engageoit à de nouvelles démarches et à faire de ceci un procès, vous voudriez bien m'en instruire. Vous savez que ce n'est pas à elle à qui je pourrois en parler; mais j'en parlerois aux personnes avec qui elle est en relation. Ainsi, de toutes façons, vous pouvez être tranquille[2].

Vous connoissez, etc. MAUREPAS.

Nouvelles qui se débitent, etc.

8 avril 1747.

On dit M. le duc de Richelieu parti pour Madrid pour suppléer M. l'évêque de Rennes, qui est fort malade[3].

Tout ce qui a été distribué dans le public au sujet du privilège de la *Gazette* accordé à l'abbé de Bernis ne se confirme pas[4], Mme de Pompadour n'ayant pu déterminer le roi à ôter au fils de M. de Verneuil ledit privilège, qui demandoit deux cent mille francs pour être indemnisé, et l'abbé de Bernis n'a qu'une pension sur la cassette, Monsieur de Mirepoix n'ayant pas jugé à propos de lui conférer des bénéfices[5].

On dit que M. le prince de Conti fera la campagne avec le roi en qualité de simple volontaire[6]. On fait mille réflexions à perte de vue sur cela : les uns disent que le roi veut le mener à l'école de M. de Saxe, où il a refusé d'aller l'année dernière après le siège de Charleroy; les autres, que le roi, connoissant la faute qu'il a faite de lui donner la patente de généralissime, veut du moins la lui faire mériter par une apparence de docilité; d'autres enfin, que M. le prince de

---

1. Voir tomes I, p. 178, et II, p. 276, 278 et 281-282.
2. Ci-après, p. 205.
3. Il couroit depuis quelque temps des bruits sur une prétendue mission de ce duc à Bréda ou ailleurs (*Luynes*, p. 178). L'évêque de Rennes ne revint qu'en 1749 (Morel-Fatio, *Recueil des instructions données aux ambassadeurs en Espagne*, t. III, p. 239 et suiv.).
4. Ci-dessus, p. 189 et 190.
5. « L'abbé de Bernis est un homme de lettres, mais qui n'est point à son aise.... Mme de Pompadour avoit grand désir d'obtenir pour lui une pension du roi sur un bénéfice; mais cette proposition n'a point été goûtée par M. l'évêque de Mirepoix, et, comme le roi s'en rapporte entièrement à lui pour ce qui regarde les bénéfices, l'affaire a manqué; mais le roi y a suppléé par une pension de dix-huit cents livres sur sa cassette » (*Luynes*, p. 88). Sur ses débuts à la cour, voyez les *Mémoires du président Hénault*, p. 208 et suiv.
6. Ci-dessus, p. 185-186.

Conti prend ce parti d'accord avec Madame sa mère et M. d'Argenson, pour nuire à M. de Saxe, afin, s'ils peuvent y parvenir, de faire choisir ce prince pour commander en chef.

Des personnes disoient hier que, l'éloge de la beauté de Mlle Hélie étant parvenu jusqu'à M. le duc de Richelieu, il ne lui avoit fait faire la défense de paroître à la cour[1] que pour avoir le plaisir de la produire lui-même au roi, et que Mme de Pompadour en étoit au désespoir; mais ce bruit n'est pas public.

La reine, Monsieur le Dauphin et Madame la Dauphine n'étoient point à la revue; il n'y avoit que Mesdames, qui avoient dans leur carrosse Mme de Pompadour. Mlle Hélie y étoit avec M. le duc de Lauraguais, qui l'a, dit-on, soufflée à M. le duc de Richelieu. On a de la peine à croire qu'une personne aussi aimable, et qui a plus de cent mille livres en mariage, veuille être la maîtresse d'un particulier, d'autant qu'on lui a toujours connu beaucoup de vertu.

M. le duc de Beauvillier, colonel qui avoit quitté le service parce qu'il n'avoit pas été fait brigadier plusieurs de ses cadets l'ayant été, a repris le service sur les promesses qu'on lui a faites[2].

Le comte de Tessin[3] redemande à quitter ses emplois, mais seroit fâché qu'on le prît au mot. Il joue la comédie depuis bien du temps quoique fils d'un vinaigrier de Stockholm.

On dit que le général Browne[4], étant campé près de Fréjus, envoya prier l'évêque[5] de lui prêter sa vaisselle d'argent, qu'il a gardée en représailles de ce que M. de Maillebois avoit pris la vaisselle d'argent de l'évêque de Brescia.

Monsieur le Dauphin n'a point été à la revue parce qu'il boude Mme de Pompadour. On pourroit bien lui faire faire une autre neuvaine comme il fit la campagne dernière, et, pour le coup, ce seroit de M. l'évêque de Mirepoix.

On dit que le roi a travaillé tous ces jours derniers avec M. de Belle-Isle depuis quatre heures du soir jusqu'à huit. S. M. y seroit restée davantage, si ce général ne se fût pas cru obligé de lui dire qu'il y avoit quatre heures qu'elle étoit occupée, et que sa santé étoit trop chère à lui-même et à tous ses sujets pour l'altérer par une aussi longue occupation. Ce général eut la satisfaction d'entendre dire au

---

1. Ci-dessus, p. 185.
2. Paul-Louis de Beauvillier, né en 1711, succéda en 1742 à son frère aîné dans la dignité ducale et comme colonel d'un régiment de cavalerie de son nom; il fut tué en 1757 à la bataille de Rosbach.
3. Charles-Gustave, ambassadeur de Suède en France depuis 1739. Le marquis d'Argenson (*Mémoires*, t. IV, p. 425-426) fait un curieux portrait de ce nouveau Lucullus, un *magister elegantiarum*.
4. Ci-dessus, p. 167.
5. C'était, depuis 1739, Martin du Bellay.

roi : « A demain, Monsieur le maréchal; on ne s'ennuie point de
« travailler avec vous¹. »

Ce maréchal ne part pas sitôt. Il veut tirer raison des mauvaises
manœuvres de M. de la Porte, intendant de l'armée, qui est ici
depuis quelques jours, et qui ne quitte point M. d'Argenson. On
assure qu'il a escamoté environ quinze cent mille livres, ce qui paroît
par le travail qui a été fait chez M. de Fontanieu².

Le bruit recommence que l'abbé de Bernis a le privilège de la
Gazette. On regarde cet abbé à la cour comme le secrétaire des commandements de Mᵐᵉ de Pompadour.

Il est faux que Mˡˡᵉ Hélie soit la maîtresse de M. le duc de Lauraguais : elle a des vues plus légitimes, ayant autant de vertu que de
beauté; on parle toujours de son mariage avec M. de Saint-Julien³.

On raisonne beaucoup sur la démission de M. l'abbé d'Harcourt⁴ :
les uns disent qu'il y a été poussé par sa famille, qui est mécontente
de Monsieur de Mirepoix; les autres, que c'est son zèle pour le jansénisme qui lui fait entrevoir qu'il ne s'accommoderoit pas avec M. l'ar-
chevêque⁵.

Mᵐᵉ de Pompadour parut mardi à l'Opéra en souveraine, aux
gardes près. Elle étoit dans la loge du roi, ayant à sa gauche la
duchesse de Chevreuse⁶ et Mᵐᵉ d'Estrades, derrière les ducs de
Luxembourg⁷ et de Chevreuse⁸, le marquis de Meuse⁹ et M. de Van-
dières¹⁰. Quand elle fut entrée, toute l'assemblée la salua avec le res-

---

1. Cf. *Luynes*, p. 178, et ci-dessus, p. 189.

2. La Porte a été révoqué de son intendance le 9 mars, pour les malversations dont il est parlé p. 176, 177, 189 et 190.

3. François-David Bollioud de Saint-Julien, baron d'Argental, né en 1713,
receveur général du clergé, n'épousa pas Mˡˡᵉ Hélie, mais se maria en décembre
1748 avec Anne-Madeleine-Louise-Charlotte-Auguste de la Tour-du-Pin.

4. Tome II, p. 258.

5. Il obtint en mai suivant un cordon de commandeur de l'ordre du
Saint-Esprit (*Luynes*, p. 227). Selon les *Nouvelles ecclésiastiques*, on avait
refusé de lui remettre les papiers du défunt archevêque, et M. de Marville
les avait emportés chez lui.

6. Tome II, p. 154.

7. Charles-François de Montmorency, qui devint maréchal de France
en 1757.

8. Marie-Charles-Louis d'Albert, fils du premier mariage du duc de
Luynes auteur des *Mémoires*. Les Luynes, qui n'avaient pas voulu, en
novembre 1742, présider à l'installation de la favorite, finiront par adoucir
pour elle les rares rigueurs de la reine, et la recevront même à Dampierre
dans l'été de 1747.

9. Henri-Louis de Choiseul, lieutenant général et gouverneur de Saint-
Malo, chevalier des ordres depuis février 1745.

10. Ci-dessus, p. 178-179.

pect le plus profond. Cette dame se comporte bien : c'est le fruit des conseils de MM. Paris, et il faut qu'elle ait bien de la docilité pour les suivre dans toute leur étendue.

Le roi, par les inspirations de cette dame, vient de faire plus de libéralités qu'il n'a fait depuis longtemps : il a donné douze mille livres de pension à Mme la duchesse d'Antin[1], en lui disant qu'on a peut-être oublié de lui dire qu'il y a quatre ans qu'il lui a accordé cette pension, et qu'il vient de donner ordre qu'on lui paye ses arrérages[2]. On ajoute que le roi a aussi donné deux cent mille livres à M. de Verneuil pour le dédommager du privilège de la *Gazette,* qui a été donné à l'abbé de Bernis[3].

Le bruit se confirme que M. le prince de Conti doit commander sur la Meuse soixante-quinze mille hommes, qu'il n'a vendu ses équipages[4] que pour donner le change, et qu'il va, accompagné de M. le maréchal de Belle-Isle, faire le siège de Luxembourg.

M. de Maurepas au procureur du roi[5].

11 avril 1747.

La demoiselle Romainville m'informe qu'elle a été volée dans son logement de Versailles, que les voleurs ont été arrêtés, qu'ils sont au Châtelet, et qu'une partie de ses effets sont retrouvés, mais qu'ils sont déposés au greffe, et qu'on lui a fait entendre qu'ils pourroient y rester longtemps; que cependant une partie de ces effets consiste en des habits qui lui servent lorsqu'elle vient à Versailles pour chanter au concert de la reine, et qu'elle n'est pas en état d'en avoir d'autres. Elle m'a demandé de vous en écrire : ce que je fais d'autant plus volontiers que je m'en remets à votre décision sur la nécessité dont peut être ce dépôt pour la conviction des coupables, à laquelle, à la vérité, il seroit à souhaiter pour elle qu'il ne fût pas nécessaire[6].

Vous connoissez, etc. MAUREPAS.

---

1. Françoise-Gilonne de Montmorency-Luxembourg, dame du palais de la reine, mariée en octobre 1722, veuve depuis le mois de décembre 1743.

2. Le brevet d'une pension de huit mille livres, avec effet rétroactif à partir du 1er janvier 1744, est dans le registre O¹91, fol. 155, daté du 8 avril. Le duc de Luynes donne (p. 178-179) l'explication de cette faveur.

3. Ci-dessus, p. 189-191. La nouvelle, on le verra p. 205, était fausse.

4. Ci-dessus, p. 176 et 191-192.

5. François Moreau, procureur du roi au Châtelet depuis 1713.

6. La demoiselle Rotissée de Romainville, douée d'une très belle voix et admise en 1738 dans la musique de la reine, avait dû à M. de Maurepas son entrée à l'Opéra en 1743. Elle y a joué, en novembre 1746, le rôle de Cassiope, épouse du roi Thésée, dans la tragédie de *Persée*. Elle finit par épou-

AU MINISTRE MAUREPAS.   195

Nouvelles qui se débitent, etc.

14 avril 1747 et jours suivants.

M. le prince de Conti, qui a réellement vendu ses équipages, ne quitte point l'Isle-Adam; il y fait bâtir, et il fait autant de tapage aux ouvriers que s'il s'agissoit d'escalader les Alpes. On prétend que le roi lui a offert de l'emmener avec lui à l'armée, et qu'il a refusé. On dit, à cette occasion, que c'est un esprit jaloux et rétif, n'ayant nulle docilité, par conséquent incapable de commander.

M. de Belle-Isle paroît assidûment à la cour, où il est vu d'un bon œil. Il n'en a pas l'obligation à M. d'Argenson; il n'a d'autre appui que son mérite et l'amitié du cardinal de Tencin.

On dit que M. de Puyzieulx a tant de peine à se rétablir, qu'on pense que ce ministre ne pourra pas soutenir longtemps les fatigues de son emploi[1].

M. l'évêque de Rennes étoit bien mal au départ des dernières lettres; la fièvre avoit considérablement augmenté. La reine douairière envoie plus souvent chez lui que le roi. Tout ce qui est espagnol ne l'aime point, et, avant son incommodité, il ne fréquentoit la cour que rarement, non que cela suppose de la mésintelligence entre les deux cours, mais un éloignement personnel pour ce prélat, qui a débuté par des galanteries peu agréables aux Espagnols. On pensoit qu'à la mort du roi[2], il seroit rappelé[3].

Il y a du froid entre M. le duc d'Orléans et M. le duc de Chartres, qui n'a donné d'autre avis que par lettre, au prince son père, de la naissance de M. le duc de Montpensier[4]. Ce froid est causé de ce que Mme la princesse de Conti[5] a donné une gouvernante contre le gré de M. le duc d'Orléans, qui en avoit proposé une autre; mais on

---

ser, en 1752, M. de la Maisonrouge, receveur général des finances et fermier général, qui avait deux cent mille livres de rente, et elle sept cent mille livres de bien; mais elle mourut fort peu de temps après (*Luynes*, t. V, p. 128-129, et XI, p. 454).

1. *Luynes*, p. 186, 16 avril : « M. de Puyzieulx, qui a presque toujours été malade ou absent depuis qu'il a été nommé conseiller d'État d'épée à la place de M. de Fénelon, n'a prêté serment et pris séance en cette qualité, au Conseil, qu'aujourd'hui. »

2. Le roi Philippe V, mort le 9 juillet 1746.

3. On pensait que M. de Boufflers irait le remplacer (*Luynes*, p. 180).

4. Louis-Philippe-Joseph d'Orléans, né le 13 avril. C'est lui qui mourut guillotiné en 1793. Sur sa naissance, voir le Chansonnier de Maurepas, ms. fr. 12650, p. 119.

5. Mère de la duchesse de Chartres.

prétend qu'il vient de plus loin, et que Mme la princesse de Conti avoit voulu faire interdire M. le duc d'Orléans[1].

M. le maréchal de la Fare[2] est parti hier pour l'Isle-Adam, sur une lettre qu'il a reçue de M. le prince de Conti, après en avoir demandé l'agrément à Madame la Dauphine.

On disoit ce matin que, M. le duc de Chartres étant venu hier à Paris, tout étoit disposé au Palais-Royal pour une grande illumination, mais que M. le duc d'Orléans l'avoit défendue, en sorte que M. de Chartres a fait distribuer dans toutes les maisons de l'enceinte du jardin quantité de lampions qui étoient tous prêts pour la fête du Palais-Royal, afin de suppléer au feu d'artifice.

On prétend que le roi a dit, il y a quelques jours, à quelques seigneurs qui parloient de l'armée de Flandres, que, y ayant un maréchal de Saxe, un Séchelles et un du Verney, il étoit fort tranquille de ce côté-là.

Le comte de Clermont-Gallerande reste à l'armée et ne va point commander à Ostende[3]. M. de Saxe lui a écrit une lettre fort polie pour lui mander qu'il avoit besoin de ses conseils, et, d'Anvers, où il étoit, il s'est rendu à Bruxelles.

L'évêque de Rennes a demandé son rappel de Madrid, ne voyant plus d'espérance d'être cardinal par la voie de France ou d'Espagne[4].

La flotte qu'on équipe à Brest, composée de treize vaisseaux de guerre, de plusieurs frégates et brûlots, n'est pas encore prête à partir, et on ne sait pas même quand elle le sera, quoique l'on se fût promis qu'elle mettroit à la voile les premiers jours de mai[5].

M. l'abbé de Ventadour[6] a fait fermer sa porte pour ne voir qui que ce soit. Cette précaution a paru inutile, d'autant que les honnêtes gens ne le verront point avec plaisir, attendu que c'est un vol qu'il fait à Monsieur de Soissons, qui a contre lui le péché originel de Metz, qui l'exclut pour toujours du chapeau[7], et l'on est surpris

---

1. Voyez ce que dit le duc de Luynes à l'occasion de cette naissance (p. 181-182).

2. Tome II, p. 118.

3. Ci-dessus, p. 190. C'est à Oudenarde qu'il fut placé, selon la *Chronologie militaire*.

4. Il était très mécontent de d'Argenson, mais ne revint de Madrid qu'en 1749.

5. Ci-dessus, p. 166. Le commandement en fut donné à M. de la Jonquière (*Luynes*, t. VIII, p. 237; Lacour-Gayet, *Histoire de la marine*, p. 167-172; ci-dessus, p. 88).

6. Qui passait pour nommé au cardinalat; ci-dessus, p. 167.

7. Lors de la maladie de Metz, cet évêque de Soissons, premier aumônier, avait réussi, malgré le duc de Richelieu et Mme de Châteauroux, à pénétrer dans la chambre royale, et avait obtenu le renvoi de la maîtresse et décidé

que le chevalier de Saint-Georges n'a pas osé résister à la France, quoiqu'il eût positivement promis à Monsieur de Soissons de lui donner sa nomination.

On dit que M. le maréchal de Noailles part mardi pour la Flandre, mais que c'est pour se rendre ensuite aux conférences de Bréda.

On assure[1] que le prince Édouard est arrivé à Paris et garde l'*incognito* à la Maison-Blanche[2], qui appartient à M. l'archevêque de Cambray[3].

M. de Maurepas au prévôt des marchands[4].

18 avril 1747.

Le roi, voulant donner à M. le duc de Gesvres des marques de la satisfaction qu'il a de ses services, désire que la somme de six mille livres que la Ville lui paye pour son logement soit portée jusques à celle de quinze mille livres, et que cette augmentation lui soit allouée à compter de l'année 1732, dans laquelle S. M. lui a accordé les provisions du gouvernement de Paris, pour que de tous ces arrérages passés il soit formé un capital, dont la Ville lui fera une rente viagère sur le pied du denier dix[5]. C'est pour vous informer lui-même de sa volonté que le roi vous a mandé, et pour vous dire qu'il désire que vous assembliez le bureau de la Ville pour lui faire part de ses intentions. La reconnoissance qu'il doit conserver des services que M. le duc de Gesvres a rendus à la Ville dans toutes les occasions ne peut qu'augmenter l'empressement que le bureau a toujours témoigné de se conformer aux désirs de S. M.

On ne peut être, etc. MAUREPAS.

M. de Maurepas à M. de Marville.

22 avril 1747.

Vous avez très bien fait de ne rien promettre à M. de Visé, le capitaine aux gardes, sur le sort de son frère[6]. Il faut, comme vous l'avez

---

le roi à faire une amende honorable publique (*Journal de Barbier*, t. III, p. 537-538).

1. *Luynes*, p. 186, 18 avril.
2. A l'extrémité du faubourg Saint-Marcel, sur la route de Fontainebleau.
3. Charles de Saint-Albin, fils naturel du Régent, qui avait succédé en 1723 au cardinal Dubois.
4. Reg. O¹ 392, p. 176. Lettre transcrite dans le registre de la Ville H 1862, fol. 225.
5. Le capital de la non-jouissance depuis 1732 représentant deux cent vingt-cinq mille écus, la rente fut de vingt-deux mille cinq cents livres.
6. L'abbé Gaspard de Visé était la « cheville ouvrière des convulsion-

pensé, avant que d'en décider, examiner les papiers qui ont été saisis chez cet abbé[1].

Pour l'abbé Cottet, il est très bien à la Bastille[2], et S. A. R. ne manquera point de prêtres pour l'annuel qu'elle a fondé.

Nous parlerons à notre premier travail des tracasseries qui se sont passées aux deux comédies, à l'occasion des domestiques et des carrosses[3], et je compte vous voir, pour ce travail, lundi matin, sur les onze heures, attendu que j'ai disposé de mon après-midi.

---

naires » et le caissier du parti; on avait perquisitionné chez lui le 18 avril (*Archives de la Bastille*, t. XV, p. 343-344). A ce propos, M. de Marville eut avec le capitaine une discussion fort vive, qui se termina par des voies de fait, si l'on en croit ce passage du *Journal de Barbier* (t. IV, p. 243) : « M. de Marville a eu depuis un an deux ou trois scènes de brutalité avec des gens d'un certain rang..., entre autres celle avec M. de Visé, capitaine aux gardes, à qui il dit que lui et les officiers de son régiment n'étoient bons que pour soutenir des escrocs et des p....... Sur quoi, M. de Visé lui donna un soufflet. » — Sur l'abbé, voir les dossiers Bastille 10026, 11626 et 12927.

1. Il avait été arrêté le 10 avril.

2. Cet abbé, chanoine de Sens, avait été mis en prison le 19 avril, après saisie de ses papiers : reg. O^1 91, au 25 avril.

3. On a déjà vu se produire pareilles « tracasseries, » notamment tome II, p. 181-186. Le 10 du présent mois, M. de Maurepas a fait rendre cette ordonnance au nom du roi (O^1 91, p. 163-165) : « S. M. voulant que les défenses qui ont été faites, et qu'elle a renouvelées à l'exemple du feu roi, d'entrer à l'Opéra, aux comédies françoise et italienne sans payer, et d'interrompre le spectacle sous aucun prétexte, soient régulièrement observées, de même que les dispositions de l'ordonnance de S. M. du 18 janvier 1745 pour l'arrangement des carrosses aux entrées et sorties des spectacles, et étant informée que quelques personnes ne s'y conforment pas aussi exactement qu'elle le désire, S. M. a fait très expresses inhibitions et défenses à toutes personnes, de quelque qualité et condition qu'elles soient, même aux officiers de sa maison, gardes, gendarmes, chevau-légers, mousquetaires, aux pages de S. M., ceux de la reine, des princes et princesses de son sang, des ambassadeurs, et à tous autres, d'entrer à l'Opéra et aux comédies françoise et italienne sans payer; veut même que les pages, en payant, ne puissent se placer ailleurs qu'au parterre et aux troisièmes loges; défend aussi à tous ceux qui assistent à ces spectacles, et particulièrement à ceux qui se placeront au parterre, d'y commettre aucun désordre en entrant et en sortant, de crier et de faire du bruit avant que le spectacle commence et dans les entr'actes, de siffler, faire des huées, avoir le chapeau sur la tête, et d'interrompre les acteurs pendant les représentations, de quelque manière et sous quelque prétexte que ce soit, à peine de désobéissance; fait pareilles défenses, et sous les mêmes peines, à toutes personnes, de s'arrêter dans les coulisses qui servent d'entrées aux théâtres des deux comédies, et hors de l'enceinte des balustrades qui y sont posées; défend aussi S. M. à tous

Je vous suis obligé du surplus des nouvelles que vous me mandez, et qui n'exigent point de réponse.

Vous connoissez, etc.

MAUREPAS.

Nouvelles qui se débitent, etc.

22 avril 1747 et jours suivants.

On avoit cru à Paris que M. l'évêque de Mirepoix auroit le chapeau de cardinal. Ceux qui en parloient étoient fondés sur ce que Monsieur le Dauphin avoit demandé au roi de lui procurer la nomination du chevalier de Saint-Georges : ce modeste prélat, en étant informé, fut trouver le roi et le supplier de vouloir procurer à tout autre un honneur qu'il n'a point encore mérité, et qu'il étoit plus que flatté de la marque de souvenir que Monsieur le Dauphin avoit bien voulu lui donner en cette occasion [1].

---

domestiques portant livrée, sans aucune réserve, exception ni distinction, d'entrer à l'Opéra ou aux deux comédies, même en payant, de commettre aucune violence, indécence ou autres désordres aux entrées, ni aux environs des salles où se font les représentations, sous telles peines qu'elle jugera convenables. Veut et entend S. M. qu'il n'y ait aucune préséance ni place marquée pour les carrosses, et qu'ils aient tous, sans aucune exception ni distinction, à se placer à la file les uns des autres au fur et à mesure qu'ils arriveront aux entrées des spectacles des comédies françoise et italienne, sans pouvoir même doubler, ni embarrasser le devant desdits spectacles, qui sera réservé libre pour la facilité du défilé, de façon que la voie publique ne puisse être embarrassée, et qu'à l'entrée et à la sortie desdits spectacles, les cochers soient tenus de prendre la file, sans en former plusieurs, ni se couper les uns les autres pour quelque cause que ce soit. Ordonne S. M. d'emprisonner les contrevenants, défendant très expressément à toutes personnes, quelles qu'elles puissent être, officiers de S. M. et autres, de s'opposer directement ni indirectement à ce qui est ci-dessus ordonné, et d'empêcher par la force ou autrement que ceux qui y contreviendront ne soient arrêtés et conduits en prison. Enjoint au sieur Feydeau de Marville, conseiller en ses conseils, maître des requêtes ordinaire de son hôtel, lieutenant général de police, de tenir exactement la main à l'exécution de la présente ordonnance, qui sera imprimée, lue, publiée et affichée partout où besoin sera. »

1. Le duc de Luynes parle en ces termes de la promotion de couronnes du 10, dont la nouvelle arriva le 19 avril (t. VII, p. 188) : « Le pape a fait onze cardinaux. M. l'archevêque de Bourges est de ce nombre, et on l'appelle présentement le cardinal de la Rochefoucauld; c'est à la nomination de la France. M. le coadjuteur a obtenu aussi un de ces chapeaux, à la nomination du roi Jacques. Cette nomination étoit promise à M. l'évêque de Soissons, Fitz-James : le roi, qui est mécontent de M. de Soissons comme

Le bruit qui s'étoit répandu que Mme de Pompadour étoit de côté est dénué de tout fondement. Cette dame règne plus souverainement que jamais; elle l'a bien fait paroître à Crécy, par les marques de distinction que le roi a bien voulu donner à M. de Vandières, son frère[1]. Il y avoit vingt seigneurs et douze dames de ce voyage, et la fête a été d'un goût, d'une magnificence et d'un ordre admirable.

On dit Mme de Pompadour grosse de quatre mois, et on prétend qu'elle restera à Compiègne pendant toute la campagne du roi.

On dit que nous sommes vivement menacés de la part des Anglois. Ils font des armements terribles, et on ne dit mot de nos précautions; seroit-il possible que le ministre méprisât de pareils bruits? Il est vrai que les Anglois ont échoué l'année dernière; mais c'est une raison pour qu'ils prennent mieux leurs mesures. Nous avons bien quelques troupes répandues en Normandie et en Bretagne, nous avons dans ces deux provinces des garde-côtes assez bien disciplinés : tout cela suffira-t-il, s'il n'y a point de chef habile, et si l'on manque, comme l'année dernière, de munitions et d'armes?

Le bruit court que Madame la Dauphine doit aller incessamment prendre les eaux de Saint-Amand[2] et que la reine et Monsieur le Dauphin doivent l'y accompagner. On dit qu'ils logeront à Lille.

On dit qu'à l'arrivée de M. de Saxe dans la ville de Bruxelles, M. de Clermont-Gallerande[3] fut le féliciter sur son heureux voyage, qu'il mangea avec lui ce même jour, et qu'au sortir de table ce seigneur fut arrêté de la part du roi. On ignore le motif de cette disgrâce.

Bien des gens prétendent que, quoique le roi ait dit que, dimanche prochain, il déclarera le jour fixe de son départ pour l'armée, S. M.

---

l'on sait, n'a pas voulu que la nomination eût lieu, et l'a demandée au roi d'Angleterre pour M. le coadjuteur. Le roi parla de tout cet arrangement à M. le cardinal de Rohan, étant à Tournay il y a deux ans. MM. de Rohan disent qu'ils n'y ont nulle part. On appellera M. le coadjuteur le cardinal de Soubise. » Voir ci-dessus, p. 167 et 196.

1. Le roi est allé passer le mercredi 17 avril au château de Crécy, qu'il avait donné à Mme de Pompadour (ci-dessus, p. 112), et où il faisait beaucoup travailler. Voir ci-après, p. 207, etc. « Le roi, dit le duc de Luynes (p. 190-191), s'y est beaucoup promené, et l'on y a joué fort gros jeu. Il y étoit arrivé mercredi de fort bonne heure et étoit allé voir les bâtiments nouveaux : on y travaille beaucoup, surtout dans les deux ailes, qu'on reconstruit presque à neuf. C'est M. de Lassurance, contrôleur de Marly, qui est chargé de diriger ces ouvrages. » Plus tard, le duc de Luynes fera une description assez détaillée de cette résidence.

2. Auprès de Valenciennes.

3. Ci-dessus, p. 190.

ne partira pas, attendu qu'il n'y a rien d'avantageux à faire, ni de la gloire à acquérir[1].

Dès que M. de la Peyronie a été mort[2], il a été sur-le-champ oublié. C'est encore un mystère de savoir qui le remplacera. On parle toujours de M. de la Martinière. On assure que le roi a chargé M. Chicoyneau[3] du soin de lui procurer un premier chirurgien qui soit moins remuant, en sorte que M. Chicoyneau, qui reprend haleine par cette mort, est fort embarrassé sur le choix qu'il fera[4].

Les jansénistes font courir le bruit que c'est M. l'archevêque qui a donné lieu à la démission de M. l'abbé d'Harcourt[5] à cause de la différence des sentiments, et que ce prélat étoit bien aise aussi de faire tomber cette dignité à M. l'abbé de Saint-Exupéry, son parent[6], au moyen de quoi il devient maître de nommer à la dignité de grand chantre, qu'avoit ce dernier.

29 avril 1747 et jours suivants.

L'on dit que M. le maréchal de Noailles, pour achever de déterminer la reine d'Espagne à se prêter à nos vues de conciliation avec la cour de Turin, l'a menacée d'aller prendre le commandement des troupes d'Italie, espérant sans doute de lui faire appréhender par cette menace que la situation de nos affaires, qui est déjà si mauvaise

1. Un manifeste avait été imprimé, avec la date du 17 avril 1747, et sous le titre de « Déclaration communiquée par ordre de S. M. T. C. aux seigneurs États-Généraux des Provinces-Unies » (collection Rondonneau, AD + 887). Le roi protestait de son désir de conciliation, dont il n'avait cessé de donner des preuves depuis 1742, et de son regret sincère d'avoir à « prendre indistinctement toutes les mesures que l'habileté du général de ses troupes et son expérience dans l'art militaire pourroient lui suggérer pour empêcher l'armée ennemie de troubler la possession légitime de ses conquêtes et pour affermir le repos des peuples nouvellement soumis à sa domination. » L'entrée actuelle des troupes françaises sur le territoire de la République n'avait d'autre but que d' « arrêter ou de prévenir les dangereux effets de la protection qu'elle accorde aux troupes de la reine de Hongrie et du roi d'Angleterre. » Elles avaient ordre d'observer la plus rigoureuse discipline et de se retirer dès qu'elles auraient la certitude non équivoque de ne plus trouver dans cette attitude « une des principales causes de la continuation de la guerre. » Voir, sur les suites, la *Gazette*, p. 198-201, 213, 214, 223, 224, 236-238.

2. François Gigot de la Peyronie, originaire de Montpellier, vint s'établir à Paris et réussit à être nommé premier chirurgien du roi. Les contemporains ont raconté son rôle lors de la maladie de Louis XV à Metz. Il mourut le 23 avril, âgé de soixante-dix ans (*Luynes*, p. 192-193).

3. Son premier médecin : tome II, p. 142.

4. Ci-après, p. 204.

5. Ci-dessus, p. 117-118.

6. Tome I, p. 197. Cet abbé fut élu par le chapitre à la fin d'avril (*Gazette*, p. 203).

dans ce pays-là, devienne encore pire. Cette plaisanterie tire apparemment son origine des cafés.

On dit que M. de Voltaire est enfin nommé à une place de gentilhomme ordinaire[1], et qu'en cette qualité on le chargera de quelque négociation pour une cour du Nord que l'on ne nomme pas encore[2].

La prise de la frégate du roi *la [non lu]* dans l'île de Ré surprend tout le monde; on ne conçoit pas comment le capitaine anglois a osé l'entreprendre, surtout dans le moment où cette frégate arrive dans le port et a encore tout son équipage, ce qui tient du merveilleux; et cela arrive dans une conjoncture très fâcheuse, puisque cela suspend le départ d'une flotte très nombreuse de vaisseaux marchands, qui est rassemblée depuis près de trois mois[3], et qui ne sauroit partir sans qu'on remplace cette frégate, ou les toiles et autres effets dont elle étoit chargée, et qui sont nécessaires pour des vaisseaux de guerre qui doivent servir d'escorte et destinés pour aller à l'Amérique[4].

On apprend de Versailles qu'il est survenu un différend de conséquence entre deux duchesses et un duc, que ces dames l'ont porté au tribunal immédiat du roi. On ignore si S. M. aura prononcé avant son départ. Voici de quoi il s'agit. Il y a quelques jours que le roi, parlant à la duchesse de Tallard[5], lui dit qu'il seroit bien aise que, pendant son absence, elle eût un peu l'œil sur Mesdames, « quoique, « ajouta S. M., je dois être fort tranquille en laissant auprès d'elles « Mme de Brissac[6] et Mme de Beauvillier[7]. » — « Pour Mme de Bris-« sac, passe; mais, pour Mme de Beauvillier, elle n'est pas tout à fait « irréprochable. » Le roi voulut être éclairci, et Mme de Tallard laissa entendre que Mme de Beauvillier n'étoit pas sans intrigues et qu'elle en avoit une bien intime avec le duc de Saint-Aignan, son beau-père[8]. Cette conversation n'a pu être si secrète que Mme de Beauvil-

---

1. Le brevet avait été délivré le 22 décembre : tome II, p. 232.

2. Il vient de passer les derniers mois de 1746 dans une prudente retraite avec Mme du Châtelet, composant des romans ou jouant de petites pièces. Déjà, en 1743, il avait eu une mission en Allemagne.

3. Cette formation de flotte a été annoncée ci-dessus, p. 166 et 196.

4. M. de la Jonquière, chargé d'escorter le convoi, le sauvera dans un combat près du cap Finistère, le 14 mai, mais, trop inférieur en effectif, sera obligé de se rendre avec les vaisseaux de guerre.

5. Marie-Isabelle-Gabrielle de Rohan-Soubise, mariée en 1713 au fils du maréchal de Tallard, était gouvernante des enfants de France depuis 1732; la plus belle, la plus brillante, et la plus « jouissante » de la cour, d'après les *Mémoires de Dufort de Cheverny*, t. I, p. 104.

6. Marie-Josèphe Durey de Sauroy, dame de compagnie de Mesdames, mariée en 1732 à M. de Cossé, qui devint maréchal de France en 1768.

7. Marie-Suzanne-Françoise de Creil, dame d'honneur de Madame Adélaïde, mariée depuis décembre 1738.

8. Paul-Hippolyte de Beauvillier (1684-1776), ancien ambassadeur.

lier n'en ait été instruite. Elle a d'abord fait grand bruit auprès du roi; mais, comme elle étoit peu écoutée, elle a mis son beau-père en jeu : ils ont présenté de concert un mémoire au roi tendant à justifier leur conduite contre les accusations de Mme de Tallard, et à dévoiler celle qu'elle a tenue elle-même jusqu'à présent[1]. Il est dit, entre autres choses, dans ce mémoire, que Mme de Tallard a eu une trentaine d'intrigues avec diverses personnes, qui sont nommées, et qu'elle est actuellement à son septième garde du corps[2].

L'on dit à Versailles que les actions du duc de Richelieu ont bien diminué depuis quelque temps, et que le roi ne paroît plus être dans une si grande familiarité avec lui. Quelques officiers de la cour, dont on a entendu le discours à ce sujet, prétendent qu'on n'en doit point être fâché, parce que les airs dédaigneux, ou, pour se servir de leurs termes, les airs faquins de ce seigneur l'avoient rendu par trop insupportable à la cour.

Le départ du roi[3] a occasionné une scène singulière, qui s'est passée chez Mesdames dimanche, après la messe. Le roi avoit dit qu'il partiroit dans un vis-à-vis, où il ne pouvoit avoir qu'une seule personne avec lui. L'on ignoroit quelle seroit cette personne, le roi ne s'étant point expliqué, et l'on étoit fort anxieux de savoir sur qui tomberoit le choix. Une de Mesdames demanda à Monsieur le Premier, qui, naturellement, le devoit savoir : Monsieur le Premier répondit qu'il n'en savoit rien. Le duc d'Ayen[4], d'un ton railleur, lui dit qu'il avoit tort d'en faire mystère. Monsieur le Premier, se tournant du côté des autres seigneurs qui étoient présents, leur demanda ce qu'il devoit répondre au duc d'Ayen, que tout le monde présumoit être l'élu. On lui dit qu'il répondroit ce qu'il voudroit. Alors, comme s'il eût joué indifféremment avec sa canne, il en porta le pommeau devant sa bouche et siffla deux ou trois fois, ce qui fit dire à quelques-uns que ce qu'on lui demandoit se siffloit, et ne se disoit pas. Quelques malintentionnés l'interprétèrent autrement, en disant que Monsieur le Premier avoit voulu dénoter par ce sifflement que ce seroit le maquereau du roi; mais ils ont été bien trompés quand ils ont vu que le choix tomboit sur le duc de Luxembourg.

Tout le monde sait que le capitaine des gardes et le premier écuyer ont droit chacun à une place dans le carrosse du roi. Monsieur le Premier, sachant que le roi ne prenoit qu'un vis-à-vis, avoit fait ses

---

1. Le Chansonnier (éd. Raunié, t. VI, p. 233 et 281) en dit de fort vilaines choses. Il y est question aussi (t. IV, p. 203) de Mme de Beauvillier.
2. Le duc de Luynes ne parle pas de ce « différend. »
3. Louis XV ne quitta Versailles que le 29 mai (*Luynes*, p. 229-231).
4. Il remplissait les fonctions de capitaine des gardes en quartier à la place de son père, alors en Espagne.

remontrances qu'il faudroit que lui ou le capitaine des gardes fût exclus de son équipage; M. d'Ayen avoit représenté la même chose, et le roi les avoit tous deux laissés dans l'incertitude. Ce ne fut que le soir que l'on sut que S. M. prenoit avec elle le duc de Luxembourg afin de ne faire de peine ni à l'un ni à l'autre, ou pour en faire à tous deux également.

On dit que M. de Noailles a écrit en son hôtel, à Paris, qu'il désespéroit de la réussite de sa mission, la reine d'Espagne étant toujours obstinée dans ses premières résolutions[1].

30 avril 1747.

C'est aujourd'hui, dit-on, que le roi doit déclarer le jour de son départ. Il est toujours décidé que Monsieur le Dauphin ne fera pas la campagne.

M. le comte de Suse[2], frère de la princesse de Carignan, est arrivé ici depuis peu, et ne fait pas mystère de dire que, vu la circonstance des affaires, tant dans les Pays-Bas qu'en Italie, le roi de Sardaigne ne seroit pas fort éloigné de faire une retraite pacifique pour peu qu'elle ne lui fût pas déshonorable.

Le roi a dû nommer hier son premier chirurgien. Il y a eu, à cet effet, une assemblée des chirurgiens samedi à Saint-Côme, sur une lettre de M. Chicoyneau, par laquelle il les invite de lui présenter des sujets capables de remplir cette place, le roi l'ayant chargé de ce soin. Toutes les sollicitations[3] sont pour M. de la Martinière, et les vœux du public pour M. Morand; d'autres disent que le roi a ordonné à l'académie de Saint-Côme[4] de lui présenter les trois sujets qu'elle croira les plus capables, afin qu'il puisse choisir celui des trois qui lui conviendra le mieux. Cette voie n'est pas encore à couvert de la

---

1. On n'avait jamais bien auguré de cette mission :

> Noailles, dit Louis, voudroit toujours tout faire
> Et du monde lui seul porter le faix;
> Il a toujours mal fait la guerre,
> Voyons s'il fera bien la paix.

Cependant il échoua absolument. Voyez le livre de M. Stryienski, p. 211-223.

2. Victor-François-Philippe-Amédée, fils légitimé du duc de Savoie Victor-Amédée et de Mme de Verue (1692-1762), était général de l'infanterie piémontaise.

3. Ci-dessus, p. 201.

4. En 1561, le curé de Saint-Côme, Claude Versoris, avait fait élever auprès des charniers de son église un petit bâtiment pour le pansement des malades pauvres; les chirurgiens-barbiers commencèrent à s'y réunir pour y étudier leur art, et cette institution, sous le nom de collège, puis d'académie de Saint-Côme, devint l'embryon d'une véritable école de chirurgie (*Topographie historique du vieux Paris*, t. V, p. 357-364).

brigue; mais elle est propre à inspirer de l'émulation au corps de la chirurgie[1].

On dit que le cardinal de Tencin se donne de grands mouvements pour relever le parti du Prétendant et engager le ministère à se porter à faire encore une tentative en sa faveur; mais on ne croit pas qu'il puisse réussir, le roi, dit-on, s'étant expliqué lundi dernier sur cela de façon à ne devoir rien espérer. Ce cardinal sollicite aussi beaucoup l'abbaye d'Anchin, qu'avoit le feu cardinal d'Auvergne[2]; mais on croit que le roi pourroit plutôt l'accorder au cardinal-prince de Liège[3], qui l'a fait aussi solliciter pour lui-même.

Le bruit court dans Paris que, lorsque la princesse de Conti demanda au roi, il y a quelques jours, si S. M. comptoit de partir bientôt, elle lui répondit qu'elle attendoit les ordres de M. le maréchal de Saxe, qu'elle avoit servi l'année dernière sous ses ordres en qualité de maréchal de camp, et qu'elle serviroit cette année en celle de lieutenant général.

Il n'est point encore question que le privilège de la *Gazette de France* soit accordé à l'abbé de Bernis comme on l'avoit dit[4]. La proposition en a été faite par Mme la marquise de Pompadour, en demandant au roi de vouloir bien donner deux cent mille livres à M. de Verneuil en dédommagement de la *Gazette;* le roi en a parlé à M. le contrôleur général, qui a répondu qu'il étoit hors d'état de payer cette somme par la destination indispensable des fonds. Quoique ce soit là un refus, Mme de Pompadour ne s'en plaint point; elle attend des temps plus favorables pour procurer ce privilège à M. de Bernis[5].

Les déportements de Mme la présidente Portail[6] ont engagé son mari à donner au roi la démission de sa charge de président à mortier, que l'on destine à M. Turgot. Il n'auroit point fait cette démarche, si sa femme lui avoit tenu la parole qu'elle lui avoit don-

---

1. Ci-dessus, p. 201. Le duc de Luynes énumère (p. 193) ces quatre candidats : « Morand, qui a grande réputation dans Paris; Bagieux, qui s'en est acquis beaucoup à l'armée, et surtout par la guérison de la blessure de M. le chevalier d'Apchier ; la Martinière, que le roi paroît aimer beaucoup et qui a été chirurgien-major de l'armée du roi en Bohême, et un nommé Quenet, qui est à M. le duc de Villeroy. » Morand venait de se distinguer en délivrant le comte de Saint-Séverin d'une tumeur. C'est seulement en juin que la Martinière sera nommé.
2. Henri-Oswald de la Tour-d'Auvergne, ancien archevêque de Vienne, mort le 23 avril. L'abbaye d'Anchin, en Artois, fut donnée à un fils du duc de Modène (*Luynes*, p. 209-210).
3. C'était, depuis janvier 1744, Jean-Théodore de Bavière.
4. Ci-dessus, p. 194.
5. Ci-après, p. 207.
6. Ci-dessus, p. 190-191.

née de rester dans un couvent ; mais, cette dame s'en étant lassée, elle a eu recours à Mme la marquise de Pompadour, qui a fait lever la lettre de cachet, et elle a recommencé de plus belle ses galanteries, en sorte que, M. Portail ne pouvant plus vivre avec honneur dans une place qui l'expose aux yeux du public, il a mieux aimé prendre le parti de la retraite[1].

On dit que le roi doit aller le 3 mai à Clichy, voir l'effet du nouveau pont de bateaux[2]. On est fort incertain sur le départ de S. M. : les uns disent que ce sera cette nuit, les autres assurent qu'il y aura un voyage à Choisy avant, et d'autres veulent que ce soit samedi prochain[3].

M. l'archevêque de Paris, à ce qu'on assure, ne veut absolument pas se déclarer pour aucun parti, et on doit incessamment lui donner un grand vicaire pour examiner ses actions.

On dit que le roi a nommé le sieur Morand pour être son premier chirurgien[4].

C'est aujourd'hui, dit-on, que M. Chicoyneau doit rendre public le choix que le roi a fait de son premier chirurgien. Tout Paris dit que c'est M. Morand, élève du sieur Boudon, et qui avoit sa survivance à l'Hôtel-Dieu. Il a l'amitié de M. de Monmartel, et par conséquent la protection de Mme la marquise de Pompadour.

On assure aujourd'hui de bonne part que le roi partira sans doute dimanche prochain 7 mai, pour se trouver à une bataille prochaine que l'on regarde comme certaine parce qu'il n'y a que des lauriers à cueillir pour S. M.

Le départ du roi est, dit-on, différé jusqu'au 15[5]. Outre le grand conseil qui se tiendra demain, auquel doit assister M. le maréchal de Belle-Isle, il s'en tiendra un de marine mardi, où M. le cardinal de Tencin est mandé. Il est à craindre pour la France que, comme notre marine n'est point en bon état, la Hollande n'envoie une flotte pour attaquer nos comptoirs dans les Indes et à Pondichéry.

M. le cardinal de Tencin doit aller passer tout le temps de l'absence du roi à son archevêché[6], afin de ne point aller au Conseil chez

---

1. Il fut remplacé par le maître des requêtes M.-J. Turgot : tome II, p. 202.

2. Voyez, dans les *Mémoires de Luynes*, p. 214, la description de cette nouvelle invention.

3. « Tout paroît disposé pour le très prochain départ du roi ; on croit que le plus tard est mardi ou mercredi, et que, d'ici là, il peut partir tous les jours suivants les nouvelles qu'il aura de M. le maréchal de Saxe » (*Luynes*, p. 207, jeudi 4 mai).

4. Ci-dessus, p. 205.

5. *Luynes*, p. 211, 9 mai : « Le départ du roi paroît retardé au moins jusqu'à la semaine prochaine. »

6. Celui de Lyon.

M. le chancelier comme il a fait les autres années, ce qui l'a fait blâmer de tous les autres cardinaux, attendu que le Conseil devoit se tenir chez lui, ou il n'y devoit point aller.

M. de Maurepas à M. de Marville[1].

5 mai 1747.

Je joins ici des ordres du roi[2] pour faire arrêter et conduire à Bicêtre le nommé François-Thomas Auzeray de Durcet, qui est un homme très emporté, violent, dangereux, et contre lequel il y a différents décrets de prise de corps. M. le maréchal de Maillebois, qui s'intéresse à la famille de ce particulier, m'a assuré que sa conduite étoit assez dérangée pour devoir être enfermé. On croit qu'il se retire chez le nommé Voisy, marchand de tabac rue de Béthisy, où il se fait adresser ses lettres sur le nom du comte de Durcet. Vous voudrez bien donner vos ordres pour l'exécution de ceux de S. M., et m'en informer.

Je suis, etc.

MAUREPAS.

Nouvelles qui se débitent, etc.

7 mai 1747 et jours suivants.

M. l'abbé de Bernis ayant remercié le roi de la direction de la *Gazette de France*, elle a été rendue à M. de Verneuil, comme l'avoit feu son père[3].

Mme la marquise de Pompadour achète la terre de Maisons pour la somme de seize cent mille livres[4], et vend celle de Crécy à un fermier général sept cent mille livres. Le roi ne se plaisoit point à Crécy.

On croit que le roi ne partira pas avant le 15, quoique tout soit prêt. Il attend, dit-on, un courrier de M. le maréchal, qui décidera de son départ[5].

M. le maréchal de Belle-Isle est parti d'ici pénétré de douleur des

---

1. Reg. O¹ 392, p. 198.
2. Reg. O¹ 91, ordres du roi.
3. Ci-dessus, p. 205. Leur privilège primitif assurait cette hérédité de mâle en mâle. On rendit aussi au fils le secrétariat « de la plume. »
4. Cette acquisition n'eut pas lieu (*Luynes*, p. 208 et 211).
5. *Luynes*, p. 211, 9 mai. « Le roi ne partira point que M. le maréchal de Saxe ne le lui mande, et M. de Saxe, qui sait que la présence du roi et de ce qui l'environne fait une augmentation de dix mille rations par jour, ne se pressera sûrement point de faire venir le roi » (*Luynes*, p. 216).

reproches qui lui ont été faits sur ce qu'il a exigé de la ville d'Avignon et du Comtat[1]. M. le comte d'Argenson a assuré le marquis de San-Salvador, qui est un des députés, que le roi désavouoit pareille chose, qui avoit été faite à son insu; que S. M. offroit cent mille écus pour dédommager ce pays-là. Les députés ne veulent point démordre de cinq cent cinquante mille livres; ils crient hautement contre M. le maréchal de Belle-Isle, qui s'excuse en disant qu'il en a usé ainsi pour punir le Comtat des avis que l'on a donnés au comte de Browne, lors de sa retraite, que les François marchoient à lui. M. de San-Salvador nie le fait et dit que, si M. le maréchal de Belle-Isle a fait une faute en n'attaquant point les ennemis quand il le pouvoit, il ne doit point l'imputer à aucun avis que le comte de Browne ait reçu d'Avignon.

On est fort impatient du sujet qui retarde le départ du roi pour la Flandre, et on craint que notre armée ne soit pas en si bonne situation qu'on l'a débité dès le commencement de la campagne.

Il doit y avoir, le 10, un grand conseil à Versailles, à l'issue duquel on croit que S. M. déclarera le jour fixe de son départ pour l'armée.

Un officier de l'hôtel de Conti s'est lâché de dire que la princesse ne quitteroit point la cour qu'après le départ du roi, parce qu'elle avoit quelque chose à communiquer à S. M., qu'elle ne vouloit lui dire que dans le moment même de son départ.

Il paroît que M. Morand est désigné pour être premier chirurgien du roi[2]. Ce qui le fait présumer ainsi, ce sont les préparatifs que l'on fait chez lui, où l'on dit que c'est pour suivre le roi à l'armée. M. Chicoyneau l'a mandé à Versailles; il a été présenté au roi, et ensuite il a vu Mme de Pompadour.

Depuis vendredi, chaque jour est regardé comme celui du départ du roi. La lenteur des ennemis à s'approcher véritablement de nous est, à ce qu'on assure, la véritable raison qui retient ici le roi, S. M. étant résolue de ne se rendre à son armée que lorsqu'il y aura apparence d'une prochaine action.

M. le maréchal de Saxe auroit, dit-on, demandé la présence du roi, si les affaires eussent été dans une bonne situation. On dit qu'il a envoyé à S. M. un plan de la bataille qu'il doit donner incessamment, et que le roi brûle les lettres qu'il reçoit de ce général aussitôt qu'il en a fait la lecture. On dit que M. de Maurepas doit incessamment partir pour Toulon.

Plusieurs personnes assurent que le roi ne partira point pour la Flandre.

---

1. Ci-dessus, p. 185.
2. Ci-dessus, p. 206.

Le roi à M. de Marville[1].

A Versailles, le 8 mai 1747.

Mons. Feydeau de Marville, étant informé que les sieurs Garnier[2], maître de quartier, et Stort[3], précepteur au collège de la Marche[4] et y demeurant, sont auteurs de différents manuscrits contraires à la religion, à l'État et aux bonnes mœurs, j'ai donné mes ordres pour faire arrêter et conduire en mon château de la Bastille lesdits sieurs Garnier et Stort, et, voulant que l'on saisisse tous les papiers qui se trouveront dans les chambres qu'ils occupent audit collège de la Marche, je vous fais cette lettre pour vous dire que mon intention est que vous vous transportiez dans ledit collège pour y faire faire, en votre présence, dans les chambres desdits sieurs Garnier et Stort, et autres endroits que vous croirez nécessaires, une visite très exacte de tous les papiers et effets suspects, que vous saisirez et ferez enlever après les avoir mis sous un scellé dont ensuite vous me rendrez compte[5].

M. de Maurepas au sieur de Rochemont[6].

8 mai 1747.

Je suis informé que le sieur Pitrot, danseur de l'Opéra, après avoir commis des violences contre un des portiers de l'Opéra, s'est échappé en plein théâtre, à la dernière représentation, en injures et invectives contre les inspecteurs nommés par le roi pour le maintien des règlements de ce spectacle[7]. Cette conduite méritant d'être réprimée, le roi veut que le sieur Pitrot soit conduit au For-l'Évêque, pour y rester jusqu'à nouvel ordre, et que cependant il soit amené à l'Opéra, tant pour les répétitions que pour les représentations où il sera nécessaire pour l'exécution des ballets, après lesquelles il sera reconduit

---

1. Reg. O¹ 91, p. 215.
2. L'abbé Charles-François Garnier.
3. L'abbé Letort selon les *Archives de la Bastille*, t. XV, p. 338 et 342-347.
4. Collège fondé pour les étudiants lorrains sur la Montagne Sainte-Geneviève.
5. C'est M. de Marville qui les avait dénoncés au Chancelier, le 30 avril, comme se préparant à faire imprimer une *Histoire suivie de l'Inquisition*, un *Système de raison sur la religion*, et une *Critique sur Voltaire à l'occasion de la Henriade*, « manuscrits impies et dangereux; » mais il semble que, M. de Marville parti, on se borna à reléguer Garnier à Nancy (*Archives de la Bastille*, t. XV, p. 342-346 et 349; dossier Bastille 11629).
6. Reg. O¹ 392, p. 209.
7. Il s'était déjà livré à pareille incartade en 1746 : ci-dessus, p. 118.

sans délai au For-l'Évêque. Je compte que vous aurez attention que les ordres du roi à cet égard soient exécutés[1].

Je suis, etc.

MAUREPAS.

M. de Maurepas au sieur de Rochemont[2].

9 mai 1747.

On a eu tort de permettre à la femme du sieur Pitrot de le suivre au For-l'Évêque. Il faut qu'elle y reste avec lui renfermée, ou qu'elle en sorte pour n'y point rentrer. S'il persiste dans son refus de danser aujourd'hui suivant l'ordre qui lui en a été donné, vous irez sur-le-champ au For-l'Évêque le faire mettre au secret, et vous m'en informerez.

MAUREPAS.

Nouvelles qui se débitent, etc.

13 mai 1747.

Des gens prétendent que Mme la marquise de Pompadour est dégotée, et que le roi se tourne beaucoup du côté de Mme de Périgord[3]. On vit avant-hier le roi et Mme de Pompadour dans une calèche, paroissant l'un et l'autre de fort mauvaise humeur. On ajoute que Monsieur le Dauphin ne parle point au roi depuis deux mois, et cela par rapport à Mme de Pompadour, que ce prince hait par inspiration de la reine.

C'est une attaque d'apoplexie, et non la fièvre, que M. le curé de Saint-Sulpice a eue[4]. On ne peut pas savoir positivement l'état où il est, parce qu'il ne se montre à qui que ce soit. La plus grande partie des prêtres de son église le déteste, parce qu'il les a tous joués et traités avec beaucoup de dureté. Celui pour lequel il a le plus d'égards est M. Granger, qu'il traite cependant bien durement. Il est à son Enfant-Jésus, clos et couvert par ses filles[5]. On rapporte de lui, et

---

1. Incarcéré le 8, Pitrot fut relâché le 13 : reg. O^1 91, ordres du roi. Antoine-Bonaventure Pitrot va quitter l'Opéra et passer à Varsovie, où il deviendra maître des ballets du roi de Pologne. Revenu en France en 1764, il ne resta que peu de temps à la Comédie italienne, et ses infortunes conjugales défrayèrent à cette époque la chronique scandaleuse (É. Campardon, *la Comédie italienne*, t. II, p. 47-64).

2. Reg. O^1 392, p. 210.

3. Marie-Françoise-Marguerite de Talleyrand-Chalais, dame du palais de la reine : tome II, p. 156.

4. Jean-Baptiste-Joseph Languet de Gergy, neveu de l'archevêque de Sens, docteur de Sorbonne et abbé de la Couture de Bernay, était curé de Saint-Sulpice depuis juin 1714; il mourut le 11 octobre 1750.

5. La communauté de l'Enfant-Jésus avait été fondée par M. Languet

on le donne pour certain, qu'il donnoit de l'argent à trois ou quatre personnes dans Paris pour tailler au pharaon, dont il retiroit un très gros bénéfice, et qu'il donnoit pour motif la décoration de la maison de Dieu, qui, plus elle est somptueuse, et plus elle inspire de dévotion au peuple. Il n'a point encore fait de résignation, et on ne sait en faveur de qui il la fera[1].

On dit à présent que le roi n'achètera pas la terre de Maisons[2] parce qu'il y a trop de réparations à faire et que le prix de dix-huit cent mille livres en a dégoûté S. M.; et ajoutez à cela que le château est d'un trop grand entretien.

Le roi part demain 14 pour Choisy, où il demeurera jusqu'au jeudi 18[3]. On ne sait ce qui retarde son départ pour l'armée : l'on croit seulement que l'on attend des nouvelles de l'abbé de la Ville, qui est parti pour se rendre à la Haye[4]. M. le maréchal de Noailles est aussi parti pour faire, dit-on, la visite des places de Flandres; mais, au fond, c'est pour se rendre en Hollande avec M. du Theil,

---

dans la rue de Sèvres, au delà de la barrière, pour l'éducation de trente jeunes filles nobles.

1. M. de Maurepas écrivit, le 11 mai, au général de la congrégation de Saint-Maur : « M. le curé de Saint-Sulpice étant tombé malade, et même dans un état inquiétant, M. le comte de Clermont a pris des engagements avec le roi par rapport à la cure de Saint-Sulpice, au cas qu'elle vienne à vaquer; mais, comme on ignore si ce prince, avant son départ, a donné des lettres et pouvoirs de grand vicaire à quelqu'un de vos religieux, vous voudrez bien vous en informer et me marquer le nom du religieux qui aura été fait grand vicaire, s'il y en a un; et cependant l'intention du roi est que vous l'avertissiez de ne faire, par rapport à la cure de Saint-Sulpice, aucun usage de ses pouvoirs jusqu'à ce qu'il ait reçu des ordres de M. le comte de Clermont. » Le comte de Clermont agissait comme abbé de Saint-Germain-des-Prés.

2. Ci-dessus, p. 207.

3. *Luynes*, p. 215.

4. Jean-Ignace de la Ville (1701-1774), abbé commendataire de Saint-Junien de Noaillé, au diocèse de Poitiers, ancien précepteur des enfants du marquis de Fénelon, avait été employé par ce diplomate pendant sa mission à la Haye, et l'y remplaçait même depuis son départ. Le marquis d'Argenson, l'estimant beaucoup, a voulu, dans la fin de 1745, qu'il prît, en échange de son service plus modeste de garde du dépôt des papiers diplomatiques, celui de premier commis qu'occupait depuis très longtemps le vieux la Porte du Theil, et l'a fait élire à l'Académie française le 23 juin 1746, contre Duclos. Voir les *Mémoires de d'Argenson*, t. IV, p. 345, *le Dépôt des Affaires étrangères*, par Armand Baschet, p. 242-270, et une très curieuse lettre de l'abbé d'Olivet, 9 juin (Affaires étrangères, vol. France 1333, fol. 47), sur cette élection, où la candidature de Duclos était appuyée par Maurepas, MM. de Nivernois, de Villars et de Forcalquier. La Ville est le premier commis des Affaires étrangères qui entra à l'Académie.

y ayant encore jour pour des négociations de paix. Cette fonction lui va mieux que le commandement d'une armée.

Mme de Pompadour est déjà dégoûtée de sa terre de Crécy[1]. On dit que c'est parce que le lieu n'est pas susceptible des décorations qu'on y voudroit faire; d'autres, que cette terre ne rend pas assez de revenu pour son prix; et enfin il y en a qui disent que cette dame a en vue l'acquisition d'un duché, et que, lasse d'attendre des bienfaits du roi le titre de duchesse, elle veut se le procurer pour de l'argent. En attendant, le roi lui a donné le Val, maison assez jolie à l'extrémité de la terrasse de Saint-Germain[2]. On lui a proposé de faire l'acquisition du Petit-Bourg[3]; mais elle a répondu que cette terre coûtoit trop d'entretien, et qu'elle n'est décorée d'aucun titre.

On répand que, plusieurs seigneurs se demandant les uns les autres le jour du départ du roi, en sa présence, et l'un d'eux s'étant hasardé de le demander à S. M. même, le roi, pour leur fermer la bouche et faire voir la confiance et le cas qu'il fait de M. de Saxe, répondit : « J'attends pour mon départ les ordres de mon général[4]. »

Le roi a envoyé, dit-on, l'abbé de la Ville pour complimenter M. le prince d'Orange sur son élection[5]. On dit que ce prince est fin et rusé[6]; si le fait est vrai, on sera curieux d'apprendre quel aura été le succès de cette mission, parce que l'on sait que le stathouder est pressé par les Anglois et la reine de Hongrie afin qu'il se déclare contre la France.

Le voyage de Choisy n'est qu'un prétexte au roi pour partir sur-le-champ pour l'armée, ayant dit à ceux qui doivent l'accompagner qu'ils n'avoient qu'à bien prendre leurs arrangements, parce qu'aus-

---

1. Ci-dessus, p. 200 et 207. Elle n'en trouvait pas la vue agréable (*Luynes*, p. 208).

2. Cette petite maison avait été bâtie par Louis XIV au début de son règne, et, en 1679, sa bâtarde Mlle de Tours y fut gravement malade; elle passa ensuite au duc d'Antin, puis aux Noailles, et revint enfin au roi (Lebeuf, *Histoire du diocèse de Paris*, t. III, p. 140; Geffroy, *Lettres de Mme de Maintenon*, t. I, p. 105; *Journal de Dangeau*, t. XIV, p. 30, et t. XVII, p. 258).

3. L'ancien château du duc d'Antin, fils de Mme de Montespan, qu'il avait laissé en mourant à Louis XV, lequel n'avait pas voulu l'accepter (*Mémoires de Saint-Simon*, éd. nouvelle, t. XV, p. 257-259); il sera démoli l'année suivante, 1748.

4. Déjà dit ci-dessus, p. 207.

5. Guillaume-Henri-Frison de Nassau (1711-1751), élu stathouder le 4 mai (*Gazette*, p. 234-235; *Luynes*, p. 203).

6. « Il est petit et bossu; d'ailleurs, il a de l'esprit. On prétend que le caractère de son esprit est d'être porté à la critique... Ce qui est certain, c'est qu'il n'est point militaire; au moins, il n'a aucune expérience pour commander des troupes. » (*Luynes*, p. 216.)

sitôt qu'il recevroit le courrier de M. le maréchal, il partira avant les vingt-quatre heures.

On reparle encore que le roi vend Crécy pour acheter Maisons, qui est sans doute destiné pour Mme de Pompadour[1].

S. M. s'étant déclarée débitrice de cent millions envers la Compagnie des Indes, pour quoi elle lui a accordé cinq millions sur le produit de la ferme du tabac, le roi se déclare débiteur encore de quatre-vingts millions de plus, à l'effet de quoi S. M. lui aliène quatre millions de plus sur cette ferme, en sorte que cela fait neuf millions qu'elle payera d'arrérages chaque année à la Compagnie[2]. Cela ne peut qu'inquiéter les actionnaires et détruire le crédit de cette Compagnie.

Le bruit d'une action près d'Anvers est tout à fait tombé. Il n'y a pas d'apparence qu'il y en ait avant le départ du roi, et l'instant du départ sera le pronostic certain d'une affaire générale.

Le public regarde le départ de M. le maréchal de Noailles et de M. l'abbé de la Ville pour Bruxelles comme les avant-coureurs d'une paix très prochaine. Les Hollandois aiment encore mieux le commerce et l'argent que la guerre, quelques mines de bravoure qu'ils fassent. On dit toujours que M. de Puyzieulx a beaucoup de peine à se rétablir.

On dit le crédit de M. le cardinal de Tencin bien diminué en cour, puisque, cette Éminence y ayant sollicité de tout son pouvoir l'abbaye d'Ainay, qui est à Lyon, elle a été donnée à Monsieur de Bourges[3], ainsi que la propine[4], dont avoit toujours joui M. de Tencin, quoique de retour de Rome depuis huit ou neuf ans. On ajoute que ce cardinal doit partir pour son archevêché[5]; d'autres disent que ce sont les jansénistes qui font courir ce bruit.

On ne sait qu'inférer de l'arrivée de M. le maréchal de Noailles à Bruxelles le 12[6], ni du départ précipité de l'abbé de la Ville. L'on présume que c'est par rapport au stathouder et pour prévenir par

---

1. Ci-dessus, p. 211-212.
2. Par édit de juin 1747, la Compagnie fut autorisée à emprunter un capital de neuf millions de rente perpétuelle, au payement de laquelle elle affecta le produit de la ferme du tabac, qui lui était concédée (P. Bonassieux, *les Grandes compagnies de commerce*, p. 325).
3. *Luynes*, p. 209.
4. Redevance prélevée au profit du cardinal protecteur dans l'expédition des bulles pour les bénéfices consistoriaux.
5. Le cardinal de Tencin étant archevêque de Lyon, le don de l'abbaye d'Ainay à Monsieur de Bourges devait lui être encore plus sensible. Ce prélat eut en outre Cluny, vacant par la mort de M. d'Auvergne.
6. *Gazette*, p. 240; les équipages du roi étaient dans cette ville depuis le 10.

quelque accommodement une guerre de longue durée; car il est certain que les Hollandois traitent avec la Moscovie, qui, dans peu, y fera parvenir trente mille Moscovites, et même le roi de Prusse pourra bien y envoyer des troupes. C'est là ce qu'on veut éviter.

Le ministre de Suède[1] ne quitte pas depuis quinze jours M. le marquis de Puyzieulx et M. le comte d'Argenson. L'on prétend qu'il demande que l'escadre que l'on arme à Brest[2] aille dans la mer Baltique pour y favoriser les Suédois, soit pour attaquer la Moscovie, soit pour s'opposer à ses entreprises sur la Finlande, car l'on sait que les troupes moscovites sont en marche; leur destination est annoncée depuis longtemps, à moins qu'elle ne soit changée par rapport aux trente mille hommes que les puissances maritimes y négocient pour les faire venir dans les Pays-Bas.

On assure que le sieur Morand[3] a reçu ordre de se préparer à suivre le roi à l'armée, ce qui fait présumer qu'il est nommé premier chirurgien de S. M.

On prétend ici que M. le maréchal de Noailles est allé à Bréda[4]; cependant tous les ministres plénipotentiaires sont à la Haye, à moins que les Hollandois n'aient envoyé les leurs à Bréda[5]. D'autres assurent que M. le maréchal de Noailles n'est à Bruxelles que pour être à portée de négocier quand il trouvera l'occasion favorable.

M. de Maurepas à M. le prince de Conti.

15 mai 1747.

Je sais que M. de Montalembert a des talents vraiment académiques et qu'il a lu un mémoire à l'Académie qui a fort réussi[6]. Je n'ignore pas surtout qu'il est attaché à V. A. S., qui ne doit pas douter du désir que j'ai de contribuer par tout ce qui peut dépendre de

---

1. Le baron de Scheffer : t. II, p. 211-212.
2. Ci-dessus, p. 196.
3. Ci-dessus, p. 206 et 208.
4. Ci-dessus, p. 197.
5. Les plénipotentiaires à Bréda étaient l'Anglais Sandwich, le Flamand Wassenaer, le Hollandais Gilles, l'Espagnol Macañas. M. de Puyzieulx y avait été envoyé au milieu de 1746, sur la demande de l'abbé de la Ville, mais n'avait pu réussir, et il est revenu juste pour remplacer le ministre qui l'avait nommé (ci-dessus, p. 133, etc.). Les conférences ont été ouvertes en mars. Les Anglais rompirent tout plutôt que de traiter sans leurs alliés d'Autriche et de Piémont.
6. Marc-René, marquis de Montalembert-Maumont (1714-1800), colonel de cavalerie depuis 1734 et capitaine des gardes du prince de Conti, entrera à l'Académie des sciences en juillet 1747. Il avait fait les campagnes de 1744 en Piémont, de 1745 en Allemagne, de 1746 en Flandre.

moi au succès de ce qu'elle désire; mais l'intention n'est pas de remplir si tôt la place vacante que M. de Montalembert voudroit obtenir¹. J'instruirai V. A. S. des raisons qui éloignent cette décision aussitôt que j'aurai l'honneur de la voir. Je la supplie d'être toujours convaincue de l'attachement et du respect infini, etc.

MAUREPAS.

Lettres de conseiller d'État semestre pour M. de Marville².

21 mai 1747.

Louis, etc. A notre âmé et féal conseiller en nos conseils le sieur Feydeau de Marville, maître des requêtes ordinaire de notre hôtel, lieutenant général de police de la ville, prévôté et vicomté de Paris, salut. La place de conseiller en notre conseil d'État qu'occupoit le sieur Poulletier étant vacante par sa nomination à celle de conseiller ordinaire en notredit conseil, nous vous avons choisi pour la remplir. Nous avons cru ne pouvoir faire connoître d'une manière plus distinguée la satisfaction que nous ressentons des services que vous nous avez rendus dans les différentes charges dont vous avez successivement été revêtu, et particulièrement dans celle de lieutenant général de police, que vous exercez depuis sept années successivement au sieur Hérault, votre beau-père. Les preuves que vous y avez données de votre zèle et intégrité, et de votre prévoyance pour assurer les différentes parties du service confié à vos soins, nous assurent que vous nous servirez dans nos conseils d'une manière digne de la bienveillance dont nous vous honorons. A ces causes, nous vous avons commis, ordonné et établi, et, par ces présentes signées de notre main, vous commettons, ordonnons et établissons notre conseiller en notre conseil d'État privé, direction et finances, pour nous y servir pendant le semestre de janvier à la place du sieur Poulletier, auquel nous en avons donné une d'ordinaire, y avoir entrée, séance, voix et opinion délibérative, et jouir des mêmes honneurs, autorité, prérogatives, prééminences, gages et droits dont jouissent nos autres conseillers en nos conseils, et ce tant qu'il nous plaira. Mandons à notre très cher et féal chevalier, chancelier de France, le sieur Daguesseau, commandeur de nos ordres, qu'après qu'il aura pris et reçu de vous

1. Montalembert obtiendra en 1748 la survivance de son père au gouvernement de Villeneuve-lès-Avignon, et, en 1752, la lieutenance générale de Saintonge et Angoumois. Il écrivit sur l'art de la défense et fut aussi poète. Après la chute du régime monarchique, la Convention encouragea ses travaux.

2. Reg. O¹ 91, p. 230 v°. Le même jour, M. de Marville a quitté la police, qui est passée aux mains de M. Berryer. Voir la Préface, en tête du tome I, p. LXXVII-LXXIX.

le serment en tel cas requis, il ait à vous admettre en nosdits conseils, et du contenu ci-dessus vous faire jouir et user, et vous faire reconnoître en ladite qualité de tous ceux auxquels il appartiendra[1].

M. de Maurepas à M. Bignon[2].

23 mai 1747.

Vous n'ignorez plus sans doute que la place de lieutenant de police est donnée à M. de Berryer[3], que je connois on ne peut pas moins[4]. Les deux arrangements se sont faits par une même décision, à laquelle j'ai eu trop peu de part pour profiter de l'événement[5]. Vous connoissez, etc.

MAUREPAS.

M. de Maurepas à M. de Marville[6].

24 mai 1747.

Le roi a bien voulu accorder la liberté au sieur abbé Cottet[7], qui

---

1. Le duc de Luynes dit à ce propos (p. 224) : « La place de conseiller d'État vacante fut donnée à M. de Marville, lieutenant de police. Quoique ces deux places ne soient point incompatibles, M. le chancelier a représenté au roi qu'il étoit du bien du service que les conseillers d'État fussent plus assidus au Conseil. Les occupations continuelles que donne la charge de lieutenant de police auroient empêché M. de Marville d'avoir cette assiduité; mais, comme il préfère infiniment la place de conseiller d'État, il donne sa démission de la police... » L'avocat Barbier, dans son *Journal*, p. 243-244, accuse positivement M. de Maurepas d'avoir « joué ce tour » au lieutenant de police « pour se venger de ce qu'il vouloit parfois prendre le train de travailler directement avec le roi. » Marville restait chargé du service jusqu'à l'arrivée de son successeur.

2. On a vu (tome II, p. 56-57) que M. Bignon, l'académicien et bibliothécaire du roi, avait cherché quelque arrangement à faire avec M. de Marville, en 1745, si celui-ci passait à la prévôté des marchands. Il n'obtiendra une place au Conseil qu'en 1762, et la prévôté qu'en 1764.

3. Nicolas-René Berryer (1703-1762), intendant à Poitiers depuis 1743, deviendra conseiller d'État en 1751, ministre de la marine en 1759, garde des sceaux en 1761; voir la Préface, p. LXXVIII.

4. Six semaines plus tard, le 3 juillet, M. de Maurepas écrira à son cousin le cardinal : « Je ne disois pas ce que je pensois de M. de Marville, et je veux penser quelque temps sur ce que je dois dire de son successeur. Cependant j'espère que, tant du côté de la solidité de l'esprit que des sentiments et de la façon de penser, je n'aurai pas à m'en plaindre, et, sans appréhender beaucoup de ceux qui occupent cette place, il est plus doux de n'avoir pas à les observer. »

5. Les provisions de M. Berryer ne furent expédiées que le 27 (reg. O¹ 91, fol. 240). Jusque-là, Marville resta chargé du service.

6. Reg. O¹ 392, p. 250.

7. L'abbé Jules Cottet (1696-1754), chanoine du chapitre cathédral de

est à la Bastille par ordre du roi. Ainsi je vous envoie celui qui est nécessaire pour l'en faire sortir; mais, l'intention de S. M. étant qu'il ne reste pas à Paris et qu'il ne retourne point à Traînel[1], vous voudrez bien l'en avertir et vous assurer du lieu où il voudra se retirer, ne devant rester que très peu de jours à Paris après sa sortie de la Bastille[2].

Je suis, etc.

MAUREPAS.

M. de Maurepas à M. de Marville.

24 mai 1747.

M. de Brou vous aura rendu une partie de la conversation que j'ai eue dès lundi avec M. de Machault[3], à qui j'ai longtemps parlé de votre situation, sans pourtant en tirer beaucoup de fruit. Je l'en ai même encore entretenu hier conjointement avec M. le chancelier, et j'en ai parlé le soir au roi en travaillant avec lui. A la vérité, j'avois été prévenu sur cela par M. de Machault. Cependant, l'affaire de la pension a été finie[4]; mais c'est tout ce que j'ai pu faire. Quoique les choses ne tournent pas dans ce moment-ci aussi complètement que vous le désirez, je ne pense pas que ce soit le cas de se rebuter et d'imaginer la ressource de la campagne : ce que je ne vous conseille point du tout. On obtient avec le temps et les occasions ce qu'on n'avoit pas obtenu d'abord. Je me flatte que vous connoissez trop mes sentiments pour douter que je ne seconde les vues que vous pourriez avoir dans la suite, et que je ne cherche toujours à vous prouver qu'on ne peut vous être, Monsieur, plus sincèrement attaché que je le suis.

MAUREPAS.

Sens, avait déjà passé quinze mois dans un couvent pour avoir été trouvé détenteur de plusieurs exemplaires d'une feuille des *Nouvelles ecclésiastiques* (*Archives de la Bastille*, t. XV, p. 345).

1. Il doit s'agir, non pas de la maison des Bénédictines de la Madeleine de Traînel au faubourg Saint-Antoine, celle où le père de MM. d'Argenson faisait des retraites peu édifiantes, mais du prieuré conventuel de Traînel, en Champagne, d'où ces religieuses étaient venues vers 1634.

2. Reg. O¹ 91, ordre du 28 mai enjoignant à l'abbé de se retirer à Auxerre; lettre conforme à la duchesse de Lorge, qui avait demandé l'élargissement du prisonnier (reg. O¹ 392, p. 249, et *Archives de la Bastille*, t. XV, p. 345).

3. Le contrôleur général des finances.

4. Ci-dessous, p. 218.

Brevet d'augmentation de pension en faveur de M. de Marville[1].

24 mai 1747.

Aujourd'hui, le roi, étant à Versailles, mettant en considération les services que le sieur de Marville, conseiller d'État, a rendus dans la charge de lieutenant général de police de Paris pendant sept années, successivement au feu sieur Hérault, conseiller d'État, son beau-père, avec autant de zèle que de prévoyance et d'activité, et S. M. voulant lui donner une nouvelle marque de la satisfaction qu'elle en ressent, a accordé et fait don audit sieur de Marville de la somme de quatre mille livres d'augmentation de pension pour, avec celle de six mille livres que S. M. lui avoit ci-devant accordée, lui faire à l'avenir dix mille livres de pension, dont S. M. veut et entend qu'il jouisse sa vie durant et en soit payé par chacun an, sur ses simples quittances, par les gardes de son Trésor royal présents et à venir, à compter du 1er avril de la présente année, suivant les états ou ordonnances qui en seront expédiés en vertu du présent brevet, etc.

M. de Maurepas à M. le cardinal de la Rochefoucauld.

29 mai 1747.

J'ai reçu, mon cher cousin, votre lettre du 10 de ce mois. Je vois que vous êtes informé de ce qui se passe à Gênes beaucoup plus tôt, et pour le moins aussi bien que nous. Si les Génois peuvent, au moyen des secours que nous leur avons envoyés[2], et qu'on leur envoie encore, se soutenir quelque temps, ils nous donneront celui de les aider par des diversions. L'armée de Provence rassemblée par M. de Belle-Isle est prête à repasser le Var[3], et nous en attendons incessamment la nouvelle, ainsi que celle du débarquement aux îles de Sainte-Marguerite, que les vents défavorables ont empêché jusqu'au 21 de ce mois, date de mes dernières lettres, mais qui pouvoit se faire d'un moment à l'autre[4].

Je vous donnerai des nouvelles plus promptes et plus suivies des opérations de notre armée en Flandres. Je ne les recevois pas directement[5]; mais j'en aurai dorénavant de plus fraîches, dont je vous ferai part très régulièrement.

---

1. O¹ 91, p. 235.
2. Ci-dessus, p. 180-181.
3. Cette opération fut effectuée le 3 juin (*Gazette*, p. 276 et 283-285).
4. Les deux îles Saint-Honorat et Sainte-Marguerite viennent d'être prises le 25 mai par le chevalier de Belle-Isle (*Gazette*, p. 271-273).
5. C'est M. de Marville qui devait lui en transmettre la copie.

Le roi est parti ce matin, avant cinq heures[1], et je me suis relevé pour me trouver à son départ. Je retourne ce soir à Paris, où je m'établis pour tout le temps de la campagne, à l'exception d'un ou deux voyages à Pontchartrain, dont le premier pourroit bien être dans dix ou douze jours. Je viendrai ici toutes les semaines, voir la reine et Monsieur le Dauphin, mais sans y rester. Voilà mon arrangement.

La famille royale projette, pendant l'absence du roi, de s'absenter quelquefois hors de Versailles. Monsieur le Dauphin va à la procession de Saint-Sulpice à la petite Fête-Dieu[2]. La reine a grande envie de venir à Pontchartrain, et le roi le lui a même conseillé avant que de partir. Nous ferons de notre mieux pour l'y bien recevoir, si elle persiste à vouloir nous faire cet honneur.

J'ai reçu la belle boëte que M. de Campo-Florido vous avoit adressée pour moi. Je ne crois pas que je porte cette merveille de Naples, où l'art des tabatières est encore dans son enfance[3]; mais je vous avoue cependant que je suis vraiment sensible aux attentions de ce bonhomme, que je plains de tout mon cœur d'une façon et dans un pays si peu conformes à son humeur. Il a comblé de présents le roi et la reine; mais ses présents sont d'un choix le plus singulier du monde. Je sais qu'en dire, le roi m'ayant donné avant-hier une écritoire d'agate jaspée, ouvrage de Sicile, qu'il en a reçue avec quantité de belles choses.

Les maux de tête de Mme de Maurepas[4] sont absolument dissipés, et le bain est, de tous les remèdes qu'elle a faits, celui qui lui a le mieux réussi.

Vous connoissez, mon cher cousin, le tendre et inviolable attachement qui m'attache à vous pour toujours.

MAUREPAS.

P.-S. J'attends la semaine prochaine votre réponse aux lettres parties par votre courrier.

---

1. *Luynes*, p. 230-231.
2. En marge : « Il devoit y aller, et n'y va point. »
3. C'étoit un art des plus florissants en France depuis le commencement du siècle : voir les *Essais de tabatières*, publiés en 1705 par Pierre Bourdon, en 1710 par Jean Robertet, et le recueil publié par Du Vivier en 1719-1720.
4. Marie-Jeanne Phélypeaux de la Vrillière, cousine germaine de son mari, mariée en 1718, n'eut point d'enfants et survécut à Maurepas jusqu'au 1er novembre 1793. Voir le tome I, p. 62-63, et l'Introduction, p. LXXXIII.

M. de Maurepas à M. Berryer, lieutenant général de police.

5 juin 1747.

J'ai reçu, avec votre lettre du 3 de ce mois, l'état des étrangers qui sont venus loger à Paris dans les hôtels ou chambres garnies pendant cette semaine, et vous me ferez grand plaisir de m'en faire part avec l'exactitude que vous me promettez. Il m'est quelquefois utile d'y avoir recours; mais vous connoîtrez bientôt combien il vous est nécessaire d'être bien informé de l'arrivée et de la demeure des étrangers.

Je vous remercie en même temps du soin que vous avez pris de m'envoyer les bulletins que je n'avois pas eus depuis quelques jours. Nous aurons, sur cet article, quelques arrangements à prendre, dont je remets à vous parler au premier travail que nous ferons ensemble.

Je me flatte que vous ne doutiez pas de ma façon de penser pour vous avant l'événement qui m'établit des liaisons nécessaires avec vous. Soyez persuadé qu'elles ne pourront qu'augmenter ces sentiments et que je les vois avec d'autant plus de plaisir que j'espère qu'elles me donneront occasion de vous prouver un véritable attachement.

MAUREPAS.

APPENDICE

ORDONNANCES, ARRÊTS ET SENTENCES DE POLICE

RENDUS DE JANVIER A MAI 1747[1].

7 janvier 1747. — Arrêt du parlement qui ordonne la suppression d'un imprimé intitulé : « Avis donné par Mgr l'évêque d'Amiens aux curés de son diocèse, au sujet de ceux qui, n'étant pas soumis à la bulle *Unigenitus*, demandent les sacrements. »

17 janvier 1747. — Arrêt du conseil d'État qui déboute la communauté des fruitiers-orangers de leur demande en cassation d'une sentence de police du 3 juillet 1722 portant main-levée d'une saisie faite à tort par les jurés de la communauté sur la nommée Petit, regrattière.

20 janvier 1747. — Sentence de police condamnant Pierre Thévenard, imprimeur en taille-douce, à trois cents livres d'amende, pour avoir imprimé, vendu et débité sans permission une estampe d'almanach représentant un groupe de trois figures indécentes.

20 janvier 1747. — Sentence de police qui condamne à trois cents livres d'amende le nommé Buquet, cordonnier, pour avoir contrevenu aux ordonnances de police qui défendent de tirer des pétards, fusées, etc.

21 janvier 1747. — Sentence de police obligeant les marchands forains qui apportent à Paris des chapeaux de laine ou des chapeaux dits vigognes, à les déclarer aux barrières et à se présenter au bureau des jurés de la communauté des maîtres chapeliers pour y acquitter les droits imposés par l'arrêt du Conseil du 15 mars 1746.

24 janvier 1747. — Ordonnance de l'intendant de la généralité de

---

1. D'après les imprimés de la collection Rondonneau : Arch. nat., AD † 886-887.

Paris qui condamne Mathurin Remy et consorts au payement des droits d'inspecteurs aux boissons pour les vins par eux recueillis à Château-Landon, Nemours, Milly, etc.

24 janvier 1747. — Ordonnance de l'intendant de la généralité de Paris qui condamne plusieurs marchands bouchers de Tonnerre à la confiscation de la viande et des bestiaux qu'ils ont amenés chez eux sans en avoir fait la déclaration et payé les droits dus aux inspecteurs des boucheries.

31 janvier 1747. — Sentence de police qui déclare bonne et valable, au profit des syndic et jurés de la communauté des marchands-bouchers, la saisie de quarante veaux faite sur le nommé Samson, boucher à Belleville, coupable d'avoir fait chez lui un entrepôt de veaux contrairement aux règlements.

1er février 1747. — Arrêt du parlement qui condamne deux feuilles intitulées : « Nouvelles ecclésiastiques ou Mémoires pour servir à l'histoire de la Constitution, » à être lacérées et brûlées par l'exécuteur de la haute justice.

4 février 1747. — Ordonnances du prévôt des marchands concernant les réjouissances publiques pour le mariage du Dauphin avec la princesse Marie-Josèphe de Saxe, et relatives à la construction des échafauds sur la place de Grève, et à la police qui doit être observée sur la rivière à l'occasion du feu d'artifice qui sera tiré, le dimanche 12 février, devant l'hôtel de ville.

6 février 1747. — Ordonnance de police qui prescrit la fermeture des boutiques et l'illumination des maisons, le 9 février, en réjouissance du mariage du Dauphin.

7 février 1747. — Route qui sera tenue dans la marche des chars que Messieurs les prévôt des marchands et échevins feront promener dans la ville de Paris le jeudi 9 février, jour de la célébration du mariage du Dauphin avec la princesse de Saxe.

11 février 1747. — Ordonnance du prévôt des marchands concernant la navigation et le placement des bateaux dans le port Saint-Paul.

21 février 1747. — Arrêt du conseil d'État qui casse et annule l'arrêt du parlement du 17 février relatif à la bulle *Unigenitus*.

1er mars 1747. — Sentence de police qui déboute les nommés Duru père et fils, cabaretiers à Pantin, de l'opposition faite à une sentence du 27 octobre 1746, qui déclarait bonne et valable la saisie d'une corde de bois faite sur eux pour non-déclaration, par le fermier des droits rétablis, et les condamne à cinq cents livres d'amende et cinq cents livres de dommages et intérêts.

APPENDICE.

3 mars 1747. — Sentence de police qui condamne le nommé Boutin, allumeur des lanternes de la Vieille place aux Veaux, à trente livres d'amende, pour avoir mis dans les lanternes d'autres chandelles que celles qui lui avaient été délivrées à cet effet.

3 mars 1747. — Sentence de police qui condamne Jacques Ledru à mille livres d'amende, pour n'avoir pas satisfait à la sentence du 18 novembre 1746, qui l'obligeait à envoyer chaque semaine cent milliers de foin sur les ports de Paris.

3 mars 1747. — Sentence de police qui condamne le nommé Duthé, maître traiteur, à dix livres de dommages et intérêts, pour avoir acheté du porc frais sur le carreau de la Halle, contrairement aux règlements.

7 mars 1747. — Sentence de police qui confirme celle du 21 janvier sur l'apport des chapeaux dans la ville de Paris, spécifie les barrières par lesquelles cette marchandise devra entrer, et donne droit aux jurés de la communauté des chapeliers de saisir les marchandises introduites en contravention ou faussement déclarées.

10 mars 1747. — Confirmation par le lieutenant général de police de sa sentence du 14 juin 1746 en faveur du fermier des droits des marchés de Sceaux et de Poissy, contre les nommés Thomas Barré, Ambroise Paysan et François Dourdan.

14 mars 1747. — Ordonnance du prévôt des marchands concernant le remplissage des vaisseaux de vin chargés sur les bateaux, pendant leur séjour à la Rapée, avant leur descente en ville.

17 mars 1747. — Sentence de police qui condamne le nommé Drouet à cinquante livres de dommages et intérêts pour avoir contrevenu aux règlements qui défendent aux charcutiers forains de faire entrer dans Paris des marchandises de porc frais, si ce n'est coupées en quatre quartiers.

24 mars 1747. — Ordonnance du lieutenant général de police relative à la levée de sept cents hommes de milice dans la ville et faubourgs de Paris.

24 mars 1747. — Ordonnance du prévôt des marchands relative aux bachoteurs et à la conduite par eau des particuliers sur la rivière, tant en amont qu'en aval de Paris.

21 avril 1747. — Sentence de police qui condamne le nommé Jacques Ledru, marchand de foin, et son commis, à cent livres d'amende, pour avoir contrevenu aux ordonnances sur le poids des bottes de foin et avoir injurié les jurés-contrôleurs de la marchandise de foin.

21 avril 1747. — Sentence de police qui condamne le nommé Léveillé à cinquante livres d'amende, pour avoir embarrassé le port au Foin.

24 avril 1747. — Sentence de police qui condamne deux menuisiers et un charron de Charenton à payer aux contrôleurs des bois carrés les droits dus pour des bois trouvés chez eux.

27 avril 1747. — Sentence de police qui prescrit ce qui doit être observé par les conducteurs des marchandises de chapellerie amenées des provinces à Paris, tant pour les déclarations à faire aux portes de la ville spécialement réservées à cet effet, que pour le transport en douane desdites marchandises, leur visite par les jurés de la communauté des chapeliers, et les droits qu'elles doivent acquitter.

4 mai 1747. — Arrêt du parlement qui condamne le nommé Claude de Lalande à être rompu vif, après avoir été appliqué à la question ordinaire et extraordinaire, pour vols et assassinats commis dans les rues de Paris sur les personnes des sieurs Massol, Mendolle et Morel.

16 mai 1747. — Ordonnance de police qui fait défenses à toutes personnes d'entrer dans les blés pour y cueillir des fleurs appelées barbeaux, et aux bouquetières d'en vendre, à peine de cinquante livres d'amende.

16 mai 1747. — Ordonnance de police portant défenses de passer sur les terres ensemencées dans les environs de Paris, et de couper les blés.

20 mai 1747. — Arrêt du conseil d'État qui reçoit la soumission faite par le nommé André Le Roux, pour la fourniture des chandelles publiques de la ville et faubourgs de Paris.

1er juin 1747. — Arrêt du conseil d'État qui subroge M. Berryer à M. de Marville pour faire les fonctions de procureur général au bureau des arts et métiers.

ADDITIONS ET CORRECTIONS.

TOME I.

Préface, p. XLVI, note 4. Voir *les Soupers de Daphné* (1740), éd. Tourneux, p. 20 et 75.

Ibidem, p. XLVIII. Une erreur grave a été commise au sujet de la seconde femme de M. Hérault. Cette belle-mère de Mme de Marville ne mourut pas prématurément en 1745, comme je l'ai dit en cet endroit, mais, au contraire, vécut jusqu'en 1798. C'est ce que M. Ernest Daudet a rectifié dans son roman historique : *Hérault de Séchelles et les dames de Bellegarde* (1903), avec beaucoup de détails sur M. Hérault lui-même. La dame Hérault qui mourut à Arras le 15 décembre 1745 (tome II, p. 181) était la seconde femme du père du lieutenant général, le receveur général Louis Hérault, remarié le 26 juin 1690 avec Jeanne-Charlotte Guillard de la Vacherie, sœur d'un chambellan du duc de Berry : d'où René Hérault, père de Mme de Marville.

Page 3, note 3. Sur l'affaire des Filles du Calvaire, voir le dossier Bastille 10174, et une lettre écrite par M. de Maurepas à l'abbé Le Riche, dans le registre de la Maison du roi O¹ 387, p. 23.

Page 5, note 1. Jean-Hyacinthe Davasse de Saint-Amarand (*sic*) avait été trésorier général de la reine douairière d'Espagne. Sur son origine, voir les *Mélanges d'histoire généalogique* publiés en 1882, p. 508-509.

Page 8, note 3. Il est beaucoup parlé des Augustinistes de 1740 dans les *Archives de la Bastille*, t. XV, p. 29, 58-62, etc. Une relation de leur origine, par l'abbé Roquette, a été publiée dans les *Mémoires de la Société*, t. VII, p. 20.

Ibidem, note 6. Jeanne-Louise de la Main, veuve de Gabriel Amaulry, mourut le 16 octobre 1770. Sur une satire faite chez elle, voir les *Archives de la Bastille*, t. XII, p. 226-227.

Page 11, note 2. Voir aussi le Chansonnier Maurepas, ms. fr. 12646, p. 27-31, et Hovyn de Tranchère, *les Dessous de l'histoire*, t. II, p. 316.

Page 17, note 5. Ce Fimarcon s'appelait Étienne, et non Aimery.

C'était un dissipateur avéré. En 1733, comme le roi lui reprochait ses dettes énormes (il devait jusqu'à quatre cent mille livres au financier Sonning), il avait répondu : « Tous mes amis en disent autant; mais pas un n'offre d'argent » (*Revue rétrospective*, 2ᵉ série, t. V, p. 161, 177 et 409). Sur son affaire de 1742, voir le dossier Bastille 10912 et les *Mémoires de Luynes*, t. IV, p. 131-132. Il est parlé de lui plus loin, p. 49 de notre même tome I.

Page 24, note 3. M. de Maurepas avait écrit, le 14, que cette dame de Matignon, au lieu de rester à l'Abbaye-aux-Bois, avait loué une maison à Vaugirard, auprès de celle de M. de Vaulgrenant, sous prétexte de prendre du « lait d'ânesse ou d'âne » (dossier Bastille 10012). Voir plus loin, p. 31 du même tome I.

Page 29, lignes 22-25. Le ministre écrivit, le 20 avril, au procureur du roi au Châtelet (reg. O¹ 387, p. 131-132) : « Je viens d'être informé par M. Duverney que les fossoyeurs de Saint-Eustache ont été surpris, il y a quelques jours, portant le cadavre d'un enfant, qu'ils ont déclaré devoir être remis au sieur Duverney, démonstrateur d'anatomie au Jardin royal, quoiqu'il ne leur en eût point demandé; mais, comme il peut en avoir eu ainsi que les autres démonstrateurs d'anatomie, qui se servent tous de la même voie, les autres leur étant interdites, il craint d'être impliqué dans cette procédure. Comme il ne convient pas que cette affaire soit ébruitée dans le public, l'intention du roi est que les procédures commencées à votre requête soient suspendues, sauf à constater la destination que ces fossoyeurs vouloient faire de ce cadavre. » Même avis fut adressé au lieutenant criminel.

Page 35, ligne 7 de la lettre XX. Marguerite-Suzanne du Han de Crèvecœur, maîtresse des novices de Saint-Cyr, fut élue supérieure après Mᵐᵉ de Mornay, en juin 1755.

Page 40, ligne 7. Louis Gaultier de Vinfrais reçut, le 24 juillet 1746, une commission d'inspecteur des gardes de la capitainerie du Louvre. Voir p. 109 du même tome I.

Page 46, ligne 27. Marie-Angélique Couppé, née le 22 avril 1723, chanta à l'Opéra de 1739 à 1753. Au mois de mars 1742, elle avait été volée d'une tabatière par le lieutenant Morel. Elle passait pour être la plus voluptueuse fille de Paris. En 1744, elle mit au monde un fils, qui fut reconnu. Voir la *Revue rétrospective*, 2ᵉ série, t. V, p. 55, et le Chansonnier, ms. fr. 12647, p. 443-454.

Page 49, note 2. Il doit s'agir ici d'une affaire de cinq lettres de change dans laquelle était impliqué le marquis de Fimarcon (plus haut, p. 17), et Mathias Liévain, marchand drapier de la rue Mazarine, fut condamné par les juges-consuls, le 24 janvier 1744, à le faire sortir du For-l'Évêque (Arch. nat., collection Rondonneau, AD 872, n° 29).

Page 49, note 4. Mme de Marchainville avait plaidé en séparation contre son mari de 1728 à 1729, selon *Mathieu Marais*, t. III, p. 572 et 575, et t. IV, p. 61 et suivantes.

Page 52, note 3. Crébillon était exilé pour son roman du *Sopha* depuis le 22 mars. Marville s'étant employé pour obtenir sa grâce, il lui rendit plus tard bien des services. Voir les *Archives de la Bastille*, t. XII, p. 238, et un article de M. Paul Bonnefon, dans la *Revue de Paris*, 15 août 1898, p. 848. Il devint censeur royal pour les belles-lettres en 1759.

Page 57, note 1. Le prince Cantemir, mal vu de la cour et tenu sous une constante surveillance, ne put jamais obtenir que le cardinal de Fleury lui reconnût le caractère d'ambassadeur.

Page 68, note 1. La nomination de ce curé, M. Léger, avait été très combattue par les jansénistes en 1738.

Page 75, ligne 2. Sur l'allumage des lanternes, voir un factum de 1749 publié par M. Alfred Franklin, en 1899, dans *la Vie de Paris sous Louis XV : Devant les tribunaux*, p. 127-136.

Page 79, note 3. On trouve des lettres à Marville, sur les pierres d'Arcueil employées à la construction de l'église en juillet 1743, dans le dossier Bastille 10012.

Page 88, note 1. Le marquis de Locmaria qui mourut en 1745, à trente-sept ans, et non cinquante-sept, était un correspondant de Voltaire, « le fou le plus incommode et le fléau le plus terrible que j'aie vu de ma vie, » dit Montesquieu. Il légua sa bibliothèque à M. de la Fautrière, et cinq cents francs de rente à Procope, le tenancier du fameux café. Voir le livre de M. Harrisse sur l'abbé Prévost, p. 343. Sa mère était la belle comtesse de Rochefort remariée au marquis de Saint-Lambert.

Ibidem, note 2. Le Chansonnier (ms. fr. 12646, p. 97) raconte que le fournisseur Marquet soudoyait le valet de chambre Barjac pour gagner le cardinal son maître.

Pages 91, note 1, et 96, note 1. Le *Testament du cardinal de Fleury* est dans le Chansonnier, ms. fr. 12646, p. 135-139, avec les portraits satiriques des ministres, p. 153-156 et 194-196, et dans un autre recueil, ms. fr. 15134, p. 625-632. On y disait de M. de Maurepas :

> Le Maurepas est un sujet,
> Mais trop rempli de son objet.
> Il veut élever la marine ;
> Mais ce seroit notre ruine.

Le commentateur dit : « On faisoit voir au roi, en présence du duc de Richelieu et de M. de Maurepas, les couplets faits sur les ministres; le roi remarqua que ce dernier y étoit assez ménagé, et l'en félicita. « Sire, répondit le duc de Richelieu, qui soupçon-« noit ce ministre d'en être l'auteur, quand on se bat soi-même, « on ne se fait guère de mal. »

Pages 92 et 93. Il est parlé des assommeurs et de l'exécution du 5 décembre 1742 dans les *Mémoires du commissaire Narbonne*, p. 506-508, et dans le recueil de La Place : *Pièces intéressantes et peu connues*, t. I, p. 92-95.

Page 94, note 1. Le dossier de l'affaire Raffiat porte actuellement la cote Y 10505.

Page 103, note 2. Selon l'acte de naissance de l'historien Rulhière (Claude-Carloman), publié par M. Tourneux en 1894, son père s'appelait Martin et était lieutenant de la maréchaussée de l'Ile-de-France commandant la brigade de Bondy.

Page 106, ligne 12. Le 7 mai 1743, Volteface, qui allait être rompu, entendit, pendant la nuit, une voix qui lui promettait huit messes s'il ne révélait aucun complice, et la quittance des messes lui fut remise au pied de l'échafaud (La Place, *Pièces intéressantes et peu connues*, t. II, p. 122).

Page 109, note 8. Ce contrôleur Langlade avait disparu : voir un arrêt du Conseil du 22 mai 1745.

Page 120, ligne 15. Grandmaison, commissaire général à la conduite et police des gardes, s'appelait René-François de Grimaudet, sieur de Grandmaison.

Ibidem, ligne 18. De même en 1728, le cardinal de Noailles avait interdit une musique en faux-bourdon préparée aux Petits-Pères pour le service de la Rochois (*Mémoires de Mat. Marais*, t. III, p. 593).

Page 123, note 3. Sur Nattier et sa fille, voir la *Nouvelle revue rétrospective*, t. X, p. 39-47.

Page 127, note 5. Cette dame de Listenois, sœur de Mme de la Vrillière, avait trop fait parler d'elle : voir les *Mémoires de Mathieu Marais*, t. IV, p. 116, 128 et 147.

Page 129, note 1. Sur Crébillon, censeur des pièces de Voltaire, voir l'*Histoire de la censure*, par Hallays-Dabot, p. 65, *Crébillon*, par M. Maurice Dubrait, p. 68-69, une lettre écrite par Voltaire au proviseur du collège d'Harcourt, le 24 août 1735, dans *les Collections de M. de Stassart*, p. 96-97, et les *Mémoires de Mat. Marais*, t. IV, p. 488.

Page 130, note 5. Il y avait déjà eu une affaire analogue de bon du roi en 1731, comme on le voit dans le dossier Bastille 11167.

Page 134, note 5. L'abbé de Roquette, dans la relation de son séjour à la Bastille en 1743, parle de Massaron, de sa femme, etc., pour l'affaire du bon du roi (*Mémoires de la Société*, t. VII, p. 27).

Page 137, note 2. L'affaire de M. de Saint-Remy contre sa femme, Claude-Marguerite-Marie-Madeleine-Antoinette de Girard d'Espeuilles, se prolongea longtemps encore, et on en a plusieurs factums dans le fonds des Factums de la Bibliothèque nationale.

Page 147, note 2. Cet abbé de Villiers, docteur de Sorbonne, chapelain et confesseur des dames du Calvaire pendant vingt-deux ans, avait été enfermé à la Bastille, avec la tourière, le 4 juin 1742, pour excitation à la rébellion, puis relégué au Mans. Voir les *Nouvelles ecclésiastiques* du 10 juin 1742, et la relation de l'abbé de Roquette, dans les *Mémoires de la Société*, t. VII, p. 27.

Page 153, fin de la note 4. Ravaisson et M. Funck-Brentano ont publié une lettre de Voltaire, datée du 31 août 1744, sur le libraire Didot et la Bienvenu.

Page 166, ligne 5. Suivant une lettre du ministre de janvier 1742 (reg. O^1 387, p. 36), on n'envoyait plus aux colonies; mais on cherchait quelquefois à faire engager les coupables dans les troupes coloniales.

Ibidem, note 2, ligne 2. Au lieu de *brigadier*, lisez : *maréchal de camp*.

Page 169, note 2. Le frère N.-J. Le Cousturier, ancien précepteur au collège d'Harcourt et curé d'Harmancourt, près Compiègne, fut relégué de 1744 à 1745, pour avoir maltraité en public une ancienne maîtresse qui le sollicitait pour son enfant.

Page 181, fin de note. Suivant un bruit courant, c'est pour se venger de ce que M. de Maurepas, après avoir chassé Mme de Châteauroux de chez Mme de Mazarin, l'avait empêchée de suivre le roi à l'armée, que cette favorite le fit envoyer faire cette tournée des ports de Provence.

Page 189, note 5. D'après une note de la *Gazette numismatique française*, les dessins des quatre médailles dont il est parlé dans la lettre à M. de Boze sont conservés au musée de la Monnaie.

Page 207, note 4. Georges Husquin-Beaudouin, dit de Bellecour, homme de mauvaise conduite, venu de Bourbon, avec plusieurs compagnons, pour accuser M. de la Bourdonnais, avait été arrêté et mis à la Bastille en 1742 (*la Bastille dévoilée*, t. I, p. 96 et 100).

Pages 209-235. La liasse Y 9499 (voir tome II, p. 216, note) n'ayant pu être dépouillée pour la liste des « Ordonnances, arrêts et sentences de police rendus de 1740 à 1744, » qui a été insérée dans notre tome Ier, on donne ici l'analyse des documents contenus dans cette liasse pour ces cinq années :

1er avril 1740. — Sentence de police condamnant à trois mille livres d'amende la demoiselle de Franqueville, demeurant au cul-de-sac de l'Oratoire, pour avoir tenu chez elle une assemblée de jeu de pharaon, et à mille livres d'amende chacun des joueurs et joueuses qui se trouvaient chez elle.

1er avril 1740. — Sentence de police condamnant à huit livres d'amende le nommé Lesueur, marchand de chevaux, pour avoir acheté quinze bottes de foin à un charretier qui en conduisait une voiture destinée à un particulier, et avoir injurié un contrôleur de la marchandise de foin.

9 avril 1740. — Ordonnance de police interdisant aux marchands étalant sur le Pont-Neuf de laisser leurs boutiques tendues pendant la nuit.

29 avril 1740. — Sentence de police condamnant le sieur Barisson, marchand de foin, à cent livres d'amende et à la confiscation de cent cinquante bottes de foin qui pesaient plus que le poids fixé par les règlements.

29 avril 1740. — Sentence de police condamnant à la confiscation et à deux cents livres d'amende le sieur Buisson, regrattier de paille, pour rébellion envers les jurés-contrôleurs de foin.

29 avril 1740. — Sentence de police condamnant à trois cents livres d'amende chacun les marchands de foin chargés de l'approvisionnement de Paris, pour n'avoir pas fourni suffisamment les marchés et les ports.

15 juillet 1740. — Sentence de police condamnant à diverses amendes plusieurs cultivateurs des environs de Gonesse, pour avoir négligé d'apporter du grain à la halle de Paris.

22 juillet 1740. — Sentence de police condamnant à quinze cents livres d'amende le fermier du minage de Pont-Sainte-Maxence, pour s'être prêté à diverses fraudes dans le commerce des blés.

22 juillet 1740. — Sentence de police condamnant à deux mille livres d'amende un cultivateur de Plailly, qui, sur le marché de Gonesse, avait refusé de vendre son blé au cours du jour et avait tenu des discours tendant à faire augmenter le prix des grains.

22 juillet 1740. — Sentence de police condamnant à l'amende divers cultivateurs pour avoir discontinué d'apporter leurs grains à la halle de Paris.

6 août 1740. — Ordonnance du lieutenant de police prescrivant de tapisser les rues par où doit passer la procession du jour de l'Assomption.

12 août 1740. — Sentence de police condamnant le sieur Lemaire à cent livres d'amende, pour avoir fait rebotteler du foin dans son bateau, tandis qu'il devait le faire à terre, au vu des acheteurs.

12 août 1740. — Sentence de police condamnant à la saisie et à cent livres d'amende le sieur Barisson, marchand de foin et de paille en regrat, pour avoir mis en vente des bottes de paille d'un poids trop léger.

19 août 1740. — Sentence de police condamnant à diverses amendes plusieurs marchands bouchers, pour avoir contrevenu aux règlements relatifs au commerce et à la vente du suif.

26 août 1740. — Sentence de police condamnant plusieurs boulangères étalant au marché du cimetière Saint-Jean à deux cents livres d'amende chacune, pour avoir vendu du pain plus cher que le prix commun du marché.

2 septembre 1740. — Sentence analogue à celle du 26 août condamnant divers boulangers.

14 septembre 1740. — Sentence de police condamnant à trois cents livres d'amende le sieur Persin, limonadier rue des Boucheries-Saint-Honoré, pour avoir reçu chez lui après minuit et avant le jour divers particuliers, et les avoir laissés se battre sans faire prévenir le guet.

28 septembre 1740. — Ordonnance de police renouvelant les défenses faites aux hôteliers, grainetiers, chandeliers, etc., d'acheter du foin en dehors des marchés.

18 novembre 1740. — Sentence de police condamnant à cent livres d'amende le sieur Lefèvre, boulanger rue de la Tixeranderie, pour avoir vendu du pain à un prix trop élevé.

16 janvier 1741. — Ordonnance de police prescrivant l'ouverture de la foire Saint-Germain le vendredi 3 février.

27 janvier 1741. — Sentence de police condamnant à soixante livres d'amende et à la confiscation le sieur Aubouin, laboureur à Wissous, pour avoir apporté au marché deux cent cinquante bottes de paille d'un poids trop léger.

27 janvier 1741. — Sentence de police condamnant à cinq cents livres d'amende chacun deux marchands de vin, pour avoir donné à jouer chez eux contrairement aux ordonnances.

28 janvier 1741. — Ordonnance de police prescrivant la visite, par les commissaires au Châtelet, assistés d'un architecte, de tous les puits

de la ville, pour s'assurer s'ils n'ont pas été dégradés, ni les eaux contaminées par suite de la récente inondation.

3 mars 1741. — Sentence de police condamnant à deux cents livres d'amende le sieur Grezel, boulanger rue Saint-Honoré, pour avoir mis en vente des pains au-dessous du poids.

16 mars 1741. — Ordonnance de police prescrivant que les marchés qui devaient se tenir le samedi 25 mars seront reportés au vendredi 24, à cause de la fête de l'Annonciation.

14 avril 1741. — Sentence de police condamnant à cinq cents livres d'amende chacun divers boulangers qui avaient vendu du pain au-dessus du cours.

14 avril 1741. — Sentence de police prescrivant la visite, par l'architecte de la police, de deux maisons sises rue Neuve-Saint-Sauveur et menaçant ruine, leur propriétaire ayant fait défaut à l'assignation lancée contre lui.

18 avril 1741. — Ordonnance de police défendant aux marchands de chevaux, conducteurs de bestiaux, et à tous particuliers en général, de passer sur les terres ensemencées dans les environs de la ville, et d'en couper les récoltes pour les faire manger à leurs animaux.

28 avril 1741. — Sentence de police condamnant à cinq cents livres d'amende la femme Pellet, boulangère rue Saint-Antoine, pour avoir vendu du pain au-dessus du cours ordinaire du marché.

12 mai 1741. — Sentence de police condamnant à cinquante livres d'amende le sieur Charon, boulanger, chargé de l'entretien des lanternes publiques de la rue des Ballets, pour avoir employé des chandelles plus courtes que celles qui lui avaient été distribuées à cet effet.

12 mai 1741. — Sentence de police condamnant à diverses amendes plusieurs marchands de vin et limonadiers, pour avoir donné à jouer chez eux contrairement aux ordonnances.

24 mai 1741. — Ordonnance de police relative à la police des rues pendant les jours de la Fête-Dieu, et interdisant l'emploi de fusées, pétards, etc., sur le passage des processions.

24 mai 1741. — Ordonnance de police qui permet aux bouchers d'ouvrir leurs étaux le dimanche, depuis le premier dimanche après la Trinité jusqu'au premier samedi après la Notre-Dame de septembre.

17 novembre 1741. — Sentence de police condamnant un particulier à trente-cinq livres d'amende, pour avoir vendu des bottes de foin de mauvaise qualité et n'ayant pas le poids requis par les ordonnances.

17 novembre 1741. — Sentence de police condamnant à trente

livres d'amende un marchand boucher, pour avoir fait couler dans le ruisseau le sang provenant de sa tuerie.

15 décembre 1741. — Sentence de police condamnant à mille livres d'amende le sieur Durafour, demeurant rue de Condé, pour avoir tenu chez lui une assemblée de jeu de quadrille.

20 décembre 1741. — Ordonnance de police prescrivant que les marchés qui devaient se tenir le samedi 6 janvier 1742 seront avancés d'un jour à cause de la fête de l'Épiphanie.

4 mai 1742. — Sentence de police condamnant à mille livres d'amende le sieur Liard, chandelier, pour avoir eu chez lui une quantité de suif supérieure à celle autorisée par les ordonnances.

6 juillet 1742. — Sentence de police condamnant le sieur Micot, propriétaire d'une maison habitée par plusieurs locataires rue des Fossés-Saint-Bernard, à vingt livres d'amende et à faire clore d'une porte ladite maison, dans l'escalier et l'entrée de laquelle se réunissaient depuis trois mois des vagabonds et gens sans aveu, au préjudice des locataires.

6 juillet 1742. — Sentence de police qui ordonne la visite par l'architecte de la police d'une maison de la rue Saint-Honoré, appartenant au président Béchet, et qui menace ruine à la suite d'un incendie.

20 juillet 1742. — Sentence de police condamnant un limonadier de la rue du faubourg Saint-Antoine à cent livres d'amende, pour avoir par trois fois donné à boire chez lui à des heures indues.

3 août 1742. — Sentence de police condamnant à mille livres d'amende la demoiselle Lefranc, rue des Poulies, pour avoir tenu chez elle une assemblée de jeu.

3 août 1742. — Sentence de police condamnant deux boulangers à cinq cents livres d'amende chacun, pour avoir vendu des pains d'un poids inférieur à celui annoncé.

3 août 1742. — Sentence de police condamnant à cinq cents livres d'amende le nommé Barreau, meunier, pour avoir porté chez un rôtisseur trois sacs de farine, contrairement aux ordonnances qui prescrivent de conduire toutes les farines au marché.

4 août 1742. — Ordonnance de police prescrivant que les marchés qui devaient se tenir le mercredi 15 août seront avancés d'un jour, à cause de la fête de l'Assomption.

27 août 1742. — Ordonnance de police prescrivant que les marchés qui devaient se tenir le samedi 8 septembre seront avancés d'un jour, à cause de la fête de la Nativité de la Vierge.

31 août 1742. — Sentence de police condamnant à trente livres

d'amende le sieur Grandcerf, entrepreneur de peinture, pour avoir fait travailler les 24 et 25 août, jours de la Saint-Barthélemy et de la Saint-Louis.

31 août 1742. — Sentence de police qui condamne à deux cents livres d'amende le nommé Sirot, fruitier rue du Four-Saint-Eustache, pour avoir loué les chambres de sa maison à des femmes et filles de mauvaise vie, et lui fait défense de louer ces chambres sans l'autorisation du commissaire du quartier.

7 septembre 1742. — Sentence de police qui condamne à trois livres d'amende chacun plusieurs porteurs d'eau qui empêchaient les particuliers de puiser de l'eau à la fontaine des Blancs-Manteaux afin de les obliger à employer leurs services.

7 septembre 1742. — Sentence de police condamnant deux hôteliers-logeurs à cinquante livres d'amende chacun, pour contravention aux règlements sur la tenue des maisons garnies.

16 novembre 1742. — Sentence de police qui condamne plusieurs boulangers étalant au marché du cimetière Saint-Jean à cinquante livres d'amende chacun, pour avoir vendu du pain à faux poids.

16 novembre 1742. — Sentence de police qui condamne deux fondeurs de suif de Vincennes et de Charenton à vingt livres d'amende chacun, pour avoir conservé chez eux une trop grande quantité de suif et ne l'avoir point portée au marché de Paris.

7 décembre 1742. — Sentence de police ordonnant la visite par l'architecte de la police de deux maisons sises rue Montorgueil, près la rue du Bout-du-Monde, qui menacent ruine.

7 décembre 1742. — Autre analogue pour une maison sise rue de Sèvres, en face des Incurables.

7 décembre 1742. — Sentence de police qui condamne à cinquante livres d'amende le nommé Moraine, limonadier rue des Fossés-Saint-Germain-l'Auxerrois, pour avoir contrevenu aux règlements concernant les chambres garnies.

7 décembre 1742. — Sentence de police qui condamne à trois cents livres d'amende le sieur Haudouin, épicier au quai de l'École, pour avoir tenu chez lui une assemblée de jeu de siam.

7 janvier 1743. — Ordonnance de police portant règlement de ce qui doit être observé par les marchands pendant la foire Saint-Germain.

7 janvier 1743. — Ordonnance de police fixant au vendredi 1er février l'ouverture de la foire Saint-Germain.

18 janvier 1743. — Ordonnance de police avançant d'un jour les

marchés qui devaient se tenir le samedi 2 février, à cause de la fête de la Purification.

24 janvier 1743. — Ordonnance du roi relative à la police des spectacles.

15 mars 1743. — Sentence de police prescrivant au sieur Collon de faire commencer sous trois jours les réparations jugées nécessaires par l'architecte de la police à une maison sise rue Saint-Nicolas-du-Chardonnet, dont il est propriétaire, et qui menace de s'écrouler.

28 mai 1743. — Sentence de police condamnant à cinq cents livres d'amende le nommé Fleury, boulanger place de la porte Saint-Michel, pour avoir vendu du pain à faux poids.

6 août 1743. — Ordonnance de police prescrivant de tapisser les maisons dans les rues où doit passer la procession du jour de l'Assomption.

9 août 1743. — Sentence de police prescrivant la visite par l'architecte de la police d'une maison qui menace ruine, sise au faubourg Saint-Denis.

9 août 1743. — Autre analogue pour une maison de la rue Saint-Thomas-du-Louvre.

30 août 1743. — Sentence de police relative à l'usage par les voisins du puits public dit de la Nadée, sis rue du faubourg Saint-Jacques, près la Visitation, et à la répartition entre les propriétaires des maisons voisines des frais de la réparation dudit puits, dont les travaux seront mis en adjudication.

16 septembre 1743. — Ordonnance de police interdisant la vente des melons restés encore sur terre, la saison avancée ne pouvant leur permettre d'arriver à une maturité convenable.

15 novembre 1743. — Sentence de police ordonnant la visite par l'architecte de la police de l'écurie de l'hôtel d'Espagne, rue Dauphine, qui menace ruine.

13 décembre 1743. — Sentence de police condamnant le nommé Desmaisons, maître maçon, entrepreneur de la construction de deux maisons rue Barbette : 1° pour avoir embarrassé de matériaux les rues Barbette et des Trois-Pavillons, à deux cents livres d'amende et à la confiscation des matériaux au profit des Récollets; 2° à trois cents livres d'amende, pour avoir fait travailler ses ouvriers le jour des fêtes de Saint-Simon et Saint-Jude et de Saint-Martin.

14 décembre 1743. — Ordonnance de police prescrivant que les marchés qui devaient se tenir le mercredi 25 décembre seront avancés d'un jour, à cause de la fête de Noël.

8 janvier 1744. — Ordonnance de police fixant au samedi 1er février l'ouverture de la foire Saint-Germain.

17 janvier 1744. — Ordonnance de police relative aux mesures, précautions et défenses à observer pour la tenue de la foire Saint-Germain.

11 mars 1744. — Ordonnance de police avançant d'un jour les marchés qui devaient se tenir le mercredi 25 mars, jour de l'Annonciation.

4 mai 1744. — Ordonnance de police renouvelant la défense de passer sur les terres ensemencées dans le voisinage des faubourgs de Paris, et d'y couper les récoltes en vert pour les faire manger aux bestiaux.

8 mai 1744. — Sentence de police condamnant à trois cents livres d'amende le nommé Hébert, chandelier rue de Beaune, pour avoir refusé de vendre à la fois plus d'une livre de chandelles, quoiqu'il en eût chez lui une grande quantité.

15 mai 1744. — Ordonnance de police prescrivant d'allumer des feux devant la porte des maisons le 16 mai, en réjouissance de la victoire du roi sur les troupes de Sardaigne.

7 juillet 1744. — Ordonnance de police prescrivant d'illuminer les maisons le 12 juillet, en réjouissance de la prise d'Ypres.

17 juillet 1744. — Sentence de police qui condamne à trois cents livres d'amende le sieur Chazal, maître sellier tenant des chambres garnies, pour avoir contrevenu aux règlements relatifs aux logements en garni.

5 août 1744. — Ordonnance de police qui enjoint de tendre les maisons, le 15 août, dans les rues où doit passer la procession de l'Assomption.

5 août 1744. — Ordonnance de police avançant d'un jour, à cause de la fête de l'Assomption, les marchés qui devaient se tenir le samedi 15 août.

5 septembre 1744. — Ordonnance de police prescrivant d'illuminer les maisons le 8 septembre, en réjouissance du rétablissement de la santé du roi.

18 septembre 1744. — Ordonnance de police renouvelant la défense de mettre en vente des melons.

1er décembre 1744. — Ordonnance de police prescrivant d'illuminer les maisons le 2 décembre, en réjouissance de la prise de Fribourg.

29 décembre 1744. — Ordonnance de police avançant d'un jour les marchés qui devaient se tenir le mercredi 6 janvier, à cause de la fête de l'Épiphanie.

TOME II.

Page 5, note 2. Ce jeune de la Villemaingny fut encore emprisonné en 1746, puis transféré à l'Hôpital, et enfin envoyé chez les Cordeliers de Montjean, aux frais de sa famille (reg. O¹ 90).

Page 9, ligne 2. M. Isaac Courcault était curé depuis 1732.

Page 36, note 1. Au lieu de *Ratisbonne en 1726*, lisez : *Gênes en 1720*.

Page 38, note 1. La pièce de vers annoncée p. 31 doit être celle-ci :

> Notre bien-aimé Louis
> Dans de nouveaux fers s'engage;
> C'est aux noces de son fils
> Qu'il adoucit son veuvage.
>   Aïe, aïe, aïe;
> Aïe, aïe, aïe, Jeannette;
> Jeannette, Aïe, aïe, aïe.
>
> Les bourgeoises de Paris
> Au bal ont eu l'avantage;
> Il a, pour son vis-à-vis,
> Choisi dans le cailletage.
>   Aïe, aïe, etc.
>
> Le roi, dit-on à la cour,
> Entre donc dans la finance;
> De faire fortune un jour
> Le voilà dans l'espérance.
>   Aïe, aïe, etc.
>
> En vain les dames de cour
> L'osent trouver ridicule;
> Le roi, ni le dieu d'amour
> N'ont jamais eu de scrupule.
>   Aïe, aïe, etc.
>
> Le roi de tout cela rit,
> Soutient que c'est par envie,
> Et que c'est le seul dépit
> Qui fait contrôler sa vie.
>   Aïe, aïe, etc.
>
> Madame d'Étiole enfin
> Devient donc la bien-aimée!

> La reine en a du chagrin,
> La Dauphine en est alarmée.
> Aïe, aïe, etc.

> Son mari fut si surpris
> Lorsque le roi lui fit fête,
> Qu'au pauvre diable transi
> Cornes vinrent à la tête.
> Aïe, aïe, etc.

Le président Hénault raconte (*Mémoires*, p. 198) que cette entrée en scène avoit été préparée avec la connivence du cousin de Mme d'Étiolles, Binet, premier valet de chambre du Dauphin, et de Mme d'Estrades, aussi sa parente.

Page 46, note 3. On a un mémoire sur cette épizootie dans le registre de la Ville pour 1745, coté H 1861, p. 189-194.

Page 49, note 4. Le chevalier de Saint-Sulpice (*sic*) tenait chez lui des jeux prohibés, et l'on y fit encore une descente le 12 décembre 1746.

Page 56, note 2, ligne 4. Au lieu de *1700*, lisez : *1737*.

Page 70, ligne 14. C'est Pérard, qui avait été l'accoucheur de la reine, et que les cours étrangères faisaient toutes venir ; mais, en 1746, se sentant trop vieux et ayant mal opéré Mme d'Agenois, il refusa absolument de se charger de la Dauphine (*Luynes*, t. VII, p. 238-239).

Page 77, note 1, ligne 7. Au lieu de *Bulletin du Comité des monuments écrits*, etc., lisez : *Bulletin du Comité historique*, t. I, p. 287. C'est là que les billets du roi et de son fils ont été publiés par Huillard-Bréholles, en 1849.

Page 88, note 1. Le duc de Chartres avait emmené sa femme à l'armée pendant la campagne précédente, et il voulait faire de même en 1745, quoiqu'elle fût grosse de six mois, ou, sinon, laissait entendre qu'il ne partirait pas. L'accident au jeu de mail vint trop à point pour que le public ne l'interprétât pas malignement, alors surtout que le comte de Clermont annonçait sa résolution de partir, fût-ce avec des béquilles (*Mémoires de Luynes*, t. VI, p. 104 et 423-424).

Page 91, note 4. Au lieu de *La Vergne*, lisez : *La Vergée* (*Charles-Élisabeth de*), commissaire au Châtelet, comme au tome III, p. 71.

Pages 104 et suivantes. Le ms. de la bibliothèque de la Ville 26700 contient, pour cette période, comme pour l'année 1742, des gazetins qui eussent été utiles pour notre commentaire.

Page 119, ligne 2. Le général Batthiany doit être le prince Charles-Joseph, qui mourut en 1772 feld-maréchal autrichien, s'étant distingué contre Frédéric II.

Page 136, note 5. Il est parlé du duel où M. de Montéclair perdit la vie dans les *Mémoires de Dufort de Cheverny*, t. I, p. 57.

Page 139, note 4. Les *Nouvelles ecclésiastiques* de 1746 qualifièrent d'indécente la conduite de Marville dans cette affaire, et reproduisirent les actes de la congrégation, p. 7-12, 81-84 et 197.

Page 144, note 4. Un autre de Vougny, du nom de Jacques, original, gai et aimable, plaisait beaucoup, par son esprit et son goût du plaisir, à M. de Maurepas, et aussi à Mme de Marville, chez qui il faisait les honneurs. C'était un cousin du ministre Amelot. Voir les *Mémoires de Dufort de Cheverny*, t. I, p. 406.

Page 147, note 3. Des trois neveux du cardinal de Polignac, deux avaient quitté le service, en se mariant avec Mlles de Mancini et de la Garde ; un seul y était resté, François-Alexandre, dit le comte de Polignac, marié à Mlle de Modave et attaché au comte de Clermont.

Page 149, note 3. Voir l'épître à l'imprimeur du Louvre, sur la belle édition faite par ses soins, dans le Chansonnier, ms. fr. 12648, p. 459-461, et la bibliographie de feu M. Bengesco, t. I, p. 104-106 et 165-166.

Page 165, note 1. Le 22 mai de l'année suivante, M. de Maurepas fit délivrer à Étienne Jourdan une permission de débiter les remèdes du feu sieur de Grimaldy de Copponay, premier médecin du roi de Sardaigne (reg. O^1 90, p. 141).

Page 173, note 3. Il se pourrait bien, à lire les *Mémoires de Luynes*, t. VI, p. 393 et 411, que la duchesse de Lauraguais eût marché sur les brisées de Mme de Pompadour dans l'été de cette année 1745.

Pages 181, note 3, 201, note 4, et 205, note 2. Comme il a été dit au début de ces *Additions et corrections*, p. 225, c'est la grand'mère de Mme de Marville, et non la seconde femme de son père, qui mourut le 14 décembre à Arras.

Page 193, note 2. On trouve dans le registre de la Ville H 1861, fol. 263 v° à 267, cet avis du procureur du roi sur les lanternes et lampes inventées par Bourgeois de Châteaublanc :

« Antoine Moriau, écuyer, conseiller, procureur et avocat du roi et de la ville.

« Vu les lettres patentes du roi données à Versailles le 31e décembre dernier, signées : Louis, et plus bas : Par le roi dauphin et comte de

Provence, Phélypeaux; et scellées du grand sceau de cire jaune, obtenues par Nicolas David, par lesquelles, pour les causes y contenues, le seigneur roi auroit permis audit sieur David de faire fabriquer les lampes et lanternes de la composition du sieur de Châteaublanc, et de les vendre et débiter par tout le royaume de France, pays, terres et seigneuries de son obéissance, pendant l'espace de vingt années consécutives à compter du jour et date desdites lettres, à condition toutefois que l'établissement de la manufacture ne pourra être fait dans la ville de Paris, ni dans la banlieue, où sera cependant loisible audit sieur David de tenir un ou plusieurs magasins pour la vente et débit desdites lampes et lanternes; auroit, en outre, permis audit sieur David de s'associer pour l'exploitation dudit privilège telles personnes que bon lui semblera, et ainsi qu'il est plus au long contenu èsdites lettres patentes, à la Cour adressantes;

« Vu aussi le plan attaché sous le contre-scel desdites lettres patentes, l'arrêt du 20 janvier aussi dernier, par lequel la Cour, avant procéder à l'enregistrement desdites lettres patentes, auroit ordonné que lesdites lettres patentes et ledit plan attaché sous le contre-scel desdites lettres nous seroient communiqués pour donner notre avis sur le contenu èsdites lettres et sur l'utilité ou inutilité desdites nouvelles lampes et lanternes énoncées en icelles, pour, ce fait, rapporté et communiqué à M. le procureur général du roi, être par lui pris telles conclusions et par la Cour ordonné ce que de raison;

« Vu encore la requête présentée au Bureau de la ville par ledit Nicolas David, intéressé dans les affaires du roi;

« Pour satisfaire à ce qu'il a plu à la Cour de nous imposer, nous examinerons les inconvénients et les avantages que nous croyons pouvoir résulter de l'exercice du privilège que le sieur David supplie la Cour d'autoriser.

Inconvénients.

« Il est sensible que l'exercice de ce privilège apportera quelque préjudice à la communauté des maîtres vitriers de cette ville. De ce que les lanternes imaginées par le sieur de Châteaublanc présentent un objet d'épargne et produisent plus de clarté, le public les préférera à celles dont l'usage a été jusques ici connu, lesquelles sont formées de plusieurs pièces de verre et sont montées en plomb et en fer-blanc. Nous observerons cependant à la Cour que cette diminution de travail, qui ne se fera que médiocrement apercevoir, ne sera pas capable d'anéantir cette communauté, ni d'en altérer visiblement le commerce. Ce ne sont point les vitriers qui fabriquent le verre qu'ils emploient; ils le tirent des verreries, et ne font que le couper et le monter. Les lanternes dont il s'agit ne peuvent être mises en usage qu'elles ne soient montées suivant qu'il a été imaginé par le sieur de

Châteaublanc; comme ce travail appartient aux vitriers exclusivement, ils ne cesseront donc point d'être occupés dans cette partie de leur profession.

« D'ailleurs, ces lanternes nouvelles ne pourront point porter à cette communauté un plus grand dommage que celui qu'elle éprouve depuis vingt ou vingt-cinq années que l'usage s'est introduit en France de se servir de globes de cristal d'Angleterre et de lanternes en cylindre de même matière. Depuis ce temps, l'on ne s'est point aperçu que la communauté des vitriers ait décliné, et que ses membres en aient souffert dans l'exercice de leur profession. La manière de bâtir et d'éclairer l'intérieur des maisons les a considérablement indemnisés, en ce que cette nouvelle méthode d'édifier leur a procuré de plus grandes entreprises et des entretiens plus considérables et plus fréquents.

« Quant aux lampes, qui concernent les fondeurs, il est indubitable que l'exercice du privilège et l'usage qui pourra s'en introduire, bien loin de leur porter aucun préjudice, augmentera l'occupation et le commerce de ceux qui voudront travailler pour le sieur David suivant les modèles inventés par le sieur de Châteaublanc.

« La communauté des ferblantiers ne peut pas envisager plus d'inquiétude : les lanternes proposées ne peuvent être mises en usage, si elles ne sont montées; ainsi, bien loin qu'ils soient exposés à une diminution de travail, celui de leur profession deviendra encore plus nécessaire.

Avantages.

« Nous avons cru devoir faire faire sous nos yeux, et dans l'intérieur de l'hôtel de ville, une expérience particulière et de comparaison de cette espèce de lanternes avec une ordinaire. Nous avons fait mettre dans cette dernière une chandelle de quatre onces, dont dix-neuf brins de coton composoient la mèche. Nous avons aussi fait garnir l'autre de trois onces d'huile de navette, avec une mèche de même qualité. Celle-ci, qui répandoit beaucoup plus de lumière, n'a cessé d'éclairer qu'au bout de sept heures un quart, pendant que l'autre n'a eu de durée que cinq heures et demie huit minutes. La chandelle de quatre onces à dix sous la livre, prix le plus ordinaire, revient à deux sous six deniers; les trois onces d'huile de navette, à six sous la livre, ne revenant au contraire qu'à un sou un denier et demi, nous avons reconnu que la lanterne nouvelle avoit moins dépensé d'un sou quatre deniers et demi, ce qui étant joint à la considération de la plus longue durée, nous avons été convaincus que la différence de la consommation étoit en faveur de la nouvelle lanterne, et que de son usage il résultera plusieurs avantages, indépendamment de la commodité que le public en éprouvera :

« 1° La consommation, et conséquemment le prix du suif, diminueront. Ce prix n'augmente que trop rapidement dans les temps de guerre, de la rareté des fourrages et de maladies contagieuses sur les bestiaux, et lors des réjouissances publiques.

« 2° Il n'y aura plus tant de nécessité de tirer des suifs d'Hollande et d'Irlande, pour suppléer à ce que les bestiaux qui se consomment en France manquent de produire; conséquemment, des sommes considérables ne sortiront plus du royaume.

« 3° Ce privilège animera la culture des terres médiocres dans les provinces éloignées et privées jusques ici d'un débouché commode au débit des denrées qu'elles produisent. La certitude de celui de l'huile qu'on y pourroit fabriquer, et la facilité de son transport donnera lieu à de grandes plantations de noyers, d'ensemencer plus grande quantité de chanvre et de lin, et d'employer les terres non cultivées à produire du colza, de la navette, et autres grains. Indépendamment d'un bien général pour le commerce du royaume, il en résultera un particulier bien intéressant pour ces provinces, où il rentrera une grande partie des sommes que les charges indispensables de l'État en font annuellement sortir. Ces mêmes charges s'en payeront plus facilement et plus exactement, et les autres commerces qui peuvent s'y faire fleuriront davantage.

« 4° L'exercice du privilège donnera encore lieu, par la réduction de la consommation des suifs, à fabriquer la chandelle avec une matière plus pure et mieux choisie. Son usage, abandonné depuis vingt années par des personnes d'un certain état, reprendra faveur, et la bougie reviendra à un plus juste prix.

« 5° Il est un autre avantage que nous ne croyons pas devoir être omis : le commerce de corroierie changera de face; il pourra être donné aux cuirs plus nourris de suif la même qualité qui est donnée aux cuirs étrangers, qui ont été jusques à présent supérieurs à ceux qui sont fabriqués en France.

« A l'égard de toutes les autres petites lampes de diverses formes qui sont aussi proposées par le sieur David, comme elles n'offrent point les mêmes objets intéressants que nous venons de réunir sous les yeux de la Cour, et que, quoique de formes différentes de celles dont on se sert journellement, elles ne peuvent être servies de même qu'avec de l'huile, si le sieur David peut persuader à ceux qui en voudront faire les épreuves que ces lampes de l'invention du sieur Châteaublanc, en consumant moins, répandent plus, ou du moins autant de clarté, le sieur David se verra accueilli; sinon, il y renoncera. Cette partie, bien moins importante, ne nous a pas paru exiger d'être plus approfondie.

« Sous ces observations, que nous soumettons aux lumières supérieures de la Cour, nous estimons que les lettres patentes accordées au sieur David pour l'exercice du privilège dont il s'agit peuvent être enregistrées.

« Fait ce 31e jour de mai 1745.

« MORIAU. »

A la suite est l'avis conforme du Bureau de la ville.

Le duc de Luynes rapporte, en janvier 1747 (t. VIII, p. 95), que l'on voyait alors dans les galeries des ailes du château de Versailles, au lieu de lanternes à bougies jaunes, des lampes à huile suspendues aux voûtes, et dont l'entretien ne coûtait que 3 sous par jour.

Page 204, note 3. Lisez : *Stonehaven*.

Page 207, note 1. Voir aussi, sur les Élisiens ou Éliséens de 1734, les *Nouvelles de la cour et de la ville*, publiées par Édouard de Barthélemy, p. 14, 15 et 33.

Page 208, note 3. Ce du Saussoir était Jacques Courtin, de la branche de Tanqueux, page de la petite écurie en 1698, puis capitaine de cavalerie, écuyer de quartier du roi après son père, et attaché au service de Mesdames.

Page 209, note 4. Selon les notes de M. le duc de Caraman, Abel-François, dit Gabriel, Poisson était né en 1725, et non 1727.

Page 238, note 3. Voir les instructions pour M. de Champeaux dans Boutaric, *Correspondance secrète de Louis XV*, t. I, p. 37-40. L'affaire d'Asti coupa court à cette négociation.

Page 240, note 1. Le R. P. Baudrillart a rapporté, dans *Une mission en Espagne* (1889), p. 101-103, la lettre que, à la date du 30 janvier 1746, Philippe V d'Espagne adressa à Louis XV sur l'état politique de l'Europe.

Page 271, note 3. Guymont était cousin de Mme de Pompadour. C'est à Gênes, et non Genève, qu'il fut envoyé : voir les *Mémoires du marquis d'Argenson*, t. IV, p. 442.

TOME III.

Page 19, note 5. Le 16 juillet, il y eut ordre d'aller saisir à l'abbaye de la Piété, chez dom Gervaise, tout ce qui se trouverait de papiers, de titres, ou d'exemplaires du libelle incriminé, et d'en rendre compte à M. de Marville.

Page 22, note 2. On trouvera dans le Supplément pour 1746, ci-dessus, p. 117-118, la lettre indiquée du 29 juin.

Page 65, note 1. Au lieu d'*Auhna*, lisez : *Acunha*.

Page 67, note 3. Mme de Cangé était première femme de chambre de la duchesse d'Orléans depuis 1726.

Page 102, ligne 29. Marc-Joseph de Pourroy de Lauberivière était président au parlement de Grenoble. Il avait un fils né en 1741.

Page 107, note 5. Nous avions déjà publié dans le tome I, p. 196-197, une lettre écrite par Louis Racine à M. de Marville, le 14 septembre 1744, à propos de sa pièce de vers sur la convalescence du roi.

Page 118. Le Rochemont à qui Maurepas écrit, et qui avait déjà été nommé plus haut, p. 7, était-il Nicolas Martin de Rochemont, avocat, inspecteur général des ouvrages extraordinaires concernant le service de la ville et les réjouissances publiques ?

Ibidem, note 3. Cette note est incomplète, et il faut se reporter à la lettre du 8 mai 1747, p. 209.

Page 144, note 1. Cf. les pièces transcrites dans le recueil Maurepas, ms. fr. 12650, p. 73, 81, 83.

Page 157. La chanson des Pantins est dans le recueil Maurepas, ms. fr. 12650, p. 85, ainsi que d'autres vers et qu'une longue notice sur le conflit avec le parlement auquel il est fait allusion ici.

Page 175. Jean-Baptiste Moufle avait été pourvu en 1724 d'une des charges de trésorier général de l'extraordinaire, et sa sœur avait épousé M. de Vougny, intéressé aux affaires du roi, puis secrétaire du conseil des finances, mort en 1729.

TABLE ALPHABÉTIQUE

DES NOMS ET DES MATIÈRES.

Le chiffre de la page où se trouve la note principale relative à chaque personnage est marqué d'un astérisque.
L'indication (Add.) renvoie aux Additions et Corrections (p. 225 à 244 du tome III).

A

Abattoirs (les), III, 233.
Abbaye-aux-Bois (l'), I, 26; II, 74.
Abbayes (les), I, 132. Voyez aux noms.
Ablon (la rue), I, 7.
Académie française (l'), II, 271, 278-280; III, 2.
Académie des inscriptions et belles-lettres (l'), I, 190.
Académie des sciences (l'), III, 120, 214, 215.
Académie militaire (l'), ou les Héros subalternes, II, *108.
Acadie (l'), III, 27, 31, 38, 42, 46, 47, 52, 53, 66, 74, 77, 79-81.
Accidents divers, I, 5, 11, 19, 21, 27-29, 39, 46, 47, 65, 71, 81, 82, 87, 120; II, 9, 13, 31, 53, 59, 67, 79, 102, 107, 109, 110, 121, 135, 139.
Acquaviva (le cardinal Trojan d'), II, *169; III, 84, 89, 91, 184.
Acqui (la ville d'), en Italie, II, 115, 117.
Actions. Voyez Compagnie des Indes.
Acunha (Louis d'), ambassadeur de Portugal, II, *216; III, 65 (Add.).
Adam (M.), curé de Saint-Barthélemy dans la Cité, II, *29.
Adélaïde (Madame). Voy. Madame Adélaïde.
Affichage des jugements (l'), I, 29.
Afficheurs publics (les), I, 210.
Agenois (Étienne-Armand de Vignerot, duc d'), II, *266, 268, 279.

Agents de change (les), I, 155.
Aiguillon (Armande-Charlotte de Crussol, duchesse d'), I, *86, 87.
Ainay (l'abbaye d'), à Lyon, III, 213.
Albani (Annibal, cardinal), II, *195, 253, 259.
Albany (Henri-Benoît Stuart, comte ou prince d'), II, *160; III, 171.
Albertin (Jean-Jacques), I, 155, *156.
Albi (l'archevêque d').Voyez Castries.
Alcide (l'), vaisseau, III, 52, 61, 66.
Alexandre (M.), premier commis de la guerre, I, 24.
Alexandrie (la ville d'), en Piémont, II, 116, 201, 272.
Algarotti (François, comte), III, *168.
Aligre (Étienne-Claude d'), II, *43, 44.
Alincourt (Marie-Joséphine de Boufflers, duchesse d'), II, *174.
Allemagne (l'), I, 204; II, 73, 122, 125, 241, 261.
Alleurs (Roland Puchot, comte des), I, *73.
Almanach royal (l'), I, 226.
Almanach des théâtres (l'), I, 207.
Almanachs (la vente des), II, 218; III, 125, 221.
Alpes (les), III, 195.
Alsace (l'), II, 49.
Alzaïde, pièce, II, 203.
Amaulry (Jeanne-Louise de la Main, veuve), I, 8 (*Add.).
Ambassadeurs (les), I, 76-78, 81, 111, 119; II, 145, 150; III, 18.

246   TABLE ALPHABÉTIQUE

Ambassadeurs extraordinaires (l'hôtel des), I, 48.
Amelot (Jean-Jacques), secrétaire d'État des affaires étrangères, I, 12, 14, 57, 71, 81, 95, 114, 117, 175.
Américains (les), I, 166.
Amérique (l'), II, 132; III, 86, 202.
Amidon (la fabrication de l'), I, 214.
Amidonniers-cretonniers (la communauté des), III, 131.
Amiens (l'évêque d'). Voyez Orléans de la Mothe (L.-Fr.-G. d').
Amiens (l'intendance d'), II, 71.
Amiral de France (la charge d'), II, 277.
Amirauté (l'), à Londres, III, 47.
Amsterdam (la ville d'), II, 267.
Anatomie de la messe (l'), I, 22.
Anchin (l'abbaye d'), III, 205.
Ancourt (Florent Carton d'), III, *96.
Ancourt (Thérèse Le Noir de la Thorillière, dame Carton d'), III, *96.
Ancourt (Marie Carton d'), III, *96.
Ancourt (Marie-Anne Carton, dite Mimi d'), III, *96.
Andlau (Marie-Henriette de Polastron, comtesse d'), III, *4, 8, 9, 12, 142, 167.
Andrezel (Françoise-Thérèse de Bassompierre, dame d'), I, *97, 98.
Andrezel (Jacquette-Philippine-Adélaïde, demoiselle d'), I, *97, 98, 100.
Anecdotes de la cour de Perse (les), II, 94. Voyez *Mémoires*, etc.
Anet (le château d'), III, 183.
Angely (Jeanne), I, 136.
Anglais (les), I, 172, 180, 182; II, 96, 97, 106, 110, 113, 116, 123, 129, 131, 132, 137, 138, 141, 142, 146, 148, 151, 152, 154, 158, 173, 190, 211, 215, 228, 238, 243, 249; III, 46-48, 50-52, 55-57, 61, 64, 66, 75, 134, 137, 200, 212.
Angleterre (l'), I, 112, 125; II, 113, 115, 118, 127, 128, 130, 132, 141, 157, 175, 177, 190, 196, 210, 227, 238, 247, 248; III, 47.
Ango (le sieur), I, 55.
Angran d'Alleray (M.), II, 144.
Anisson (Jacques), II, 149, *158.
Annapolis (la ville d'), III, *74.
Année galante (l'), ballet, III, *150.
Annonciation (la fête de l'), III, 232, 236.
Antibes (la ville d'), III, 89, 90, 170, 174, 180.
Antin (Louis III de Pardaillan, duc d'), II, 246.
Antin (Françoise-Gilonne de Montmorency-Luxembourg, duchesse d'), III, *194.
Antin (l'hôtel d'), II, 247.
Antony (le village d'), III, 182.
Anvers (la ville d'), II, 123; III, 4, 6, 15, 16, 113, 167, 190, 196, 213.
Anville (Jean-Baptiste-Frédéric de la Rochefoucauld, duc d'), II, *131, 159, 173, 272; III, 21, 27, 31, 37, 41, 46, 47, 50, 52, 55, 58, 61, 66, 69, 74-77, 79-81, 83-85, 87, 88, 92, 111, 116.
Apothicaire-distillateur du roi (l'), I, 141.
Apothicaires (les), I, 28, 31, 216; III, 123.
Apport de Paris (l'), II, *9.
Apprentissage dans les métiers (l'), I, 174, 220.
Aran de Presle (le sieur), I, 51, 52.
Archers de robe courte (les), II, 44.
Archevêché (l'), à Paris, II, 61.
Architecte de la police (l'), III, 232, 234, 235.
Ardent (l'), vaisseau, III, 52, 94.
Ardivilliers (François Pajot d'), II, *44.
Ardore (le prince d'), ambassadeur des Deux-Siciles, I, *107; II, 61.
Arenberg (Léopold-Philippe-Charles-Joseph de Ligne, duc d'), II, *261.
Argens (Jean-Baptiste de Boyer d'), III, *140.
Argenson (le marquis d'), secrétaire d'État des affaires étrangères, II, 161, 168, 169, 175, 199, 205, 211, 212, 216, 229, 233-238, 248, 252; III, 1, 5, 9-12, 37, 39, 40, 55, 56, 63, 65, 70, 73, 74, 79, 81, 92, 133-137, 141, 142.
Argenson (Marc-Pierre de Voyer, comte d'), intendant de Paris, puis secrétaire d'Etat de la guerre, I, *31-33, 109, 116, 123, 128, 146, 157, 199, 215, 220; II, 39, 44, 45, 53, 56, 65, 72, 82, 99, 105, 109, 125, 134, 141, 148, 150, 159-161, 168, 171, 198, 199, 227, 229-241, 256, 257, 265-268, 272, 278, 279; III, 11, 12, 28, 33, 38, 48, 63, 65, 73, 79, 81, 86, 113, 135, 141, 142, 148, 158, 159, 172, 175, 176, 179, 184, 192, 193, 195, 208, 214.
Argenson (Jeanne-Marie-Constance de Mailly d'Haucourt, dame d'), II, *109.
Argenson. Voyez Paulmy, Voyer.
Argonaute (l'), frégate, III, 52, 61.
Argouges (Louis-Henri, marquis d'), III, *185.
Argouges de Fleury (Jérôme d'), III, *143.

Arles (la ville d'), III, 106.
Arles (l'archevêque d'). Voyez Bellefont (M. de).
Armagnac (le sieur d'), apothicaire, II, 13.
Armand (le sieur), II, 26, 27.
Armenonville (le régiment d'), I, 22.
Armentières (Louis de Conflans, marquis d'), I, *167, 168; III, 51.
Armes (le port d'), III, 123.
Armeval (Mme d'), II, 17.
Armoises (le chevalier des), I, 156, 157.
Arnaud (le sieur), I, 192, *198; II, 8, 19.
Arnaudin (Nadal de Regnaudin, dit le comte), I, *112.
Arouet (Armand), II, *29.
Arpajon (le bourg d'), I, 233.
Arras (la ville d'), II, 201.
Arrault (M.), III, 114.
Arrault (le chanoine), I, 38, 45.
Arrière-ban (l'), III, 45.
Arrosage des rues (l'), I, 219, 223, 230; II, 221.
Arsenal (l'), à Paris, II, 123, 124, 133, 134.
Artaud (l'abbé), I, 67.
Artificiers (les), I, 224; II, 102, 223.
Artistes peintres, I, 221.
Arts et métiers (les communautés d'), I, 210, 212, 217; II, 17, 22; III, 27, 125.
Arts et métiers (le bureau des), III, 224.
Aschaffenbourg (la ville d'), II, 113.
Asnières (le curé d'). Voyez Jubé (Jacques).
Assassinats, I, 4, 11, 16, 17, 22, 47, 54, 55, 69, 70, 72-74, 76, 77, 80, 81, 84, 92, 97, 99, 103, 106, 116; II, 13, 24, 35, 39, 50, 59-61, 89, 108, 121, 145, 207, 215, 275, 282.
Associations illicites, I, 230.
Assommeurs (la bande des), I, *74, 92 (Add.). Voyez Raffiat.
Assomption (la fête de l'), III, 128, 233, 236.
Asti (la ville d'), II, 260, 263, 265, 267, 268, 272, 279; III, 39.
Asturies (Ferdinand, prince des), II, *247.
Ath (la ville d'), II, 162, 170, 225.
Attaques nocturnes, I, 72, 73, 92, 99, 100; II, 23, 35, 38, 41, 78, 107, 188.
Attendez-moi sous l'orme, comédie, II, *32.
Auberges et aubergistes, I, 215, 216, 218, 221; II, 219; III, 125.
Auberton (Mme d'), II, 276.
Auboin (le sieur), III, 231.

Aubry de Castelnau (Léonor), II, *18, 19.
Audenarde (la ville d'), II, 141, 222.
Audry (M.), I, 145, 146.
Auguste II, roi de Pologne, II, 227, 253, 270; III, 59.
Auguste (la demoiselle), III, 179.
Augustinistes (les), I, 8 (Add.), *68, 69, 107.
Augustins (le couvent des). Voyez Grands-Augustins (les).
Augustins (le quai des), II, 133.
Augustins déchaussés de la place des Victoires (les), I, 217. Voyez Petits-Pères (les).
Aumont (Louis-Marie-Augustin, duc d'), I, *159; III, 62.
Aumont (Barbe), III, 183.
Aunay (Jean-Charles de Mesgrigny, comte d'), II, *169.
Auneuil (Nicolas Frémont, président d'), I, *11.
Aunis (l'), III, 108.
Autriche (la maison d'), III, 40.
Autrichiens (les), II, 118, 122, 227, 279; III, 5, 60, 65, 81, 90, 108, 181.
Auvergne (Henri-Oswald de la Tour, cardinal d'), III, 116, *205.
Auvergne (le régiment d'), II, 53.
Auxerre (l'évêque d'). Voyez Caylus (M. de).
Auxerre (le diocèse d'), II, 184-185.
Auxerre (la ville d'), I, 55, 81, 127.
Auza (Pierre), I, *118.
Auzeray de Durcet (François-Thomas), III, 207.
Avare (l'), comédie, II, 32.
Avernes (Eustache-Louis-Antoine de Bernart, comte d'), I, *119, 146, 168.
Avignon (la ville et le pays d'), II, 205; III, 171, 185, 207, 208.
Avocats au Conseil, I, 145.
Avocats généraux, I, 169; II, 134.
Avoine (la récolte et le prix de l'), I, 24, 30, 43, 47, 51, 54, 227.
Avranches (l'évêque d'). Voyez Le Blanc (César).
Ayen (Louis de Noailles, duc d'), I, *18; II, 173; III, 64, 141, 179, 203, 204.

B

Bacharach (le juif), II, 170, 171, 175, 176, 178, 185, 186, 201.
Bachoteurs (les), III, 223.
Badoire (Pierre), curé de Saint-Roch, I, *129.
Bagnolet (le château de), II, 127
Baignades en rivière, I, 223, 230; II, 220.

248   TABLE ALPHABÉTIQUE

Balayage des rues (le), I, 229, 234.
Baldini (le comte), I, *112.
Balfe (Charles-Christophe de), I, *52.
Balincourt (le maréchal de), III, 73.
Ballet (le banquier), II, 132.
Ballets (la rue des), III, 232.
Ballot (l'avocat), II, 87.
Balorre (Paul Maillard de), I, 47, 57.
Bals publics et masqués, I, 9, 10; II, 24, 62; III, 151, 152. Voyez Hôtel de ville, Opéra.
Baltique (la mer), III, 214.
Banlieue de Paris (la), II, 221.
Bannissement (la peine du), I, 29, 71, 74, 106, 206.
Banqueroutes, I, 173; II, 4, 7, 8.
Bapaume (la ville de), II, 71.
Baptêmes. Voyez Registres.
Bapteste (Gérard-Claude), I, *173.
Barbeaux (la cueillette des), I, 223.
Barbette (le sieur), III, 187.
Barbette (la rue), III, 235.
Barbiers-perruquiers (les), II, 220.
Bardolin (le chirurgien), II, 121.
Barentin (Charles-Amable-Honoré), III, *180.
Barisson (le sieur), III, 230, 231.
Barjac (le sieur), I, 88 (Add.).
Baron (le sieur), inspecteur des manufactures, I, 162.
Baron (le sieur), officier, II, 78.
Barrangue (M.), conseiller au Châtelet, I, 209.
Barreau (le sieur), III, 233.
Bart (M. de), II, 195.
Bastille (la), I, 14, 69, 101, 163, 164, 175, 176; II, 15, 21, 41, 44, 52, 77, 85-87, 110, 171, 175, 176, 178, 179, 187, 201, 203, 207, 215, 255; III, 18, 27, 56, 68, 156, 198, 209, 217.
Bastille (le gouverneur de la). Voyez Launey (M. de).
Batellerie (la police de la), III, 222, 223.
Bâtiments (le directeur général des), II, 199, 200, 205, 209, 232.
Batthiany (Charles-Joseph, prince), II, 119 (*Add.).
Baudouin (Georges Husquin-), I, 207 (*Add.).
Baudry (Alexandre), II, *260.
Bauffremont (Charles-Roger, marquis de), III, *161.
Bauffremont (Marie-Suzanne-Ferdinande-Simonne de Ténare de Montmain, marquise de), II, *5.
Baujan (le comte de), II, 88, 89.
Bavarois (les), III, 23, 53.
Bavière (l'électeur de), II, 123; III, 23.

Bavière (Clément-Auguste de), électeur de Cologne, II, 268.
Bayeux (l'évêque de). Voyez Luynes (Paul d'Albert de).
Bayonne (l'évêché de), III, 22.
Bazas (l'évêque de). Voyez Mongin (Edme).
Bazin (le sieur), I, 87.
Beaubourg (la rue), I, 65.
Beaucaire (la ville de), II, 78.
Beauharnais (Charles, marquis de), III, *46.
Beauharnais (François de), baron de Beauville, II, *7, 140, 154, 156.
Beaumont du Repaire (Christophe de), archevêque de Vienne, puis de Paris, III, *22, 24, 32, 50, 133, 136, 147, 160, 166, 178, 193, 201, 206.
Beaumont (Henriette de Bourbon-Condé, abbesse de), II, *202.
Beaune (la rue de), II, 274.
Beaurepaire (la rue), II, 144.
Beauvais (le sieur de), I, 195.
Beauvais (le collège de), I, 54; II, 203, 248.
Beauvau du Rivau (Pierre-Madeleine, marquis de), II, *18.
Beauvillier (Paul-Louis, duc de), III, *192.
Beauvillier (Paul-Louis-Victor, abbé de), I, *145, 146.
Beauvillier (Marie-Suzanne-Françoise de Creil, duchesse de), III, *202, 203.
Béchet (le président), III, 233.
Bédoyère (Marguerite-Hugues-Charles-Marie Huchet de la), II, *101.
Bédoyère (Agathe Sticotti, dame de la), II, *101.
Bellay (Martin du), évêque de Fréjus, III, 192.
Bellefont (Jacques-Bonne Gigaut de), archevêque d'Arles, puis de Paris, II, *229, 252, 258; III, 9, 11, 21, 22, 27, 32, 50, 133, 160, 178.
Bellefont (Marie-Suzanne-Armande du Châtelet, marquise de), II, *258.
Belle-Isle (le maréchal de), I, 12, 18, 51; II, 2, 118, 161, 257, 263, 280; III, 25, 26, 62, 65, 66, 76, 77, 81, 82, 86, 89, 90, 93, 138, 139, 143, 159, 161, 167, 176, 177, 179, 189, 190, 192-195, 206-208, 218.
Belle-Isle (Louis-Charles-Armand Foucquet, chevalier puis comte de), II, 201, *233, 235, 236; III, 143, 161, 189.
Belle-Isle (la maréchale de), II, 118.
Belle-Isle (l'île de), II, 126-128, 130; III, 45, 48, 52, 58, 61.

Belombre (le sieur), II, 278.
Belsunce (Charlotte-Alexandrine Sublet d'Heudicourt, comtesse de), III, *13, 44.
Bénédictins (les), II, 91, 126, 206. Voyez Saint-Maur (la congrégation de).
Bénéfices (la feuille des), I, 104; II, 65, 67, 70.
Bennes (le marquis de), II, *256.
Berchiny (Ladislas-Ignace de), II, *119, 122.
Berchiny (le régiment de hussards de), I, 156.
Bercy (le village et le château de), I, 39; II, 108.
Berencklau (le général), II, 114, 119, 124, 125.
Berger (le sieur), directeur de l'Opéra, II, 174, 191, 196; III, 7, 20, 72, 74, 150.
Beringhen (le marquis de), I, 18. Voyez Premier (Monsieur le).
Berlin (la ville et la cour de), II, 113, 239; III, 42, 142.
Bernage (Louis-Basile de), prévôt des marchands de Paris, I, 191, 201; II, 3, 9, 18, 26, 32-34, 56, 62, 71, 81, 92, 103, 145, 146, 148-150; III, 139, 143, 144, 146, 151, 157.
Bernage de Vaux (Jean-Louis de), II, *33.
Bernard (Edme), I, 126, 127.
Bernard (Jacques), dit Volte-face, I, 106 (Add.).
Bernardo. Voyez Morto.
Bernis (François-Joachim de Pierre, abbé puis cardinal de), II, *235; III, 41, 189-191, 193, 194, 205, 207.
Bernis (Marie-Élisabeth du Chastel, dame de), II, *10.
Berny (le château de), II, 172.
Berryer (Nicolas-René), III, *216, 219, 224.
Berthelin (le sieur), I, 179.
Berthelin (Mme), II, 29.
Bertier de Sauvigny (Louis-Jean), intendant de Paris, II, *17, 18, 62; III, 43, 102.
Bertrand (Marie), dite Carmant ou Caraman, I, *143, 225.
Berwick (le maréchal de), II, 252.
Berwick (la ville de), II, 190.
Bestiaux (le commerce des), I, 219, 221, 226-229, 233; II, 58, 62, 63, 91, 103, 109, 110, 214, 218, 219, 225; III, 122, 123, 125, 127, 182, 222, 223, 232, 236. Voyez Épizootie.
Bestuchef (Alexis-Petrovich, comte de), II, *111.
Béthisy (la rue de), III, 207.
Bethman (lord), I, 175.
Béthune (Paul-François, duc de), III, 77, 78, 121, 151.
Béthune (Mlle de). Voyez Paris de Montmartel (Mme).
Béthune (la maison de), II, 245, 264.
Béthune-Chabris (Armand-Louis, marquis de), II, *246.
Béthune-Selles (Louis, comte de), II, *244.
Beurre (le commerce du), I, 229; II, 218, 221, 222, 224; III, 124, 127.
Beuvache (la femme), III, 18.
Bezons (Armand Bazin de), évêque de Carcassonne, III, 153.
Bezons (Alexandre-Louis Bazin, chevalier de), I, 9.
Bicêtre (l'hospice de), I, 2, 4, 5, 10, 13, 22, 29, 63, 84, 94, 106, 111, 150, 159; II, 8, 19, 23, 39, 60, 180; III, 106, 207.
Biberick (la ville de), II, 113, 115.
Bienfait (le sieur), II, 45.
Bienvenu (Claude Crespy, veuve), II, 133; III, 128.
Bien-vivre des troupes (le), II, *105.
Bignon (Armand-Jérôme), II, *56, 57; III, 216.
Bigorre (Claude-Antoine), I, *134.
Bilbao (le port de), III, 189.
Billard (le jeu de), I, 214, 216.
Billarderie (Alexandre-Sébastien de Flahaut de la), III, *153.
Billarderie (Jérôme-François de Flahaut, comte de la), I, *54.
Billettes (l'église des), I, 145, 149.
Binet (M.), premier valet de chambre du roi, II, 153; III, 238.
Biron (Charles-Armand de Gontaut, maréchal de), I, 121; II, *32, 50.
Biron (Louis-Antoine de Gontaut, duc de), II, *260; III, 2.
Biron (Pauline-Françoise de la Rochefoucauld-Roye, duchesse de), II, *243.
Biron. Voyez Gontaut.
Bissy (Anne-Louis de Thiard, marquis de), II, *125, 147.
Blacq (le P.), II, 195.
Blagny (M. de), II, 44.
Blanchet (Nicolas), I, 126.
Blancmesnil (Guillaume de Lamoignon de), II, 282; III, 160.
Blancs-Manteaux (la fontaine des), III, 234.
Blasphémateurs, II, 135.
Blés (le commerce et la récolte des), I, 6, 9, 24, 30, 38, 51, 54, 58, 65, 82, 83, 231; II, 228; III, 153, 230. Voyez Grains.
Blés du roi (les), I, 9, 30, 43, 51, 54, 58, 65, 82, 83, 215, 220.

Blinière (Mme de la), I, *65.
Blois (la ville de), I, 52.
Blois (le diocèse de), I, 206.
Blozac (le sieur de), I, 119, 120.
Bobiche (le sieur), I, 22.
Boffrand (Germain), III, *114.
Bohême (la), I, 72; II, 113, 114.
Bois (Étienne du), I, 166.
Bois (le commerce du), II, 219, 221; III, 129, 222, 224.
Boisot (l'abbé), I, *148.
Boisot (Marie-Élisabeth Hustin, dame), I, *148.
Boissieux (le comte de), III, 156.
Boissy (Louis de), II, *279.
Boldini. Voyez Baldini.
Bombarda (Pierre-Paul de), I, 42, *122.
Bon du roi (l'affaire du), I, 101, 125, 127, 130 (Add.), 131, 134 (Add.).
Bonafond ou Bonafou (Marie-Madeleine), III, *68, 70, 99, 100.
Bondy (le village et la forêt de), I, 184; II, 47, 275.
Bonn (la ville de), II, 268.
Bonnebault (le sieur de), II, 66, 76, 78, 214.
Bonnefons (Claude-Barthélemy de), I, *54, 55, 81, 94, 97, 99, 103, 106, 113.
Bonnet (Élisabeth Mignot, veuve), III, 109.
Bonneterie (la marque des ouvrages de), I, 228, 235; II, 222; III, 123, 124, 128.
Bonneteurs, I, 10.
Bonnetiers (la communauté des), III, 155.
Bonneval (M. de), II, *27.
Bons-Enfants (la rue des), II, 58, 59.
Bontemps (M.), II, 95.
Bordeaux (la ville de), I, 50; II, 132, 159.
Bordeaux (le parlement de), I, 125.
Borée (le), vaisseau, III, 88, 89, 92.
Bossuet (Jacques-Bénigne), évêque de Troyes, I, 31, *132.
Boston (la ville de), III, 46.
Bouchardon (Edme), II, 149; III, 67, *103, 104, 145.
Boucher (le sieur), I, 158.
Boucher (M.), III, 185.
Boucherie (la police de la), I, 9, 127, 215; III, 222, 231-233.
Boucheries (la rue des), II, 23.
Boucheries de l'Hôtel-Dieu (les), I, 221-222.
Boucheries-Saint-Honoré (la rue des), III, 231.
Bouchers (les), I, 10, 40, 127, 217, 221, 226; II, 225; III, 222, 231-233.
Bouchers (les garçons), II, 79.
Boudon (M.), médecin, III, 207.
Boues, gravois et immondices (l'enlèvement des), I, 215, 223, 225, 229, 230, 234; II, 221; III, 126.
Boues et lanternes (la taxe des), I, 191, 194, 225, 226; II, 139, 144.
Boufflers (Joseph-Marie, duc de), II, 4; III, 27, 31.
Boufflers-Remiencourt (Marie-Françoise-Catherine de Beauvau-Craon, marquise de), III, *137.
Boufflers (la terre de), III, 31.
Bouhier (Jean), II, *271, 278, 280.
Bouillac (le médecin), III, 150.
Bouillet (Jean), III, *3.
Bouillon (Charles-Godefroy de la Tour-d'Auvergne, duc de), II, 128, 130.
Boulangers (les), I, 18, 25, 58, 211, 213, 214, 218, 226, 231; II, 144, 222; III, 122, 231-235. Voyez Pain.
Boulay (Bernard-René-Paulin du), I, *176.
Boulay (Élisabeth Le Gendre, dame du), I, *176.
Boulet (le sieur), II, 13, 14, 20, 24, 25, 29.
Boullongne (Jean de), II, *64, 68, 147, 197, 198; III, 91.
Boullongne (Marie-Edmée, demoiselle de), II, *190, 194, 246. Voyez Béthune-Chabris (la marquise de).
Boulogne (le bois de), I, 17.
Bouquinistes (les), I, 220, 232.
Bourbon (la maison de), II, 99, 114; III, 92.
Bourbon. Voyez Condé.
Bourbon (la rue de), I, 65.
Bourbonnais (la demoiselle), III, *7.
Bourbonnais (le régiment de), I, 89.
Bourdeille (Henri-Joseph, marquis de), II, *258.
Bourdeille (Marie-Suzanne Prévost de Sanzac, marquise de), II, *258.
Bourdonnais (Bertrand-François Mahé de la), II, *15, 16.
Bourdonnaye (Paul-Esprit-Marie de la), I, *73.
Bouret de Valroche (Antoine), II, *11, 12; III, 159, 160.
Bourg-la-Reine (le), II, 47, 121.
Bourgade (Jacques Marquet de), II, 278.
Bourges (l'archevêque de). Voyez Rochefoucauld-Roye (Frédéric-Jérôme de la).
Bourges (le diocèse de), II, 184.
Bourgogne (Marie-Adélaïde de Savoie, duchesse de), III, 20.
Bourgogne (la), II, 110.

Bourse (la), II, 106.
Bourse des marchés de Sceaux et de Poissy (la), I, *131, 176; II, 55.
Bourvallais (Paul Poisson de), II, 124.
Bout-du-Monde (la rue du), I, 27; III, 234.
Boutin (le sieur), III, 60.
Boyer (Jean-François), évêque de Mirepoix, I, *104, 123, 142, 147, 168, 189, 191; II, 65, 67, 68, 74, 75, 88, 180, 186, 212, 230, 251, 252, 257, 258; III, 24, 40, 44, 60, 78, 116, 133, 147, 152, 157, 160, 161, 164-167, 170, 171, 178, 191-193, 199.
Boyer (le P. Pierre), I, *147.
Boyer (le sieur), III, 91.
Boze (Claude Gros de), I, *189 (Add.), 190, 195, 196; II, 207; III, 54, 66, 106.
Brabançons (les), III, 175.
Brabant (le), III, 1.
Brabant hollandais (le), II, 114.
Braconniers, I, 204.
Braille (M.), I, 50, 51.
Brancas (Louis-Paul, chevalier de), III, *175.
Brancas (Marie-Angélique Frémyn de Moras, duchesse de), II, *68, 69.
Brancourt (le baron de), III, 187.
Bréda (la ville et le congrès de), III, 37, 45, 53, 86, 134, 137, 141, 143, 148, 149, 151, 153, 159, 161, 166, 197, 214.
Brehan (Claude-Agatif-Hyacinthe de), II, 130.
Brescia (l'évêque de), en Italie, III, 192.
Brest (la ville de), II, 118, 128, 130, 131, 161, 162, 173, 186, 264; III, 47, 52, 61, 69, 74, 80, 86, 94, 134, 166, 177, 189, 196, 214.
Bretagne (la), II, 150; III, 47, 50, 56, 58, 75, 94, 200.
Breteuil (le marquis de), secrétaire d'État de la guerre, I, *24, 95.
Breteuil (Anne-François-Victor Le Tonnellier, abbé de), II, *212.
Breuil (César Tronchin du), II, *262.
Briant (Marie Lemaignan, dite), II, *51.
Brie (le régiment de), II, 117.
Brie-Comte-Robert (la ville de), I, 138, 139.
Brigades de la prévôté (les), I, 108, 109, 184, 185.
Brillon (Albin), curé de Saint-Roch, I, *3.
Brillon (Antoine-Pierre), I, *3, 6.
Brionne (le régiment de cavalerie de), II, 44.
Brioude (le chapitre de), III, 66.

Brisay (Louis-René, marquis de), I, *105.
Brissac (Marie-Josèphe Durey de Sauroy, duchesse de), III, *202.
Brocanteurs (les), I, 221; III, 130. Voyez Vieux effets.
Brosses (Louis-Pascal Brigault, abbé des), I, *114.
Brou (Paul-Esprit Feydeau de), intendant de Paris, I, *151, 184, 220; II, 49, 89, 281, 282; III, 217.
Brouetteurs (les), I, 5.
Broust (le sieur des), II, 31, 32, 36.
Browne (Maximilien-Ulysse, comte de), III, *167, 192, 208.
Bruges (la ville de), II, 126, 129, 135, 148.
Brûlot (un), II, *106.
Brun (Ferdinand-Agathange, marquis de), III, *161.
Brun (Charlotte-Gabrielle de), III, *161.
Brunoy (le village et le château de), II, 73, 137, 245; III, 26.
Bruxelles (la ville de), II, 129, 245, 250, 251, 255, 257, 260; III, 1, 106, 113, 124, 175, 179, 196, 200, 213, 214.
Bucy (la rue de), II, 188.
Buirette (le sieur), II, 7, 10.
Buisson (le sieur), III, 230.
Bulle (les toiles de), III, 129.
Bullion (Gabriel-Jérôme de), prévôt de Paris, I, 39. Voyez Prévôt de Paris (le).
Bureau du commerce (le), II, *1, 3, 16.
Burrich (Henri), I, *170, 171.
Bussy (François de), ambassadeur à Londres, I, *133, 149.
Bussy (M. de), II, 215.

C

Cabaretiers (les), I, 215, 218, 220-222, 226, 231, 235; II, 226; III, 131. Voyez Limonadiers, Marchands de vin, Traiteurs.
Cabarets (la police des), I, 210, 215, 218, 221, 226, 235; II, 218, 226; III, 231, 232.
Cabrisseau (le sieur), III, 44.
Cadavres (dissection et dépouillement de), I, 29 (Add.), 103, 222; II, 219.
Cadix (la ville de), III, 46.
Cadot (le sieur), III, 59.
Caen (la ville de), I, 178, 179; II, 34.
Calais (la ville de), II, 84.
Calvaire (les Filles du), I, 2, 3 (Add.); III, 170. Voyez Luxembourg (le Calvaire du), Marais (le Calvaire du).

Camail (Jean-Louis), I, *113.
Camargo (la demoiselle), I, 13.
Camber (le sieur), II, 215.
Cambray (l'archevêque de). Voyez Saint-Albin (Charles de).
Cambrésis (le régiment de), I, 206.
Camille (Camille-Louis de Lorraine-Marsan, dit le prince), II, 182, 184, *273, 274.
Campoflorido (Louis de Reggio, marquis de), ambassadeur d'Espagne, I, 16, 111, 112; II, *77, 78, 254, 256, 257; III, 8, 40, 219.
Camusat (le sieur), I, 109.
Canada (le), II, 141; III, 28.
Canada (Hubert Guibert, dit), I, 105, *106.
Canadiens (les), II, 158; III, 46.
Cangé (Jean-Pierre-Gilbert Imbert-Chatre de), III, *67 (Add.).
Canillac (Claude-François de Montboissier-Beaufort, abbé de), II, 157.
Cantemir (Antiochus, prince), I, *57 (Add.), 76-78, 81, 82.
Cantorbéry (l'archevêque de), II, 129, 132.
Canzeler (le sieur), I, 120.
Cap-Breton (le), en Acadie, II, 153; III, 16, 36, 38, 42, 46, 47, 75, 80, 85.
Cap-François (le), à Saint-Domingue, II, 86.
Capitation (la), I, 210, 217; III, 72.
Capucins (les), I, 84; II, 180, 184-187.
Caraman (Mlle). Voyez Bertrand (Marie).
Carcan (l'exposition au), I, 44, 74.
Carcare (le village de), II, 115.
Carcassonne (l'évêque de). Voyez Bezons (Armand Bazin de).
Carême (l'observance du), I, 210, 218, 221, 222; II, 23, 28, 32, 44, 219; III, 124.
Caribou (le), vaisseau, III, 52, 61.
Carignan (Victoire-Françoise de Savoie, princesse de), II, *26, 204.
Carlisle (la ville de), II, 200.
Carmes (le couvent des), I, 96; III, 106.
Carmes-Déchaussés (le couvent des), III, 17.
Carmes-Billettes (le couvent des), I, *145, 149.
Caron (le sieur), I, 126.
Carrosses (les), I, 210, 212; II, 5, 181-184, 186; III, 198.
Carteron (le sieur), I, 204.
Cartes à jouer (les), II, 32.
Cartes géographiques (les), I, 115.
Cartes et plans (le Dépôt des), I, *183.

Carthagène-des-Indes (la ville de), II, 138, 141.
Castelas (Rodolphe de), I, *95.
Castelfranco (le village de), II, 269.
Castellane (M. de), III, 158.
Castelmoron (Charles-Gabriel de Belsunce, marquis de), II, 136.
Castries (Armand-Paul de la Croix de), archevêque d'Albi, III, *116.
Castries (Marie-Louise-Angélique de Talaru de Chalmazel, marquise de), III, *12.
Catéchisme de Montpellier (le), II, 203.
Caumartin (M. de), II, 36.
Cavalier (le sieur), II, 132.
Cayenne (la ville de), I, 147.
Caylus (Anne-Claude-Philippe de Tubières, comte de), II, *235.
Caylus (Charles-Daniel-Gabriel de Pestels de Levis de Tubières de), évêque d'Auxerre, I, *7.
Cazette (M.), II, 210.
Ceinturonniers (les), I, 216.
Censure royale (la), I, 61, 129, 137, 138.
Cent-Suisses (les), I, 48.
Cerque (le sieur de la), II, 43.
Ceva (la ville de), en Italie, II, 115.
Chaban (le sieur), III, 44, 60.
Chaillot (le village de), I, 79, 126.
Chaise-Dieu (l'abbaye de la), III, 156.
Chaises (le clos des), I, 150.
Chalais (Louis-Jean-Charles de Talleyrand, prince de), I, *185.
Chalais (les Récollets de), I, 198.
Chalmazel (Louis II de Talaru, marquis de), II, *27.
Chaloché (l'abbaye de), III, *20.
Chambord (le château de), II, 231; III, 72.
Chambre (François de la), I, 41.
Chambre (le sieur de la), III, 105.
Chambre des comptes de Paris (la), II, 281.
Chambres garnies (les), I, 213, 216, 224, 230; II, 217-219; III, 126, 130, 220, 234, 236.
Chameur (la dame), I, 169.
Champagne (la), I, 106.
Champagne (le régiment de), II, 275.
Champcenetz (Louis Quantin, marquis de), I, *127.
Champeaux (Gérard Lévesque, sieur de), résident de France à Genève, I, *121, 122; II, 238 (Add.), 241, 242, 268.
Champeron (M. Coste de), I, *70; II, 176, 177.
Champs (la police des), III, 224, 232, 236.
Chancelier (le). Voyez Daguesseau (H.-Fr.).

Chandelles (la fabrication et le commerce des), I, 8, 216, 217, 219, 226, 227, 229, 234; III, 231-233, 236. Voyez Suif.
Changy (M. de), III, 136.
Chanseru (le sieur), I, 44.
Chansons, I, 24, 87, 91, 96, 97, 100, 120, 177, 201, 202; II, 37, 101, 105, 112, 154, 247; III, 68, 69, 94-97, 144, 145, 157.
Chantepie (le sieur de), I, 126; II, 39, 275.
Chantilly (le château de), I, 126.
Chantre (la rue du), I, 11.
Chapeaux (le commerce des), III, 124, 221, 223, 224.
Chapeliers (la communauté des), II, 226; III, 223, 224.
Chapelle (le village de la), II, 47, 87.
Chapelle-sur-Crécy (le château de la), II, 137.
Chapitres d'églises, I, 206.
Charbon (les magasins de), I, 220.
Charbonnelays (Jean Chesnel de la), I, *56, 137, 155.
Charbonnier (le sieur), II, 141.
Charcutiers (les), I, 226, 234; II, 217, 226; III, 127-129, 131, 223.
Charenton (le village de), I, 46, 51, 84, 120; III, 105, 166.
Charité (l'hôpital de la), I, 53.
Charité (les Frères de la), III, 166, 182.
Charités paroissiales (les), I, 128, 144.
Charleroy (la ville de), III, 15, 30, 54, 113, 128, 191.
Charles VII, empereur, II, 11, 169.
Charles-Emmanuel III, roi de Sardaigne, II, 115, 117, 242, 252-254, 256, 257, 259-262, 265, 266, 268-270, 272, 279; III, 5, 22, 25, 27, 39, 45, 59, 65, 107, 204.
Charles, infant d'Espagne, II, 242.
Charles (Charles-Alexandre de Lorraine, dit le prince), II, *113; III, 23, 27, 31, 37, 39, 42, 53, 69.
Charmois (M. de), I, 74, 93.
Charon (le sieur), III, 232.
Charost (Armand de Béthune, duc de), II, *12, 245, 246.
Charpentier (le sieur), I, 106.
Charpentier (le café), I, 112.
Charpin (le sieur), II, 4.
Charretiers (les), I, 225.
Chartres (Louis-Philippe d'Orléans, duc de), II, 69, 88 (Add.), 111, 145, 208; III, 1, 174, 176, 177, 195, 196.
Chartres (Louise-Henriette de Bourbon-Conti, duchesse de), II, *69, 111, 145, 175, 208; III, 9, 46, 177.
Chartres (le diocèse de), I, 157.
Châtanay (le sieur), II, 214.
Châteaublanc (M. Bourgeois de), II, 189, 193; III, 239-242.

Châteauneuf-sur-Loire (la terre de), I, 140.
Châteauroux (la duchesse de), II, 84, 112, 123, 190; III, 18.
Château-Thierry (la Charité de), I, 144.
Châteauvieux (la marquise de), II, 218.
Châtel (Louis-François Crozat, marquis du), II, *122; III, 101.
Châtelet (François-Bernardin, marquis du), I, *34, 50, 57, 118, 151; II, 119.
Châtelet (Armande-Gabrielle de Vignerot du Plessis-Richelieu, marquise du), II, *258.
Châtelet (Gabrielle-Émilie de Breteuil, marquise du), I, 64, 153; III, 91.
Châtelet de Paris (le), I, 4, 9, 28, 29, 34, 78, 92, 93, 106, 126, 161, 168, 170, 191, 192, 194, 207; II, 16, 81, 91, 119, 135, 179, 194. Voyez Commissaires au Châtelet (les).
Châtelet (le Grand), I, 207; II, 176, 219.
Châtenay (le sieur), II, 188.
Chaterie (M. de la), I, 13.
Châtillon (Alexis-Madeleine-Rosalie de Châtillon de Boisrogues, duc de), II, *68, 208.
Chatou (le village de), III, 105.
Chaulnes (Louis-Auguste d'Albert, maréchal de), I, *56, 58.
Chauvelin (le garde des sceaux), I, 59, 108; II, 95, 200, 236, 243, 244, 274; III, 26, 93, 94, 133, 143, 144, 148, 149, 154, 184.
Chauvelin (Bernard), I, *89, 91-93; II, 236.
Chauvelin (Charles-Louis), II, *244.
Chauvelin (Louis), I, *59, 66.
Chauvelin (la dame), II, 274.
Chauvelin (Anne-Espérance), II, *244; III, 94. Voyez Maulévrier (Mme de).
Chavagnac (Samuel-Guillaume de Verthamon de), évêque de Luçon, I, *134.
Chavigny (Théodore Chevignard de), II, *236; III, 63, 137, 143.
Chaylon (le sieur), II, 166.
Chazal (le sieur), III, 236.
Chenaits (le sieur), I, 191, 192.
Chenoise (le couvent de), I, *128.
Chevalier (Marie-Jeanne Fesch, dite), III, *73, 75.
Chevert (François de), II, *270.
Chevreuse (Marie-Charles d'Albert, duc de), III, *41, 192.
Chevreuse (Henriette-Nicole Pignatelli d'Egmont, duchesse de), II, *154; III, 193.

254 TABLE ALPHABÉTIQUE

Chibouctou (le fort de), en Acadie, III, *88.
Chicoyneau (François), II, 142; III, 1, 3, 201, 204, 206, 208.
Chiens (la police des), I, 215.
Chiquet (M.), III, 141.
Chirurgiens (les), I, 3, 14, 29, 69, 74, 103, 151, 223; III, 204.
Chirurgiens (les garçons), I, 87, 116, 118.
Choiseul (Léopold-Charles de Choiseul-Stainville, abbé de), III, *165.
Choisy-le-Roi (le château de), I, 59; II, 69, 150, 156, 159, 160, 173, 187, 190, 214; III, 21, 24, 26, 36, 45, 46, 71, 78, 109, 112, 206, 211, 212.
Cholet (le sieur), I, 204.
Cholier (André), III, 183.
Christine (la rue), I, 70.
Cidre (le commerce du), III, 127.
Cimetières (les), I, 39, 46, 132.
Cioja (Jacques-Antoine-Bernard de), ministre du duc de Modène, I, *83.
Cîteaux (dom Andoche Pernot de Crots, abbé de), I, 7, *37, 38, 43, 45.
Cîteaux (l'ordre de), III, 20.
Claessens (Nicolas), II, *243.
Clairon (Mlle), I, 152.
Clamart (le village de), I, 127.
Clare (Ch. O'Brien, lord), II, 211.
Clavier (Pierre), I, 106.
Clementi de Aroztegui (Alphonse), III, *184.
Clergé. Voyez Ecclésiastiques, Religieux.
Clergé (les assemblées du), I, 26, 31, 41; II, 81; III, 172, 184.
Clermont (Louis de Bourbon-Condé, comte de), I, 46; II, 14, 20, 24, 25, 30, 87, 88 (Add.), 100, 111, 135, 136, 141, 172, 182, 188; III, 15, 25, 27, 29.
Clermont (le régiment de cavalerie de), II, 23.
Clermont-en-Beauvaisis (la ville de), III, 112.
Clermont-Gallerande (Paul-Gaspard, marquis de), II, *276; III, 31, 190, 196, 200.
Clichy-la-Garenne (le village de), I, 225; II, 62, 101; III, 206.
Cocancheurs (les), I, 28, 29, 44.
Coches d'eau (les), II, 187, 189, 193.
Cochers (les), I, 11, 29, 53-55, 79, 86, 118.
Cœuvres (le duché de), II, 209, 229.
Coffin (Charles), II, 204.
Coffin (les demoiselles), II, 203.
Coignet (Jean-Denis), seigneur de Vaucresson, I, *47.
Colabeau (M.), II, 131, 132.

Colin (le sieur), procureur, I, 85, 86.
Collèges et pensions, I, 88-90, 172, 176, 183, 184, 223; III, 38. Voyez aux noms.
Collin (le sieur), I, 175-176.
Collon (le sieur), III, 235.
Collot (le chanoine), III, 105.
Cologne (l'électeur de). Voyez Bavière (Clément-Auguste de).
Colombat (le sieur), II, 38.
Colombats (les), II, 218.
Colonies (la déportation aux), I, 166 (Add.).
Colporteurs (les), I, 8, 10, 22, 43, 45, 163, 210.
Combes (l'abbé), III, *17.
Comédie française (la), I, 49, 57, 64, 87, 129, 137, 181; II, 10, 16, 17, 22, 23, 26, 32, 38, 45, 67, 90, 95, 107, 178, 179, 181-186, 190, 192, 193, 203; III, 79, 82.
Comédie italienne (la), I, 157; II, 5, 18, 30, 36, 37, 42, 45, 80, 101, 190, 211, 252; III, 62, 165, 174.
Comédiens (les), II, 143, 144.
Cominges (l'évêque de). Voyez Lastic (Antoine de).
Commerce. Voyez Bureau du commerce (le).
Commerce (la taxe du), I, 8.
Commis des fermes (les), III, 38.
Commissaires au Châtelet (les), I, 21, 91, 174, 194, 195, 227, 231; II, 20.
Communautés religieuses (les), I, 214. Voyez Couvents.
Compagnie des Indes (la), I, 24, 43; II, 2-7, 11, 15, 16, 21, 37, 40, 92, 94, 100, 106, 109, 113, 131, 134, 139, 140, 143, 172, 173, 181, 202, 210, 228, 229, 249, 272; III, 46-48, 69, 75, 80, 213.
Compiègne (la ville et le château de), II, 66, 74; III, 200.
Comtat-Venaissin (le), III, 185, 186, 208.
Conciergerie du Palais (la), I, 27; II, 179.
Concierges des maisons particulières (les), III, 27.
Condé (la maison de), II, 207.
Condé (Louis-Joseph, prince de), III, 71.
Condé (Marie-Anne-Gabrielle-Éléonore de Bourbon-), abbesse de Saint-Antoine, I, 24, 25, 27, 30-33, *35, 36, 40, 43, 45.
Condé (Louise-Anne de Bourbon-), dite Mademoiselle, I, *17.
Condé. Voy. Langres (Pierre de).
Condé (la rue de), III, 233.
Conférence (le port de la), II, 123.
Confessions de M. le comte D*** (les), III, 100.

DES NOMS ET DES MATIÈRES.   255

Confiseurs (les), I, 216.
Conflans (M. de), II, 50.
Conflans (Hubert de Brienne, comte de), III, *89.
Conflans (le village de), I, 48.
Coni (la ville de), en Italie, II, 115; III, 42.
Conry (Brigitte), I, 171, *172.
Conseil d'État (le), I, 13, 191, 193, 207; II, 139, 152, 169, 197; III, 39.
Conseil d'État (le), en Espagne, II, 264, 265.
Conseil de guerre (le), III, 175.
Conseil des prises (le), II, *16, *89.
Conseillers d'État (les places de), II, 2, 57.
Constantinople (la ville de), I, 55; III, 158.
Constantinople (l'ambassade de France à), III, 18.
Conti (Louis-François de Bourbon, prince de), I, 181; II, 13, 105, 106, 109, 110, 113-116, 118, 119, 122-125, 134, 137, 147, 227, 232, 240, 241, 257; III, 4, 6, 15, 16, 25, 27-31, 42, 65, 73, 93, 94, 113, 149, 158, 159, 162, 171, 175, 176, 185, 186, 191, 192, 194-196, 214.
Conti (Louise-Élisabeth de Bourbon-Condé, princesse de), II, 4, *69, 110, 158, 208, 232; III, 33, 73, 171, 184, 186, 192, 195, 196, 205, 208.
Conti (l'hôtel de), II, 13, 109; III, 208.
Conti (l'hôtel de la princesse douairière de), à Paris, III, *39.
Conti (le quai), II, 133.
Contrebande (la), I, 23; III, 38.
Contrescarpe (la rue), I, 65.
Contributions de guerre, II, 162.
Contrôleur général des finances (le). Voyez Orry, Machault.
Convois funèbres (les), I, 211. Voyez Obsèques.
Convulsionnaires (les), I, 8, 68, 69, 107; II, 67, 77, 86, 95.
Copeau (la rue), II, 164.
Coquette fixée (la), II, 252.
Coquillière (la rue), I, 21; II, 59, 121.
Corbeil (la ville de), II, 145.
Cordeliers (l'ordre des), I, 110; II, 228; III, 237.
Cordeliers (le couvent des), à Paris, I, 44, 100; II, 102.
Cordonniers (la communauté des), III, 131.
Corogne (le port de la), III, 41.
Cotte (Jules-Robert de), I, *189; III, 106.
Cotterel (Alexandre-François), I, 41.

Cottet (l'abbé Jules), III, 198, 216, 217.
Coulombe (N. de), III, *93, 94.
Coulombier (le chevalier du), II, 179.
Couppé (Marie-Angélique), I, 46 (*Add.).
Cour des aides (la), à Paris, I, 31-33; II, 282.
Cour des monnaies (la), à Paris, I, 27.
Courcault (Isaac), curé de Saint-Jacques-du-Haut-Pas, II, 8, 9 (Add.).
Courchetet d'Esnans (Luc), I, *67.
Courlande (Ernest Biren, duc de), II, 114.
Courneuve (M. de la), II, 66.
Courriers (les), III, 115.
Cours supérieures (les), II, 84.
Cours-la-Reine (le), I, 55, 121.
Courteille (Dominique-Jacques Barberie, marquis de), III, 92, 143.
Courten (Maurice, comte de), II, *122.
Courtille (la), I, 16.
Coustou (Guillaume), II, 149.
Coutances (la ville de), I, 141, 144.
Couti (le sieur), II, 86, 87.
Couvents. Voyez Filles, Réclusion, etc.
Couvrigny (le P. de), II, *187, 189.
Crébillon (Prosper de), I, *128-129 (Add.), 137, 138, 199.
Crébillon (Claude-Prosper de), I, 52 (Add.); II, 80.
Crécy (le château de), III, 31, 112, 184, 200, 207, 212, 213.
Crémonais (le pays), II, 254.
Créteil (le village de), I, 80.
Crillon (Louis des Balbes-Berton, marquis de), III, *120.
Croates (les), II, 119.
Croix-des-Petits-Champs (la rue), II, 53.
Crussol (Pierre-Emmanuel de), II, 118.
Cuirs (le commerce des), II, 224.
Cuivres (la marque des), II, 226; III, 122, 125, 126, 130.
Cumberland (Guillaume-Auguste, duc de), II, 111, 123; III, 110, 111.
Curés des paroisses (les), I, 132, 133.
Cygnes (l'île des), II, *54, 109, 135.
Cyoia. Voyez Cioja.

D

Dablon (la rue), I, 7.
Daguesseau (Henri-François), chancelier de France, I, 29, 44, 52, 66, 76, 84, 121, 197; II, 8, 48, 108, 130, 167, 176, 248, 276, 281; III, 19, 152, 165, 185, 207, 217.
Daguesseau. Voyez Fresnes.
Damblis (M.), II, 23.
Dampierre (le château de), III, 44.

Danse (les assemblées de), I, 211, 218, 227, 228.
Danseurs de corde, I, 75; II, 30.
Dary (la demoiselle), II, 144.
Daudevilliers (M.), I, 74.
Dauphin (Louis de France, Monsieur le), I, 120, 121, 122, 126, 184, 187, 189, 201; II, 18, 25, 26, 31-33, 35, 37, 67, 68, 70, 72, 74, 77, 81, 82, 84, 88, 90, 96, 97, 140, 147, 148, 150, 153, 154, 218, 239, 244, 245, 251; III, 4, 23-28, 40, 42, 45, 65, 67, 77, 86, 90, 112, 113, 138, 144-146, 149-151, 158, 162, 171-174, 177, 186, 192, 199, 200, 204, 210, 219, 222.
Dauphin-cavalerie (le régiment), II, 260, 261; III, 172.
Dauphin-dragons (le régiment), II, 270.
Dauphine (Marie-Thérèse-Antoinette d'Espagne, Madame la), II, 3, 21, 25, 28, 39, 68-70 (Add.), 72, 81, 82, 84, 145, 150, 153, 158, 160, 173, 174, 239, 270; III, 3, 6, 10-12, 14, 16, 20, 21, 23, 25, 27, 28, 37, 40, 45, 71, 72, 75, 93, 110, 113, 115, 162, 173.
Dauphine (Marie-Josèphe de Saxe, seconde), III, 65, 74, 77, 79, 90, 138, 148, 150, 158, 159, 161, 162, 164, 168, 169, 171-174, 177, 192, 196, 200, 222.
Dauphine (la place), II, 9.
Dauphine (la rue), I, 11; II, 275; III, 235.
Dauvais (la femme). Voyez Robert (Charlotte).
Davault (M.), III, 121.
David (le sieur), II, 262.
Debray. Voyez Dubray.
Déchirage des bateaux (le), III, 129.
Delormel (Claude-Nicolas), libraire, III, 128.
Delu (M.), prévôt de l'Ile-de-France, I, *169.
Dendermonde (la ville de), II, 123, 135, 136, 139, 229.
Denonville (Louis-René de Brisay, comte de), I, 105.
Dépenses secrètes de la police (les). Voyez Police.
Déportation aux îles ou aux colonies (la), I, 29, 76, 166 (Add.).
Desaigles (la demoiselle), II, 50.
Descors (Jean-Baptiste, abbé), I, *171.
Déserteurs, I, 179, 180; II, 137; III, 151, 159.
Desfontaines (l'abbé). Voyez Guyot-Desfontaines.
Desfossés (Jean-François), dit Picard, II, 60, 61, 220.
Desgranges (Michel Ancel-), I, 193.
Desjardins (la femme), III, 91.
Desmaisons (le sieur), III, 235.
Desmaretz (Jean), II, 231.
Desmoulins (Jean), I, *97, 99.
Despinassy (le sieur), I, 202, 203.
Desplaces (François), II, *124, 133.
Desportes (le sieur), exempt du guet, II, 42, 43.
Destouches (M.), III, 145.
Dettes (les poursuites et emprisonnements pour), I, 115, 119, 120, 158, 202-204.
Deux-Anges (la rue des), I, 93.
Deux-Siciles (l'ambassadeur des). Voyez Ardore (le prince d').
Dibon (M.), I, 142.
Didot (François), I, *153 (Add.).
Diète de l'Empire (la), II, 73, 113, 123, 130, 240.
Digaultray (François-Hyacinthe), I, *6, 7, 50, 51.
Dijon (la ville de), II, 280.
Dimanche (l'observation du), III, 124, 232.
Distillateurs (les), I, 233.
Dixième (l'impôt du), I, 11 (Add.), 12-15, 26, 30, 37.
Dixième de l'industrie (la taxe du), I, 13, 15; III, 125.
Docteur d'un abbé (le), I, 3.
Doctrine chrétienne (la congrégation de la), I, 162, 163, 189; II, 6, 78, 79, 88.
Dolay (le sieur), III, 9.
Dombes (Louis-Auguste de Bourbon, prince de), III, 183.
Domestiques, laquais et valets (les), I, 64, 76, 78, 80-82, 84-86, 88-91, 93, 111, 116, 119, 134, 136, 167, 191, 224; II, 18, 30, 37, 59-61, 63, 79, 81; III, 198.
Dominicains (les), I, 182, 183.
Dominicaines (les), I, 151.
Don gratuit du clergé (le), I, 26, 41.
Donges (Marie-Louise de la Rochefoucauld d'Estissac, comtesse de), III, *21.
Doria (Jean-Baptiste, marquis), envoyé de Gênes, I, 82; II, *30, *61 (Add.), 63; III, 166, 167.
Dory (l'abbé Romain), II, *86, 87.
Douanes (les), I, 188, 189.
Draperie (le commerce de la), III, 86, 129.
Drapiers (la communauté des), II, 8.
Draps (les tondeurs de), I, 215.
Dresde (la ville de), I, 18; II, 113, 114, 253, 256; III, 41, 74, 121, 142, 167, 169.
Dreux-Brezé (Michel Dreux, marquis de), III, *109.
Dreux-Brezé (Thomas Dreux, marquis de), III, *109.

Dreux (l'abbé de), III, *109, 110.
Drumgold (le sieur), II, 100, 136.
Drummond (lord), II, 167, 169.
Dubray (Charlotte-Marguerite), I, 140, 146.
Dubuisson (le libraire), III, 98-101.
Dubut (la femme), II, 85.
Du Chastel (Tanneguy), I, 28, 29; II, 193.
Du Chastel (la dame), II, 193.
Duclos (Nicolas), III, 105, 106.
Du Clou (le P.), I, 10.
Ducs (les), II, 181, 182; III, 74.
Duels, II, 24, 282.
Dufresne (Abraham-Alexis Quinault, dit), II, *190.
Duhan (Mme). Voy. Han de Crèvecœur (M.-S. du).
Dumas (Benoît), II, *15, 16.
Dumesnil (le sieur), II, 8, 15-17, 21, 25.
Dumesnil (le sieur), exempt de la maréchaussée, II, 50.
Dumont (Florentine Payen, dite), I, 109, 110.
Dumoulin (le sieur), II, 188.
Dunkerque (la ville de), I, 184; II, 84, 115, 126, 129, 167, 169, 194, 204, 210, 250; III, 22, 74.
Dupuis (le café de), II, 84, 159, 253.
Durafour (le sieur), III, 233.
Durant (les demoiselles), III, 43.
Duras (Emmanuel-Félicité de Durfort, duc de), II, 60.
Duras (Angélique-Victoire de Bournonville, duchesse de), II, *243; III, 44.
Dureville (le sieur), I, 204.
Durfort (Louis de Durfort-Duras, duc de), III, *42.
Durini (Mgr), nonce, II, 180, 184, 185.
Duval (le sieur), commandant du guet, I, 13, 33, 35, 47, 73, 77, 81, 100, 197; II, 18, 33, 42, 66, 78; III, 146.
Duval (le sieur), maître à danser, II, 84.
Duval (le sieur), agent d'affaires, II, 120.
Duval (la demoiselle), II, 50.
Duval (Marie-Anne), dite Bonneville, II, 120, 121.
Duveau (le sieur), II, 181-184.
Duverney neveu (Jacques-François-Marie), III, 226.

E

Eau (la consommation de l'), I, 223, 230; II, 220; III, 231, 234, 235.
Eau-de-vie (le commerce de l'), I, 233; III, 130.
Ecclésiastiques, I, 3, 8, 39, 40, 65, 69, 81, 138, 157, 164, 206; III, 105, 106.
Échelles du Levant (les), II, 157.
Éclairage des rues (l'). Voyez Lanternes publiques.
Écluse (Jacques de l'), I, 41, 85.
École (le port et le quai de l'), I, 79; III, 234.
Écoles de charité (les), I, 225.
Écoliers, I, 88-90, 172, 183, 184.
Écossais (les), I, 180; II, 187.
Écosse (l'), II, 115, 118, 126-128, 130-132, 134, 149, 157, 160, 166-168, 190, 197, 210, 211, 229, 240, 249, 262, 265; III, 10, 16, 22, 33, 52, 107, 110, 116, 171.
Écouen (le bourg d'), I, 107.
Écuries du duc d'Orléans (les), II, 213.
Édimbourg (la ville d'), II, 169, 190, 195; III, 10.
Édouard (le prince). Voyez Stuart (Charles-Édouard).
Égra (la ville d'), I, 41, 79.
Élections dans les ordres religieux, I, 43, 162, 163, 183, 191.
Élisabeth, czarine de Russie, II, *111, 114, 187.
Élisabeth (l'), vaisseau, II, 126-128, 210.
Élisiens (la secte des), II, *207 (Add.).
Elnbogen (la ville d'), I, 79.
Éloge de l'orateur (l'), II, 67.
Émeraude (l'), frégate, II, 192.
Émigration à l'étranger, I, 14.
Empoisonnements, I, 4.
Enfant-Jésus (la communauté de l'), II, 121; III, 210.
Enfants (les). Voyez Jeux, Nourrices, Vagabondage.
Enfants volés, II, 39.
Enfants-Trouvés (l'hôpital des), I, 214; III, 114.
Enfer (la rue d'), I, 79.
Enghien (le marché d'), I, 233.
Enlèvements de jeunes filles, I, 123, 124, 133, 148, 149.
Ennery (Jacques-Thomas-François Charpentier d'), II, *19.
Ennery (Marie-Madeleine-Angélique Rioult de Curzay, dame d'), II, *19.
Enregistrement des édits (l'), II, 40, 42, 44.
Entrées (les droits d'), à Versailles, II, 151, 152, 162, 163, 193, 194.
Entrepreneurs de bâtiments, I, 231.
Épiciers, I, 216; II, 222, 223; III, 123.
Épidémies, I, 41, 48, 49, 53; II, 103, 215; III, 165.

Épine (François de l'), I, 204; III, 109.
Épiphanie (la fête de l'), III, 233, 236.
Épizooties, II, 46 (Add.), 48, 49, 51, 53-55, 57, 58, 62, 63, 77, 91, 101, 103, 109, 110, 135, 143, 144, 214, 221, 222, 227, 228; III, 36, 128, 182.
Escaut (l'), II, 96; III, 23.
Escroqueries, I, 13, 28, 29, 39, 73, 126, 155; II, 18, 19, 43.
Espagne (la reine douairière d'). Voyez Farnèse (Élisabeth).
Espagne (Antonia de Bourbon, infante d'), III, 40.
Espagne (l'), I, 122; II, 78, 114, 116, 117, 242, 252-257, 261, 270; III, 40, 65, 137, 159.
Espagne (les rois d'). Voyez Ferdinand VI, Philippe V.
Espagne (l'ambassadeur d'). Voyez Campoflorido (le marquis de).
Espagne (l'hôtel d'), III, 235.
Espagnols (les), II, 125, 230, 231, 259, 266, 278; III, 186, 188, 189, 195.
Espérance (l'), navire, II, 195.
Espions, I, 14, 23.
Essai sur l'honneur (l'), II, 67.
Essai sur la marine et le commerce (l'), I, *117, 121.
Essonnes (le village d'), II, 108, 109.
Estampes, I, 195; III, 221.
Esterel (les bois de l'), III, 89.
Estiau (Louis-Alexandre Croiset, marquis d'), II, *276, 281, 282.
Estourmel (Constantin-Louis, commandeur d'), III, *85, 87, 88.
Estrades (Élisabeth-Charlotte Huguet de Sémonville, comtesse d'), III, *13, 44, 193, 238.
Estrées (Louis-Charles-César Le Tellier de Courtenvaux, comte d'), III, 54, *112, 113.
Estrées (Lucie-Félicité de Noailles, maréchale d'), II, *3, 209.
Étain (la marque de l'), I, 210, 212.
Étain (les potiers et ouvriers d'), I, 210.
Étalages, III, 230, 231, 234.
Étampes (la ville d'), II, 17, 21, 271.
Étape de Paris (l'), III, 129.
États-Généraux des Provinces-Unies (les), II, 114, 130; III, 9, 37.
Étaux de bouchers (les), III, 232.
Étenduère (Henri-François des Herbiers, marquis de l'), II, *180, 186, 187.
Étiolles (Charles-Guillaume Le Normant d'), II, 70, 71, 73, 75, 76, 85, 99, 112, 205, 206, 231; III, 37, 238.
Étiolles (Jeanne-Antoinette Poisson, dame Le Normant d'), II, 73, 74, 76, 81, 84, 85, 88, 99, 104, 112, 123, 137, 151, 191; III, 237-238. Voyez Pompadour (la marquise de).
Étiolles (le village et le château d'), II, 70, 75, 84, 104, 146.
Étoffes des Indes, I, 218.
Étrangers (la police des), III, 219, 220.
Étrennes mignonnes (les), I, 218.
Évreux (la ville d'), II, 69, 120, 121.
Évron (le bourg d'), II, 57.
Exécutions de criminels, I, 16, 93, 94, 97, 99, 220, 228; II, 78, 135, 203; III, 224.
Exil (ordres d'), II, 78, 86-88.
Exoine (une), I, 70.
Extradition de coupables, I, 125, 133, 149.

F

Fabre (le P.), III, 107.
Faculté de médecine (la), II, 47.
Fagon (Antoine), évêque de Vannes, I, 26.
Fagon (Louis), I, *178.
Fare (Philippe-Charles, maréchal de la), II, *118, 119, 122, 134; III, 31, 73, 159, 196.
Farines (le commerce et la police des), I, 6, 7, 9, 58, 212, 218, 224, 227; III, 130, 233. Voyez Blés, Grains, Pain.
Farnèse (Élisabeth), reine d'Espagne, II, 231, 247, 254, 257, 265, 268, 274; III, 59, 195, 201, 204.
Fat puni (le), comédie, II, 22.
Fauchers (le sieur), I, 204.
Faudoas (Marie-Charles-Antoine, marquis de), I, *167.
Faussaires, I, 175, 204; III, 91.
Faux-monnayeurs, I, 27.
Fénelon (Gabriel-Jacques de Salignac, marquis de), III, *51.
Ferdinand VI, roi d'Espagne, III, 40, 195.
Fermes générales (les), I, 175; III, 184.
Fermes (les commis des), I, 23.
Fermiers généraux (les), I, 29, 131, 176; II, 163, 209; III, 76.
Fermiers-laboureurs, I, 212.
Ferrand (M.), secrétaire général du commerce, II, *84.
Ferrand (M.), III, 177.
Ferrand (le sieur), imprimeur, III, 98, 100.

Ferrand (la femme), II, 164.
Ferrand (la veuve), III, 100, 101.
Ferté (le sieur la), I, 172.
Fesch (M.), II, *215.
Fête-Dieu (la), I, 219, 221; III, 232.
Fêtes chômées (les), I, 217; III, 232-236.
Fêtes publiques (les), I, 184, 187, 188, 190, 193, 196, 198, 200, 201; II, 25, 28, 92. Voyez Feux, Illuminations.
Feu de la Saint-Jean (le), I, 216, 224.
Feux d'artifices (les), I, 216, 231; II, 81, 103, 222-224, 226; III, 127, 128, 146, 151, 157, 174, 183, 222, 232.
Feux publics de réjouissance, III, 236.
Feydeau. Voyez Brou.
Fiacres (les), I, 11, 29, 47, *169.
Filles de boutique, I, 216.
Filles de l'Instruction (la communauté des), II, *102.
Filles de Sainte-Marie de la rue du Bac (les), II, 212.
Filles du Calvaire (les). Voyez Calvaire.
Filles du Saint-Sacrement de la rue Cassette (le couvent des), III, 17-19.
Filles-Dieu (le couvent des), II, *21.
Filles galantes. Voyez Prostitution.
Filloy (M. de), III, 66.
Fimarcon (Étienne de Cassagnet, marquis de), I, *17 (*Add.), 49 (Add.); II, 29, 265.
Fine (la), bateau, II, 195, 204.
Finlande (la), III, 214.
Fischer (le capitaine), II, 119.
Fitz-James (Charles, duc de), II, *249, 250, 253, 265.
Fitz-James (François de), évêque de Soissons, II, *252; III, 178, 196, 197.
Fitz-James (la terre de), II, 130.
Fitz-James (le régiment de), II, 265.
Flamands (les), III, 165.
Flandre (la), II, 65, 73, 74, 76, 91, 100, 110, 111, 116, 123, 126, 130, 132, 138, 141, 148, 153, 161, 162, 168, 169, 208, 230, 240, 241, 249, 271; III, 4, 6, 15, 16, 25, 29, 30, 42, 45, 50, 51, 59, 65, 109, 112, 120, 165, 171, 175, 197, 208, 211, 218.
Fléchard (le sieur), I, 106.
Flèche (la ville de la), I, 141, 146.
Fleich (Robert), II, 113.
Fleury (le cardinal de), I, 8, 12, 14, 16, 19, 20, 24, 39, 41, 42, 45, 50, 54, 58-62, 66-68, 76, 82, 86, 88-91 (Add.), 95, 96, 99, 104; II, 94, 228, 244, 252; III, 17.

Fleury (Jean-Hercule de Rosset, duc de), II, *5.
Fleury (Pons-François de Rosset, chevalier de), II, *203.
Fleury (Marie Rey, duchesse de), I, *91.
Fleury (Jacques), I, 127.
Fleury (le sieur), III, 235.
Florat (le sieur), I, 183.
Foin (le commerce du), I, 23, 30, 38, 43, 47, 54, 225; II, 218, 225; III, 123, 130, 223, 224, 230-232.
Foires. Voyez Jambons (foire aux), Saint-Denis (foire), Saint-Germain (foire), Saint-Laurent (foire).
Fontainebleau (le château de), I, 19, 22, 23, 30, 31, 33-35, 44, 47, 50, 138; II, 126, 150, 154, 160, 164, 168-173, 175, 179, 181, 188, 189, 193; III, 44, 46, 62, 63, 119, 120.
Fontaines publiques (les), II, 103; III, 104, 234.
Fontanges (Jean-Pierre, marquis de), II, *4.
Fontanieu (Gaspard-Moïse de), I, *33, 35; III, 190, 193.
Fontauban (Jean-Baptiste Delacoste de), I, *49, 67.
Fontenelle (Charles Le Bovier de), II, *250.
Fontenoy (la bataille de), II, 77, 80, 91, 96, 97, 108, 111, 149, 185, 220, 234, 273; III, 23.
Fontenoy (le poème de), par Voltaire, II, 93, 100, 107, 136, 149 (Add.), 166, 185.
Fontevrault (l'abbaye de), II, 230.
For-l'Evêque (le), I, 175, 206; II, 14, 26, 44, 50, 134; III, 8, 118, 163, 209, 210.
Forçats. Voyez Galériens.
Forez (le), II, 52.
Forquet (le sieur), III, 19.
Fort (Paul Grimod du), II *59-61, 171, 191; III, 13, 38, 57.
Fortia (Charles-Joseph de), I, *18, 24.
Fosses d'aisance (les), I, 210, 213, 217; II, 139.
Fossés-Saint-Bernard (la rue des), III, 233.
Fossés-Saint-Germain-l'Auxerrois (la rue des), III, 234.
Foudras de Courcenay (Louis-Jérôme de), évêque de Poitiers, I, *26.
Foudre (les effets de la), III, 79, 145.
Four-Saint-Eustache (la rue du), III, 234.
Four-Saint-Germain (la rue du), III, 18.
Fourbisseurs, I, 216.
Fourcy (la rue de), I, 79.

260   TABLE ALPHABÉTIQUE

Fournier (Victor), II, *71.
Fourniquet (le sieur), II, 175.
Fourqueux (Michel Bouvard de), I, *112.
Fourré (Antoine), I, 204.
Fous, II, 12, 39, 61, 92, 135, 180; III, 166, 182, 207.
Foy (le café de), II, 106.
Français (les), II, 125, 128.
Francfort-sur-le-Mein (la ville de), II, 40, 113-115, 119.
Franche-Comté (la), III, 12.
Francières (le chevalier de Belloy de), II, *211.
François Ier, roi de France, II, 257.
Francs-maçons (les), I, *165, 180, 181; II, 61, 63, 91, 92, 94, 95, 106, 206, 221.
Franqueville (Mlle de), III, 230.
Frécot (M.), I, 54.
Frédéric II, roi de Prusse, II, 92, 111, 113, 116, 122, 123, 126, 130, 132, 141, 145, 161, 181, 227, 240, 242, 253, 259, 270; III, 45, 59, 64, 82, 142, 159, 214.
Fréjus (la ville de), III, 192.
Fréjus (l'évêque de). Voyez Bellay (M. du).
Frémont (le sieur), I, *84, 86.
Frères de la Charité (les), III, 166, 182.
Fréron (Élie-Catherine), II, *235, 255.
Fresnes (Henri-François-de-Paule Daguesseau de), III, *160.
Fresnes (Jean-Baptiste-Paulin de), I, *75.
Fréville (le sieur), I, 1.
Fribourg (la ville de), III, 236.
Friedberg (la bataille de), II, *92.
Friperie (le commerce de la), II, 217.
Froger (le sieur), II, 90.
Froment (Marc-Antoine-Félix), I, 179.
Fromenteau (la rue), III, 27.
Frontenac (le lac de), au Canada, III, 80.
Frouillard (le sieur), II, 57.
Fruitiers-orangers (les), I, 229; III, 127, 221.
Fulvy (Jean-Henri-Louis Orry de), I, *30; II, 4, 6, 8, 15, 16, 48, 199, 210.
Fulvy (Adélaïde-Henriette-Philiberte Orry, demoiselle de), II, *194.
Fumel (Joseph, marquis de), III, *158, 172.
Fumier (le transport du), I, 220, 234.
Fumigation (la), II, 141.
Furnes (la ville de), I, 189, 232.

G

Gages (Jean-Bonaventure-Thierry du Mont, comte de), II, *83, 118, 263; III, 75.
Gagne-deniers, II, 37.
Gaillande (Jean-Noël, abbé), I, *84, 85, 97, 103; II, 139, 150.
Galaizière (Antoine-Martin Chaumont, marquis de la), II, *199, 232.
Galères (les), I, 28, 106.
Galériens, I, 46, 106, 200.
Galiot (le sieur), III, 49.
Gallerand (le sieur), I, *179.
Galles (Frédéric-Louis de Brunswick-Hanovre, prince de), II, 132.
Galo (le capitaine), II, 119.
Gamaches (Jean-Joachim Rouault, marquis de), III, 125.
Gand (la ville de), II, 110, 111, 123, 126, 128, 129, 135, 136, 143, 148, 222; III, 13, 175.
Gantiers-parfumeurs, III, 131.
Garçons de boutique, I, 216; II, 223.
Garde (l'abbé de la), II, 191.
Garde-Meuble (le), II, 246, 247.
Gardes françaises (les), I, 16, 23, 28, 44, 47, 52, 72, 76, 77, 81, 84, 93, 159, 166, 169, 174, 218; II, 9, 12, 13, 18, 24, 31, 34, 35, 39, 43, 89, 91, 107-110, 120, 186, 188, 202, 207, 209, 215, 275, 282; III, 2, 179.
Gardes suisses (les), I, 77, 95, 96; II, 18, 209.
Gardie (Mlle de la), II, 211, 212.
Garnier (Charles-François, abbé), III, 209.
Garnier (Joseph-Louis), I, 141, 144.
Gastellier (le sieur), I, *128.
Gaudron (le sieur), I, 90.
Gaultier (Françoise), I, *152; II, 10.
Gaumont (Jean-Baptiste de), conseiller d'État, II, *1.
Gaumont (Jean-Baptiste de), conseiller à la cour des aides, II, *1.
Gaussin (Jeanne-Catherine Gossem, dite), II, *10, 11, 23, 25.
Gautier (le sieur), I, 175.
Gauville (la compagnie de), au régiment des gardes, I, 77.
Gazette d'Amsterdam (la), II, 262.
Gazette de France (la), II, 152, 177, 241, 250, 255; III, 10, 113, 189-191, 193, 194, 205, 207.
Gazette d'Utrecht (la), II, 262.
Gazettes (les), III, 48, 49.
Gazettes de Hollande (les), II, 250, 251, 262; III, 46, 47, 113.
Gendarmes de la garde (les), I, 48.

Généralissime (patentes de), III, 15, 28, 42.
Gênes (la ville et la république de), II, 115, 117, 253, 266, 271; III, 89, 90, 92, 166, 170, 176, 180, 181, 218, 243.
Gênes (l'envoyé de), I, 82. Voyez Doria (le marquis).
Genève (la ville et le canton de), II, 271 (Add.).
Geneviève (la châsse de sainte), I, 24, 27, 30, 40; II, 104, 105.
Génie (le corps du), III, 14.
Génois (les), II, 116, 117, 142, 153; III, 165, 188.
Gentilly (le village de), II, 108, 109.
Gentilshommes ordinaires du roi, II, 232.
Georges II, roi d'Angleterre, II, 118, 126, 129, 175, 240; III, 5, 16, 22, 31, 33, 43, 56, 59.
Gerbois (Jeanne-Françoise Cremet, femme), I, 228.
Germain (Thomas), orfèvre, II, *30.
Gernsheim (le bourg de), II, 118.
Gervais (le sieur), I, 159.
Gervaise (dom François), III, *19 (Add.).
Gesvres (François-Joachim-Bernard Potier, duc de), I, 18, 30; II, 21, 22, 25, 38, 56, 57, 138, 145, 153; III, 113, 150, 197.
Gesvres (Marie-Madeleine Mascranny, duchesse de), III, *113.
Gherardi (le sieur), acteur, II, *11.
Gien (la ville de), II, 180, 184-187, 189.
Gif (l'abbaye de), I, 19.
Gilles ou Gils (Jacob), III, *14 (Add.).
Girardière (le frère de la), I, 135.
Girardon (le sieur), II, 4, 5.
Gisors (Louis-Marie Foucquet, comte de), I, *51.
Gobelins (les), I, 7, 215.
Gobelins (la barrière des), II, 212.
Godefroy. Voyez Peuche.
Gondré (Marie-Louise de), I, *146.
Gonesse (le marché de), I, 212; III, 230.
Gonichon (le sieur), I, 150.
Gontaut (Charles-Antoine-Armand, marquis de), III, *101.
Gontaut-Biron (François-Armand, duc de), III, *17. Voyez Biron.
Gontaut (Marie-Adélaïde de Gramont, duchesse de), II, 174.
Goold (le sieur), II, 195.
Gouault (M.), procureur général de la cour des monnaies, II, 164, 165, 179.
Gouffé (l'abbé), I, *3.
Gournay (le bourg de), II, 74.
Goussainville (le village de), I, 57.

Gouverneur de Paris (le), III, 185. Voyez Gesvres (le duc de).
Grainetiers, III, 231.
Grains (la police et le commerce des), I, 212, 214; III, 230. Voyez Avoines, Blés, Farines.
Gramont (Louis-Antoine-Armand, duc de), II, *32, 34, 36.
Gramont (M. de), I, *146.
Granard (Claude-Marguerite Érard, femme), III, 109.
Grandcerf (le sieur), III, 234.
Grand Conseil (le), I, 110.
Grand prévôt de France (le). Voyez Sourches (M. de).
Grand prieur de France (Jean-Philippe d'Orléans), II, *46, 82; III, 39, 77, 180.
Grandchamps (le sieur), II, 12.
Granger (l'abbé), III, 210.
Grandmaison (René-François de Grimaudet, sieur de), I, 120 (Add.).
Grands d'Espagne (les), II, 231.
Grands-Augustins (le couvent des), I, 26; II, 81.
Grandval (François-Charles Racot de), II, *17, 22, 23, 25.
Grange-Saint-Éloi (la), II, *47.
Grassin (Simon-Claude), II, *9; III, 16, 54.
Grassin (le régiment de), II, *9, 123.
Gratis des demoiselles de Paris (le), I, 201.
Grave (Clément de), I, *143.
Gravilliers (la rue des), II, 89, 207, 215.
Gravois. Voyez Boues.
Grenadiers (les), I, 16.
Grenelle (la barrière de), III, 82.
Grenelle (la plaine de), II, 79.
Grenoble (la ville de), III, 63, 177.
Grenoble (le parlement de), I, 169.
Gresset (J.-B.-L.), II, 67.
Grève (la place de), I, 93; II, 50, 59, 92; III, 146, 157.
Grevenbroch (M. de), I, *49.
Grezel (le sieur), III, 232.
Griffet (le P. Henri), II, *187, 203; III, 68, 70.
Grimberghen (Louis-Joseph d'Albert de Luynes, prince de), I, *92.
Grimod (Marguerite Le Juge, dame), II, *60, 61, 63, 78.
Grimod de la Reynière (Gaspard), II, *118.
Grimod du Fort. Voyez Fort (du).
Grosbois (le village et le château de), I, 138; II, 200; III, 94.
Gruyn (Roland), I, *49.
Guérinière (N. de Robichon, sieur de la), II, *148.
Guéry (M. de), III, 108.
Guéry (le sieur), inspecteur des bri-

262   TABLE ALPHABÉTIQUE

gades de la prévôté, I, 108, 184; II, 39.
Guet de Paris (le), I, 16, 39, 42, 65, 69, 71, 73, 76, 77, 78, 81, 82, 85, 91, 134, 166, 167, 187; III, 231.
Guet (le commandant du). Voyez Duval (M.).
Guilbout (le sieur), III, 119.
Guiton (le sieur), I, 110, 125.
Guiton de Monrepos (Thérèse Sordes, dame), I, *110, 111, 125.
Gundel (le sieur), II, 215, 216.
Gustave-Adolphe, roi de Suède, II, 151.
Guymont (Paul-Pierre), II, *271 (Add.).
Guyot-Desfontaines (Pierre-François, abbé), II, *235.

H

Hacquet (Pierre-Aimé), III, 182.
Hainaut (le sieur), orfèvre, II, 4.
Halle au blé (la), I, 6, 7, 9, 58, 83; III, 230.
Halle aux draps (la), I, 220.
Halle aux toiles (la), I, 220; III, 124.
Halle aux vins (la), III, 129.
Halle (les forts de la), III, 126.
Halles (les), I, 18, 22, 211, 212, 217, 218, 220, 223, 229, 234; II, 218, 221, 222, 224; III, 124, 129, 223.
Halles (le quartier des), I, 53.
Han de Crèvecœur (Marguerite-Suzanne du), I, 35 (*Add.), 37.
Hambourg (la ville de), II, 71.
Hanovre (le duché de), II, 111; III, 59.
Hanovre (la ville de), II, 253.
Hanovriens (les), III, 53.
Harang (Marie-Luce Jame, veuve), I, 178.
Harcourt (François, maréchal d'), III, 73.
Harcourt (Louis-Abraham, abbé d'), II, *258; III, 22, 117, 118, 193, 201.
Harcourt (le collège d'), I, 56.
Harcourt-dragons (le régiment d'), I, 156-157.
Hardy de Lavaret ou Hardy de Levaré (Pierre), curé de Saint-Médard, I, 9, 10, *143.
Harlay (Pierre), I, 203.
Harouer (le sieur), I, 174.
Harpe (la rue de la), I, 85.
Harrington (lord), II, 145.
Haudriettes (la rue des), II, 211.
Haute-Borne (la), I, 51.
Havre (le gouvernement du), III, 23.
Haydde ou Heiden, ville de Gueldre, II, 29.

Haye (la ville de la), I, 45; II, 126, 128; III, 211, 214.
Hébert (Françoise), II, 120, 121.
Heiden, ville de Gueldre, II, 29.
Hélie (M.), III, 185, 189.
Hélie (Mlle), II, 276; III, 185, 189, 192, 193.
Hellot (le sieur), I, 162.
Helvétius (Jean-Claude), II, *48.
Hérault (M.), I, 20, 150.
Hérault (Jeanne-Charlotte Guillard de la Vacherie, dame), II, 181 (*Add.), 201, 205.
Hérault (Marie-Hélène Moreau de Séchelles, dame), II, *2.
Hérault (Jeanne-Charlotte, demoiselle), II, *205.
Héricourt (Bénigne-Jérôme du Trousset d'), I, *106.
Hermand (le sieur), III, 136.
Hérouville (Antoine Ricouart, comte d'), III, *120.
Hessois (les), III, 53.
Heudicourt (le régiment d'), III, 50.
Hilner (le sieur), banquier, II, 215.
Histoire de la dame d'Attilly (l'), II, 133.
Histoire de Louis XI, par Duclos, II, 219.
Histoire de la tourière des carmélites. Voyez *Tourière*.
Histoire générale de la réforme de Cîteaux (l'), par D. Gervaise, III, 19.
Histoire naturelle de l'âme (l'), III, 127, 173.
Histoire par médaillons des glorieuses campagnes du Roi (l'), II, 207.
Histoire physique et morale par laquelle on démontre et rend raison pourquoi, etc., III, 98.
Histoire de Port-Royal (l'), I, 10.
Hiver (l'), I, 1, 15; II, 36.
Hœchst (le bourg d'), II, 113, 114.
Hoedic (l'île d'), III, 58.
Hollandais (les) I, 117; II, 126, 131, 166, 228; III, 7, 10, 12, 27, 29, 39, 53, 59, 113, 213, 214.
Hollande (la), I, 14; II, 114, 116, 131, 190, 215, 229, 259; III, 6, 48, 62, 140, 159, 164, 165, 209, 211.
Hollande (l'ambassadeur de). Voyez Van Hoey (M.).
Holstein-Beck (Anne de Saxe, duchesse de), III, *13.
Hongrie (la reine de). Voyez Marie-Thérèse.
Hooke (Lucien-Joseph), I, 41.
Hôpital général (l'), I, 13, 29, 48, 69, 121, 137, 140, *154, 179, 203, 205;

DES NOMS ET DES MATIÈRES. 263

II, 5, 60, 61, 63, 180, 228, *275;
III, 109, 183.
Hôpitaux (les enfants des), I, 211.
Horion (le comte d'), I, 64, *65.
Horlogers (maîtres), II, 93, 94.
Hospital Sainte-Mesme (Jacques-Raymond de Gallucci, comte de l'), III, *47, 48.
Hospital (le régiment de l'), III, 50.
Hôtel de ville (l'), I, 16, 93, 196; II, 26, 28, 30, 32-38, 150, 153.
Hôtel-Dieu (l'), I, 4, 6, 53, 91, 116; II, 43, 89, 188, 212, 215; III, 101, 207.
Houat (l'île d'), III, 58.
Houdé (l'abbé), II, 171.
Howals (M.), II, 168, 172.
Howel (M.), II, 127.
Huescar (Ferdinand de Silva y Pastrana, duc d'), II, *254; III, 40, 79, 189.
Huissiers de la chambre (les), II, 69.
Huissiers et sergents à verge du Châtelet (les), I, 227, 231.
Huîtres (la culture et la vente des), I, 218; III, 78, 79, 125.
Hulin (M.), II, 193.
Hunolstein (l'abbé d'), II, 93.
Hurepoix (la rue du), I, 153.
Hyères (le village d'), II, 119.

I

Ile-Royale (l'), II, 95, 96, 138, 140, 142.
Ile sauvage (l'), par Saint-Foix, I, 129.
Iles d'Amérique (les), 29, 76, 128.
Illuminations, I, 232-234; II, 102, 103, 218, 220, 222-226; III, 124, 127, 128, 222, 236.
Immaculée-Conception (la fête de l'), II, 225.
Immondices. Voyez Boues.
Imprimerie royale (l'), II, 107; III, 86.
Imprimeurs. Voyez Librairie.
Incendies, I, 5, 6, 9, 16, 18, 21, 51, 53, 58, 65, 67, 70, 92, 94, 95, 220, 221, 233, 234; II, 10, 13, 24, 39, 58, 59, 63, 81, 120, 135, 139; III, 94, 103, 124.
Indes (les), I, 218; II, 16, 247, 249; III, 206.
Indes (la Compagnie des). Voyez Compagnie.
Indolente (l'), comédie, II, *30.
Industrie (l'). Voyez Dixième de l'industrie.
Infant (l'). Voyez Philippe de Bourbon (Don).
Infanticides, II, 5, 135.
Innocents (les). Voyez Saints-Innocents (les).

Inondations, I, 214.
Inspecteurs des manufactures (les), III, 122.
Inspecteurs de police (les), I, 210 213.
Insultes (le délit d'), II, 221, 222; III, 123.
Invalides (l'hôtel des), I, 118-119; II, 71, 79, 120, 272; III, 3.
Invalides (le gouverneur des), II, 79.
Invalides (les soldats), I, 5; II, 77, 79, 120, 121.
Irlandais (les), I, 180; II, 126, 168, 169.
Irlande (l'), II, 132; III, 16.
Iroquois (les), III, 80.
Isbé, opéra, I, 34.
Isle-Adam (le château de l'), III, 15, 29, 31, 102, 186, 195, 196.
Isle-Dieu (l'abbé de l'). Voyez Rue (Pierre de la).
Issolier (André), III, 109.
Issoudun (la ville d'), II, 29.
Issy (le village d'), I, 8, 12, 67, 68, 71, 86, 88, 95-97, 99, 148.
Italie (l'), II, 110, 115, 116, 125, 126, 134, 173, 210, 227, 242, 253, 261, 264, 266, 268, 278; III, 2, 5, 10, 19, 22, 24, 30, 32, 33, 41, 43, 45, 50, 51, 55, 57, 109, 111, 116, 119, 175, 201.
Ivrognes, II, 19, 23, 24, 38, 51, 180.
Ivry (le village d'), I, 47; II, 101.

J

Jacob (la rue), I, 157.
Jacobins (les), I, 194.
Jacques II, roi d'Angleterre, II, 129.
Jacquin (la Mère), I, 7.
Jacquin (Mlle), II, *264.
Jamaïque (la), II, 158, 159, 264; III, 47.
Jambons (la foire aux), II, 58.
Jansénistes (les), I, 27, 38, 58, 63; II, 78, 85-88, 101, 203, 204, 213, 215, 229; III, 11, 133, 149, 167, 188, 193, 201.
Jaquet (Louise), III, *177.
Jardin (le sieur du), I, 79.
Jars (le P.), II, 78, 79, 86-88.
Jersey (l'île de), I, 124, 125, 133, 149; III, 206.
Jésuites (les), II, 23, 49, 52, 67, 93, 157; III, 163.
Jésuites (le collège des), I, 143, 176; II, 13.
Jésuites (le Noviciat des), I, *51.
Jeûneurs (la rue des), I, 51.
Jeux (la police des), I, 48-50, 57, 143, 201, 210, 211, 214, 215, 217, 219, 222, 224, 225, 231, 235; II, 17, 24, 30, 45, 64, 78, 91, 102, 106, 110, 164, 165, 180, 188, 189,

193, 214, 218, 222, 225; III, 122, 125, 127, 130, 211, 230-234.
Jeux d'enfants, I, 217, 225, 233; II, 224; III, 124, 129.
Jollivet (le sieur), II, 16.
Joly de Fleury (Guillaume-François), procureur général au parlement, I, *4, 18, 19, 26, 30, 50, 61, 62, 64, 68, 71, 84, 89, 90, 95, 116, 118, 205; II, 17, 21, 22, 62, 79, 80, 134, 144, 180, 243, 244; III, 36, 87.
Jonchère (Gérard-Michel de la), II, *79.
Jonquière (Jacques de Taffanel, marquis de la), III, *88.
Jonville (M. de), I, *53.
Josse (Jean), recteur de l'Université, I, *41.
Jourdan (Étienne), II, 165 (Add.), 179, 186, 187.
Jubé (Jacques), curé d'Asnières, II, 212, *213.
Jubilé (le), II, 88, 100, 184, 185.
Juifs (les), I, 23, 191, 203.
Jules César, I, 137, 138.
Jullien (l'abbé), III, 43.

K

Kerouartz (le marquis de), I, 21, 25, 31, 34, 50.
Kersaint (Guy de Coëtnempren, comte de), III, *87.
Klattau (la ville de), I, 79.

L

Laborde (Jean-François de), II, *75.
Laborde (le chirurgien Jean de), I, 227.
Labouret (Charles), I, 170.
Laboureurs, I, 212.
La Chaumette (le sieur), III, 49.
La Fontaine (le sieur), I, 195.
Lage (Gilles-Fernand de), II, 160; III, 48, 49, 190.
Lagny (l'abbaye de), I, 145, 146.
Laideguive (Antoine-Pierre), I, *173.
Laine (la marque des étoffes de), I, 213.
Lait (le commerce du), I, 219.
La Janière (le sieur), II, 182, 184.
Lalande (Claude de), I, 144; III, 224.
La Lardoire (le sieur), I, 106.
Lallemant (M.), I, 54.
Lambert (Pierre-Antoine), I, *150.
Lambert (le chevalier), II, 132.
Lambesc (Charlotte-Louise de Lorraine, demoiselle de), II, *28.
Lamoignon (Chrétien-François de), I, *97, 99.
Lande (Charlotte-Angélique Amelot, marquise de la), III, *98.
Landry (Mlle), III, 180.
Langandre (le sieur), I, 175, 176.
Langevin (Jean), III, 136.
Langlade (le sieur), I, 109 (Add.).
Langlin (le capitaine), III, 181.
Langlois (Reine), I, 228.
Langres (la ville de), I, 138.
Langres (l'évêque de). Voyez Montmorin de Saint-Hérem (Gilbert de).
Langres (Pierre de), dit Condé, I, 177.
Languedoc (le), I, 55, 181, 182; II, 88; III, 153, 189.
Languedoc (les états de), III, 62.
Languet de Gergy (Jean-Baptiste), curé de Saint-Sulpice, II, *54, 55, 144, 227; III, 17, 210, 211.
Languet de Gergy (Jean-Joseph), archevêque de Sens, III, *2.
Lanmary (Marc-Antoine-Front de Beaupoil Saint-Aulaire, marquis de), III, *161.
Lanternes publiques (les), I, 74, 75 (Add.), 191, 194, 209, 225, 229, 234; II, 13, 189, 193, 225; III, 223, 224, 232, 239-242.
Lanti (Frédéric, cardinal), II, *210; III, 31, 32, 55, 110, 116, 119.
Lappe (la rue de), II, 120.
Laquais. Voyez Domestiques.
Larcher (le sieur), II, 64.
Lassant (Mme de), I, 201.
Lassus (le chirurgien), I, 223.
Lastic (Antoine de), évêque de Cominges, III, *153.
Lauberivière (M. de), III, 102.
Laugier de Beaurecueil (Charles-Bernardin), curé de Sainte-Marguerite, II, 101.
Laugier de Tassy (M.), I, *104.
Launay (le sieur de), II, 14, 24.
Launey (René Jourdan de), II, *41.
Lauraguais (Louis II de Brancas, duc de), II, *21, 149; III, 192, 193.
Lauraguais (la duchesse de), II, 69, 156, 173 (Add.), 174. Voyez Mailly (Mlle de).
Laurens (Jean), III, 136.
Laurens (M. du), II, 71.
Laurent (le sieur), I, 143.
Lauzun (Antoine-Charles de Gontaut, duc de), III, *17.
La Valette (le P.), III, *60, 71, 119.
Lavalle, danseur de l'Opéra, II, *174.
Lavaud (le P.), II, *187.
Law (Jean), II, 156.
Le Blanc (César), évêque d'Avranches, II, 71.
Le Blanc (Claude), ministre, II, *71.

DES NOMS ET DES MATIÈRES. 265

Le Blanc (Jean-Bernard, abbé), II, *279.
Lebret (Cardin-François-Xavier), I, *110.
Le Breton (le sieur), II, 78.
Le Brun (l'abbé Bias), I, *58.
Le Camus (le premier président), II, 96; III, *185.
Le Camus (Nicolas), marquis de Bligny, III, *185.
Lécluse (le comédien), III, 179.
Lecomte (René), commissaire au Châtelet, II, *53, 55.
Leçons publiques, I, 201.
Le Cousturier (Nicolas-Jérôme, abbé), I, 169 (Add.).
Le Cousturier (Marie), I, 168, 169.
Le Couteulx (Jean-Étienne), II, 138.
Le Duc (Mlle), I, 17, 46; II, 14, 15, 20, 182.
Ledru (Jacques), marchand de foin, III, 223.
Le Faucheux (le sieur), II, 85-87.
Le Febvre (l'abbé), I, 85.
Le Gendre de Lormoy (Paul-Gaspard-François), II, *276.
Léger (M.), curé de Saint-André-des-Arts, I, 68 (Add.).
Le Grand (le sieur), III, 82.
Le Gras (le sieur), I, 146, 168; III, *19.
Le Gris (le sieur), I, 134, 135.
Le Houck (M.). Voyez Hooke (M.).
Lehoux (le P.), II, *187.
Le Lièvre (le sieur), I, 141.
Le Maistre (les sieurs et demoiselles), III, 115.
Le Nain (Jean VII), III, *186.
Le Normant d'Étiolles. Voy. Étiolles.
Le Normant de Tournehem (Charles-François-Paul), II, *70, 71, 74-76, 81, 205, 209, 216, 231, 235; III, 36, 39, 64.
Léon (l'abbé de), I, *3.
Léon (le pays de), III, 47.
Le Peletier (Louis), premier président du parlement, I, *4, 12, 14, 15, 18, 19, 26, 30, 40, 62, 90, 98.
Leprince (Louis), I, 215.
Le Riche (l'abbé), III, 170.
Le Roi (Jean), I, 106.
Le Roy (le sieur), I, 58.
Lescours (Marc-Étienne de), I, *52, 134.
Lescovillière (M. de), II, 44.
Letort ou Stort (l'abbé), III, 209.
Lettre de Georges second, II, 248.
Lettre pastorale (la), par Voltaire, III, 3.
Lettres et paquets (vol de), I, 215.
Lettres de change (les), I, 136.

Lettres sur l'interprétation des Écritures (les), II, 67.
Leutrum (Charles-Sigismond-Frédéric-Guillaume, baron de), II, *260, 266, 270.
Leuville (le village de), II, 68.
Levant (le), III, 165.
Lévêque (la dame), I, 79.
Lhôtier (le sieur), I, 204.
Librairie et imprimerie (la police de la), I, 8, 22, 58, 60, 98, 104, 105, 117, 121, 122, 153, 154, 163, 170, 191, 202, 211, 219, 220, 222, 225, 232, 233; II, 40, 41, 133, 215, 218, 219; III, 19, 48, 49, 97-101, 125, 127, 128, 140, 142, 163, 173, 209, 221, 222.
Liechtenstein (Joseph-Wenceslas, prince de), II, *254; III, 60.
Liège (la ville de), III, 53.
Liège (Jean-Théodore de Bavière, prince-évêque de), III, *205.
Lieutenant criminel au Châtelet (le). Voyez Nègre (M.).
Lieutenant général de police (le). Voyez Marville (M. de).
Liévain (Mathias), I, 49, 67; II, 29.
Ligne (Claude, prince de), II, *182.
Lille (la ville de), II, 84, 126, 139; III, 200.
Limiers (Mme de), II, 262.
Limoges (la ville de), II, 55.
Limonadiers (les), I, 214, 218, 222, 224, 226, 230, 233, 235; II, 225, 226; III, 123, 130, 131, 231-233. Voyez Cabaretiers, Marchands de vin.
Limousin (le), I, 185, 206; II, 48.
Linz (la ville de), II, 245.
Lire (l'abbaye de), II, 120.
Lisbonne (la ville de), III, 75.
Lisle (Joseph-Nicolas de), I, *115.
Lisle (le sieur de), I, 147.
Lisle (Mme de), I, 147.
Listenois (Françoise-Louise de Mailly, marquise de), I, 125, *127 (Add.), 130-132.
Livres. Voyez Librairie.
Livry (Paul Sanguin, marquis de), II, *235.
Lobkowitz (Georges-Chrétien, prince de), III, *184.
Locmaria (Jean-Marie-François du Parc, marquis de), I, *88 (Add.), 89, 90, 96.
Logeurs en garni (les), I, 213, 216, 224, 230, 232, 234; II, 217-219; III, 130, 234, 236. Voy. Chambres garnies.
Lombardie (la), III, 110.
Lombards (le collège des), III, 38.
Lomelline (la), II, 270.
Lominelli (M. de), II, 115, 117.

Londres (la ville et la cour de), II, 115, 128, 129, 131, 132, 138; III, 10, 33, 59.
Longjumeau (le bourg de), I, 233; II, 221.
Loos (M. de), envoyé de Saxe, III, 64.
Lorette (la chapelle de), à Issy, I, 95.
Lorient (la ville de), II, 272; III, 47, 48, 50-52, 92.
Lorraine (Charles-Alexandre de), I, *72.
Lorraine (la), II, 124.
Lorraine-infanterie (le régiment de), III, 136.
Loteries, I, 206, 214; II, 29, 31, 166.
Loudoun (Jean Campbell, comte de), III, *110.
Louis XV, I, 84, 93, 104, 108, 124, 179, 184, 186-190, 192, 193, 195-201; II, 35, 37, 38, 65-70, 72-77, 81-85, 87, 88, 90, 91, 96, 97, 99, 100, 104, 107-109, 111, 112, 117, 122, 123, 126-130, 132, 134-141, 143, 145-154, 156, 160, 162, 166, 168, 170, 172-174, 181, 185, 190, 191, 197, 199, 201, 206, 209, 214, 216, 228-232, 236, 239, 240, 243, 246, 247, 249, 251, 253-255, 257, 260, 266, 269-272, 278-280; III, 2, 3, 5, 6, 10-16, 21, 23-27, 31, 32, 42, 45, 46, 64, 69, 70, 72, 79, 81, 82, 86, 93, 109, 110, 112, 137, 138, 148, 151, 152, 164, 166, 171, 173, 175-177, 179, 184, 186, 189, 194, 197, 200, 202, 203, 205, 206, 208, 211, 212, 219.
Louisbourg (la ville de), II, 99, 100, 106, 110, 113, 131, 132, 137-142, 146, 150, 152, 154, 156-158, 160, 161, 173, 243; III, 27, 28, 31, 41, 46, 53, 69, 75, 77.
Lourcine (la rue de), I, 70.
Louvain (la ville de), II, 131.
Louvois (le marquis de), II, 234.
Louvre (le palais du), I, 23; II, 136; III, 3, 27, 36.
Louvre (le quai du), I, 5.
Löwendal (Ulric-Frédéric-Woldemar, comte de), II, *115, 141, 145, 147, 148, 162, 232, 241, 250, 255, 256, 266; III, 23, 29, 54, 175, 179.
Lowendal (le régiment de), II, 194.
Lubomirski (Antoine, prince), III, 172.
Luc (le village du), en Provence, III, 89.
Lucé (Jacques Pineau de), I, *157; II, 2, 57, 97, 98.
Luçon (l'évêque de). Voyez Chavagnac (M. de).
Luçon (le diocèse de), I, 157.
Lunéville (la cour et la ville de), I, 200; III, 117, 151, 171.

Lusignan-Mamachi (Vincent de), III, *108.
Lustre (la loge du), à l'Opéra, II, 194.
Luxembourg (Charles-François de Montmorency, duc de), III, *193, 203, 204.
Luxembourg (Marie-Sophie-Émilie Colbert de Seignelay, duchesse de), II, *182.
Luxembourg (le duché de), II, 116.
Luxembourg (la ville de), III, 31, 164, 194.
Luxembourg (le palais et le jardin du), I, 39, 44, 50, 195; III, 24.
Luxembourg (le couvent du Calvaire du), I, 2, 7, 54, 65-67, 75; II, 276, 278, 281, 282.
Luynes (Paul d'Albert de), évêque de Bayeux, II, *230, 252.
Luynes (Marie Brûlart, duchesse de), III, 98.
Luynes (la maison de), II, 230, 252.
Lyon (la ville de), I, 182; II, 4, 231, 241, 254, 267-269, 272, 280; III, 12, 49, 190, 206.
Lyon (les chanoines-comtes de), III, 22.

M

Mabile (François-Pierre), I, *100.
Maboul (Louis-François), I, *117; III, 72.
Macanaz (Raphaël-Melchior), III, *136, 137.
Machault d'Arnouville (Louis-Charles), I, *204; II, 1.
Machault d'Arnouville (Jean-Baptiste), contrôleur général des finances, II, *198-200; III, 37, 48, 62, 63, 72, 74, 75, 120, 134, 150, 205, 217.
Macnemara (M. de), III, 41.
Madame (Anne-Henriette de France, dite), II, *242, 243; III, 8, 173.
Madame Adélaïde, fille de Louis XV, II, 68, 243; III, 8, 9, 32, 44, 45, 138, 142, 165.
Madame Henriette, fille de Louis XV, III, 83.
Madeleine de la Ville-l'Évêque (l'église de la), I, 79.
Madeleine (le couvent de la), près le Temple, I, *125.
Madeleine (le couvent de la), à la Flèche, I, 141.
Madelonnettes (les couvents de), à Paris, I, 125, 140.
Mademoiselle (Louise-Anne de Bourbon-Condé, dite), I, *17.
Madrid (la ville et la cour de), II, 247, 253, 254, 256, 266; III, 3, 14, 39, 40, 188, 191, 196.

DES NOMS ET DES MATIÈRES.   267

Madrid (le château de), I, 17.
Maëstricht (la ville de), III, 29, 113.
Magnanville (Charles-Pierre Savalette de), II, *201.
Mahomet, tragédie, I, 60-64, 67, 80, 104, 105; II, 10, 11.
Mail (la rue du), II, 165.
Maillard (le café de), II, 88.
Maillebois (le maréchal de), II, 105, 117, 125, 126, 137, 227, 231, 254, 260-272, 277, 279; III, 2, 10, 62, 65, 66, 76, 86, 192, 207.
Maillebois (Marie-Yves Desmaretz, marquis de), II, 259, *266, 267.
Maillebois (Marie-Emmanuelle d'Alègre, maréchale de), II, 142, 202, 279, 280.
Mailly (Charles, chevalier de), II, 273, 274.
Mailly (la comtesse de), I, 1; II, 72, 189, 190, 274, 276.
Mailly (Diane-Adélaïde, demoiselle de), duchesse de Lauraguais, I, *98.
Mailly-Haucourt (Joseph de Mailly, marquis de), III, *121.
Mailly-Haucourt (Joseph-Augustin, comte de), III, *121.
Maison du roi (les charges de la), I, 179; II, 69, 191, 192.
Maison-Blanche (la), III, *197.
Maisonfort (Alexandre du Bois-des-Cours, marquis de la), II, 142.
Maisons (la terre et le château de), III, 207, 211, 213.
Maisons garnies (les), I, 39, 41, 143; II, 170; III, 234. Voyez Chambres garnies.
Maisons de tolérance (les), III, 93. Voyez Prostitution.
Maisons menaçant ruine (la visite des), III, 232-235.
Majainville (Charles le Bègue de), II, *213.
Maladies. Voyez Épidémies.
Malherbe (l'abbé de), III, 43.
Malouins (les), II, 172.
Malte (l'ordre de), I, 194; II, 211; III, 186.
Malter (le sieur), danseur de l'Opéra, II, *174.
Malzac (Antoine Pajot de), I, *15.
Mansart de Sagonne (J.-H.), I, *79, 80.
Mantoue (le duché de), II, 254, 259.
Manufactures (les), I, 162.
Marais (le quartier du), I, 203; III, 179.
Marais (le couvent du Calvaire du), I, 2, 7, 10, 75.
Marbeuf (Louis-Charles-René, comte de), III, *172.
Marbeuf (René-Auguste, abbé de), III, *172.

Marchainville (Marie-Thérèse des Acres de l'Aigle, dame de), I, 48, *49 (Add.), 50.
Marchands forains (les), III, 27.
Marchands de vin (les), I, 220, 231, 232; II, 220; III, 126-128, 130, 231, 232. Voyez Cabaretiers, Limonadiers, Traiteurs.
Marche (François de Bourbon-Conti, comte de la), II, *109.
Marche (le collège de la), I, 54; III, *209.
Marché-aux-Chevaux (le), I, 73.
Marché-Neuf (le), I, 8; II, 81, 188.
Marché aux poirées (le), I, 231.
Marchés (la police des), I, 210, 212-214, 217, 221, 223, 227-231, 233; II, 219-221, 223, 225; III, 124, 127, 130, 231-233, 235, 236.
Marck (Louis, comte de la), II, *45.
Marck (A.-Fr. de Noailles, comtesse de la), II, *45.
Marcoux (le sieur), III, 18, 19.
Marcoux (Marie-Marguerite Beuvache, femme), III, *16-19.
Maréchaux de France (le tribunal des), II, 31, 32, 34, 36.
Mareiller (le P.), I, 191.
Mariages (les), I, 157, 164. Voyez Registres.
Marie Leszczinska, reine de France, I, 182; II, 68-70, 72, 118, 131, 145, 150, 154, 158-160, 174, 190, 212, 230, 252; III, 26, 28, 150, 158, 159, 164, 173, 192, 200, 210, 219.
Marie-Thérèse d'Autriche, reine de Hongrie, II, 99, 126, 130, 135, 227, 240, 242, 253, 258, 270; III, 54, 59, 64, 137, 155, 161, 212.
Mariette (la fille), I, 13.
Marinberg (le sieur), I, 115.
Marine (la), I, 172, 173, 183; II, 137, 151, 161, 162, 181.
Marion (le sieur), brigadier de la prévôté, I, 109.
Marionnettes (les), I, *65; II, 45.
Marly (le château de), II, 208, 209, 233, 235, 239, 240; III, 31, 215.
Marol (le sieur), III, 182.
Marquet père (M.), I, *83 (Add.).
Marquet (Louis), II, *264.
Marquet (Louise-Michelle Paris du Verney, dame), II, *264.
Mars (Jean-Baptiste), I, *150, 152, 154.
Mars (le dieu), II, 91.
Mars (le), vaisseau, III, 52, 61, 66.
Marsan (Marie-Louise de Rohan, comtesse de), II, 135.
Marseille (la ville de), I, 106, 181, 182, 188; III, 68, 165, 188.
Marsenne (la demoiselle), I, 174.

Marteau (le sieur), III, 106.
Martin (William, amiral), III, *31.
Martin (le commissaire), I, 118.
Martin (la dame), II, 14, 20, 24, 29.
Martinière (M. de la), III, 201, 204.
Martinière (la métairie de la), III, 115.
Martroy (Jean-Baptiste-Louis Proust du), II, *53.
Marville (Claude-Henri Feydeau de), I, 20, 31, 183, 184, 205, 209, 213, 215, 229; II, 2, 6, 7, 37, 56, 57, 85, 87, 89, 92, 103, 108, 152, 165, 275; III, 49, 72, 78, 98, 99, 102, 119, 125, 181, 187, 209, 217, 218, 224.
Marville (Louise-Adélaïde Hérault, dame de), II, 201, 204, 205; III, 18, 68, 78.
Mascranny (Louis), II, *281.
Masques (les), I, 13, 73, 176, 221; II, 36, 38; III, 123.
Massa (Alderan Cybo, prince de), II, 83.
Massaron. Voyez Mosseron.
Massé (le sieur), orfèvre, III, 82, 83.
Masson (Marie-Madeleine), I, 199, 200.
Matignon (le marquis de), I, 26, 73.
Matignon (Edmée-Charlotte de Brenne, marquise de), I, *24 (Add.), 26, 31.
Maubert (la place), I, 7, 96.
Maubeuge (la ville de), II, 122.
Maudry (le sieur), II, 99, 106, 110.
Maugin (le sieur), I, 204.
Maulévrier (Louis-René Colbert, comte de), II, *269.
Maulévrier (Christophe Andrault de Langeron, comte de), I, *106.
Maulévrier (Henri-René-François-Édouard Colbert, marquis de), III, 94.
Maulévrier (la marquise de), née Chauvelin, III, 94.
Maupas (le sieur), I, 115.
Maupeou (René-Charles de), premier président du parlement, I, 142, 154, 178, 185, 186; II, 1, 42, 47, 49, 53, 54, 62, 63, 74, 80, 144, 152, 177; III, 36, 59, 87, 114, 146, 152, 160.
Maupertuis (le sieur), I, *177.
Maupillé (le sieur), I, 44.
Maurepas (Jean-Frédéric Phélypeaux, comte de), secrétaire d'Etat de la maison du roi, I, 37, 40, 41, 44, 71; II, 131, 134, 137, 138, 140-143, 145-147, 149-153, 159, 159-163, 165-169, 192, 207, 210-212, 230, 232, 235, 237, 252, 278; III, 18, 21, 24, 36, 37, 46, 48, 72, 74, 75, 79, 81, 87, 94, 98, 99, 134-136, 148, 159, 166, 200, 208.

Maurepas (Marie-Jeanne Phélypeaux de la Vrillière, comtesse de), III, 71, *219.
Maures (les), I, 191.
Maurice (François), I, 174.
Mayence (l'électeur de), II, 114, 118, 119.
Mayence (la ville de), II, 113, 115, 118, 119, 126.
Mayenne (l'élection de), II, 57.
Mayeur-Lyon (le sieur), I, 202.
Mazarin (le cardinal), II, 161.
Mazarin (Françoise de Mailly, duchesse), I, *71.
Mazarin (Louise-Jeanne de Durfort, duchesse), III, *134.
Mazarin (le collège), I, 38, 45, 50, 88, 89.
Mazarine (la rue), II, 171, 215.
Mazelin (le sieur), III, 98-100.
Mazières (Mme de), I, 136.
Mazy (le village de), III, *30.
Meaux (l'évêque de). Voyez Roche de Fontenilles (M. de la).
Médailles, I, 189 (Add.), 190, 195, 196; III, 54, 67, 106.
Medina (la maison de), II, 231.
Medina (le juif), I, 23.
Méditerranée (la mer), I, 183; III, 47.
Médoc (le régiment de), II, 187-188.
Mégret (Antoine), III, *181, 182.
Mein (le), II, 113-116, 125.
Méliand (Charles-Blaise), I, *144.
Melons (la vente des), II, 224; III, 235, 236.
Mémoires de Condé (les), I, 222.
Mémoires pour servir à l'histoire de Perse (les), II, 133; III, 101.
Mendiants (les), II, 23, 39, 119.
Mendolle (M. de), I, 72, 74, *97; III, 224.
Ménessier (M.), curé de Saint-Étienne-du-Mont, I, 168.
Menin (la ville de), I, 189.
Merci (couvents de la), I, 10, 128.
Merciers (la communauté des), II, 8, 226; III, 129, 130.
Mercy de Pixérécourt (Madeleine de Lisle, femme), III, 183.
Mérope, tragédie, II, 22, 38.
Méru (le bourg de), I, 233.
Mesdames filles du roi, II, 68, 70, 145, 150, 154, 158, 160, 190, 208, 239, 242, 243; III, 4, 12, 13, 26, 32, 44, 71, 173, 192, 202, 203. Voyez Madame, Madame Adélaïde, Madame Henriette.
Mesnard (Didier-François), II, *7, 10, 64.
Messe (l'abbé), II, 4.
Messes (fondations de), I, 197.
Mettrie (M. de la), III, 173.
Metz (Mlle de), III, 74, 186.

DES NOMS ET DES MATIÈRES. 269

Metz (la ville de), I, 18, 188, 195, 200; II, 202; III, 31, 196.
Metz (le grand prévôt de), III, 177.
Meudon (le village de), I, 127.
Meuniers, I, 212.
Meuse (Henri-Louis de Choiseul, marquis de), III, *193.
Meuse (la), III, 37, 175, 194.
Michel-le-Comte (la rue), II, 10.
Michelet (le sieur), I, 138, 139.
Milanais (le), II, 254, 256.
Milices (la levée et la réunion des), I, 90, 91, 109, 116, 118, 119, 123, 157, 164, 179, 215, 219, 221, 222, 230, 232; III, 124, 223.
Millain (Jean-François), III, 33.
Millet (la maladie du), II, *103.
Mimi d'Ancourt. Voyez Ancourt.
Mina (Jacques-Michel, marquis de la), III, *76, 188.
Minerve (la déesse), II, 91.
Miracles, II, 12, 100, 106.
Mirepoix (Gaston-Charles-Pierre-François de Lévis, marquis de), III, *143.
Mirepoix (l'évêque de). Voyez Boyer (J.-Fr.).
Mirima (le roman de), II, 20.
Modène (François III d'Este, duc de), II, 83; III, 186, 188.
Modène (Hercule-Renaud d'Este, prince de), II, *83, 257.
Modène (Charlotte-Aglaé d'Orléans, duchesse de), II, *35, 69, 257.
Modène (Marie-Thérèse Cybo, princesse de), II, *83.
Modène (le ministre de). Voyez Cioja.
Mœurs (affaires de), I, 21, 39, 53, 56, 71; II, 144; III, 186.
Moine (M.), I, 113.
Molé (Mathieu-François), II, *40, 209.
Molestier (le sieur), I, 143, 144.
Molière (J.-B. Poquelin de), III, 97.
Molinistes (les), II, 229; III, 12, 167.
Momies en cire, II, 45.
Monaco (Honoré-Camille-Léonor Grimaldi de Matignon, prince de), I, 156; II, *182, 183.
Monaco (Charles-Maurice de Goyon-Grimaldi, chevalier de), I, *156; II, 183.
Monasterol (Mᵐᵉ de), II, *52, 53, 55, 56.
Monconseil (N. de Curzé, dame de), II, *215.
Mondovi (la ville de), II, 115.
Mondyon de Montmirel (M. de), II, *123, 124, 133-, 34.
Mongin (Edme), évêque de Bazas, II, *38, 280.
Monmartel. Voyez Paris de Monmartel.

Monnaie (l'hôtel de la), II, 32.
Monnaies (le procureur général de la cour des), I, 174, 175.
Monnaies (la prévôté générale des), II, 50.
Monnerie (les sieurs), I, 106.
Monnet (Jean-Louis), I, 161.
Mons (la ville de), II, 129; III, 14, 15, 31, 54, 113, 127.
Monsieur de Pourceaugnac, comédie, II, 38.
Montagne Sainte-Geneviève (la), I, 58; II, 282.
Montaigu (le chevalier de), I, 156, 157.
Montal (Charles-Louis de Montsaulnin, marquis de), II, *260, 261, 265-269, 271, 272, 279.
Montalembert-Maumont (Marc-René, marquis de), III, *214, 215.
Montandre (Louis de la Rochefoucauld, marquis de), I, *51.
Montandre (Suzanne d'Argouges, marquise de), I, *51.
Montanges (Nathan de), I, 203.
Montauban (la princesse de), III, 99.
Montauban (le capitaine), II, 119.
Montbailly (la sœur), I, 27.
Montbéliard (le prince Frédéric de), I, *16.
Montéclair (Hyacinthe-François-Georges, marquis de), II, 136 (Add.).
Monteil (Balthazar-Aymard de), III, *105.
Monteil (le chevalier de), III, 105.
Montferrat (le), II, 254, 256.
Montgeron (publication dite), I, 10.
Montgival (Mᵐᵉ de), III, 83.
Montmartre (l'abbaye de), III, 26.
Montmartre (la paroisse de), I, 225.
Montmartre (la rue), I, 99.
Montmartre (le faubourg), I, 87.
Montmirail (Louise-Antonine de Gontaut, marquise de), III, *17.
Montmorency (Christian-Louis de Luxembourg, maréchal de), I, 29, 34.
Montmorency (Philippe-François, chevalier de), II, *67.
Montmorency-Luxembourg (Joseph-Maurice-Annibal, comte de), II, *266.
Montmorency (Louise-Madeleine de Harlay, maréchale de), I, 21, 34; III, 18.
Montmorency (la vallée de), II, 215.
Montmorin de Saint-Hérem (Gilbert de), évêque de Langres, II, *67, 68, 70, 229, 230, 252.
Montorgueil (la rue), I, 41.
Montpellier (la ville de), III, 171, 176, 186, 188.

TABLE ALPHABÉTIQUE

Montpellier (la chambre des comptes de), III, 19.
Montpellier (la Faculté de), I, 143.
Montpellier (publication dite), I, 10.
Montpensier (Louis-Philippe-Joseph d'Orléans, duc de), III, *195.
Montpertuis. Voyez Maupertuis.
Montréal (la ville de), au Canada, I, 110.
Montreuil-sous-Bois (le village de), II, 101.
Montrose (la ville de), II, 195, 204.
Morancé (M. de), II, 39, 44, 45, 53.
Morand (le chirurgien), III, 204, 206, 208, 214.
Moravie (la), III, 82.
Morbecque (Louis-Alexandre de Montmorency, marquis de), II, *256.
Moreau (François), procureur du roi au Châtelet, I, 28, *78, 106, 134, 141, 161, 167, 170; III, 194.
Moreau fils, avocat du roi au Châtelet, I, 170.
Moreau (Jacob-Nicolas), II, *277.
Morgue (la), I, 21, 74.
Morlaix (la ville de), III, 52.
Morlière (le sieur de la), III, 54.
Moron de Bossenay (Mathieu), II, *77, 86.
Mort de César (la), tragédie, par Voltaire, I, 129, 137, 138.
Mortemart (Jean-Baptiste de Rochechouart, comte, puis duc de), III, *23.
Mortemart (Louis II de Rochechouart, duc de), III, *23.
Morto de Bernardo, I, *155.
Morton (James Douglas, comte de), III, *55, 56, 58, 60, 61, 70.
Morton (la comtesse de), III, 56, 61.
Morts subites, I, 6, 15, 16, 39, 46, 81; II, 32, 53, 80, 109.
Morue (la pêche de la), II, 137, 138; III, 28.
Moscou (la ville de), II, 242, 243.
Moscovie (la), I, 115; II, 111, 116.
Mosseron ou Massaron (le sieur), I, *134 (Add.).
Mothe (le chevalier de la), I,, 151.
Motte-Binet (Jean de la), II, 70, *71.
Motte-Binet (Mlle de la). Voyez Poisson (Mme).
Motte-Houdancourt (Louis-Charles, marquis de la), II, *27; III, 176, 179.
Mottin (l'abbé), III, 187.
Mouches de police, I, *166.
Moufle (Jean-Baptiste), III, *175.
Mouhy (Charles de Fieux, chevalier de), I, *199, 201; II, 30, 37.
Mouhy (Mme de), II, 30.
Mousquetaires (les), I, 38, 39; II, 184.

Moutons (le commerce des), III, 131.
Moyneaux (Simon), III, 65.
Münster (l'hôtel de), à Paris, II, 215.
Mury (l'abbé de), III, 117, 119.
Muy (Jean-Baptiste de Félix, marquis du), III, *28, 29.
Muy (Joseph-Gabriel-Tancrède de Félix, marquis du), III, *28.

N

Nadée (le puits de la), au faubourg Saint-Jacques, III, 235.
Namur (la ville de), II, 91, 129, 131; III, 31, 41, 42, 54, 113, 119-121, 186.
Nanterre (le village de), III, 126, 131.
Nantes (la ville de), II, 43, 128, 142, 272, 278.
Nanteuil-le-Haudouin (le bourg de), I, 32; II, 209.
Naples (la ville et le royaume de), I, 178; II, 116; III, 75, 219.
Nassau (Charlotte de Mailly-Nesle, princesse de), I, *177.
Nathan de Morhange, juif, I, 203.
Nativité (la fête de la), II, 223.
Nattier (Jean-Marc), I, *123 (Add.).
Navailles (Henriette de), abbesse de la Saussaye, I, *19. Voyez Saussaye (l'abbesse de la).
Navarre (la demoiselle), III, 179.
Navarre (le collège de), II, 100.
Navarre (le château de), II, 128, 130.
Nègre (Gabriel-François), lieutenant criminel, I, *4, 21, 72, 78.
Nègres, II, 86, 87.
Neptune (le), vaisseau, II, 195.
Nesle (Louis de Mailly, marquis de), I, *199; II, 17, 34, 64, 66, 76, 78, 91, 102, 106, 110, 188, 189, 193, 214.
Nesle (Félice-Armande de la Porte de la Meilleraye-Mazarin, marquise de), III, *16.
Neubourg (le), II, *58, 110.
Neuilly (la paroisse de), I, 225.
Neuve-Saint-Augustin (la rue), III, 39.
Neuve-Saint-Paul (la rue), I, 74.
Nevers (le duc de). Voyez Nivernois (le duc de).
Nevers (la ville de), II, 13.
Newcastle (Thomas Pelham, duc de), I, *133, 148, 149; III, 5, 9.
Nice (la ville et le comté de), I, 181; II, 259; III, 76, 181.
Nice-de-la-Paille (la ville de), II, 118.
Nicolay (Aymard-Jean de), II, *281.
Nicolay-dragons (le régiment de), I, 105.
Nieuport (la ville de), II, 157.
Nivernois (Philippe-Julien-François Mazarini-Mancini, duc de Nevers ou de), II, *179, 181-186, 209.

DES NOMS ET DES MATIÈRES.   271

Nivernois (Louis-Jules-Barbon Mazarini-Mancini, duc de), II, *252; III, 143, 148, 151, 153.
Nivernois (Hélène-Angélique-Françoise Phélypeaux de Pontchartrain, duchesse de), II, *170.
Noailles (A.-M., maréchal de), I, 32, 33, 35, 36; II, 73-75, 82, 87, 117, 122, 136, 232, 234, 237, 257, 266-268, 271, 274, 277; III, 13-15, 32, 37, 64, 111, 116, 141, 153, 159, 197, 201, 204, 211-214.
Noailles (Marie-Françoise de Bournonville, maréchale de), I, *52.
Noailles (la maison de), II, 209; III, 18.
Noces et festins, I, 221; III, 126.
Noël (la nuit de), I, 226, 235; II, 226; III, 131.
Nogent-sur-Seine (le bourg de), II, 187.
Noinville (le sieur de), III, *25.
Noinville (Marie-Suzanne-Françoise-Pauline de Simiane, dame Durey de), I, *175.
Norberti (le sieur), II, 66, 188.
Normandie (la), I, 73, 179; II, 48, 124, 143; III, 200.
Normandie (la nation de), à l'Université, I, 113.
Normandie (le régiment de), I, 39.
Normands (les), II, 58.
Northumberland (le), vaisseau, III, 87, 89.
Notaires, I, 173.
Notre-Dame (l'église), à Paris, I, 121, 186, 187; II, 103; III, 22, 45, 101, 104.
Notre-Dame (le chapitre de), I, 197; III, 104, 117, 118.
Notre-Dame (le parvis), III, 101, 102, 104, 114.
Notre-Dame (la rue), III, 114.
Notre-Dame-de-Consolation (le couvent de), près Épinal, III, *12.
Notre-Dame-de-Liesse (le couvent de), à Paris, II, 121, 122.
Nourrices (les), I, 96, 218, 224; II, 218.
Nouveau Testament (le), par le P. Quesnel, II, 86.
Nouvelle-Angleterre (la), II, 161.
Nouvelle-York (la), III, 80.
Nouvelles ecclésiastiques (les), I, 10, 43, 45, 58, 181, 188, 207; II, 3, 6, 10, 13, 20, 24, 40, 46, 51, 52, 67, 86, 87, 108, 166, 181, 187; 212; III, 149, 161, 222.
Nouvelles (Petites), ou Nouvelles à la main, I, 21, 65, 67, 71-73, 75, 77, 82, 84, 87, 90-93, 95-97, 99, 100; II, 19, 22, 79, 80, 103, 110, 220; III, 98.

Nouvellistes (les), II, 22, 79, 80, 103, 110.
Novi (la ville de), II, 271.
Novion (André Potier, marquis de), II, *22, 25.
Novion (Jacques Potier de), II, *22.
Noyés, II, 5, 59, 102, 109, 110, 135, 188, 275, 282.
Nyert (Alexandre-Denis de), gouverneur du Louvre, I, 23.

O

Obsèques (les), I, 206, 211; II, 144. Voyez Convois.
O'Bryen (M.), II, 167, 169, 194, 204; III, 29, 56.
Octrois (les), à Versailles, II, 151, 152, 162, 163, 193, 194.
Odelin-Danvilliers (le sieur), II, 97, 98.
Odye (M. de la Thébaudière-), I, 123-125, 133, 148.
Odye (Mlle), I, 123-125, 133, 148, 149.
Œufs (le commerce et la consommation des), I, 210; II, 221; III, 124, 127.
Œuvres de Rousseau (les), III, 100.
Œuvres de Voltaire (les), I, 153.
Offenbach (le bourg d'), II, 113.
Oliva (Giovanni), I, 107.
Olonne (Charles-Anne-Sigismond de Montmorency-Luxembourg, duc d'), I, *39, 41-43.
Ons-en-Bray (Louis-Léon Pajot, comte d'), II, *44.
Opalinska (Catherine Bnin-), reine de Pologne, III, *137, 151, 171.
Opéra (l'), I, 18, 22, 46, 91, 98, 120, 122; II, 11, 12, 18, 26, 144, 174, 190, 194, 196, 207, 245, 260; III, 7, 20, 36, 57, 70, 72, 74, 75, 118, 186, 193, 209.
Opéra (les bals de l'), I, 9, 10; II, 5, 30, 31, 35, 38, 193.
Opéra-Comique (l'), I, *56, 67, 75, 161, 174, 224; II, 18, 30, 39, 44, 45, 51, 90, 191; III, 177.
Opéras, I, 22, 24, 34, 122; II, 194, 196; III, 118, 150.
Oppède (André-Bernard-Constance de Forbin-Maynier, abbé d'), II, 92, *93.
Oppenheim (la ville d'), II, 115, 119, 124, 125.
Or et d'argent (les matières d'), III, 82, 83.
Orages, II, 79.
Orange (Guillaume-Henri-Frison de Nassau, prince d'), III, *212.
Orangers. Voyez Fruitiers.
Oratoire (la congrégation de l'), II, 213; III, 11, 40, 43, 60, 78 (Add.).

272   TABLE ALPHABÉTIQUE

Orfèvres (le quai des), I, 5.
Orléans (Louis, duc d'), I, 55, 140; II, 45, 127, 174, 175, 208, 213, 277; III, 17, 18, 31, 73, 195, 196.
Orléans (L.-H. de Conti, duchesse d'), II, 131.
Orléans (Louise-Élisabeth d'), reine d'Espagne, I, 18, 24, 40.
Orléans de la Mothe (Louis-François-Gabriel d'), évêque d'Amiens, III, 162, *163, 170-172, 178, 184, 221.
Orléans (la ville d'), I, 7, 38, 45, 150; II, 10, 200.
Orléans (le diocèse d'), I, 206.
Orléans (la rue d'), I, 39.
Ormesson (Louis-François-de-Paule Le Fèvre d'), I, 215, 220; III, *149, 152, 161, 162.
Orphelines (le couvent des), I, *171, 172.
Orry (Philibert), contrôleur général des finances, I, *9, 12, 13, 20, 23, 24, 100, 131, 164, 191, 194, 201, 206; II, 4, 6, 15, 17, 42, 53, 62, 63, 68, 72, 73, 75, 108, 137, 140, 147, 150-153, 156, 163, 168, 188, 192, 196-199, 210, 216; III, 75.
Orry de Fulvy. Voyez Fulvy.
Orties (la rue des), I, 84.
Ordes (M. d'), III, 139, 170.
Orviétan (l'), II, 46.
Ossolinska (Catherine-Dorothée Jablonowska, duchesse), III, *137.
Ostberg (Magnus), I, 114.
Ostende (la ville d'), II, 115, 117, 118, 123, 127, 135, 139, 141, 149, 223, 228, 265; III, 190, 196.
Ovide (saint), II, *12.
Ozat. Voyez Auza.
Ozon (le sieur), I, 181.

P

Pages du roi (les), I, *169.
Paille (le commerce de la), III, 230, 231.
Paillet (Colin), I, 205.
Pain (le prix et la fabrication du), I, 9, 18, 25, 211, 213, 214, 226; II, 144, 222; III, 122, 231-235. Voyez Boulangers.
Pajot (MM.), II, 206.
Pajot de Marcheval (Christophe), I, *206.
Palais (le), I, 19, 221; II, 35; III, 162.
Palais-Royal (le), à Paris, I, 80; II, 84, 127, 128, 133, 206, 241; III, 17, 196.
Palais-Royal (le café du), II, 98.
Palatin (l'électeur), II, 116.
Pallavicini (Gianluca), II, 253; III, 180.

Pallu du Ruau (Bertrand-René), III, *12, 49, 190.
Pandours (les), II, 114; III, 143.
Pantins (les), III, *139, 143, 157 (Add.), 177.
Pape (le), II, 88.
Papillon de la Grange (le sieur), I, 114, 115.
Paraclet (l'abbaye du), I, 132, 133.
Parc (la dame du), II, 30.
Parc-Royal (la rue du), I, 74; II, 215.
Parcheminerie (la rue de la), II, 133.
Parfumeurs. Voyez Gantiers.
Paris (l'archevêché de), III, 12, 32.
Paris (les archevêques de). Voyez Beaumont (Christophe de), Bellefont (Jacques de), Vintimille (Charles-Gaspard-Guillaume de).
Paris (la généralité de), I, 31.
Paris (le diacre François de), I, 43, *47, 48, 58; II, 85, 203, 207, 215.
Paris (le sieur), I, 150.
Paris de Monmartel (Jean), II, *71, 73, 104, 137, 153, 190, 194, 244-247, 264; III, 26, 62, 63, 75, 76, 179, 184, 194, 206.
Paris de Monmartel (Marie-Armande de Béthune, dame), II, *244, 264.
Paris du Verney (Joseph), II, 197, 264; III, 63, 73, 75, 76, 179, 184, 194, 196.
Paris du Verney (Louise-Ulrique-Éléonore Jacquin, dame), II, *264.
Parisiens (les), II, 72.
Parlement de Paris (le), I, 11-15, 18, 24, 27, 37, 60-62, 70, 72, 76, 106, 112, 131, 142, 151, 154, 186, 187, 193; II, 28, 32, 40-42, 44, 48, 74, 88, 103, 139, 144, 151, 167, 176; III, 153-155, 159, 160, 162-164, 166, 170-172, 176, 184.
Parlements de province (les). Voyez aux noms des villes.
Parme (la ville de), II, 224.
Parme (le duché de), II, 254, 257.
Paroy (le bourg de), I, 71.
Passemant (Claude-Siméon), I, *149, 150.
Passe-volants, I, 23, 29.
Passy (le village de), II, 164, 165.
Pâtissiers (les), I, 211, 214, 218, 226, 229, 235; II, 219, 226; III, 130.
Paulmy (Antoine-René de Voyer, marquis de), II, *173, 174, 195, 252, 272; III, 1, 74, 137, 142.
Paume (jeux de), I, 216, 219, 232; III, 130.
Paveurs, I, 217.
Pavie (la ville de), II, 225.
Payen (Florentine). Voyez Dumont.
Payenne (la rue), I, 203.
Paysac (le chevalier de), II, 275, 276.

DES NOMS ET DES MATIÈRES. 273

Pêche en mer (la), II, 137, 138; III, 28.
Péchevin (le sieur), II, *5.
Pecquet (Pierre-Antoine), I, 57, 58, *71, 72; II, 94; III, 100.
Peintres (les), I, 221.
Peletier (le quai Le), I, 46.
Pelleteries (le commerce des), III, 80.
Pensées philosophiques (les), III, 127, 173.
Pensions du roi, I, 20, 31, 131-132.
Pensions de relégués, I, 84, 125, 140, 145, 166, 171, 172, 179, 200, 211.
Pensions. Voyez Collèges.
Penthièvre (Louis-Jean-Marie de Bourbon, duc de), II, *96; III, 94, 134.
Penthièvre (Marie-Thérèse-Félicité de Modène, duchesse de), II, 154.
Pérard (le chirurgien), II, 70 (Add.).
Périer (A.-Fr. Dumouriez du), II, 17, 18.
Périgord (Marie-Françoise-Marguerite de Talleyrand, comtesse de), II, 156, 210.
Périgord (le régiment de), I, 119.
Pernot de Crots (Andoche), abbé de Cîteaux. Voyez Cîteaux (l'abbé de).
Pernot du Buat (M.), II, 201.
Péronne (la ville de), II, 191; III, 38.
Perot (le chevalier de), I, 152.
Perth (Jacques, duc de), II, 190; III, 110.
Perthuison (le sieur), III, 91.
Pérusseau (le P. Silvain), II, *52; III, 8.
Pétards et fusées (la prohibition des), I, 231; III, 221, 232.
Peterhead. Voyez Petrechardel.
Petit (le sieur), I, 165; II, 66.
Petit (Marie-Antoinette), danseuse, II, *11 (Add.), 12.
Petitbourg (le château de), III, *212.
Petites-Maisons (l'hôpital des), I, 205; II, 31.
Petits appartements (les), à Versailles, III, 148.
Petits-Pères (l'église des), I, 27.
Petits vieux corps (les), I, 55; II, 8, 9.
Petrechardel (le port de), II, 204.
Peuche (la femme), I, 204.
Peyronie (François Gigot de la), III, *201.
Phaéton, opéra, I, *122.
Phélippes de la Houssaye (Nicolas-Léon), II, *122, 240.
Philippe V, roi d'Espagne, II, 231, 247, 256, 257, 266, 274; III, 26, 195.
Philippe de Bourbon (Don), infant d'Espagne, I, *181; II, 83, 115-117, 247, 274; III, 149, 175, 186, 188.
Philippe (Yves), III, 136.
Pibrac (Gilles-Bertrand), I, *142.
Picard (le sieur), I, 93.
Pichot de la Martinière (Mlle), I, 151.
Picpus (le village de), II, 24.
Piémont (le), II, 117; III, 44.
Piémontais (les), II, 115-118, 279; III, 24, 65.
Pierron (Nicolas), II, *280.
Piété (l'abbaye de la), III, *20.
Pigeau (Christophe), I, 126.
Pignatel (le sieur), I, 188, 189.
Pilate (Ponce), II, 244.
Piliers des Halles (les), I, 87, 92.
Pilori (le), I, 223.
Pinel (l'abbé), I, 206.
Piron (Alexis), III, 2.
Pitrot (Antoine-Bonaventure), III, *118, 209, *210.
Pitrot (la dame), III, 210.
Pizzighitone (la ville de), II, 117.
Place-aux-Veaux (la), I, 221; II, 63.
Plaisance (la ville et le duché de), II, 224, 254, 257.
Plaisance (la ville de), en Amérique, III, 31, 38, 46, 47, 74.
Planaux (le marquis de), I, 164.
Plâtre (le transport du), I, 220, 234; II, 219.
Plessis (le collège du), I, 3, 7.
Pluie (la), I, 24, 27, 30, 40, 47, 50, 54; II, 101, 105, 106, 109, 110, 144.
Podewils (Henri, comte de), II, *239.
Poésies de l'abbé de Grécourt (les), II, 133.
Poiré (le commerce du), III, 127.
Poirier (le frère), I, 136.
Poisson (Abel-François). Voyez Vandières (M. de).
Poisson (François), II, 70, *71.
Poisson (le P.), I, 110.
Poisson (l'abbé), II, 278.
Poisson (Louise-Madeleine de la Motte-Binet, dame), II, 70, *71, 72, 75, 208, 209, 216.
Poissy (le bourg de), II, 121.
Poissy (le marché et la bourse de), I, 69, 131, 176, 219, 221, 228, 229, 233; II, 48, 55, 58, 109, 219; III, 124, 125, 127, 131, 223.
Poitiers (l'évêque de). Voyez Foudras de Courcenay (Louis-Jérôme de).
Poitou (le régiment de), III, 60.
Polastron (François-Gabriel, comte de), II, *205.
Polastron (Jean-Baptiste, comte de), III, *4.
Police (les dépenses secrètes de la), I, 136, 174, 194; II, 25, 60, 64; III, 68, 158.

DOCUMENTS XIV 18

Polichinelle, I, 188.
Polignac (François-Alexandre, comte de), II, *14, 30, 50, 147 (Add.).
Polignac (François-Camille, marquis de), II, 147 (Add.), 202.
Polignac (Louis-Denis-Auguste de), II, 147 (Add.).
Polignac (Marie-Joséphine-Adélaïde Mazarini-Mancini, vicomtesse de), I, *134-136.
Pologne (la), I, 73; II, 114, 116; III, 73, 165.
Pologne (le roi de). Voyez Auguste II, Stanislas.
Pommery (M. de), III, 75.
Pompadour (la marquise de), Mme d'Étiolles, II, 65, 68-76, 81, 84, 85, 88, 99, 104, 112, 123, 137, 146, 151, 153-156, 158, 159, 173, 174, 190, 191, 194, 197, 201, 205, 206, 209, 210, 229, 232, 233, 235, 238, 239, 251, 258, 260, 263, 269, 272, 280, 281; III, 5, 24, 34-37, 41, 44, 62, 64, 72, 112, 137, 148-152, 166, 167, 174, 175, 177-179, 184, 189, 191-194, 200, 205-208, 210, 212, 213.
Pompadour (le marquisat de), II, 210.
Pompes à incendie (les), II, 17, 18.
Pompes publiques (les), I, 225.
Pompiers (les), I, 6.
Pomponne (Henri-Charles Arnauld, abbé de), I, *165.
Pondichéry (la ville de), II, 249; III, 206.
Pont-au-Change (le), I, 29, 93; III, 103.
Pont d'Égrivay (le sieur du), I, 155.
Pont-Neuf (le), I, 78, 79; II, 50, 121; III, 63, 147, 230.
Pont-Royal (le), II, 31.
Pont-Tournant (le), II, 92.
Ponts de la Seine (les maisons bâties sur les), I, 203, 209, 214; III, 103.
Pontau (Florimond-Claude Boizard de), I, 75, *161.
Pontchartrain (Paul-Jérôme Phélypeaux, marquis de), II, *177, 200; III, *51, 108.
Pontchartrain (l'hôtel de), III, *181, 185.
Pontchartrain (le château de), III, 219.
Pontchartrain (le), vaisseau, II, 265.
Ponthieu (Mlle de), III, 180.
Pontoise (la ville de), I, 24, 54; III, 43, 83, 155.
Porc (le commerce de la viande de), I, 220, 229, 230, 234; II, 217-219, 221; III, 126, 223.
Porcherons (les), I, 210; II, 24, 46, 79, 80, 164, 188.

Porcs (le commerce des), II, 223; III, 125, 129-131.
Port-Louis (la ville de), III, 45, 48, 87, 89.
Port-Royal (l'abbaye de), II, 207.
Portail (Jean-Louis, président), I, *14, 15, *178; II, 276, 280-282; III, 205, 206.
Portail (M.-A. Aubery de Vatan, dame), I, *178; II, 276, 278, 281, 282; III, 191, 205, 206.
Porte (Pierre-Jean-François de la), III, *176, 177, 189, 190, 193.
Porte (le sieur), I, 125.
Portefoin (la rue), I, 73.
Porter (le sieur), II, 128, 129.
Porteurs d'eau (les), I, 223, 230; II, 220; III, 234.
Portier des Chartreux (le), I, *22, 163; III, 8, 9, 142.
Portugal (l'ambassadeur de). Voyez Acunha (Louis d').
Poste aux lettres (la), I, 215.
Postes (la ferme des), II, 206; III, 64, 76.
Pot de chambre, voiture, I, 55.
Pot-de-Fer (la rue du), II, 102.
Potiers de terre (les), I, 222; III, 129.
Potocki (M. de), II, 194.
Poudres et salpêtres (les), II, 224.
Pouillac ou Pouliac (le marquis de), et son fils, I, 185, 205, 206.
Poulies (la rue des), I, 94; III, 27.
Poulletier (Pierre), III, 215.
Poupelinière (Alexandre-Jean-Joseph Le Riche de la), III, *94-97.
Poupelinière (Thérèse des Hayes d'Ancourt, dame de la), III, *94-97.
Prague (la ville de), I, 72, 79, 80; II, 113.
Prêches protestants, I, 192.
Précieux-Sang (le couvent du), I, 148.
Prédicants, I, 22.
Prédictions de l'avenir, III, 26.
Prémeau (le sieur), II, 8, 13.
Premier (le marquis de Beringhen, premier écuyer du roi, dit Monsieur le), I, 18, 47, 89, 91; II, 32, 35; III, 203, 204.
Premier maître d'hôtel du roi (la charge de), II, 235.
Premier président du parlement (le). Voyez Le Peletier, Maupeou.
Premiers gentilshommes de la chambre du roi (les), II, 23.
Prémontrés (le couvent des), II, *35.
Présomption punie (la), I, 170; II, 167.
Prétendant (le). Voyez Stuart.
Prêtres. Voyez Ecclésiastiques.

Préville (François-Philippe de), I, *146.
Prévost (l'avocat), II, 213.
Prévôt (la demoiselle), I, 190.
Prévôt des marchands (le). Voyez Bernage (M. de).
Prévôt de Paris (le), I, 39, 41.
Prévôt de l'Ile-de-France (le), I, 169; II, 39, 176.
Prévôté de l'hôtel (la), I, 175.
Prévôté des marchands (la), II, 57.
Princes du sang (les), III, 74.
Princes étrangers (les), II, 181, 182.
Princesse de Navarre (la), comédie-ballet, II, 27; III, 3.
Principes de la philosophie morale (les), II, 67.
Processions, III, 231, 232, 235.
Procope (le café), II, 182, 210.
Procureur général du parlement (le). Voyez Joly de Fleury (Guillaume-François).
Procureur général de la cour des monnaies (le). Voyez Gouault.
Procureur du roi au Châtelet (le). Voyez Moreau.
Propine (le droit de), III, 213.
Prostitution (la), I, 13, 45, 46, 200, 201, 211, 218, 223; II, 19, 20, 31, 44, 62, 121, 171, 180, 194, 220, 228; III, 93, 130, 234.
Protestants (les), I, 22, 25, 55, 125, 150, 157, 170, 171, 191; III, 180.
Provençaux (les), III, 58.
Provence (la), I, 55; II, 75; III, 62, 65, 66, 76, 77, 80, 84-86, 89, 90, 92, 138, 143, 153, 158-160, 167, 176, 177, 189, 218.
Provence (l'hôtel de), II, 175.
Provins (la ville de), I, 171.
Prusse (la), II, 114, 116, 130.
Prusse (Anne-Amélie de Brandebourg, princesse de), III, *40, 42.
Prye (Agnès Berthelot de Pléneuf, marquise de), III, *98.
Pucelle (René, abbé), I, *70; II, 19, 24, 74.
Puits (la visite et le curage des), I, 210, 213, 224, 231; III, 231, 235.
Puyzieulx (Louis-Philogène Brûlart, marquis de), III, 41, 63, 78, 121, *133, 134, 137, 140-143, 148, 149, 195, 213, 214.

Q

Quarante heures (les prières des), II, 81.
Quatre-Fils (la rue des), I, 73.
Quatre-Nations (le collège des), I, *183.

Querelles, I, 18, 19, 47, 48, 55, 69, 70, 89, 91; II, 3, 5, 9, 12, 13, 18, 20, 23, 29, 30-32, 36-39, 43, 45, 50, 59, 79, 81, 109, 110, 188, 202, 203.
Quesnel (le P.), II, 86.
Questan (le sieur), II, 4.
Question judiciaire (la), I, 92, 93.
Quiberon (la presqu'île de), III, 55, 57, 58.
Quimper (la ville de), II, 255.
Quinault (Françoise), II, *252.
Quincey (le village de), I, *132.
Quincey (le curé de), I, 132, 133.

R

Racine (Louis), I, 196, 197; III, *107.
Racoleurs (les), I, 230; II, 8-13, 30, 36, 43, 50, 89, 91, 145, 202, 215.
Radet (Élie), II, *85, 87.
Raessens. Voyez Rassent.
Raffiat (Pierre-Louis) chef de bande, I, 92, 93, 94 (Add.), 95, 220, 228; II, 135.
Rameau (Jean-Philippe), III, 3.
Ramillies (la bataille de), III, 85.
Râpée (le port de la), III, 223.
Rasilly (Armand-Gabriel, comte de), I, *166, 215.
Rassent (la dame de), I, 100-101, 116.
Rastier (le sieur), II, 30.
Rastignac (Louis-Jacques Chapt de), archevêque de Tours, I, *92, 114; II, 202, 230; III, 159, 160, 171, 183, 184.
Raucoux (la bataille de), III, 51, 53, 67, 185, 190.
Raudot (le sieur), I, 130.
Ravaillac (François), I, 63.
Ravenel (le sieur), III, 91.
Ravinel (le P.), III, 12, 13.
Raymond (la dame de), II, 17.
Raynaud (le P. Paul-Barthélemy), II, *274, 276.
Rebel (François), III, *57.
Réclusion dans les couvents, I, 98, 109, 111, 125, 128, 136, 140, 148, 166, 178, 179, 200.
Récollets (les), I, 198.
Recquer. Voyez Bacharach, Riquère.
Recrutement des régiments, I, 105.
Recruteurs (les soldats). Voyez Racoleurs.
Régiments, I, 180, 229; III, 172.
Registres des baptêmes, mariages et sépultures (les), I, 213.
Règlements de l'Opéra (les), II, 133.
Regnauld, notaire, II, 85.
Reims (le lieutenant de police de), I, 60-62, 70.
Relégation en province (la), I, 110, 135, 163, 164, 202, 206.

Religieux et religieuses (mesures prises contre des), I, 2, 7, 54, 75, 110, 120-122, 135.
Renaud (le P.). Voyez Raynaud.
Renaudin (M. de), III, 2.
Rennes (l'évêque de). Voyez Vauréal (M. de).
Renommée (la), vaisseau, II, 195, 204.
Renou (le sieur), III, *18.
Représentations à bénéfice, II, 22, 23.
Restier (le sieur), III, 183.
Reverseau (le sieur), II, 101.
Reynière (Gaspard Grimod de la), II, *171, 214; III, 115.
Rheindürkheim (le bourg de), II, 114, 119.
Rhin (le), II, 82, 99, 113-116, 122-126, 134, 227, 278; III, 15, 64.
Riane (le chevalier de la), I, 235.
Riantz (Guy-Francois de la Porte-Briou, comte de), III, *103.
Richard (André), I, 22, 228.
Richard (Marguerite Aubin, femme), I, 228.
Richard (la veuve), I, 115.
Richebourg (Marie-Nicole Legivre, veuve), I, 170, 232; II, 167.
Richelieu (L.-Fr.-Armand du Plessis, duc de), II, 74, 91, 95, 143, 146, 151, 153, 174, 183, 199, 207, 208, 211, 229, 232, 237, 239, 247-249, 252, 258, 271, 278; III, 18, 97, 112, 167, 169, 172, 174, 185, 189, 191, 192, 203.
Richelieu (Marie-Gabrielle-Élisabeth du Plessis de), abbesse, II, *74.
Richou (Louis), I, 141.
Rieux (Gabriel Bernard, président de), I, *13; II, 202.
Rieux (Anne-Gabriel-Henri Bernard de), II, *280, 281.
Riquère ou Requère (Jean), II, 170, 171, 175. Voyez Bacharach.
Riquier (M.), I, 54.
Rivière (Mathias Poncet de la), évêque de Troyes, I, *132.
Rivière (l'abbé de la), III, 169.
Rivière (Louise-Céleste de la Rivière, marquise de la), II, *243; III, 24.
Rivolet (Pierre), traitant, I, *117, 123.
Rivoli (la ville de), II, 259.
Riz acheté par le roi, I, 215.
Robbe (Jacques), grand maître du collège Mazarin, I, *38.
Robecque (Alexandre-Louis de Montmorency, prince de), II, *256.
Robecque (Anne-Auguste de Montmorency, prince de), *256.
Robert (Charlotte), I, 204.
Rochain (l'abbé de), III, 66.

Roche (Pierre-François, abbé de la), I, 3.
Roche de Fontenilles (Antoine-René de la), évêque de Meaux, II, *85.
Rochebrune (Agnan-Philippe Miché de), I, *128; II, 16, 132, 133.
Rochechouart (François-Louis-Marie-Honorine, vicomte de), I, *143.
Rochechouart (M.-A.-É. de Beauvau, duchesse de), II, *78, 79.
Rochechouart (Marie de Saint-Geslin de Trémergat, vicomtesse de), I, *143, 144.
Rochefort (le port de), II, 142, 243; III, 80.
Rochefoucauld (M. de la), I, 112.
Rochefoucauld (Alexandre, duc de la), II, *197, 208, 230; III, 21.
Rochefoucauld (Dominique, abbé de la), III, *116.
Rochefoucauld (Élisabeth de Thoiras, duchesse de la), II, 158.
Rochefoucauld (la maison de la), III, 81.
Rochefoucauld-Roye (Frédéric-Jérôme de la), archevêque de Bourges, I, 26; II, 149, 157, 160, 169, 177, 187, 195, 200, 210, *230, 252, 259; III, 21, 30, 32, 40, 49, 51, 54, 57, 61, 65, 76, 84, 87, 90, 107, 108, 110, 111, 116, 119, 120, 178, 213, 218.
Rochefoucauld-Roye (Françoise-Marguerite de la), abbesse de Notre-Dame de Soissons, II, 157, 167.
Rochefoucauld (la). Voyez Roye.
Roche-Guyon (le château de la), III, 84, 87.
Rochelle (la ville de la), II, 140-142, 159, 243; III, 180.
Rochemont (M. de), III, 7, 118 (Add.), 209, 210.
Roches (le sieur des), II, 8, 13.
Rodot (le sieur), II, 16.
Roger (le curé), I, 157.
Roger (le P.), II, 82, 83.
Rohan (Armand-Gaston, cardinal de), II, 212; III, 116.
Rois (la fête des), I, 214, 218; III, 131.
Roll (François-Joseph-Georges-Ignace, baron de), II, *39.
Romagne (la), III, 184.
Romains (les), II, 169.
Romainville (la demoiselle Rotissée de), III, *194.
Rome (la ville et la cour de), II, 157, 253, 259; III, 26, 171, 184.
Rosanbo (Louis Le Peletier de), II, *176.
Roscoff (le port de), III, 52.
Rosenberg (le comte de), II, 145.

DES NOMS ET DES MATIÈRES. 277

Rosiers (la rue des), I, 92.
Rosny (le château de), II, 171.
Rotterdam (la ville de), III, 46.
Roue (le supplice de la), I, 97, 99.
Rouen (la ville de), I, 73, 170; II, 86, 88, 144; III, 102.
Rouen (le diocèse de), III, 43.
Rouen (la généralité de), II, 48.
Rouen (l'archevêque de). Voyez Saulx-Tavannes (Nicolas de).
Rougerie (M. de la), II, 34.
Rouillé (le sieur), II, 66, 76, 78, 214.
Rouillé de Jouy (Antoine-Louis), II, *202.
Roule (le faubourg du), I, 93.
Rouliers (les), III, 128.
Roure (Marie-Antoinette-Victoire de Gontaut, comtesse du), II, *281.
Roussel (Pierre), I, 92-94, 221.
Roussel de la Tour (M.), III, *166.
Rousset de Missy (Jean), I, *45.
Route (les feuilles de), I, 22, 29.
Rouville (M. de), III, 82, 83.
Rouvroy (Jean-Baptiste, marquis de), I, *175.
Rouvroy (N. Adam, marquise de), I, *175.
Roy (Pierre-Charles), I, *192; II, 90, 91, 153.
Roye (Louis de la Rochefoucauld, marquis de), III, *47.
Roye (la comtesse de), I, 191; III, 76.
Roye (Marie de la Rochefoucauld-), abbesse du Paraclet, I, *132, 133, 191.
Roye (la ville de), III, 177.
Rozoy-en-Brie (les Dominicaines de), I, 151.
Rubempré (Louis de Mailly, marquis de), III, *93.
Rue (le P. de la), cordelier, I, 110.
Rue (Pierre de la), abbé de l'Isle-Dieu, III, *17.
Ruggieri (le sieur), II, 223.
Rulhière (Martin), I, *103 (Add.), 108; III, 83.
Rupelmonde (Yves-Marie de Recourt de Lens, comte de), II, *59.
Rupelmonde (Marie-Chrétienne-Christine de Gramont, comtesse de), III, *17.
Russie (la), II, 114; III, 214.
Russie (l'ambassadeur de). Voyez Cantemir (le prince).

S

Sablons (la plaine des), II, 109.
Sabran (M. de), III, *83.
Sacrements (l'administration des), I, 132.
Sacrements (les refus de), I, 38; II, 83; III, 221.
Sacrilège, I, 57.
Saïd-Effendi, ambassadeur turc, I, *2, 5, 9, 17, 39, 44, 46, 48, 50, 53, 55, 188.
Saineville (le sieur de), I, 115.
Saint-Aignan (Paul-Hippolyte de Beauvillier, duc de), III, *202, 203.
Saint-Albin (Charles de), archevêque de Cambray, III, *197.
Saint-Amand-les-Eaux (le bourg de), II, 65, 75; III, 200.
Saint-André-des-Arcs (l'église), I, 58.
Saint-André-des-Arcs (le curé de). Voyez Léger (M.).
Saint-Antoine (l'abbaye de), I, 7, 24, 35-37, 43, 45; II, 222.
Saint-Antoine (l'abbesse de). Voyez Condé (M.-A.-G.E-. de Bourbon-).
Saint-Antoine (le couvent du Petit-), I, 13.
Saint-Antoine (le faubourg), I, 5, 22, 25, 36, 67, 118; II, 47, 53, 102, 120, 222.
Saint-Antoine (la porte), II, 36.
Saint-Antoine (la rue), I, 46.
Saint-Arsène (l'abbé de), II, 127, 128.
Saint-Aubin (le sieur), II, 179, 186, 187.
Saint-Aulaire (François-Joseph Beaupoil, marquis de), I, *99.
Saint-Barthélemy en la Cité (l'église), II, 29.
Saint-Benoît (l'église), II, 19.
Saint-Chamond (Geneviève Gruyn, marquise de), III, *13.
Saint-Chamond (le couvent de), III, 12.
Saint-Christophe (la rue), III, 114.
Saint-Cloud (le village et le château de), II, 111, 145.
Saint-Côme (l'académie de), III, 204.
Saint-Cyr (Odet-Joseph de Vaux de Giry, abbé de), II, *67, 70.
Saint-Denis (l'abbaye et la ville de), I, 103, 184; II, 47, 228; III, 27, 83.
Saint-Denis (la capitainerie de), III, 174.
Saint-Denis (le faubourg), I, 51.
Saint-Denis (la foire), I, 216.
Saint-Denis (la plaine), III, 27.
Saint-Denis (la porte), II, 32, 150.
Saint-Denis (la rue), I, 73; II, 86, 135, 203.
Saint-Domingue (l'île), III, 61.
Saint-Esprit (le marquis du), III, 17.
Saint-Esprit (l'ordre du), II, 4, 230; III, 147.
Saint-Étienne-des-Grés (l'église), III, 105.
Saint-Étienne-du-Mont (l'église), I, 43.
Saint-Étienne-du-Mont (Thomas Mennessier, curé de), I, 168.

Saint-Eustache (l'église), I, 29, 39, 40, 93; II, 28, 41, 59, 121, 135, 208, 213; III, 24.
Saint-Eustache (J.-Fr.-R. Secousse, curé de), II, 213.
Saint-Exupéry (l'abbé de), I, *197; III, 201.
Saint-Florentin (Louis Phélypeaux, comte de), I, *182, 199; II, 35, 165, 167, 168, 179; III, 18, 36, 118, 148.
Saint-Georges (le chevalier de). Voyez Stuart (Jacques-François-Édouard).
Saint-Georges (Jacques-François Grout, chevalier de), III, *80.
Saint-Germain (le faubourg), I, 16, 44, 161; II, 5, 23, 39, 102, 215.
Saint-Germain (la foire), I, 9, 65, 161, 222; II, 17, 18, 20, 23, 51; III, 122, 174, 231, 234, 236.
Saint-Germain (le marché), I, 212.
Saint-Germain-l'Auxerrois (le cloître), II, 120.
Saint-Germain-des-Prés (l'abbaye de), II, 100, 135.
Saint-Germain-le-Vieil (L. de Rochebouët, curé de), I, 8, 113.
Saint-Germain-en-Laye (la ville et le château de), I, 8, 54, 141; III, 212.
Saint-Gervais (l'orme), I, 46.
Saint-Ghislain (la ville de), II, 231, 240; III, 54, 128.
Saint-Honoré (le faubourg), II, 214, 282.
Saint-Honoré (la porte), II, 47, 66, 150.
Saint-Honoré (le quartier), II, 13.
Saint-Honoré (la rue), I, 19, 81, 89, 118; II, 50, 59, 63, 79, 135.
Saint-Huruge (le baron de), III, 82, 83.
Saint-Jacques (la rue), I, 84, 100; II, 38.
Saint-Jacques-du-Haut-Pas (l'église), II, 8, 9.
Saint-Jacques-du-Haut-Pas (le curé de). Voyez Courcault (Isaac).
Saint-Jacques (les Capucins de la rue), I, 84.
Saint-Jacques (les Dominicains de la rue), I, 182, 183.
Saint-Jean (le cimetière), I, 46.
Saint-Jean (le feu de la), II, 102.
Saint-Jean-en-Grève (l'église), I, 4, 62; II, 23.
Saint-Jean-de-Latran (l'enclos de), III, *38.
Saint-Josse (l'église), II, 213.
Saint-Josse (R. Bournisien, curé de), II, 213.
Saint-Julien (François-David Bollioud de), baron d'Argental, III, 185, *193.

Saint-Julien-le-Pauvre (la rue), I, 74.
Saint-Landry (le port), II, 282.
Saint-Laurent (l'église), II, 9.
Saint-Laurent (le faubourg), I, 206; II, 207.
Saint-Laurent (la foire), I, 223; III, 177, 183.
Saint-Lazare (la maison de), I, 114, 134, 135, 216; III, 82, 83, 105.
Saint-Leu (l'église), II, 135, 274, 276.
Saint-Leu-Taverny (le village de), II, 103, 215.
Saint-Louis (l'ordre de), II, 122.
Saint-Louis (l'île), I, 70, 85.
Saint-Louis (la rue), I, 87.
Saint-Louis-du-Louvre (le chapitre de), II, 39.
Saint-Malo (la ville de), II, 130; III, 46, 52.
Saint-Malo (l'amirauté de), II, 277.
Saint-Mandé (le village de), II, 24.
Saint-Marceau (le faubourg), I, 7, 68, 70, 72, 87; II, 54.
Saint-Martin (le sieur de), I, 112.
Saint-Martin (le faubourg), I, 11, 16.
Saint-Martin (la porte), II, 150.
Saint-Martin (la rue), I, 21, 55, 74; II, 88.
Saint-Martin-des-Champs (le prieuré de), II, 91.
Saint-Martin-des-Champs (la prison de), II, 120, 121; III, 60.
Saint-Maur (la congrégation de), I, 43. Voyez Bénédictins.
Saint-Maur-des-Fossés (le village de), II, 101.
Saint-Médard (l'église), I, 43, 47, 48, 68, 75, 143; II, 17, 67, 164, 166.
Saint-Médard (P. Hardy, curé de), I, 9, 10.
Saint-Merry (l'église), I, 22.
Saint-Michel (le couvent de), I, 109.
Saint-Michel (le pont), II, 187.
Saint-Nazaire (le port de), II, 128.
Saint-Nicolas (le port), III, 123.
Saint-Nicolas-du-Chardonnet (Fr. Garnot, curé de), III, 147.
Saint-Nicolas-du-Chardonnet (la rue), I, 21.
Saint-Omer (le diocèse de), III, 105.
Saint-Paul (l'église), II, 100, 106.
Saint-Paul (le port), I, 69; III, 222.
Saint-Pern (le chevalier de), II, *96.
Saint-Prix (Mme de), II, 17, 188.
Saint-Remy (François-Frédéric de Boulenc, marquis de), I, 56, *130, 137 (Add.), 142, 151, 155.
Saint-Remy (Claude-Marguerite-Marie-Madeleine de Girard d'Espeuilles, dame de), I, 56, 137 (Add.), *142.
Saint-Roch (la butte), I, 84.
Saint-Roch (l'église), I, 3; II, 144.

Saint-Roch (le curé de). Voyez Badoire (M.).
Saint-Satur (l'abbaye), III, 111.
Saint-Sauveur (l'église), II, 24.
Saint-Sauveur (la rue), II, 31, 215.
Saint-Sernin (Jean-Benoît-César-Auguste des Porcelets de Maillane, comte de), III, *58.
Saint-Séverin (Alphonse-Marie-Louis de), II, *242, 243; III, 134, 148.
Saint-Séverin (la rue), I, 91.
Saint-Simon (Louis, duc de), II, 82, 83.
Saint-Sulpice (l'église), I, 53, 176, 214; III, 219.
Saint-Sulpice (le curé de). Voyez Languet de Gergy (J.-B.).
Saint-Suplice (le baron de), II, 49-51, 53.
Saint-Suplice (le chevalier de), II, *49 (Add.).
Saint-Victor (l'abbaye), I, 80, 135.
Saint-Vincent (M. de), I, 14.
Saint-Vincent-des-Bois (l'abbaye de), I, 136.
Saint-Yon (les frères de), I, *166; II, 49.
Saint-Yves (le sieur), II, 14, 20.
Sainte-Amaranthe (Jean-Hyacinthe Davasse de), I, 5 (*Add.).
Sainte-Barbe (la communauté de), II, 139.
Sainte-Foy (la rue), II, 32.
Sainte-Geneviève (l'abbaye), I, 103; II, 208.
Sainte-Geneviève (la congrégation de), II, 139 (Add.).
Sainte-Geneviève (la), bateau, II, 194.
Sainte-Marguerite (l'église), I, 138; II, 101.
Sainte-Marguerite (les îles), I, 145; III, 90, 218.
Sainte-Pélagie (le couvent de), I, 27, 72, 76, 200.
Sainte-Pélagie (la prison de), II, 85.
Saints-Innocents (le cimetière des), I, 39, 40.
Salières (Alexis-Antoine de Chastellard, marquis de), II, 137.
Salins (le marquis de), III, 82.
Sallier (Claude, abbé), II, 178, 185.
Salmon (l'abbé), I, 50.
Salon des peintures (le), III, 36.
Salpêtrière (la), I, 178; II, 180.
Salpêtriers, I, 216.
San-Remo (le village de), II, 269.
San-Salvador (le marquis de), III, 208.
Sardaigne (le royaume de), II, 83, 241.
Sardaigne (le roi de). Voyez Charles-Emmanuel III.
Sardaigne (l'ambassadeur de). Voyez Solar (le commandeur de).

Sarrelouis (la ville de), II, 124.
Satory (la rue), à Versailles, I, 55.
Saufs-conduits contre créanciers, I, 115, 156. Voyez Dettes.
Saul (le comte), II, 114.
Saulx-Tavannes (Nicolas de), archevêque de Rouen, II, *230, 252.
Saussaye (l'abbaye de la), I, 19, 24, 27, 30, 33, 37, 40, 43.
Saussaye (Mme de Navailles, abbesse de la), I, *19, 25, 27, 37.
Saussoir (Jacques Courtin du), II, 208 (Add.).
Sauvigny. Voyez Bertier.
Sauvion (Jean), I, 213.
Savalette (X.), II, *201.
Savalette de Magnanville (Charles-Pierre), II, *201.
Savoie (Victor-Amédée II, duc de), III, 85.
Savoie (la maison de), III, 24.
Savoie (les princesses de), III, *23-26, 45.
Savone (la ville de), II, 271.
Savoyards (les), II, 219.
Saxe (l'électeur de), II, 114, 123.
Saxe (Ferdinand-Christian-Grégoire-Georges-François-Léopold, prince électoral de), III, *148, 165.
Saxe (Maurice, comte de), maréchal de France, II, *20, 91, 96, 99, 117, 118, 123, 136, 139, 140, 143, 145, 147, 148, 150, 161-163, 230-234, 236, 238-241, 244, 245, 250, 253, 255-257, 260, 262, 263, 266, 269, 270, 277; III, 4, 6, 10, 12-17, 25, 28, 31, 37, 39, 42, 43, 53, 54, 62-65, 69, 70, 72-76, 79, 82-84, 112, 113, 141, 143, 148, 149, 154, 155, 157, 158, 161, 164, 165, 168, 171, 172, 175, 176, 179, 185, 186, 191, 192, 196, 200, 205, 207, 208, 212, 213.
Saxe (la), I, 79; II, 114; III, 168.
Saxe (Marie-Josèphe, princesse de), III, 24, 25.
Sceaux (le marché et la caisse de), I, 131, *164, 176, 219, 221, 228, 229, 233; II, 27, 28, 48, 109, 219, 282; III, 124, 125, 127, 131, 223.
Scellés (appositions de), I, 14, 31, 36, 109, 110, 162, 169, 176.
Scheffer (Ulric, baron de), II, *211, 212; III, 214.
Schulembourg (Mathias-Jean, comte de), II, 115, 117.
Schwalbach (le bourg de), II, 113.
Science pratique des filles du monde (la), III, 98.
Séchelles (Jean Moreau de), II, *2, 233, 234, 271; III, 63, 143, 166, 196.
Séditions de troupes, III, 176.

Segonzac (Barthélemy-Chrétien de), I, 174, 175.
Ségur (Henri-François, comte de), II, *59, 123.
Seine (Catherine-Jeanne Dupré de), II, *190.
Seine (la), I, 88, 223, 230; II, 220.
Sellier (le sieur), I, 170.
Sellier (le sieur), imprimeur, II, 167.
Sémonville (Charles-François Huguet de), II, *39.
Senac (Jean-Baptiste), III, *1.
Senart (la forêt de), III, 26.
Senez (l'évêque de). Voyez Soanen (Jean).
Senlis (la ville de), I, 126; III, 182.
Senneterre (Henri-Charles de la Ferté, comte de), II, *43.
Senneterre (Jean-Charles, marquis de), II, *201.
Sens (Élisabeth-Alexandrine de Bourbon-Condé, demoiselle de), I, *65, 123; II, 35, 38.
Sens (l'archevêque de). Voyez Languet de Gergy (Jean-Joseph).
Septimanie-dragons (le régiment de), III, 158.
Sépulcre (la rue du), I, 21.
Sépultures. Voyez Obsèques, Registres.
Séraphin (le P.), II, 184.
Sérilly (Jean-Nicolas Mégret de), III, *177.
Serraglio (le), II, 254.
Serurier (le sieur), I, 50.
Servandoni (Jean-Nicolas), I, *42.
Sibera (la femme), III, 8.
Sicile (la), III, 219.
Sicilien (le), comédie, III, 79.
Siciliens (les), I, 111.
Sidney, comédie, II, *67.
Siècle de Louis XIV (le), par Voltaire, II, *185.
Siège de Grenade (le), comédie, II, *36.
Sifflets au théâtre (les), II, 38, 45, 51.
Silésie (la), II, 113.
Simiane (Anne de), I, *65.
Sixte V, pape, II, 274.
Soanen (Jean), évêque de Senez, II, *215.
Société de la Liberté (la), III, 17-19.
Sodomie (le crime de), II, 135.
Soissons (la ville de), I, 170; II, 167; III, 44.
Soissons (la maîtrise des eaux et forêts de), I, 170.
Soissons (l'hôtel de), I, *109; II, 91, 206, 221.
Solar (le commandeur de), ambassadeur de Sardaigne, I, *89; II, 216.
Soldats (délits commis par les), I, 22, 23, 28, 29, 44, 48, 55, 69, 77, 84, 89, 166, 176, 179, 216.
Soldats. Voyez Gardes françaises, Gardes suisses, Gendarmes, Grenadiers.
Soldats employés comme figurants de théâtre, II, 36, 37.
Sologne (la), III, 115.
Songes philosophiques (les), III, 140.
Sorbonne (la), I, 38, 41, 45, 50, 51, 84, 85, 141, 142; III, 9. Voyez Université.
Sorbonnique (thèse), III, 9.
Sorciers, I, 175.
Soubise (l'hôtel de), I, 10.
Sourches (Louis du Bouschet, marquis de), grand prévôt de France, I, *23.
Sourches (Louis II du Bouschet de), II, *191.
Souteneurs (les), comédie, III, 98.
Spino (le village de), II, 115.
Spinola (Léopold), III, 139.
Spirebach (le), II, 116, 124.
Sprinkingen (le bourg de), II, 113, 114.
Stafford (lord), II, 127.
Stainville (le marquis de Choiseul-), II, *215.
Stanislas Leszczynski, duc de Lorraine et roi de Pologne, II, 114, 189, 193, 194, 232; III, 137, 167.
Steinheim (le village de), II, 113.
Stockholm (la ville de), II, 151; III, 192.
Stonhyre (le port de), II, 196, 204.
Stort (le sieur), III, 209.
Strasbourg (la ville de), I, 200; II, 115, 118, 126; III, 42, 90.
Stuart (la maison), II, 127, 252; III, 43. Voyez York (le cardinal d').
Stuart (Jacques-François-Édouard), dit le chevalier de Saint-Georges ou le Prétendant, II, 42, 113, 115, 126, 159, 177; III, 94, 197, 199.
Stuart (Charles-Édouard-Casimir-Louis-Philippe-Sylvestre), dit le Prétendant, II, *42, 113, 115, 117, 118, 126-128, 130-132, 134, 142, 149, 157, 160, 169, 170, 175, 177, 180, 186, 190, 195, 196, 200, 210, 239, 240, 249, 253; III, 5, 10, 16, 22, 26, 29, 30, 36, 39, 45, 52, 55, 59, 108, 110, 111, 113, 116, 167, 171, 189, 197, 199, 205.
Stuart (l'abbé), I, 164.
Suède (la), I, 73; II, 114, 116; III, 214.
Suicides, I, 4, 11, 21, 79, 207; II, 12, 39, 87, 92. 102, 120, 135.
Suif (le commerce du), I, 216, 217, 219, 226, 227; III, 231, 233, 234.
Suisse (la), III, 57.

Suisses (les), I, 21, 69; II, 3, 202; III, 32.
Suisses (les soldats), II, 3, 202, 243.
Suse (Victor-François-Philippe-Amédée, comte de), III, *204.

T

Tabac (la ferme du), III, 213.
Taille (l'impôt de la), I, 31.
Taille (l'opération de la), I, 53, 178.
Tailleurs, I, 174.
Talaru (le régiment de), III, 136.
Tallard (Marie-Isabelle-Gabrielle de Rohan-Soubise, duchesse de), III, *202, 203.
Talmond (Marie-Louise Jablonowska, princesse de), III, *117.
Talon (Louis-Denis), I, *108.
Tamise (la), II, 118.
Tanaro (le), II, 265, 267.
Tanastès, III, *8, 98-101.
Tandeau (François-Bruno), I, *6.
Tapin (le sieur), lieutenant de robe courte, I, 110, 225; II, 133.
Taranne (la rue), II, 86.
Tarentule (la), comédie, II, 178, 182.
Tartuffe, comédie, III, 148.
Tassy (le baron de), III, 140, 173.
Tavannes (Louis-Henri de Saulx, marquis de), III, *6, 155, 161.
Te Deum (les), I, 183, 186, 187, 193; II, 102, 103; III, 103, 107.
Télescopes, I, 149, 150.
Temple (le), à Paris, I, 194; III, 38.
Temple (le faubourg du), II, 275.
Temple de la Gloire (le), par Voltaire, II, 196, 248; III, 117.
Tencin (Pierre Guérin, cardinal de), I, *71, 136, 189, 198; II, 67, 70, 75, 180, 186, 197, 227, 236, 250, 280; III, 18, 25, 26, 45, 94, 135, 142, 179, 195, 205-207, 213.
Tencin (Claudine-Alexandrine Guérin de), II, *70, 72, 250; III, 179.
Terrible (le), vaisseau, III, 85.
Tessé (René-Louis de Froullay, marquis de), III, *121.
Tessé (René-Mans de Froullay, comte de), III, *78, 121.
Tessé (René-Mans II, comte de), III, *121.
Tessé (Marie-Charlotte de Béthune-Charost, marquise de), III, *121.
Tessier (Geneviève), I, 203.
Tessin (Charles-Gustave, comte de), III, *192.
Théatins (le couvent des), II, 273, 274; III, 157.
Théâtres (les), I, 22, 56, 57, 129, 137, 138, 152, 156, 157, 161, 174, 181, 188, 224; II, 22, 23; III, 20, 72, 83, 87, 198, 235.
Voyez Comédie française, Comédie italienne, Opéra.
Theil (Jean-Ignace de la Porte du), III, 135, *141-143, 148, 149, 167, 211.
Thélis (le comte de), II, *41, 49, 52, 55; III, 16, 18, 156.
Thériaque (la), I, *28.
Thévenin (Pierre), imprimeur, III, 221.
Thévenin de Tanlay (Jean), I, *52.
Thévenot (la rue), I, 39.
Thierceville (Pierre-François de), I, *121.
Thomé (M.), doyen du Parlement, I, 11, 15; III, *167.
Thompson (M.), I, *172; II, 215.
Thuret (Louis-Armand-Eugène de), I, *161.
Tidon (le combat du), III, 32.
Tillay (le village du), I, 57.
Tinténiac (M. de), II, 31, 32, 34, 36, 44.
Tissart (Maurice, abbé), II, 213.
Titans (les), opéra, II, *201.
Titon (Jean-Baptiste-Maximilien), I, *15.
Tockai (le vin de), III, 137.
Toiles (le commerce des), II, 226; III, 124, 129.
Toison d'or (l'ordre de la), II, 256.
Tondeurs de draps, I, 215.
Tonnant (le), vaisseau, II, 159, 161.
Tontine (la), II, *15, 24; III, 74.
Torcy (le marquis de), III, 24.
Torrès (la maison de las), II, 231.
Tortone (la ville de), II, 118, 224, 261, 270.
Toscane (François II de Lorraine, grand-duc de), II, *98, 99, 113, 116, 118, 119, 122-125, 195, 227, 240, 254.
Toscane (la), II, 83, 254.
Toucy (le village de), I, 127.
Touanne (Charles Renouard de la), I, 213.
Toulon (la ville de), I, 173, 180-183; III, 90, 181, 188, 208.
Toulouse (Marie-Victoire-Sophie de Noailles, comtesse de), I, *176.
Toulouse (l'hôtel de), II, 58.
Toulouze (le sieur), I, 158.
Toupet (Marie), I, *107.
Tour (M. de la), I, *132.
Tour (le P. Simon de la), II, *125.
Tour de Londres (la), II, 132.
Tour-et-Taxis (Alexandre-Ferdinand, prince de la), II, *28.
Tour-et-Taxis (Christian-Adam-Egon de la), II, *28.
Tour-et-Taxis (Charlotte-Louise de Lorraine-Lambesc, princesse de la), II, *28.

Touraine (la), II, 57.
Touraine (la rue de), I, 80.
Tourière des Carmélites (la), III, *9, 98, 100, 101, 142.
Tournay (la ville de), II, 72, 91, 102, 111, 222, 229.
Tournelle (Marie-Anne de Mailly-Nesle, marquise de la), I, *98.
Tournelle (la chambre de la), au parlement, I, 99.
Tournon (le sieur de), II, 184.
Tours (la ville de), I, 157; II, 97, 98; III, 44.
Tours (l'archevêque de). Voyez Rastignac (L.-J. Chapt de).
Tours (l'hôtel de), II, 59.
Traînel (le prieuré du), en Champagne, III, 217.
Traînel (le prieuré de la Madeleine du), à Paris, III, *31.
Traité des trois imposteurs (le), libelle, III, 98.
Traiteurs (les), I, 220; II, 217, 219, 221, 226; III, 123, 126, 223. Voyez Cabaretiers.
Transferts d'accusés, I, 106, 141, 144, 146, 175, 178.
Trappes (le village de), II, 62.
Travenol (le sieur), III, 71.
Trebur (la ville de), II, 119.
Trémizard (le sieur), I, 158.
Trémoille (Marie-Hortense-Victoire de la Tour-d'Auvergne, duchesse de la), I, *75.
Tresmes (Fr.-J.-B. Potier, duc de), II, 103; III, 176.
Trésor royal (le), II, 73, 232; III, 137.
Trésorier de la grande écurie (le), II, 209.
Trésorier de l'ordre du Saint-Esprit (le), II, 216.
Trésorier général de l'extraordinaire des guerres (le), III, 175.
Trésors (la découverte des), I, 13.
Tricherie au jeu, I, 217, 219. Voyez Cocancheurs.
Trinité (l'hospice de la), I, 211.
Trinquely ou Trinquily (M. de), II, 53, 55.
Triperie (le commerce de), I, 215.
Trône (la barrière du), I, 106.
Troyes (l'évêque de). Voyez Bossuet (Jacques-Bénigne), Rivière (Mathias Poncet de la).
Trudaine (Daniel-Charles), I, *47; II, 198.
Trusson (Georges), II, 69, 70.
Tubeuf (le sieur), III, 182.
Tuileries (les), I, 46; II, 141, 148, 151, 153, 207, 215, 276; III, 62.
Turc (l'ambassadeur). Voyez Saïd-Effendi.

Turcs (les), I, 53, 55, 56.
Turenne (le maréchal de), II, 162.
Turgot (Michel-Étienne), II, 33, *202.
Turgot (Michel-Jacques), II, *202; III, 205.
Turin (la ville et la cour de), II, 241, 254, 259; III, 5, 14, 15, 25.

U

Unigenitus (la bulle), I, 38, 60, 69; III, 136, 149, 152, 221, 222.
Université (l'), I, 41, 43, 45, 54, 112. Voyez Sorbonne (la).
Ursulines (les couvents d'), I, 136; II, 120.
Utrecht (le traité d'), II, 228.
Uzès (Charles-Emmanuel de Crussol, duc d'), I, *203.

V

Vaches (le commerce des), I, 228.
Vagabonds, I, 80, 180; II, 119, 121; III, 124, 233.
Vaillant (Pierre, abbé), II, *95.
Val (le château du), près Saint-Germain-en-Laye, III, 212.
Valbonne (le sieur), I, *123.
Valclarmont (le sieur de), I, 115.
Valence (la ville de), en Italie, II, 226, 260, 261; III, 5.
Valets. Voyez Domestiques.
Vallière (Louis-César Le Blanc de la Baume, duc de la), III, *39, 174.
Valory (Guy-Louis-Henri, marquis de), II, *239.
Valvins (le village de), I, 23.
Vandières (Abel-François Poisson, marquis de), puis de Marigny, II, *209 (Add.), 210, 232, 235; III, 64, 174, 178, 179, 193, 200.
Vanharen (M.), II, 114.
Van Hoey (Abraham), ambassadeur de Hollande, I, 22, 118, 119, 191; II, 267; III, 5, 9, 33.
Vannes (l'évêque de). Voyez Fagon (Antoine).
Vannes (le diocèse de), I, 69.
Vantroux (M.), conseiller au Châtelet, I, 217.
Var (le), rivière, III, 51, 58, 62, 77, 81, 82, 153, 179, 181, 218.
Varlet (le sieur), III, 182.
Varsovie (la ville de), III, 90.
Varsovie (le traité de), II, 111.
Vassal (le P.), I, 148; III, 21.
Vasse (Barbe Lalouat, veuve), I, 154, 163, 164.

DES NOMS ET DES MATIÈRES. 283

Vatan (Félix Aubery de), I, 215, 220.
Vaubrun (Nicolas-Guillaume de Bautru, abbé de), I, *41, 99.
Vaucel (le sieur du), I, 199, *200.
Vaucresson (le village de), I, 47.
Vaudois (les), II, 117, 269.
Vaugirard (le village de), I, 26; II, 50, 81, 121.
Vaulgrenant (François-Marie de Villers-la-Faye, comte de), I, *26, 31.
Vaulon (l'abbé), I, 118, 119.
Vauréal (Louis-Guy Guérapin de), évêque de Rennes, II, *254, 256; III, 48, 191, 195, 196.
Veaux (le commerce des), I, 221, 226-228; III, 127, 222.
Vedier (Jean-François), I, 123, *124, 125, 133, 148.
Velford (M. de), I, 165.
Vendôme (la ville de), I, 206.
Vendôme (la place de), II, 3, 62.
Venise (la république de), II, 83.
Vénitiens (les), II, 125.
Ventadour (Armand de Rohan-Soubise, abbé de), III, *167, 178, 196.
Vergée (Charles-Élisabeth de la), III, *71.
Verneuil (Eusèbe-Félix Chaspoux, marquis de), III, *135, 190, 191, 194, 205, 207.
Verneuil (Jacques-Eusèbe Chaspoux, marquis de), III, *135, 207.
Vernouillet (Anne-Charlotte de Salaberry, marquise de), I, *98, 100.
Verrier (M.), II, 97.
Versailles (la ville et le palais de), I, 8, 12, 55, 79, 88, 91, 96, 175, 176; II, 2, 6, 7, 28, 38, 52, 54, 56, 64, 69, 72, 83-85, 88, 90, 91, 108, 123, 146, 150-152, 159, 160, 162, 163, 193, 194, 196, 198, 201, 204, 209, 212, 214, 228, 244, 256, 257, 260, 266, 269, 271, 275, 279, 281; III, 3, 10, 21, 32, 33, 44, 45, 98, 120, 138, 141, 152, 163, 166, 177, 194, 203, 219.
Versailles (l'église Saint-Louis de), I, 79 (Add.).
Verue (Marie-Anne de), abbesse, II, *74.
Verzure (Nicolas-Bonaventure de), I, *107.
Vésinet (le village du), I, 69; II, 145.
Vézelay (le couvent de), I, 136.
Viande de boucherie (le commerce de la), II, 110, 135, 220, 222, 277, 282; III, 222. Voyez Bouchers.
Viandes cuites (le commerce des), I, 231.
Vice-chancelier (la charge de), II, 234, 235.

Victoires (la place des), II, 78; III, 93.
Victor-Amédée III, roi de Sardaigne, II, *242.
Vidal (N. Gault, dite Salaville, femme), II, 171, 175, 178.
Vidangeurs, I, 213, 217; II, 139.
Vie du cardinal Dubois (la), III, 99, 100.
Vieder (le sieur), banquier, II, 215.
Vieilbourg (le marquis de), I, *110.
Vieille-du-Temple (la rue), I, 15, 16.
Vienne (la ville et la cour de), en Autriche, II, 115, 130, 253, 254, 256; III, 155, 184.
Vieussens (Daniel-Louis de), et son fils, I, 139, 140; III, 67, 68, 162, 163.
Vieux effets (le commerce des), II, 217; III, 122, 130. Voyez Brocanteurs.
Vigilant (le), vaisseau, II, 142.
Vignau (Mme de), I, *142.
Vilain (Hilaire), I, 175.
Vildé fils (le sieur de), III, 83.
Villars (le maréchal de), II, 263.
Villars (Honoré-Armand, duc de), III, *82.
Villars (J.-A. de Varengeville, maréchale de), I, *7, 100, 150, 152.
Villars (la compagnie de), aux gardes françaises, II, 43.
Ville (Joseph de), III, 183.
Ville (Jean-Ignace, abbé de la), III, *211-213.
Villeblanche (M. de), I, 146.
Villebranche (M. de), III, 139.
Villecerf (le prieuré de), III, 41.
Villegontier (René de la), I, 128.
Villegontier (l'abbé de la), I, 159.
Villegontier (Mme de la), I, 128.
Villejuif (le village de), I, 4, 33, 40; II, 47, 228, 277.
Villemainguy (Jacques-Joseph Le Clerc de la), II, *5 (Add.).
Villemarre (le sieur de), I, 77.
Villemette (la femme), I, 175.
Villemomble (le village de), I, 48, 49.
Villeneuve (François-Renaud de), évêque de Viviers, I, 26.
Villeneuve (Louis Sauveur, marquis de), I, *9.
Villeneuve-des-Gravois (la), I, 11, 217.
Villeneuve-Saint-Georges (le bourg de), II, 119, 187.
Villepreux (François-Henri de Francini, comte de), II, *45.
Villequier (Louis-Marie-Guy d'Aumont, marquis de), III, *134.
Villiers (l'abbé de), I, 147 (Add.).

Vilvorden. Voyez Wilvorde.
Vin (le commerce du), I, 220; III, 127, 129, 222, 223.
Vin (fontaines de), II, 103.
Vinaigre (le commerce du), II, 222, 223.
Vinaigriers (les), I, 220, 233.
Vincennes (le village, le château et le bois de), I, 34, 48, 71, 105, 118, 137, 151, 155; II, 62, 94, 101.
Vinfrais (Louis Gaultier de), brigadier de la prévôté, I, 40 (*Add.), 109; II, 277.
Vintimille (Charles-Gaspard-Guillaume de), archevêque de Paris, I, 26, 41, 48, 123, 135, 145, 163, 164, 187, 188; II, 83, 229, 252, 255, 258; III, 18.
Vintimille (la ville de), II, 106.
Visé (M. de), III, 197.
Visé (Gaspard, abbé de), III, *197, 198.
Vitard (Robert), III, 109.
Viviers (l'évêque de). Voyez Villeneuve (Fr.-Renaud de).
Vogüé (Charles - François - Elzéar, marquis de), III, *32.
Voirie (la police de la), I, 215, 217, 220, 225, 229, 234; II, 221, 224; III, 123, 126, 128, 235.
Voisy (le sieur), III, 207.
Voituriers par eau, I, 219.
Vols et voleurs, I, 5, 10, 13, 16, 22, 27, 30, 39, 40-42, 44-46, 49-51, 55, 58, 65, 69, 71-74, 76-79, 81, 82, 84, 85, 87, 91, 93, 96, 100, 103, 138, 139, 141, 146, 159, 169, 176; II, 9, 20, 24, 30, 31, 35, 39, 49, 50, 59, 62, 67, 78, 107, 110, 119, 120, 135, 139, 144, 145, 180, 188, 211, 212, 228, 275-277; III, 60, 83, 103, 151, 194.
Voltaire (François-Marie Arouet de), I, 61-64, 98, 104-105, 129, 137, 138, 152-153; II, 8, 10, 13, 29, 80, 90, 91, 93, 100, 104, 105, 107, 136, 146, 149, 158, 166, 185, 196, 209, 230, 232, 248, 255, 271, 278,
280, 282; III, 2, 3, 71, 91, 173, 202.
Volteface. Voyez Bernard (Jacques).
Vougny (Louis-Valentin, abbé de), II, 144 (Add.).
Voyageurs, I, 216.
Voyer (Marc-René de Voyer de Paulmy, marquis de), II, *82, 173, 174, 195.
Voysin (Daniel-François), II, 198.

W

Wade (le général), II, *195.
Walsh (Ant.-Vinc.), II, *172.
Wanbec (le village de), II, 111.
Waradins (les), II, 114.
Warren (Richard-Auguste), III, *110.
Water (le sieur de), III, 56.
Wathers (le banquier), II, 132.
Waymel de Launay (le sieur de), I, 128.
Weser (le), III, 53.
Westphalie (la), II, 126.
Wettéravie (la), II, 126.
Whitehall (le palais de), II, 253.
Willierms (le sieur), II, 66.
Wilvorde (le canal de), II, 131, 241.
Winsfeld (Adam-Joseph Rheiner, dit le baron de), I, *159.
Worms (la ville de), II, 115, 124.
Worms (le traité de), II, 254.

X

Ximénès (Augustin-Louis, marquis de), III, *87.

Y

York (B.-B.-M.-C. Stuart, cardinal d'), III, 29.
Ypres (la ville d'), I, 189; III, 236.

Z

Zulmis et Zelmaïde, II, 46.

TABLE DES PIÈCES DU TOME III.

Années 1746 (suite) et 1747.

	Pages
Lettre de M. de Marville au marquis d'Argenson (27 octobre 1746)	56
Lettres du roi à M. de Marville (13 février et 8 mai 1747)	155, 209
Lettres de Maurepas à M. de Marville (29 juin-17 décembre 1746)	8-91
Lettres de Maurepas à M. de Marville (supplément de 1746, 28 février-2 juin)	102-115
Lettres de M. de Maurepas à M. de Marville (17 janvier-24 mai 1747)	135-217
Lettres de M. de Maurepas au prévôt des marchands (17 février, 1er mars et 26 mai 1746, 2 février et 18 avril 1747)	101, 103, 114, 146, 197
— à M. Bouchardon (1er mars 1746)	104
— à M. de la Reynière (4 juin 1746)	115
— à Mme la princesse de Talmond (23 juin 1746)	117
— à M. Berger, directeur de l'Opéra (25 juin 1746 et 11 février 1747)	7, 150
— à M. l'abbé d'Harcourt (29 juin 1746)	117
— à M. de Rochemont (13 juillet 1746, 8 et 9 mai 1747)	118, 209, 210
— à M. l'archevêque de Bourges (25 juillet-26 décembre 1746)	20, 30, 32, 40, 49, 51, 57, 61, 65, 76, 84, 87, 90
— au même (supplément : 3 avril-3 octobre 1746)	107, 108, 110, 111, 116, 119, 120
— au P. La Valette (12 septembre 1746)	119
— à M. le marquis d'Hérouville (19 septembre 1746)	120
— à M. l'évêque de Rennes (2 octobre 1746)	48
— à M. de Boze, secrétaire perpétuel de l'Académie des inscriptions et belles-lettres (23 octobre et 14 novembre 1746)	54, 66

TABLE DES PIÈCES.

	Pages
Lettres de M. de Maurepas à M. de Boze (supplément : 12 mars 1746)	106
— à M. Rebel (26 octobre 1746)	57
— à M. le procureur général (18 décembre 1746)	87
— à M. de Conflans (25 décembre 1746)	89
— à M. de Voltaire (26 décembre 1746)	91
— à M. d'Orves (22 janvier et 2 mars 1747)	139, 170
— à M. le baron de Tassy (22 janvier et 7 mars 1747)	140, 174
— au Père prieur de l'abbaye de la Chaise-Dieu (13 février 1747)	156
— à M. le maréchal de Belle-Isle (10 mars 1747)	180
— à M. le président Portail (3 avril 1747)	190
— à M. le procureur du roi au Châtelet (11 avril 1747)	194
— à M. le prince de Conti (15 mai 1747)	214
— à M. Bignon (23 mai 1747)	216
— à M. le cardinal de la Rochefoucauld (29 mai 1747)	218
— à M. Berryer, lieutenant général de police (5 juin 1747)	220
Lettre du cardinal d'York à M. de Maurepas (12 août 1746)	29
Nouvelles qui se débitent dans Paris, aux promenades publiques et dans les cafés (16 mai-28 décembre 1746)	1-94, 112-114
Nouvelles, etc. (9 janvier-13 mai 1747)	133-214
Rapport de police de décembre 1746	97
Discours politique sur les affaires présentes (octobre 1746)	59
Lettres de conseiller d'État semestre pour M. de Marville (21 mai 1747)	215
Brevet d'augmentation de pension en faveur de M. de Marville (24 mai 1747)	218
Épigrammes sur la réception de M. de Voltaire à l'Académie française (mai 1746)	2, 3
L'Hermine, fable dédiée à Mme la marquise de Pompadour (août 1746)	34
Épitaphe de Madame la Dauphine (septembre 1746)	37
Vers sur la victoire de Raucoux (octobre 1746)	53
Vers au maréchal de Saxe (décembre 1746)	83
Brevet de calotte pour M. de la Poupelinière (décembre 1746)	94

	TABLE DES PIÈCES.	287
		Pages

Chanson sur les chars du prévôt des marchands (janvier 1747). 144
Chanson des Pantins (février 1747). 157
Chanson sur la nouvelle Dauphine, adressée au comte Algarotti (février 1747) 168

APPENDICE. — Ordonnances, arrêts et sentences de police rendus en 1746. 122-131
— rendus de janvier à mai 1747. 221-224
— rendus de 1740 à 1744 (supplément) 232-236

ADDITIONS ET CORRECTIONS au tome I 223
—   —   au tome II 237
—   —   au tome III. 243

TABLE ALPHABÉTIQUE DES NOMS ET DES MATIÈRES . . . 245
TABLE DES PIÈCES DU TOME III 269

Nogent-le-Rotrou, imprimerie DAUPELEY-GOUVERNEUR.

PUBLICATIONS

DE LA SOCIÉTÉ DE L'HISTOIRE DE PARIS.

MEMOIRES DE LA SOCIÉTÉ DE L'HISTOIRE DE PARIS. *Paris*, 1874-1904, 31 vol. in-8°. 248 fr.

PLAN DE PARIS par Truschet et Hoyau. 8 feuilles in-plano dans un carton, et notice par J. Cousin. *Paris*, 1874-1875, in-8°. 30 fr.

PARIS PENDANT LA DOMINATION ANGLAISE (1420-1436); documents extraits des registres de la Chancellerie de France, par A. Longnon. *Paris*, 1877, in-8°. 10 fr.

LES COMÉDIENS DU ROI DE LA TROUPE FRANÇAISE; documents recueillis aux Archives nationales, par E. Campardon. *Paris*, 1878, in-8°. 10 fr.

JOURNAL D'UN BOURGEOIS DE PARIS (1405-1449), publié par A. Tuetey. *Paris*, 1880, in-8°. 10 fr.

DOCUMENTS PARISIENS SUR L'ICONOGRAPHIE DE SAINT LOUIS, publiés par A. Longnon. *Paris*, 1881, in-8°. 8 fr.

JOURNAL DES GUERRES CIVILES DE DUBUISSON-AUBENAY, publié par G. Saige. *Paris*, 1882-1883, 2 vol. in-8°. 20 fr.

POLYPTYQUE DE L'ABBAYE DE SAINT-GERMAIN-DES-PRÉS, rédigé au temps de l'abbé Irminon, publié par A. Longnon. *Paris*, 1885-1895, 2 vol. in-8°. 20 fr.

L'HOTEL-DIEU DE PARIS AU MOYEN AGE; histoire et documents, par E. Coyecque. *Paris*, 1888-1891, 2 vol. in-8°. 20 fr.

ÉPITRE DE G. FICHET SUR L'INTRODUCTION DE L'IMPRIMERIE A PARIS, publiée en fac-similé, avec préface par L. Delisle. *Paris*, 1889, in-8°. 6 fr.

UN GRAND ENLUMINEUR PARISIEN DU XV° SIÈCLE : Jacques de Besançon et son œuvre, par P. Durrieu. *Paris*, 1891, in-8°. 10 fr.

LETTRES DE M. DE MARVILLE, lieutenant général de police, au ministre Maurepas, publiées par A. de Boislisle. *Paris*, 1896-1905. 3 vol. in-8°. Tome I *épuisé*. 20 fr.

DOCUMENTS PARISIENS DU RÈGNE DE PHILIPPE VI DE VALOIS (1328-1350), publiés par Jules Viard. *Paris*, 1898-1899. 2 vol. in-8°. 20 fr.

DOCUMENTS SUR LES IMPRIMEURS, LIBRAIRES, ETC., ayant exercé à Paris de 1450 à 1600, publiés par Ph. Renouard. *Paris*, 1901, in-8°. 10 fr.

TABLES DÉCENNALES DES PUBLICATIONS DE LA SOCIÉTÉ, par E. Mareuse. *Paris*, 1885 et 1894, 2 vol. in-8°, chaque 5 fr.

BULLETIN DE LA SOCIÉTÉ DE L'HISTOIRE DE PARIS ET DE L'ILE-DE-FRANCE. *Paris*, 1874-1904, 31 vol. in-8°. 155 fr.

On peut se faire inscrire comme souscripteur sur la présentation de deux membres de la Société.

Le prix de la cotisation est de 15 fr. par an.

Imprimerie Daupeley-Gouverneur, à Nogent-le-Rotrou.

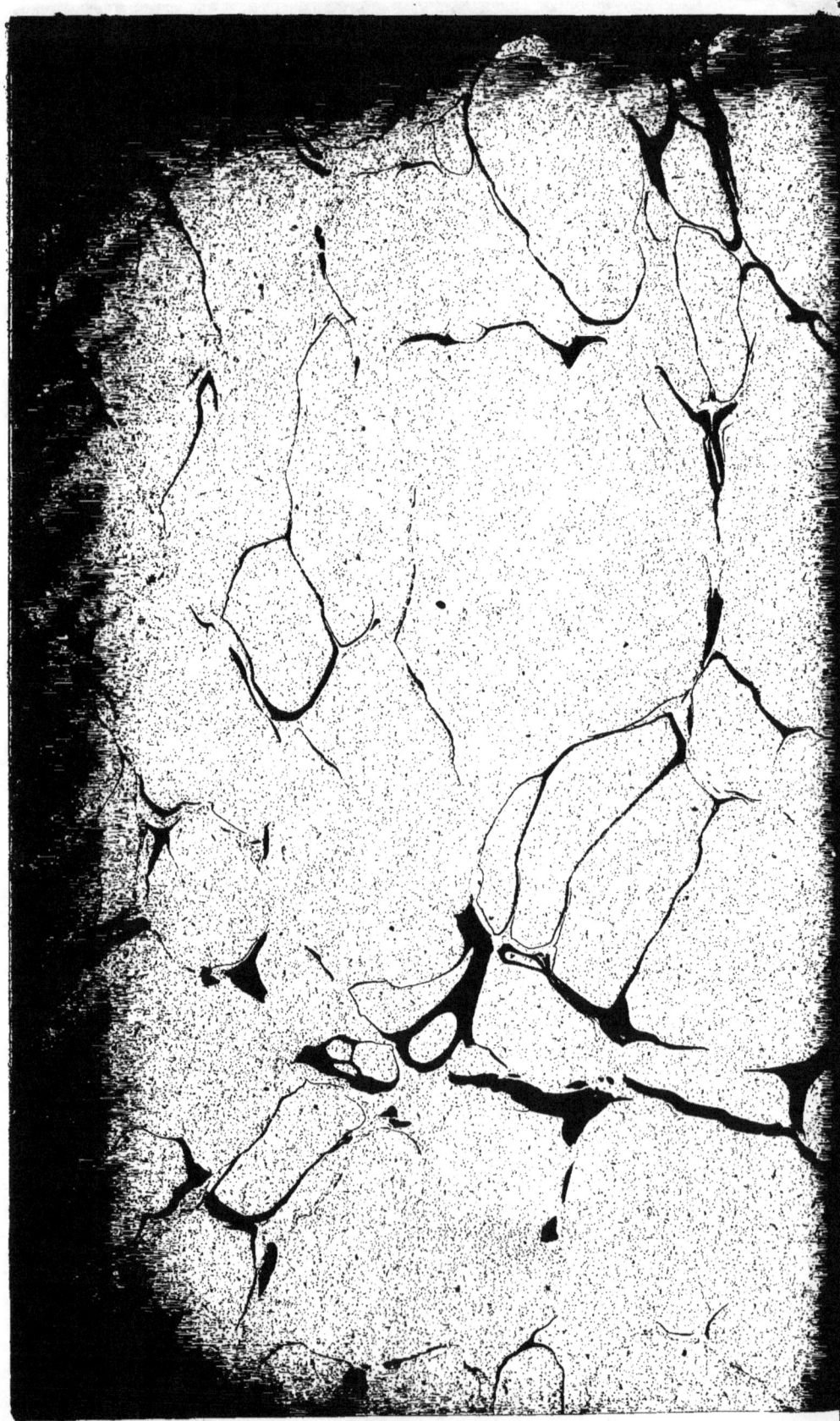

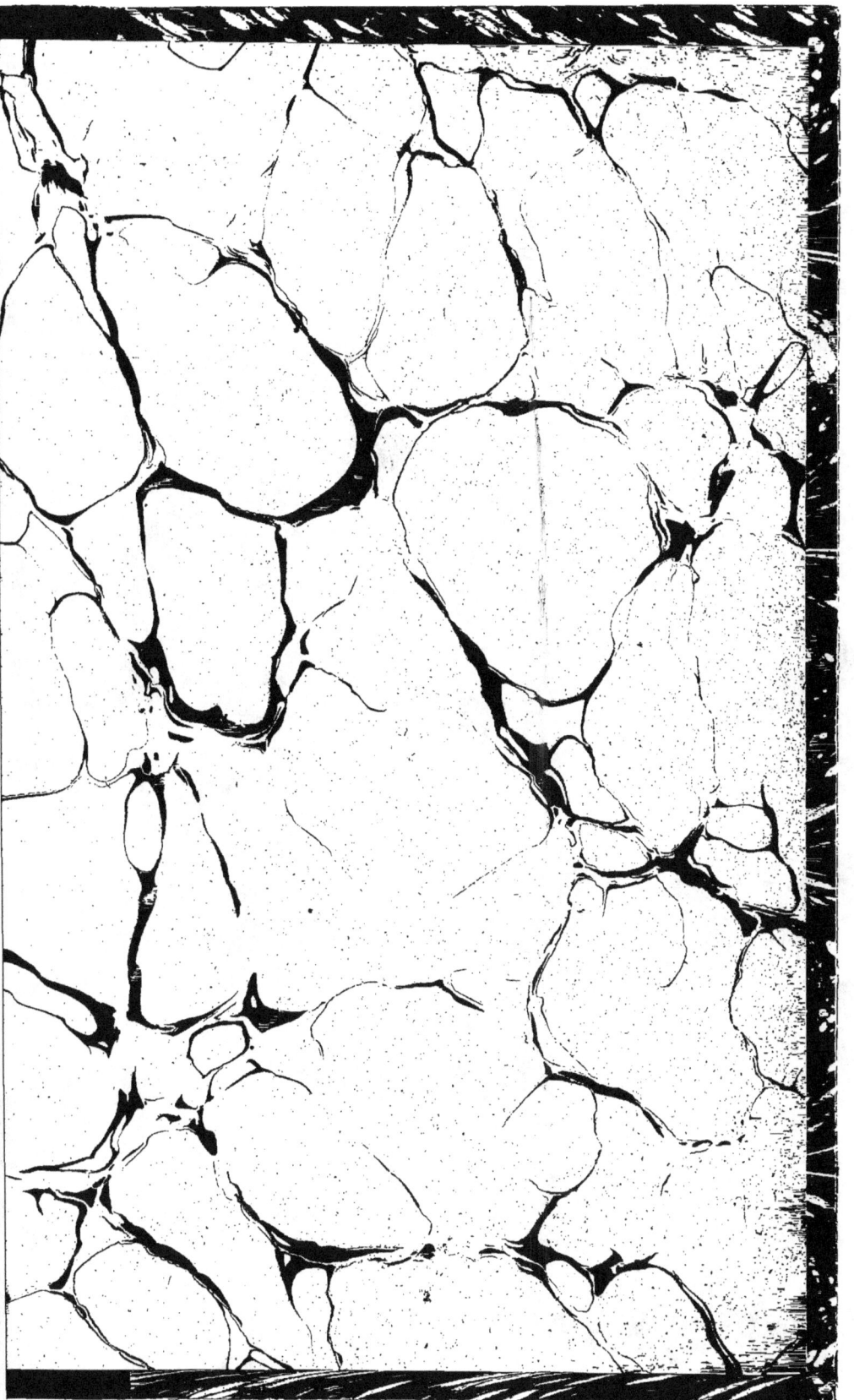

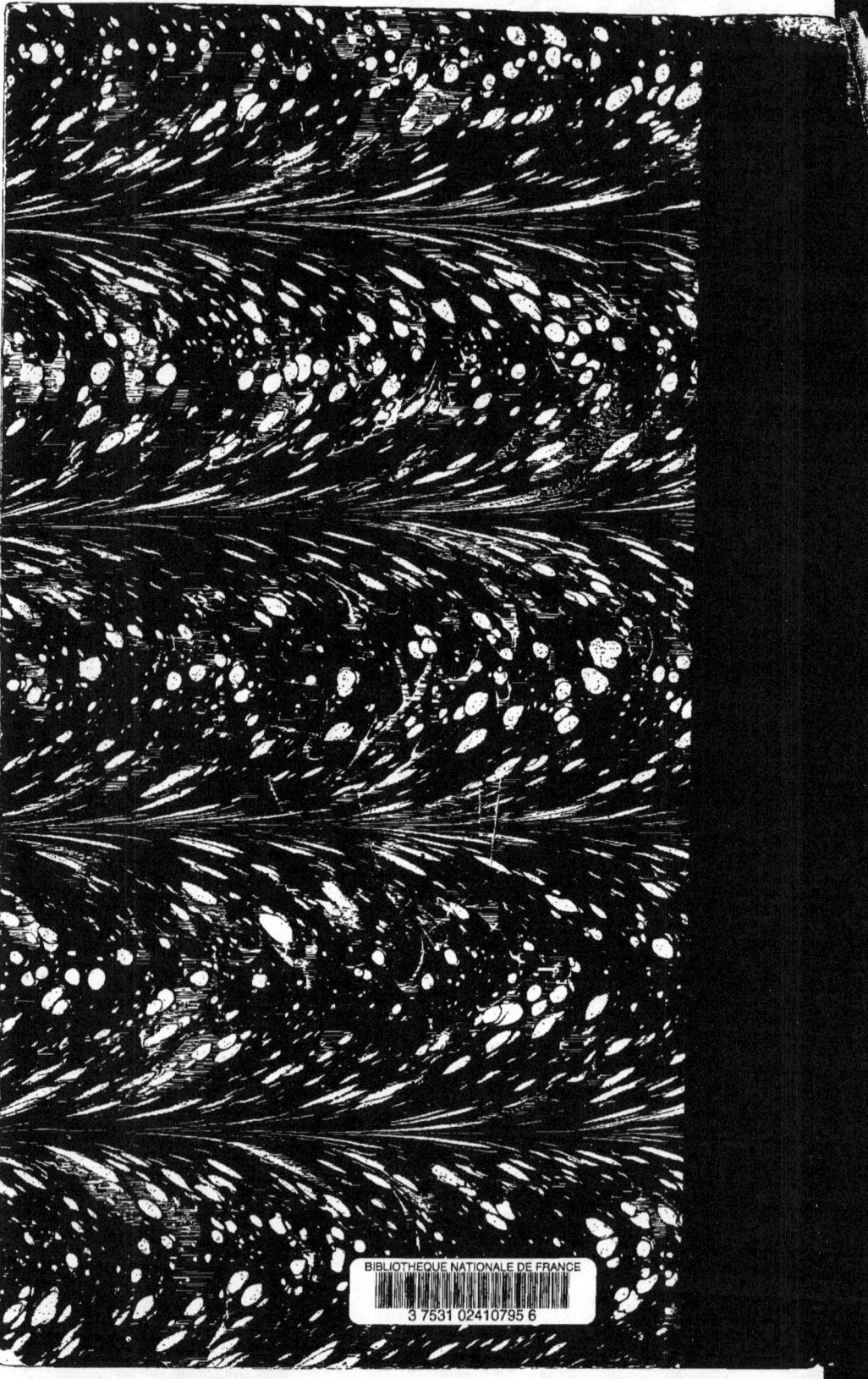

www.ingramcontent.com/pod-product-compliance
Lightning Source LLC
Chambersburg PA
CBHW071348150426
43191CB00007B/891